大学的岡山ガイド
——こだわりの歩き方

岡山大学文明動態学研究所 編

昭和堂

吉備高原面　高梁市川上町弥高山から南を望む（写真提供：鈴木茂之）

クマゼミ 橙色型
（岡山市産、写真提供：奥島雄一）

ヤママユ 雌雄型
（赤磐市産、写真提供：奥島雄一）

アユモドキ
（撮影者：住田崇成、写真提供：中田和義）

アキラマイマイ
（都窪郡早島町産、写真提供：福田宏）

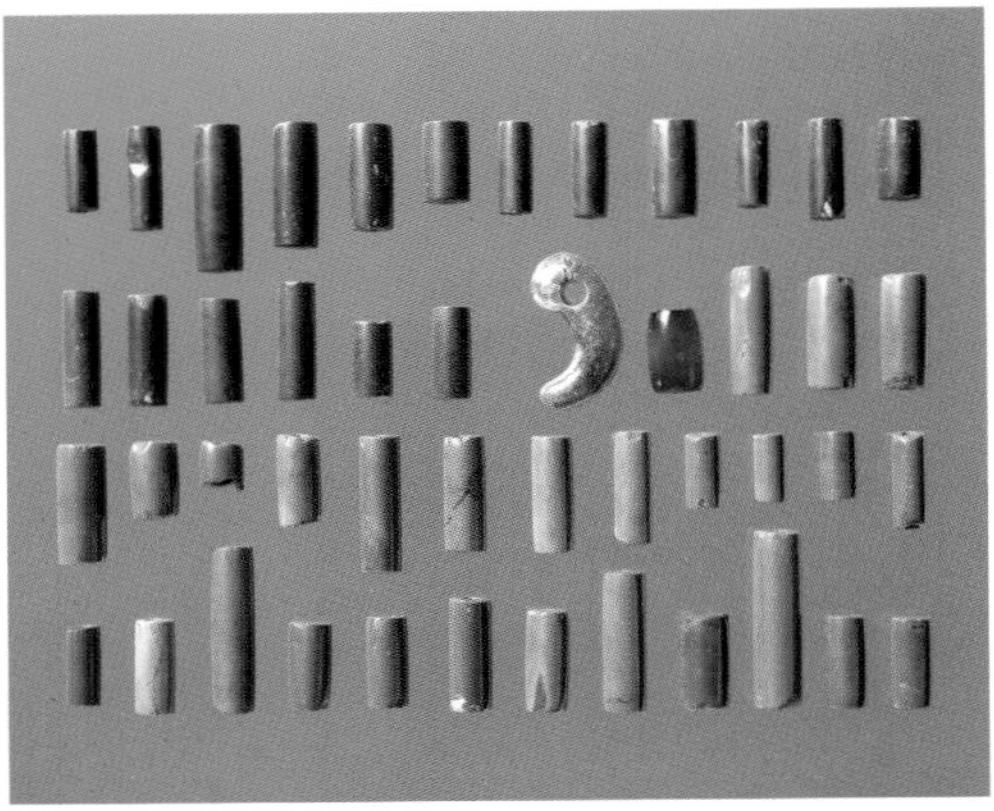

楯築墳丘墓出土遺物（写真提供：岡山大学考古学研究室）

造山古墳（写真提供：岡山県観光連盟）

清志初男作品《日没・長島船越港》国立療養所長島愛生園蔵（写真提供：才士真司）

清志初男作品《深閑（心眼）》国立療養所長島愛生園蔵（写真提供：才士真司）

鬼ノ城から足守川と瀬戸内海を望む（写真提供：岡山大学文明動態学研究所）

王子が岳（岡山県倉敷市）からのぞむ瀬戸内海の「しまなみ」（写真提供：中谷文美）

はじめに

――岡山大学文明動態学研究所所長　松本直子

その地域の魅力というのは、どこから生まれてくるのでしょうか。大自然そのものの美しさというのもありますが、やはりその場所の風土、気候、環境のなかで人のいとなみが重ねられることによって生まれた文化的・歴史的景観、人々の暮らしそのものが、地域の魅力の根幹でしょう。だからこそ、それらがどのようにしてかたちづくられてきたのか、どのようなものなのかを知ることが、地域の魅力をより深く感じることにつながります。

岡山大学文明動態学研究所は、考古学、歴史学、人類学、社会学、経済学、法学、哲学など、人文社会科学のさまざまな分野の研究者が、地質学や化学、生物学などの自然科学分野の研究者とも連携して、長い歴史の中で人、社会、技術、環境が密接にからまって織りなされた人類史を明らかにし、現代社会が抱えるさまざまな課題の解決につながる新しい知識を生み出すことを目的として二〇二一年に設置されました。その力を結集することで、岡山にさまざまな視点からせまる、これまでにないような岡山ガイドを作ることができるのではないかと考え、本書の編集に取り組みました。

本書は、自然環境に関する第一部、歴史をテーマとする第二部、現代の社会に焦点を当てた第三部の三部構成としました。第一部では、吉備高原、岡山平野、瀬戸内海など、私たちが知っている岡山の環境がどのようにしてできてきたのか、数千万年にわたる環境変化について、またそこで人と共にいきる生き物たちについても知ることができます。第二部は、縄文時代から近現代にいたる岡山の歴史をカバーする構成としました。第三部は産業や社会、子育てからごみ捨てまで、岡山での生活に関わる身近なテーマを集めています。さまざまな視点から岡山を掘り下げる内容となっているので、岡山を訪れる旅行者はもちろん、岡山のことはよく知っているという地域住民の方にもきっと新しい発見があるのではないかと思います。

執筆者は、岡山大学文明動態学研究所に関わる教員を中心としつつ、昆虫については倉敷市立自然史博物館の奥島さん、岡山の郷土料理については食文化の研究をされている調理師の岡嶋さん、岡山城については公益財団法人岡山県郷土文化財団の万城さん、酒造りについては日本酒ライターの市田さんにご協力いただきました。「大学的」ガイドらしく、いずれも専門的な最新の知見が詰まっていますが、あくまでも「ガイド」ということで、具体的な場所や建物、施設などと関連付けて、実際にそこを探訪して確かめたり、感じたり、さらに知識を深めたりできるよう心がけました。

ガイド本なので、関心のある所から読んでいただければ結構ですが、読み進めるにつれて、岡山の自然環境と人の生活が相互に関わり合いながら歴史が紡ぎ出されていることが見えてくるでしょう。岡山の地質的特徴である花崗岩は、古墳の石室や城の石垣などに用いられ、また風化して粘土となり土器の材料となりました。縄文時代の終わりごろから形成された平野では、弥生時代の早くから稲作が始まり、弥生時代の後期には当時日本列島でもっとも大きな墓であった楯築墳丘墓が作られました。生産力や武力にとって重要な鉄の生産が早くから盛んになったことが古代吉備と呼ばれた岡山の特徴で、地域の発展を促しましたが、それは同時に深刻な環境破壊にもつながりました。ミサキ信仰と独特の山岳信仰の発達も、野生動物や自然地形と人々の関係から考えることができます。

同じ時代や出来事でも、研究分野によって見えてくる側面、得られる情報が異なることがよくわかることも、本書の特徴のひとつです。考古学と古代史から語られる古代吉備の歴史はその一例です。また、江戸時代から盛んになった綿花の生産が、現代のジーンズなどの産業につながっていくことも、歴史学と経済学の両面から理解することができます。

岡山城や後楽園、鬼ノ城といった観光スポットについてもおさえていますが、そうではない身近な場所や施設についても目を向けることで、地域に根差した文化や歴史を感じて欲しいという思いがあります。岡山大学の津島キャンパスと鹿田キャンパスも、縄文時代から現代にいたる遺跡と重なっています。その目で見ると面白いところ、行ってみると新しい発見があるところがたくさんあります。オンラインで確認できる地図も用意しましたので、ぜひ活用して現地を訪ねてみてください。

環境は気候変動や地殻変動などの自然の理によっても変わっていきますが、森林の伐採や干拓など、人が環境を変えることもあります。人と環境が一体となって岡山の歴史が織りなされてきました。災害への対応も含み、さまざまな工夫を経ていまの社会と環境があります。人の営みが環境に影響を与えることは避けがたいですが、こうした研究から得られる長期的な展望を持ってその影響を推し量ることができるかどうかが、これからの私たちの暮らしにとって重要であろうと思います。

近年、環境破壊、紛争、感染症など、多くの課題に直面して、人類がこの世界で安定して暮らし続けることができなくなるのではないかと心配されています。そこで、「持続可能な開発目標（Sustainable Development Goals : SDGs）」を定めて具体的な取り組みが進められており、岡山大学も、SDGsを推進しています。岡山について深く知り、持続的な社会・環境を作っていくにはどうすればよいかを考えることは、世界規模での持続可能な社会を作っていくための着実な一歩となるでしょう。

地質、自然、環境変化、災害、歴史、文化、経済、社会について、これまでの研究成果の一端をまとめた本書は、岡山のガイドブックであるとともに、岡山大学で行われている岡山に関する研究のガイドブックとしても読んでいただけます。多くの執筆者が書いているように、実はまだ分からないことが数多く残されています。岡山についてより詳しく、深く知ることは、これからの岡山をどう作っていくか、その長期的な展望を得るために欠かせません。ぜひ自分も研究の深化に貢献したい、という方は、どうぞ岡山大学にきていただき、一緒に研究を進めて欲しいと思います。

大学的岡山ガイド――こだわりの歩き方　目次

第3部 生活と産業

第1部

自然と生物

吉備高原の成り立ち

鈴木茂之

はじめに

吉備高原は中国山地より南の、岡山県の大半を占める小起伏をなす山地である。これを横から眺めたスカイラインは不思議なことに平らに見えるが（写真1）、これがどのようにしてできたかはまだ謎が多い。二人の友人と共に三五年以上調査を続けている経過をお話したい。私は大学で古生代の地層が地殻変動によって大きく褶曲した様子を研究したが、大学院修了後は地質コンサルタント会社（当時の社名はアイ・エヌ・エー新土木研究所）で活断層調査をしていた。一緒に吉備高原の地質調査を続けている田中元さんは、岡山大学理学部地学科の同期である。復建調査設計（株）で長く防災地質で活躍した後、現在は西部技術コンサルタント（株）で、会社の五万分の一岡山県地質図の改良と改訂に取り組んでいる。私が岡山大学の助手として一九八六年に岡山に舞い戻ったところ、彼が山砂利層の地質調査をしようと持ち掛けてくれた。柳田誠さんは前にいた会社の先輩で地形学が専門

写真1　吉備高原面　高梁市川上町弥高山から南を望む

である。今は（株）阪神コンサルタンツの取締役でありながら、自分で調査して地形判読図を作成したり、駒沢大学の講師を務めるなど多忙である。柳田さんには何度も岡山に来てもらって地形地質の調査をし、地形についていろいろと教わっている。

1　山砂利層とは

吉備高原はほとんど岩石からなるが、砂利というか円い礫がたくさん散らばっている所がある。道路の切り割りなどの露頭があると、こぶし大くらいの礫がびっしり詰まった地層が見える（写真2）。この産状は現河川の河原に広がる礫の様子と似ている（写真3）。山

写真 2　山砂利層の露頭　扁平な礫は左に傾くものが多い。左から右に流れていたことを示す。高梁市川上町安成

写真 3　高梁川の河原　扁平な礫は上流側である左に傾く傾向がある。総社市片山

写真 4　山砂利層に挟まれる凝灰岩（白い層）　井原市美星町八日市

に河原の礫があるというのは奇妙なことだ。滋賀県南部から奈良県北部に広がる信楽高原にも「山砂利」は知られていて、代表的な論文として一九八〇年の地質学雑誌に掲載された飯田義正さんの研究がある。(1)新生代第四紀に近い、新第三紀鮮新世（およそ五〇〇万年から二五〇万年前）に堆積した大福《おふく》礫層は、詳細な地層の追跡などによって、山間河川の谷を埋めて堆積した地層であることが明らかにされている。吉備高原に分布する「山砂利層」も、このたいへん優れた研究をお手本にして進めた。吉備高原の山砂利層も、大福礫層のように円い礫が主体で、インブリケート構造という礫の扁平な面が上流側に傾く産状が認められる（写真2、3）（いずれも北から南への流れを示す）。地層は細長く（幅一〇〇から一〇〇〇メートル、延長方向で長いものは二〇キロメートル）断続的に分布し（図1）、基底は中軸部が深く谷を埋めて堆積したものである（図2）。

地質学は歴史科学であり、地層を記載する場合はいつ堆積したか、その時代を示す必要がある。たいていは海に棲んでいたアンモナイトやフズリナなどの示準化石で決める。しかし山砂利層は山間に堆積した地層なのでそういう化石がない。ゾウ化石が出ればいいが、隙間の多い礫の中では保存されることはない。しかし放射年代測定ができれば化石がなくてもおおよその年代値が得られる。幸いなことに、稀に薄く挟まる凝灰岩（写真4）中のジルコンからフィッション・トラック年代測定が可能になっていた。ちょうどそのパ

（1）　飯田義正「信楽高原西部の古地理学的研究―大福礫層により復元される鮮新世の河谷について―」、『地質学雑誌』第八六巻、七四一～七五三頁、一九八〇年

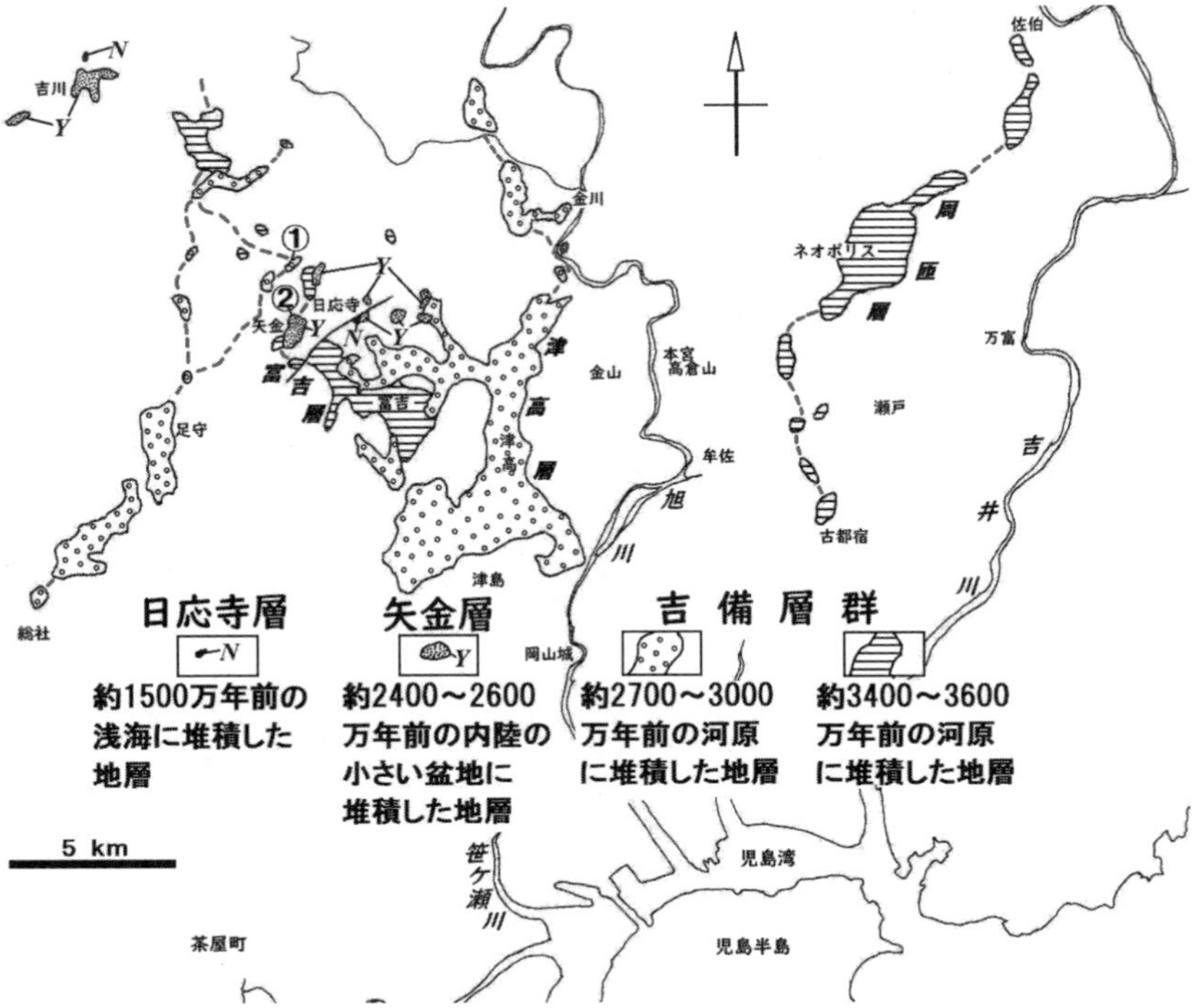

図 1　岡山市周辺における第三紀層の分布

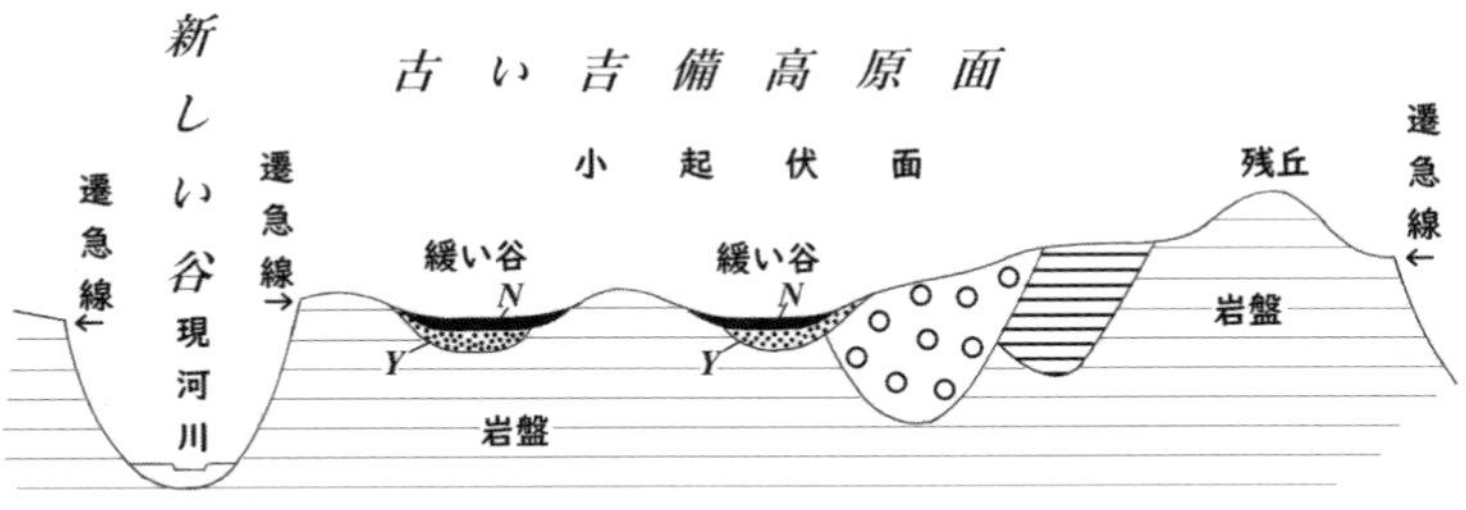

図 2　吉備高原の地形と第三紀層の堆積との関係を示す模式的断面
凡例は図1と同じ

イオニアである檀原徹さんが（株）京都フィッション・トラックを立ち上げており分析を引き受けて下さった。これで時代が決まれば、地層の特徴と分布を記載し、代表的に分布する地域（模式地）の地名を使って地層名を決めれば、山砂利層の研究は片付くものと思った。

2　困惑その一・予想外の年代値によるショックで研究は中断

山砂利層は河川沿いの段丘礫層とも似ており、これまで時代を決める証拠はなかった。大福露頭では地層が固まっていない外見から新しい第四紀に堆積したと推測されていた。大福礫層のようにやや締まっていて、現河川とははずれた分布をなすことから、鮮新世あたりの五〇〇万年前くらいの年代値を期待していた。ところが出てきた値は三六八〇万±一四〇万年であった。約一五〇〇万年前（中新世）の貝化石をしばしば含む固結した砂岩泥岩のほうが、みかけはずっと古く見える。これはショックで三年くらい手をつける気がしなかった。山砂利層のことを忘れかけたころ、檀原さんは「あのデータはたいへん良いものので、これを否定することはフィッション・トラック年代測定法を否定するようなものです。」と説いて下さった。そこで気を取り直して地質調査を学生の卒論修論指導もかねて再開した。学生たちは良く歩いてくれ、中新世の固結した砂岩泥岩が、山砂利層を被うことが明らかになった。中新世の地層に含まれる貝化石などの炭酸カルシウムがセメントとなっているため、山砂利層より固くなっているらしい。中新世の地層からも凝灰岩を見出し、およそ一五〇〇万年前のフィッション・トラック年代値が得られた。これで山砂利層は古第三紀の地層であることが確信できた。吉備高原に特徴的に分布するので、吉備層群と呼び、それを構成する地層は堆積当時の水系と年代によって区分し、富吉《とみよし》層、周匝《すさい》層、津高《つだか》層と命名した。この段階の成果は鈴木・檀原・田中（二〇〇三）(2)として公表できた。

3　困惑その二・研究の充実のために行った追加年代測定結果はことごとく予想外だった

川には本流と支流がある。山砂利層である吉備層群の分布でどこまで当時の水系が復元できるだろうか。さらに詳細に歩いて分布を確かめ、また年代値を追加することにした。三千数百万年前の地層分布域と考えられる地点（図1中の①）で凝灰岩が見出されたので測定を依頼した。採取した凝灰岩は富吉層が断続して分布するコース内であるにも関わらず、出てきた年代値は津高層の年代と考えている二九四〇万年前であった。富吉層と津高層は地層の様子だけでは区別できないので、その周辺を重点的に調査すると、その凝灰岩がある地層の谷は南西方向に向かい、足守から総社に連続することが分かった。

その後富吉層分布コースの別の地点（図1中の②）で凝灰岩が見つかった。今度こそ三千数百万年あたりのデータが追加できるものと期待した。ところが得られた年代値は二五〇〇万年前あたりで津高層の年代よりも若い。これはどうしたらいいのかたいへん困った。この凝灰岩を挟む地層は吉備層群と同じく陸成層だが、地層はより薄く、吉備高原面の緩

(2)　鈴木茂之・檀原　徹・田中　元「吉備高原に分布する第三系のフィッション・トラック年代」、『地学雑誌』第一一二巻、三五～四九頁、二〇〇三年

い谷になったところに分布する。吉備層群に属さずやや新しい地層である矢金《やがね》層として区別するのに何年か費やした。これらの地層分布を地図上に示した地質図を田中さんはついに書き上げた（田中・鈴木二〇二二）[3]。この完成までには田中さんと私が三五年以上蓄積した野外調査データが必要だった。

（3）田中　元・鈴木茂之「岡山市北部吉備高原地域に分布する古第三系・新第三系の分布・堆積相と古地理変遷」、『岡山大学地球科学研究報告』第二八巻、一～二五頁、二〇二二年

4　困惑その三・吉備高原に軟らかい地層が何千万年も浸食されずに残っているのはなぜか

山砂利層は吉備高原の形成と関わっただろうといわれていた。そこで吉備高原地形について は柳田さんに教えてもらうことにした。吉備高原は完全に平らになっていないが浸食によって起伏はゆるい。所々もとの山が残丘として高まりをなしている。地形学の用語では浸食小起伏面で、それが少し持ち上がって隆起準平原をなしている。つまり吉備高原面は現在の川の浸食が作る新しい地形とは遷急線で境される古い地形である（図2）。柳田さんには吉備高原とともにそこに分布する第三紀の地層も見てもらった。中新世の海成層や山砂利層が、ちょこんと吉備高原のなかに、狭い所では一〇〇メートル四方程度の分布で残っているのを見て、彼は大いに驚いた。日本の河川浸食は激しく、固まっていない段丘堆積物で五〇万年前以前のものは普通残っていない。これまで彼が調査してきた日本列島での一般的な浸食速度からみると、数千万年から一〇〇〇万年前のスコップで掘れるような軟らかい地層が、小規模でありながらも残っているのは見たことがないという。また

吉備高原面には、当時の地表面に近い土壌が赤土（熱帯降雨林があった環境で形成された古土壌）として所々残っている。ともかく吉備高原面はおそらく二〇〇〇万〜一五〇〇〇万年前頃に形成された古い地形で、その当時の地形と大きく変わっていないようである。

おわりに

吉備高原は隆起準平原なので隆起している。隆起となると地殻変動があったかということになる。しかしおとなしい外観の吉備高原に「変動」は違和感がある。柳田さんとは吉備高原以外の活断層がある地域で何度も一緒に調査したが、よく吉備高原と比較して議論になる。最近私たちが考えるようになったのは、地殻に働くアイソスタシーを平衡に保とうとする力である。よく知られているのが、スカンジナビア半島やカナダが一万年前以降の温暖化で氷床が溶けて荷重除去が起こったために生じている隆起がある。地殻の下のマントルは地殻より密度が大きいのだが、地下深部ほど高温になるせいか塑性的な状態にある。地殻は堅く割れると地震を発生するが、マントルでは地震は発生せず、重たく指では潰れないくらい固いのに粘性があるゼリーのような印象である。厚いところでは三キロメートルあった氷床が急になくなって軽くなったスカンジナビア半島の地殻は、マントルの上でゆっくりと浮き始め、まだ回復運動が完了していないので、今でも一年に一センチメートル余りも隆起している。吉備高原では山が浸食されて平らになっていく過程で、削られた地層や岩石の重さに相応する隆起が起こっているのではないだろうか。これについては吉備高原の地形の解説とともに一言だけ鈴木・柳田（二〇一七）[4]で述べたが、これを実証するのにあと何年かかるだろうか。

（4） 鈴木茂之・柳田 誠「吉備高原の地形と古第三系〝山砂利層〟」『地質技術』第七号、二七〜三三頁、二〇一七年

column

岡山最大の地下資源――花崗岩

野坂俊夫

岡山県には花崗岩が広く分布している。花崗閃緑岩を含めた花崗岩類の分布面積は岡山県全体のざっと二割に達し（産総研地質調査総合センター二〇一八）、その存在量は他の岩石よりも多い。日本地質学会では二〇一六年に四七都道府県それぞれの「県の石」を選定したが、岡山県の石（岩石）は万成石《まんなりいし》に決まった。「万成石」は岡山市万成地区に産する花崗岩の石材としての名称である。花崗岩はまさに岡山を代表する岩石といえるだろう。

花崗岩は構成鉱物の結晶が比較的大きい（ふつうは数～十数ミリ）、等粒状組織を持つ深成岩である。花崗岩に含まれる主な鉱物は石英とアルカリ長石と斜長石で、この三者で全体積の八～九割ほどを占める。いずれも淡色の鉱物である。なかでも石英は硬度が高く、風化に対する耐性も強い。長石類は石英ほどではないが、比較的硬度が高い。つまり花崗岩はひとことでいえば、粒が粗くて全体的に白っぽく、硬くて壊れにくい岩石ということになる。このような特徴が、以下に述べるように、石材としての花崗岩の価値を高めている。

花崗岩が石材に選ばれる第一の理由は、結晶が織りなす紋様の美しさと、淡く明るい色合いが醸し出す華やかさにあるようだ。万成石だけでなく瀬戸内海の犬島（岡山市）や北木島（笠岡市）の花崗岩も全国的に有名で、明治時代から現在に至るまで各地の建築物の外壁・内壁材、墓石、芸術作品の彫石材などに使われている。また花崗岩は硬くて風化に強いうえに塊状で割れ目が少ないので、強度が求められる建造物には最適な建材となる。岡山県内には中世または古代から江戸時代に築造された多数の城郭遺跡があるが、それらの石塁や石垣の多くに花崗岩が使われている。また江戸時代には大坂城の石垣に瀬戸内の花崗岩が使われたことも良く知られている。花崗岩類の石垣は、例えば国指定史跡の鬼ノ城、備中松山城、岡山城などで見ることができ、また犬島や北木島

写真1　緑山8号墳（総社市）の横穴式石室
花崗岩の巨石が石材に使われている

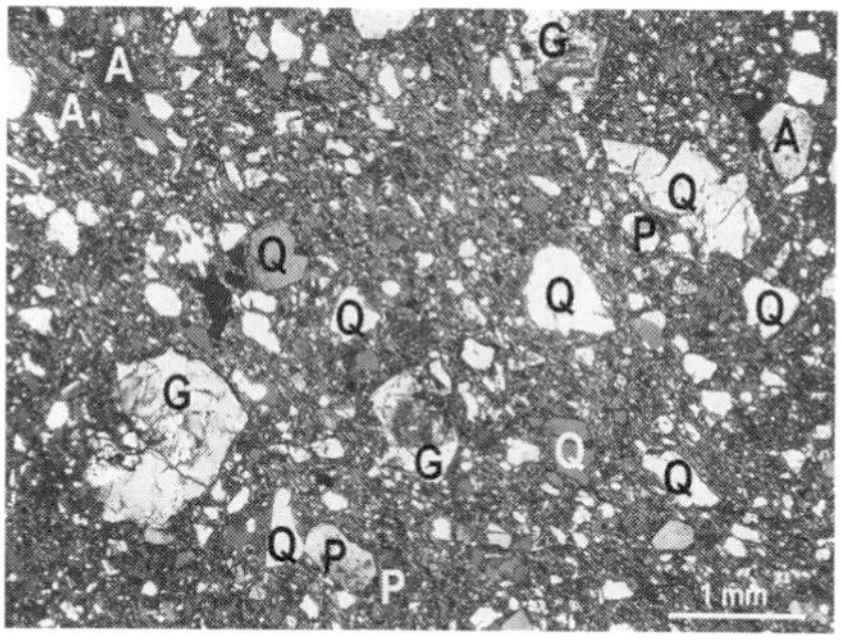

写真2　造山古墳産埴輪の偏光顕微鏡写真（直交ニコル、埴輪片提供：岡山市、岡山大学文学部）　Q：石英、A：アルカリ長石、P：斜長石、G：花崗岩

では採石場跡や彫刻作品を見ることができる。それらの石材を比べてみると、一口に花崗岩といっても粒径や色合いにバリエーションがあることに気づくだろう。

　さらに時代を遡った古墳時代後期の吉備国では、横穴式石室を持つ古墳が多数築造された。それらの石室の多くには縦・横一メートル以上、ときには数メートルにもなる巨石が使われており、その石材のほとんどが花崗岩である（写真1）。岡山県中・南部に分布する花崗岩類には組織や鉱物量比に多様性があるため（濡木ほか一九七九）、石室の石材を詳しく調べることでその採取地を特定できるかもしれない。筆者たちの最近の研究によれば、吉備地域の横穴式石室石材の花崗岩のほとんどが、ひときわ大きなアルカリ長石結晶を含んでおり、「等粒状」というよりも「粗粒斑状」と呼ぶべき組織を持っている。それに加えて帯磁率や鉱物の化学組成などの点でも、石室の石材は近隣丘陵地に露出する花崗岩とよく似た特徴を持っていることが分かった。花崗岩は「方状節理」という、一〜数メートル間隔で直交する三方向の割れ目を持つことが多い。この節理を利用すれば、直方体に近い形の巨石を採取することができるだろう。そのような花崗岩が多く露出している吉備地方は、巨石墳の築造には恰好の立地条件にあったといえるだろう。

　古代以前の吉備の人々にとって花崗岩の恩恵は他にもあったようだ。筆者たちの最近の研究結果は、吉備地方に産する埴輪や弥生土器の主な材料は花崗岩類が風化してできた真砂土であったことを示している（写真2）。花崗岩中の長石族鉱物は、節理や結晶粒界に沿って浸透する水と反応して分解し、粘土鉱物に変わる。この粘土鉱物と分解を免れた長石・石英の粒子の混合物が水に流されて近場に堆積し、真砂土ができる。陶芸では成形後の乾燥に伴うひび割れを防ぐために粘土に砂粒などを添加するが、粘土に砂粒状の石英や長石の混じった真砂土は、昔の人々にとって優れた土器材料だったのかもしれない。

地中に起源を持つ物質で人間社会に役立つものを「地下資源」という。我々はその有用性を認識し、それを探し、できるだけ低コストで採取しようとする。岡山の人々は古くから花崗岩と真砂土の有用性に気づき、コストをかけずに近場でそれらを採取して利用してきた。そして水運や鉄道などの輸送手段の発達した近世・近代以降は石材として全国に供給している。花崗岩は岡山で最も古い地下資源のひとつであると同時に、長年にわたって利用してきた総量を考えると、まさに岡山最大の地下資源といってよいだろう。

〔参考文献〕
濡木輝一・浅見正雄・光野千春「岡山県中・南部の花崗岩類」『地質学論集』一七、一九七九年
産総研地質調査総合センター『二十万分の一日本シームレス地質図V2』二〇一八年（https://gbank.gsj.jp/seamless/）最終アクセス二〇二二年七月一六日

column

ボーリング調査と発掘調査が描き出す岡山平野の形成

山本悦世

私たちは、どのような自然環境の中で生きているのか。この土地はどのように形成されたのか。各地で大規模な自然災害が頻発する昨今、振り返る機会が増えている。環境と人間活動との関わりは、はるか昔の人たちにとっても、今以上に深いものであったことは容易に想像がつく。当時の人々の暮らしを理解するうえでも、地下深くに埋もれた地形などの環境復元が求められるが、それゆえに難しい課題でもある。その中で、岡山平野の中央部、瀬戸内海に流れ込む旭川下流の平野部（狭義の岡山平野）では、ボーリング調査を通じて、その解明への取り組みが進んでいる。

ボーリング調査は、岡山大学の研究チームによって同大学の津島キャンパスと鹿田キャンパス（鹿田遺跡）で実施された。両敷地は、JR岡山駅を挟んで約四キロメートルの距離にあり、岡山平野の北端と、近世以降の干拓地を除く平野の南端付近のデータが入手された。

写真1　現在の岡山平野（北から）（筆者撮影2022年）

地表下約一〇メートルまで細い孔を機械で掘り、厚い堆積土を円柱状に採取したボーリングコアには、約二万年～約二五〇〇年前（旧石器時代～弥生時代前期）の環境データが残されていた。分析にあたっては、地質観察に加えて、様々な水域に生息する藻類の種類を調べることで当時の環境を復元する「珪藻分析」と、塩分濃度との相関関係が指摘される「電気伝導率」の数値変化を手がかりとした。その結果、陸域と海域の移りかわり、あるいは詳細な海域環境（汽水域・内湾・干潟など）が復元され、時間を追って、現在とは全く異なる景観が浮かび上がってきた。

平原から海域へ　――平野形成前夜の縄文海進

始まりは、旧石器時代から堆積する礫層上面に生じた変化である。現地表下七～九メートルの世界に広がる「平原」のゴロゴロした地表面を、礫層とは全く異なる細かい砂粒の泥質砂層が厚く覆っていた。さらに、干潟に生息する生物の巣穴の痕跡さえも同層中に残されており、干潟を伴う内湾環境の広がりが復元される。この約八〇〇〇年～七三〇〇年前（縄文時代早期）のデータは、「縄文海進」が「平原」を飲み込んでいく様子を鮮明に描

写真2　ボーリング調査風景（山本悦世・鈴木茂之・山口雄治『縄文時代の海岸線復元と遺跡動態―岡山平野のボーリング調査を踏まえてー』2018年より）

写真3　ボーリングコアの観察記録風景（山口雄治編『岡山大学埋蔵文化財調査研究センター報No63』2020年　岡山大学埋蔵文化財調査研究センターより）

き出してくれる。

活発な河川活動と岡山平野の芽生え

旭川西岸で丘陵裾まで到達した海域は、約七〇〇〇年～三〇〇〇年前（縄文時代前期～晩期）に、浅海へと環境を変えていくことが、珪藻の種類などからも見て取れる。特に、約六三〇〇年前には、大型の流木を含む厚い砂層が急速に形成されており、海を埋めていく当時の激しい河川活動を予想させる。

一方、津島キャンパスで海進を免れた陸域では、約四五〇〇年前頃には平野が姿を現し始める。この時期には、約五〇〇〇年前頃の海面低下によって地面が深く抉られた開析谷や河川の多くが、多量の土砂で急速に埋没し、それまでの大きな起伏は姿を消す。こうして生まれたのが安定した微高地の広がりである。同域に重なる津島岡大遺跡の発掘調査でも、同年代を含む縄文時代中期後葉～後期前葉に厚い堆積層が確認され、その上部に縄文時代後期の集落が営まれている。こうした平野の広がりは、周辺遺跡のデータも参考にすると、丘陵裾の南七〇〇メートル程度の範囲に限定されており、いまだ小規模であったと考えられる。まさに、その後の活発な人間

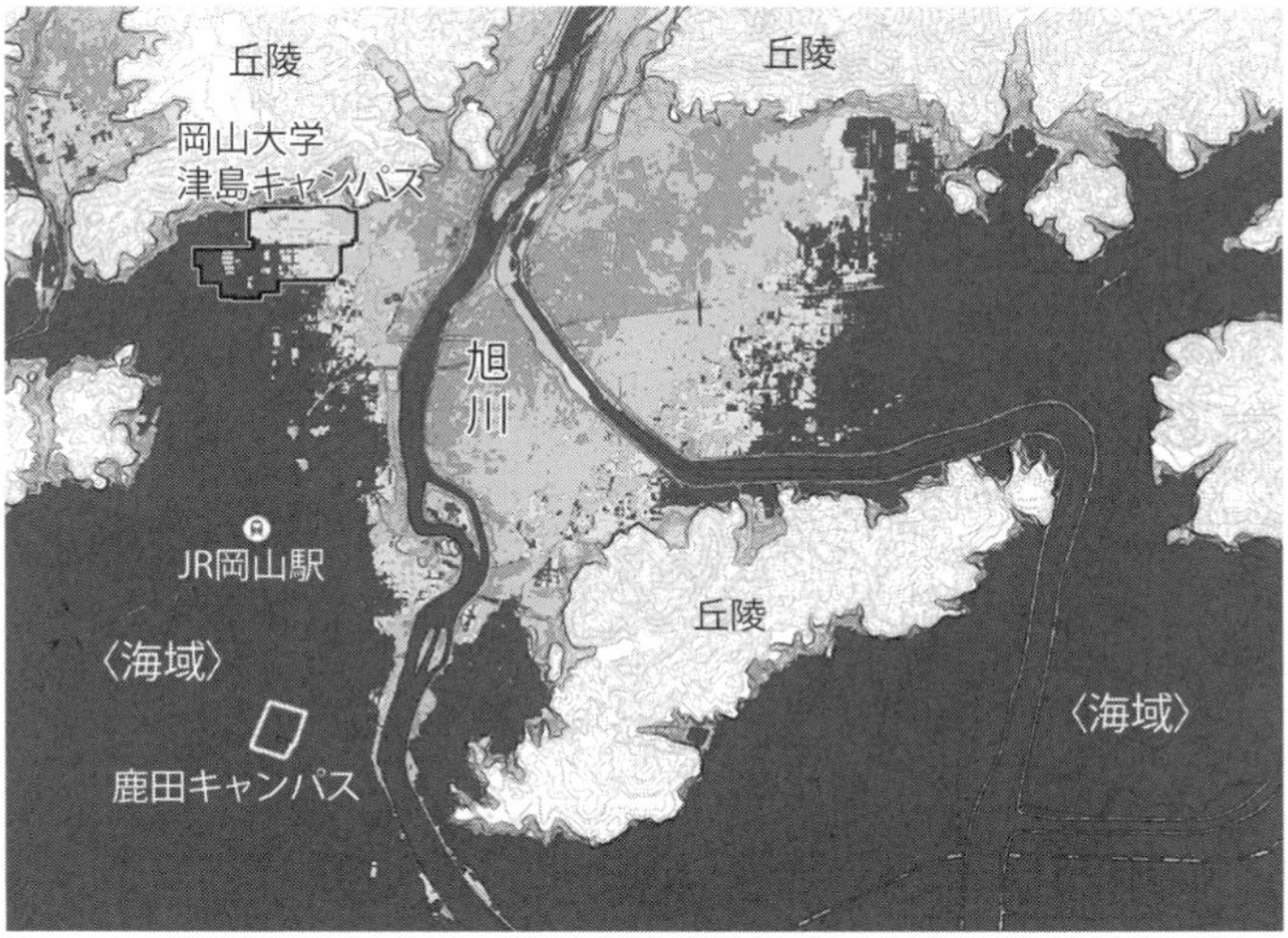

約6000年前（縄文時代前期）の岡山平野

図1　縄文時代前期（約6000年前）の海岸線復元図（山口雄治作図）

活動の場となる岡山平野の芽生えといえよう。

加速する岡山平野の拡大

こうして生まれた平野は、縄文時代も終わり頃の約三〇〇〇〜二八〇〇年前以降に、本格的に南側に拡大していく。淡水〜汽水域を示す堆積層の上部が陸域環境に変化するボーリングデータのほかに、蓄積された発掘調査データが注目される。まず、弥生時代への移行期（約二七〇〇年〜二五〇〇年前）に形成された、腐植土を思わせる黒褐色の土の存在である。際立つ色調を示す同層は、平野北端部の丘陵裾から約二キロメートル南に位置する津島総合グラウンド周辺まで分布し、同時期における海退と陸域化の進行を如実に表わす。さらに、弥生時代前期末・中期後半〜後期前葉（約二四〇〇〜二〇〇〇年前）には、厚さ八〇センチメートル前後に達する砂の堆積が各遺跡で確認され、洪水に伴う可能性も指摘されている。こうした活発な河川活動がもたらした堆積作用を背景に、弥生時代後期には、安定した沖積平野が少なくとも丘陵裾の南五キロメートル前後（鹿田遺跡周辺）まで拡大する。縄文時代の終末から約七〇〇年間の出来事である。縄文時代の平野形成が数千年間で一キロメートルに満たなかったことを考えると、その速さと広がりに驚かされる。遺跡分布も、新たな平野部の誕生に呼応するかのような広がりを見せており、平野と人間活動の急速な拡大が、本地域の弥生時代を特徴づける。

縄文時代に芽生えた小さな平野が、弥生時代に広がっていく中で、モミ痕の付いた土器や水田畦畔が発掘で見つかることも多い。水稲農耕という新たな生業を積極的に受容していった、この地の人々の選択が、平野形成の進行とともにあったように思える。考古学・地質学・植物学などの様々な分析・研究を通じて、岡山平野の形成過程は、より具体性をもって復元されてきている。そんな自然環境を思い描きながら当時に思いをはせてみよう。イメージはますます膨らんでいくようだ。

〔参考文献〕
山本悦世・鈴木茂之・山口雄治・岩﨑志保「岡山市津島岡大遺跡南東部におけるボーリング調査」『岡山大学埋蔵文化財調査研究センター紀要二〇一六』二〇一八年
山本悦世・鈴木茂之・山口雄治『縄文時代の海岸線復元と遺跡動態―岡山平野のボーリング調査を踏まえて―』二〇一八年（https://ousar.lib.okayama-u.ac.jp/56051）
山本悦世・鈴木茂之・山口雄治・岩﨑志保「岡山平野における環境復元へのアプローチ―岡山大学構内を中心に―」『岡山大学埋蔵文化財調査研究センター紀要二〇一七』二〇一九年
山本悦世編『中部瀬戸内地域における縄文時代の環境変動と人間活動に関する考古学的研究』二〇一八～二〇二〇年度科学研究費補助金（基盤研究（C））研究成果報告書　二〇二一年（https://ousar.lib.okayama-u.ac.jp/61858）

水害によって形成された岡山平野

――松多信尚

はじめに

岡山に赴任して初めて起きた大きな災害が平成三〇年西日本豪雨災害だった。私は活断層研究を専門とする地形学者のため、水害調査は門外漢なので地元の迷惑を考えて控えてきた。しかし、真備地区の人々の地域に対する思いに触れて、地理学者として関わることにした。私は自明なこととして「真備地域は水害常襲地域である」と彼等に話した。そのことに大変ショックを受けたと地元の方に告げられ、私はそれにショックを受けた。そこで、自然地理学の立場から岡山の自然災害について考えてみたいと思う。

1 地理学からみた地域

そこにある景観がなぜそこで成立しているのかを解き明かそうとするのが地理学である。

まず最初に、人類という「動物」の衣食住と生息範囲について考えてみる。そもそも人類の運動能力は高くないので、食料の大半は貝やキノコや木の実といった動かないものが主であり、近場に小川や泉など比較的小さな水場が必要で、洞窟や大木の上など雨風をしのぎ外敵に襲われず家族で住める巣が必要である。これらの条件を満たす場所は多くない。ところが、人類は火を用い、道具を作り、食料を育成管理することで食料問題を解決し、水を持ち運ぶ桶を作り、井戸を掘ることで水場の制約から解放され、レンガや石などを積み重ね洞窟を作り、柱を立てることで好きな場所に大木を設置できるようになる。そのうち、食料を直接手に入れなくても、価値ある物を作ったり、サービスを提供したりすることで、その対価として食料を入手するようになると、貿易に有利な海の傍であるとか、交通の要所であるとか、特定の植物を育てやすいといった土地の条件が住む場所として重要になる。このように人類は生息に適さない自然環境を知恵と技術で克服し、土地の特性を活用して繁栄してきた。この知恵や工夫は自然環境に応じて異なり、これが地域の歴史、文化、産業、宗教、気質などに影響し地域性を育んできた。地理学は庶民が時代を乗り越えて一所懸命に生き、作り上げてきた景観（結果の空間）に着目する点が、為政者などの主体者による決断が現在につながっていることに着目する歴史学と異なる点である。

2　地理学からみた自然災害

災害対策基本法では災害を「暴風、竜巻、豪雨、豪雪、洪水、崖崩れ、土石流、高潮、地震、津波、噴火、地滑りその他の異常な自然現象又は大規模な火事若しくは爆発その他その及ぼす被害の程度において、これらに類する政令で定める原因により生ずる被害をいう。」と定義する。つまり、日常ではない（自然）現象によって「被害」つまり我々の生活や社会に支障が生じることを「災害」と呼ぶ。

これは自然現象が同じであっても、受け手の社会次第で災害は大きくもなり小さくもなることを意味する（図1）。私はよくこれを「三匹の子豚」の童話にたとえる。「三匹の子豚」とは三匹の子豚の兄弟が家を建て、長兄は藁の家を次兄は木の家を末弟はレンガの家を建てたところ狼に襲われ、末弟が努力を惜しまずに建てた丈夫なレンガの家だけが狼の息に吹き飛ばされず助かるという話である。この狼の息を暴風とすれば、近代的なレンガの家は原始的な藁の家と異なり災害にならなかったわけである。これを、科学の進歩によって災害が発生しなかったと考え

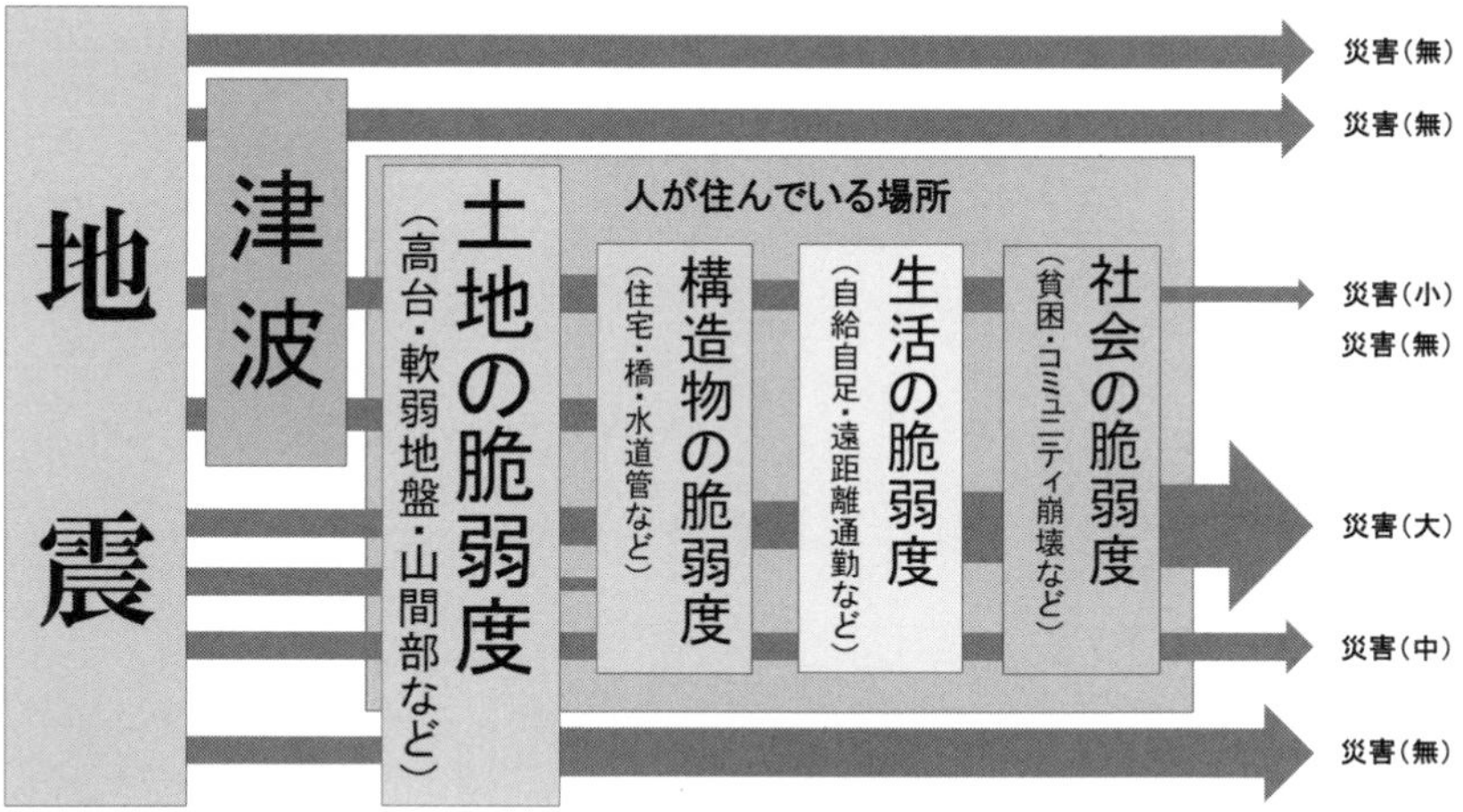

図1　自然現象と脆弱度と災害との関係、地震災害を例に

るのは間違いである。なぜならば、もし自然現象が地震なら、藁の家は倒壊しても藁だらけになるだけなのに対し、レンガの家が倒壊すれば人は生命の危険にさらされる。このように科学が発達することで災害が大きくなることもある。自然現象は同じでも、社会や生活が変われば災害も変化するわけである。

地理学的にみれば、本来は住みにくい自然環境を人類は知恵と工夫で住みよくし社会を作った。その社会が自然現象によって破壊されて災害になると、人々は本来の生存に適さない環境に晒されることになる。そのため、その場所がどうして住みにくい場所だったのかを知ることが災害と対峙するときに必要となる。また、災害をむやみに恐れ忌み嫌うのではなく、被災・復興の繰り返しが、その地域の歴史、文化、産業、宗教、気質などに大きな影響を与えてきたことを知り、災害を負の側面だけでなく、長い目で我々の生活や社会に影響を与える現象とする視点も大切である。

3　自然災害につながる自然現象とは何か

地形を形成する力は、地球自身の冷却が原動力である内的営力と太陽の熱を源とし重力に従った地形をつくる外的営力とに分けられる。本章では外的営力、その中でも河川による地形について考えていく。

地球の表面は主に雨や雪（氷）によって侵食を受ける。削られた土砂は重力によって下方に落ちる。急崖だと急速に落ちるが、ある程度傾斜があると摩擦によってとどまってしまう。ところが、水が関与すると比較的傾斜が緩くても下方に運ばれていく。それらの土砂は水の流れが緩やかになるにしたがって、粗い土砂から堆積を始め、細粒な土砂は海などの水域まで運ばれ堆積する。水域に堆積した土砂も、その後不安定になると地震などをきっかけに崩れてより深い海の底に運ばれる。ここで重要なことは、土砂は高所から低所に移動し、土砂の多くは水で運ばれ、水は最も低い場所を流れるという当たり前のことである。このとき、川とは山で削られた土砂を海に運ぶ通路であると言える。

土砂はどのように運ばれるのだろうか。斜面で生産された土砂は重力で谷に落ち、大水の時に谷から流れ出ていく。流す力は、水の量と水の勢いに左右される。水の量は、降水量がもっとも大きく影響するが、森林減少や下水道の整備、アスファルト化、ダムなどで水が川に集中する程度によっても変化する。一方水の勢いは河床の勾配に影響される。そしてこれらは氷期─間氷期といった気候変化などの環境変化によって変動する。

地球は公転軌道や自転軸の影響などで氷期と間氷期の環境を約一二万年で繰り返す。現在は暖かい時期の後（間）氷期にあたり、二万年ほど前は氷期だった。氷期には、地球の温度は現在より六度ほど低かった（Tierney et al. 2020）。そのため、海から蒸発する水分が少なく、地球全体として降水量は今より少なかった。氷期には氷河が発達し、地球上の水は氷河として今より陸上に多く存在する。そのため相対的に海の水が少なく、海面は現在より一〇〇メートル以上低かった。そのため川の河口付近の当時の平野は現在の水深一〇〇メートル以深に形成されていた。氷期に川の河口の位置が大きく変わらない場合、沖積平野が広がる現在の下流域の川の勾配（河床縦断形）は急だったことになる。後氷期に地球が温暖化し陸上の氷河が融けだすと海面は上昇し陸が水没していく。温暖化が止まり氷床の融解が鈍化すると海面上昇も鈍化し、海は川から流れてきた土砂によって埋められていく。この時、水は最も低い場所を流れ、土砂は水と一緒に運ばれてくるので、低い場所は洪水のたびに土砂で埋まり、土砂によって低い場所が埋まると、より低い場所へと川の流れが変化する。このように、川は川筋を変えながら、まんべんなく低い場所を土砂で埋め尽くし、我々が住む平坦な沖積平野が形成される。

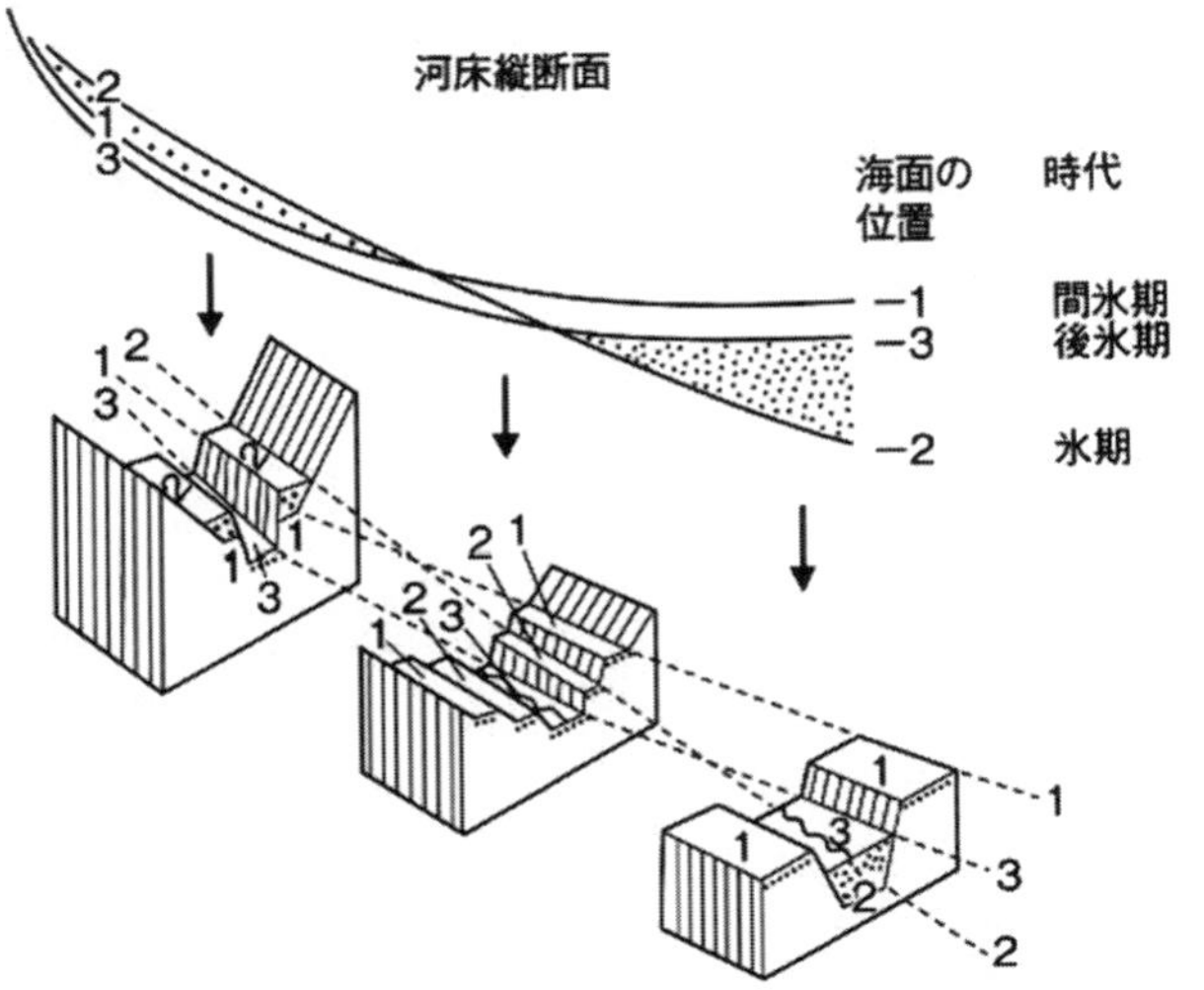

図2　氷期・間氷期間の河床縦断形の勾配の変化と段丘形成（貝塚 1977）

一方、氷期の山間部では高緯度や高山などを中心に氷河やその周辺の凍結融解で侵食作用が強くなる。また植生が減ることでも地表の露出が増え土砂の生産が多くなる。ところが、降水量は減っているので土砂を押し流す力は弱く、結果的に谷の中に落下した土砂が谷中に堆積する。上流で谷が埋まると河床の標高が高くなり、河床縦断形の傾斜は急になる（図2）。河床勾配が急になると、運搬作用が強くなるので川は生産された土砂を下流に流すことが可能になり、河床は動的平衡状態、つまり環境に適応し安定する。氷期から間氷期になると気温が上昇し、降水量が増え川は運搬作用を強くし、植生は回復し土砂の生産量が減る。すると、谷の中にたまっていた土砂を川は削り出す。川の水は最も低い場所、つまり同じ場所を削り続けるのでV字谷になり、川の壁面の崖は不安定となりしばしば崖崩れを起こす。崖崩れで生産された土砂により一旦は河床が高くなるが、再び川はそれを削り、下流へと押し流していく。川が下刻すれば河床縦断形は緩くなり、それに伴って運搬する力が弱まり、どこかの状態で流れてくる土砂と流れ出る土砂が釣り合い、河床は動的平衡状態、つまり環境に合わせて安定する。このように、氷期には川は急になろうとし、間氷期には川は緩やかになる傾向がある。

4　最終氷期以降の環境変化と岡山の河川

氷期の岡山の平均気温は現在の北海道くらいとされる。中国山地の標高は今とほとんど変わらず千数百メートル程度であり、北海道の大雪山系より低く氷河はない。海面が今より一〇〇メートル以上低いので、瀬戸内海は存在せず、朝鮮半島と九州もほぼ陸続きである。この時、日本海は暖流である対馬海流の流入がないため、冷たい閉ざされた海だったと考えられる。そのため、冬季に日本海側に大雪が降ることはなく、中国山地は乾燥した環境で、植生が少なく凍結融解作用が卓越していたと考えられる。つまり、氷期における岡山の河川の上流部は土砂生産量が多かったと思われる。

環境の変化は自然だけでなく、人的な要因でももたらされる。岡山など中国地域は、たたら製鉄と塩田業が盛んだった。これらの産業は燃料として木材を大量に必要としたため、山をはげ山に変え、土砂生産量を増大させた。特にたたら製鉄は花崗岩にわずかに含まれる鉄が原料であり、もともとは河床に堆積した砂鉄を高熱で溶かし製錬する。一回のたたらで三日ほどを要し、必要な木の量は一山分とも言われる。また、中国地方は地殻変動が小さく安定していたため一〇〇〇万年以上の長い期間地表付近に晒されていた花崗岩が風化しマサ化（花崗岩などの風化が進行して砂状になっていること）しており、人工的に崩すことが容易だった。そのため、山を崩し効率的に砂鉄を入手するカンナ流しという技法が、高梁川の上流部などで江戸時代以降盛んになる。この方法は、製鉄に不要な鉄以外の鉱物を大量に川に捨てることになり、人工的に土砂を増やすことになった。

氷期には海面が低下し瀬戸内海が陸地だったため、現在瀬戸内海にそそぐ川は、東に流れて紀淡海峡から太平洋に注ぐ川か、西に流れて豊後水道から太平洋に注ぐ川のいずれかに合流していた（図3）。これらは、瀬戸内海の河川の魚類相の特徴にも表れている。国の天然記念物で岡山市高島などで大切に保護されている「アユモドキ」というドジョウの仲間がいるが、現在は淀川水系と旭川・吉井川水系という離れた場所に生息しており、過去に生息が確認されたことがある川は芦田川より東側の河川に限られている。同じように魚類の分布は芦田川を境に異なる（坪井一九八八）。芦田川の上流と高梁川の支流である小田川は矢掛で同じ扇状地面を流れている。この扇状地は後氷期以降に形成され現在も成長を続けており、その過程で小田川上流は芦田川に流れていた時期もある。そのため、小田川を通じて芦田川と高梁川の魚類は混じり合うことが可能になる。また、現在高梁川は倉敷を通り水島に注ぐが、空中写真から総社から足守川方面に流れていた旧河道跡が読み取

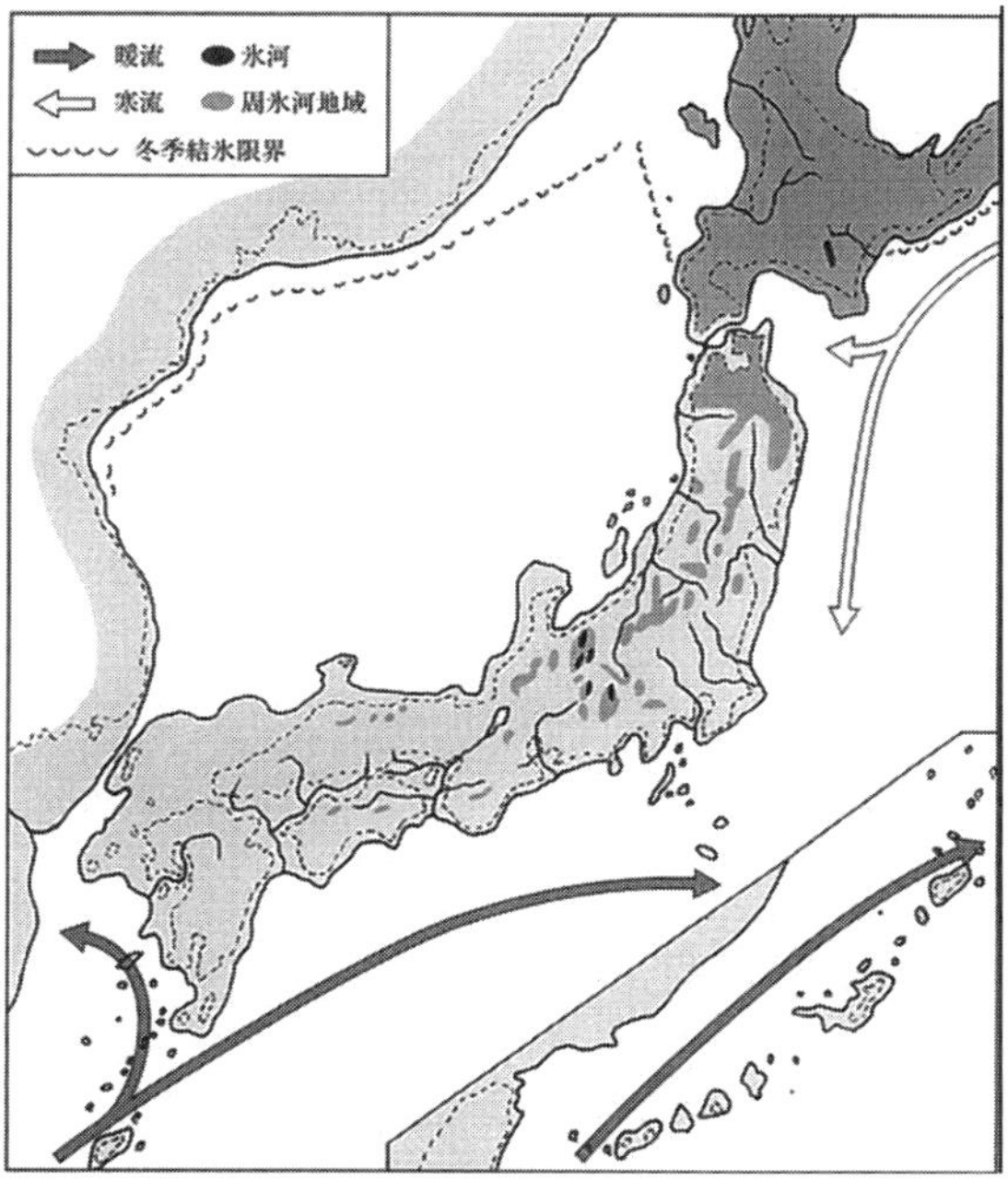

図 3　最終氷期の日本列島（米倉ほか2001）

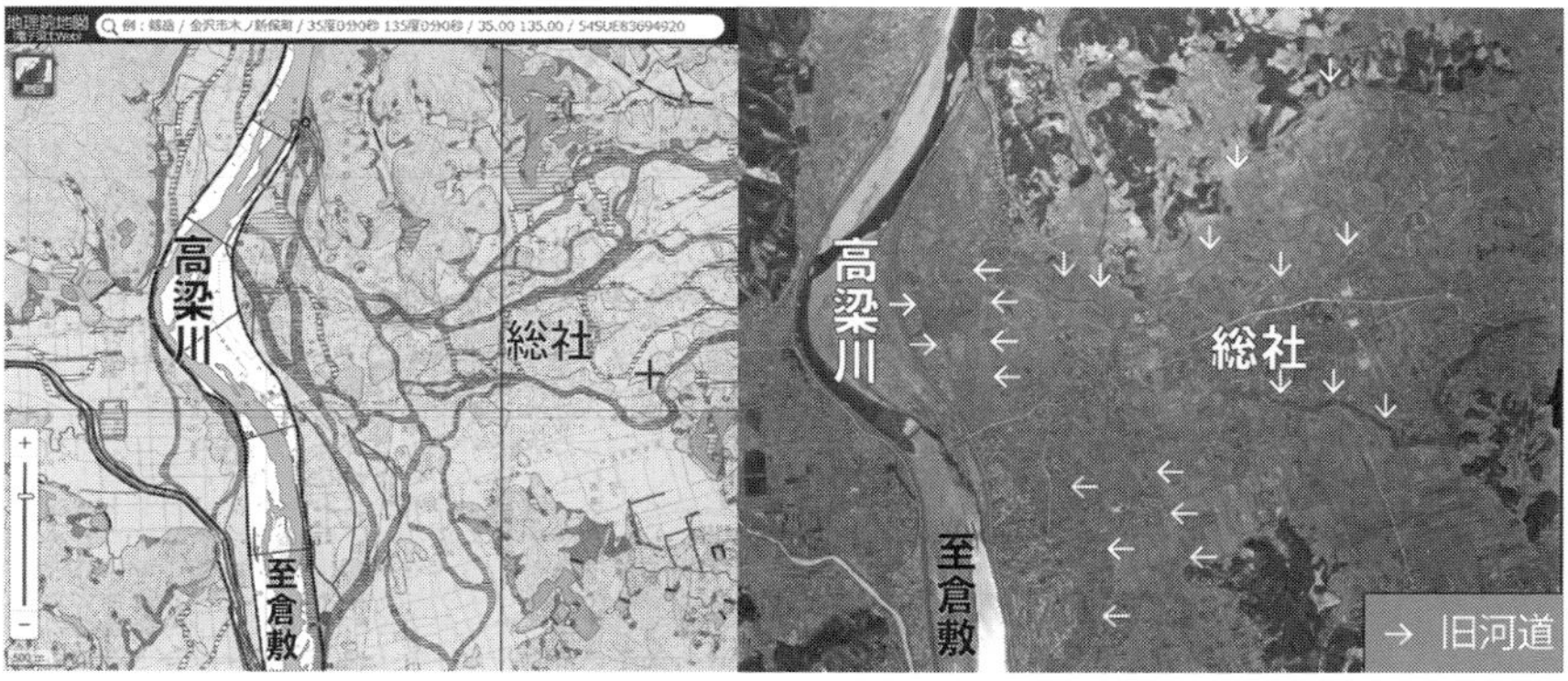

図 4　高梁川の旧河道　左図：治水地形分類図（灰色横線が旧河道）地理院地図より作成、右図：1947年米軍撮影航空写真

現在は倉敷方面に南に高梁川は流れるが、田んぼの区画や土地の保水力が異なるため、旧河道が分かる。東に流れていたことがあることは分かる。

れ、高梁川はかつて児島湖方面に流れていたことが分かる（図4）。高梁川とは独立する笠岡付近を流れる今立川など四水系では、瀬戸内海東側の河川で見られる魚類相は認められないことから、笠岡付近の川は瀬戸内海を西に流れていた可能性が高い。高梁川や芦田川が瀬戸内海を東に流れる川の魚類相と類似するのは、川筋が今と同じでなかったからの可能性が高い。つまり、瀬戸内海の分水嶺は現在の塩飽諸島付近であったと思われ（亀岡二〇一二）、海底地形からの推察とも合致する（桑代一九五九）。

後氷期になると、岡山の河川の上流部は植生が回復することで土砂の生産量が減少し、対馬暖流が流入し日本海からの蒸発が増え降雪が多くなった。降水量の増加で土砂の運搬能力が上がり、氷期に堆積した土砂は押し流され、河床勾配は緩やかになったと思われる。一方下流部は河口が大きく移動する。川の長さは旭川や高梁川でさえ氷期には現在の数倍ほどに達したため、一般的な図2のような河床縦断形のモデルは成立しない。ボーリング資料などをもとに平野の地下を復元すると、図5のように操山より南に谷が伸びていたと思われ、氷期の岡山平野は川が谷を掘りこみ起伏のある平原だったと思われる。

後氷期になり海面が上昇すると、河川からの土砂の堆積作用より海面の上昇速度が大きいため、海岸線が陸側に移動する海進が起き、起伏のある平原は海に没し、岡山は瀬戸内海で最後に水没し浅い海になった。この浅い海は「吉備の穴海」と呼ばれ、航海技術が未熟だった古代から中世において、安全に航海できる重要な海域となった。海面の上昇が約六〇〇〇年前ころに鈍化すると吉井川、旭川、高梁川などの河川から運ばれる土砂による埋積作用が相対的に強くなり海岸線が海側に移動する海退が始まった。一般的には、山間を流れてきた河川が平野部に達すると、粗粒な物質の堆積が起こる。水は最も低い場所を

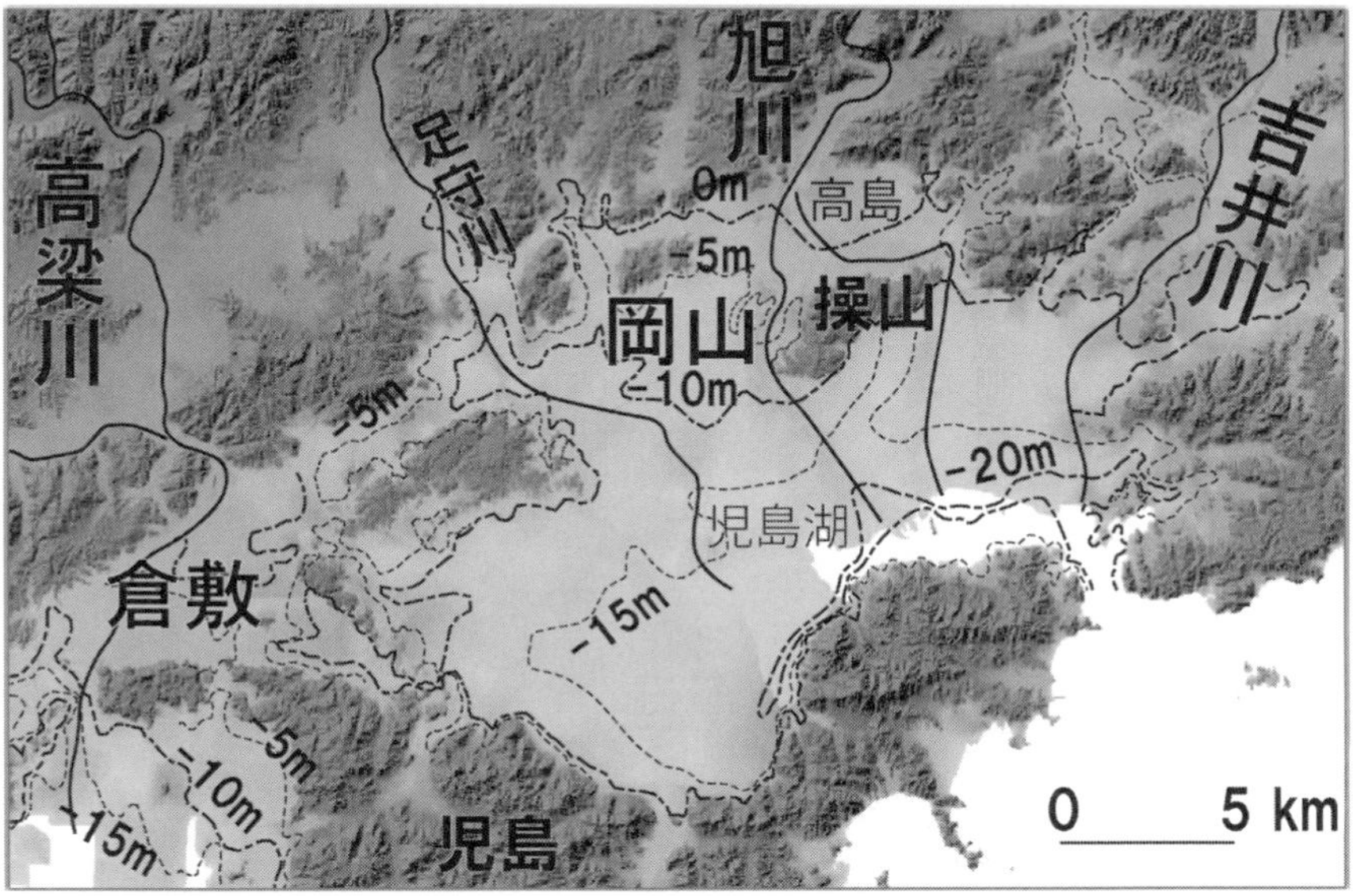

図 5　ボーリング資料などで推定される岡山平野の氷期の埋没地形の深度等高線（破線）（米子工業高等専門学校地域防災研究班（1985）を基に作成）

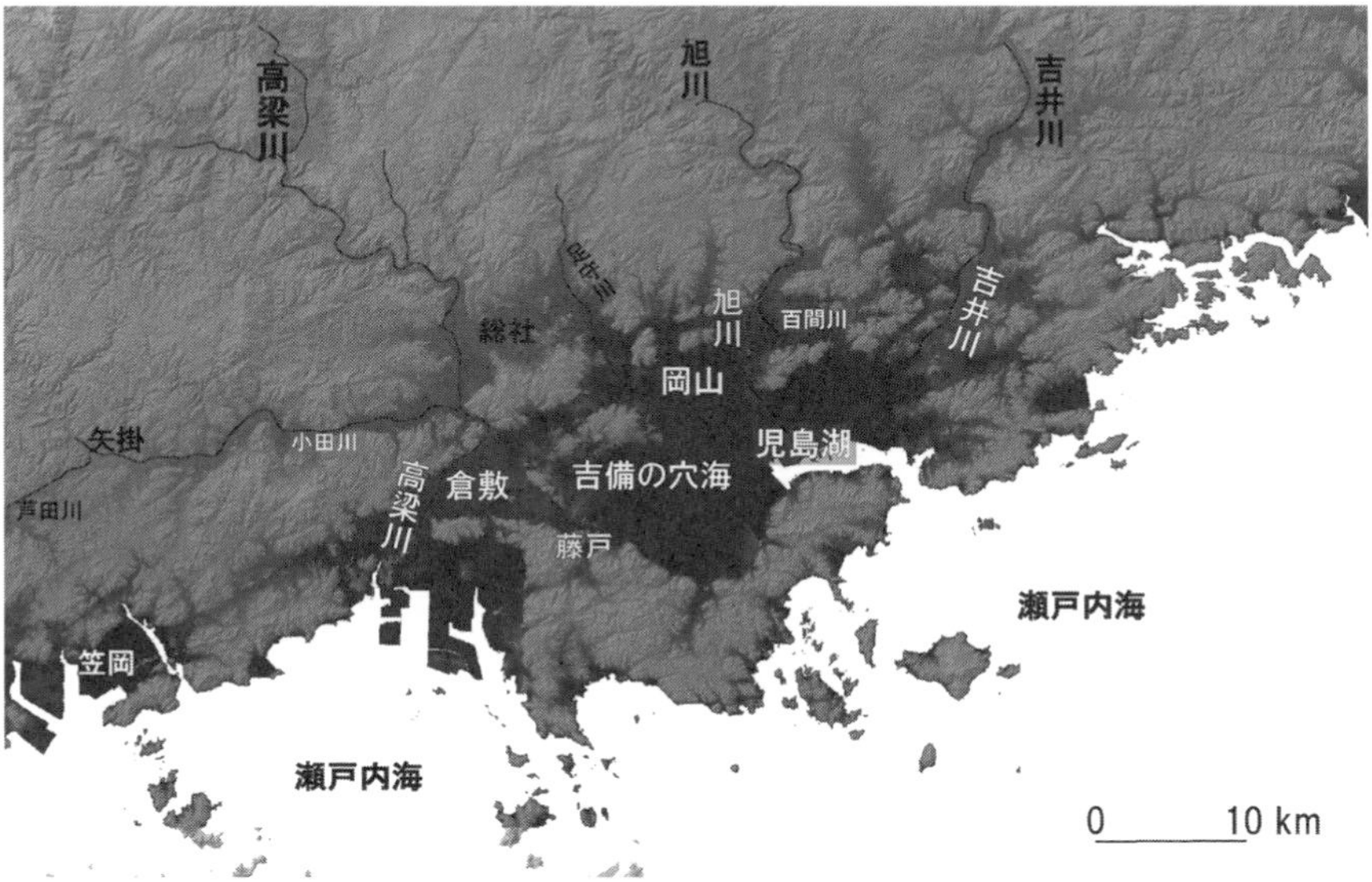

図 6　岡山平野　濃い色（標高3m）の地域が海域になった地域の目安。吉備の穴海は三角州の前進と干拓によって陸地になった。

流れ、その流れた場所に土砂が堆積するため流れを変えながら、山間部の出口を扇の要として扇状地が形成される。岡山の場合、中国山地からの粗い堆積物は津山、勝山などの盆地で堆積してしまうことと石灰岩地域で粗粒物質が少ない地域があるため、岡山平野まで粗粒物質が運ばれにくく、明瞭な扇状地は形成されていない。より細粒な物質は、氾濫原で堆積するが、最終的には海域まで運ばれ三角州となる。三角州は高潮位の海面より低い場所に形成され、満潮時には海域に干潮時には陸域になる干潟が最も海側に位置する。三角州を平面的にみると、土砂が堆積して浅くなった場所は中州となり、それを取り巻く水路はいくつもの流れに分かれる。三角州が成長して海岸線が遠くなった場所は、洪水のたびに土砂が堆積するようになり、三角州から氾濫原へと移行する。氾濫原では河川の旧流路跡が土地利用などから推定でき、地理院のＨＰの治水地形分類図などで確認できる。海退による海岸線の変化は、遺跡分布の変遷にも表れる。縄文から弥生、古代の条理から荘園の分布へと岡山平野の遺跡分布は南へと移動する。平安末期の源平合戦である藤戸合戦では、海戦を想定した平家に対し、源氏は浅瀬を馬で渡って大勝する。平家物語によると浅瀬は月の間で変わるとある。この浅瀬は干満の差によって島（現在は天城台などの丘）の間を流れる急流が弱まる場所に砂がたまった潮汐三角州だろうと私は思う。そうならばその時には吉備の穴海はほぼ埋積されていたことになる。その後、安土桃山時代ころから、干潟を堤防で囲うことで満潮時でも潮につからない土地にする干拓が行われた。干拓は人口増加に伴う食糧増産のため次々に行われ、吉備の穴海は児島湖を除き岡山平野へと変わった。ポンプが用いられる前は、干拓地は自然の干満差を利用し排水するため、干拓による新田開発は干潟でしかできないため、岡山平野は恵まれた環境だったといえる。

5　岡山の災害

平野を生み出す堆積は洪水によってもたらされる。その時水に浸かる場所に人の生活があれば水害となる。水害を避けるには沖積平野に住まないか、自然堤防などの微高地に住むことで被害を軽減するしかない。短時間に水が川に集中しないよう遊水地やダムの整備、連続提の築堤など、技術と工夫によって、自然環境を改変する方法もある。岡山では連続提を造ったり、百間川と旭川のように洪水流を分流させたりする工夫をしてきた。干拓地ではすでにあった澪筋を排水河川の川筋として利用し、その河口は岩盤が露出する島（現在は丘）間になるように整備したようである。

ところが短期的に災害に逢わなくなっても、長期的には自然の営みを止めることは難しい。連続堤防は河川の土砂を水が流れる堤外地にのみに堆積させる。そのため、上流でたたら製鉄が盛んであった高梁川などは顕著に周囲より河床が高い天井川となる。天井川は河床が住宅地より高いので、いったん破堤すると濁流が高い所から流れ落ちるため被害が大きくなる。また、干拓地は堤防で囲まれているため、破堤した時に水は行き場がなく耐水する。実際に一八五〇（嘉永三）年の高梁川の洪水では、あふれ出した川の水が倉敷の干拓地を満たす。倉敷市のＨＰでその様子を描いた絵を見ることができる。この時、交渉の末堤防を切り、水を児島方面に放出したようである。連続堤防の整備は、水害の頻度を下げるが、起きた時は今までより大きな水害となる。なぜならば、自然の状態では、平野全体に広くあふれる水が破堤した場所にだけ集中する為、自然の状態以上の水が押し寄せることになる。実際に一八九三（明治二六）年の高梁川の水害では過去最高の水位を記録し、それまで真備川辺の町を守ってきたかぐら堤と呼ばれる囲堤を越えてしまい大災害となった。この災害後、高梁川は干拓時に人工的に作られ天井川化していた河道を大改修し、一本の河道とする。特に東派川とよばれた河道は天井川化が激しく廃川となった。この一本化の工事に際し、新たな河道が掘削され、その河道に指定された住民は強制移住をさせられた（図7）。川のあった跡地は土地を失った住人の代替地や新たな耕作地となったほか、豊富な水を活用したクラレの化学繊維工場になり、倉敷の発展に寄与する。倉敷イオンはその跡地にあり、旧天井川の河道跡で周囲より高くなっている（写真1）。この大工事で移住を余儀なくされた人々は、新しい廃川後に優先的に移住されたと倉敷市史にはあるが、実際に跡地を利用した人は岡山市内などからが多いようである（細川二〇二二）。この時、祠や石仏なども移住しており、これらの札所が集められた場所が西酒津などにある（写真2）。

堤防がなければ、満潮時に干拓地は海面下に沈む。このような場所は気圧の低下や風による吹き寄せで海面が上昇する高潮に脆弱である。岡山で有史以来最悪の災害は一八八四（明治一七）年に水島や玉島を襲った高潮災害で、死者行方不明者六五五人にのぼる。高潮と同じように海面が上昇する津波も懸念される。南海トラフ地震では最大数メートルの津波来襲の可能性が指摘されている。津波来襲前に発生した地震で海岸、河川、用水路の堤防や護岸に被害が出ていると、干拓地は水深数メートルの海になり、流された家やコンテナなどが凶器となる可能性がある。

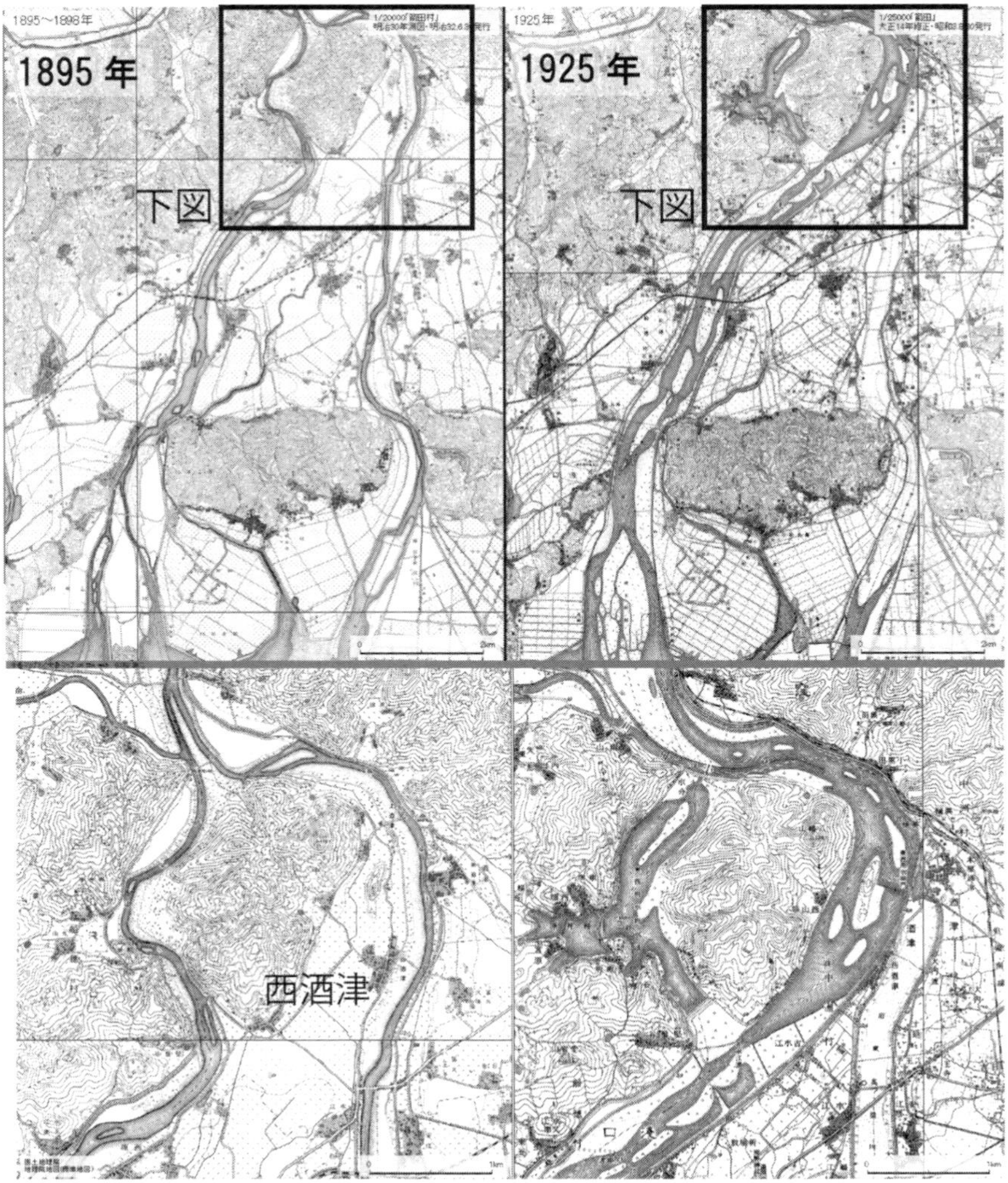

図 7　高梁川第一期改修工事に伴う河道の変化と集落の一部が消滅した西酒津集落（今昔マップより作成）

写真１　奥に旧河道部分で高いイオンモール倉敷

写真２　高梁川改修で移されて集められた札所の石仏

岡山平野の形成史は地盤災害にも影響する。例えば氷期の谷は周囲より軟弱な新しい地層が厚くたまっている。そのため、昭和南海地震時に帯状に被害が大きかったと言われる。また、液状化も地盤と関係が深く、地下水面が高い砂層で発生しやすい。干拓地は干潟で泥の地層のため砂層より発生しにくいと従来は考えられていたが、東日本大震災では泥質な地盤の上に盛土をした場所で被害が大きかったので、干拓地における宅地などでは液状化も懸念される。また、橋や用水路の側壁などに多大な被害をもたらすはずで、大地震後は物資の輸送に支障をきたす可能性が高い。干潟地は、真水が得にくく、先人は用水路の水の利用や特別に真水が湧く井戸を見つけ対処してきた。このような昔の人の環境に適応した工夫も知っておくことが、災害時の備えになる。

おわりに

人類は安全でない場所を住みやすい場所に変えながら環境に適応してきた。岡山平野は、砂鉄採取などの影響を受けながら形成され、干拓や堤防などによって住み易い場所になった土地の特徴を活かして、物流に利用するため倉敷川や高瀬通しなどの運河を作り、塩の影響を受ける干拓地に用水路で真水を運びながら塩に強い綿花などを栽培するなどして、繁栄してきた。西日本豪雨は悲惨な災害であったが、被災地では、災害に強い地域づくりや竹を使った新たな産業など、住民自身による様々な新しい取り組みが始まっている。時代が変わり、住民が変わっても、自然の影響を受けながら住みよい地域を作ることが今もなされている。そこで生まれる、新たな文化や産業が百年後の地区の誇りになることを祈願するとともに、災害を乗り切ってきた先人の歴史と生活を、数千年という地球の営みと合わせて理解することが大切だと思う。

〔参考文献〕
貝塚宗平『発達史地形学』東京大学出版会、一九七七年
亀岡　平「瀬戸内地域における最終氷期の東西分水嶺―淡水魚類相の形成過程をもとにした考察―」岡山大学教育学部卒業論文、二〇二一年

倉敷市史研究会編集『新修倉敷市史』倉敷市、一九九四年
桑代勲「瀬戸内海の海底地形」『地理学評論』三二号、一九五九年
坪川健吾「岡山地方の純淡水魚類相の動物地理学的考察」『倉敷市立自然史博物館研究報告』三号、一九八八年
西山弘祥「岡山平野の発達史」岡山大学教育学部卒業論文、二〇二〇年
細川和馬「大規模な河川改修工事に伴う住民の移転と生活の変化　～高梁川第一期改修工事を例に～」岡山大学教育学部卒業論文、二〇二一年
米子工業高等専門学校地域防災研究班『岡山県臨海地帯地盤資料』一九八五年
米倉伸之ほか『日本の地形1総説』東京大学出版会　二〇〇一年
J. E. Tierney, J. Zhu,J. King, S. B. Malevich,G. J. Hakim,C. J. Poulsen,Glacial cooling and climate sensitivity revisited. Nature 五八四号、二〇二〇年

column

岡山県の地震とその危険度——活断層がなければ安心なのか

隈元　崇

「晴れの国おかやま」とは岡山県の広報紙のタイトルである。この修辞から、晴れの日が多い、温暖な気候、災害が少ないといったイメージが想起される。しかし、世の中で特に怖いとされているものを順に並べた「地震・雷・火事・親父」を考えるとき、雷を気象災害の代表とすると、それよりも恐ろしい地震とその災害について岡山県は安心して良いものだろうか。

「地震」という用語は、専門的には地下の震源断層のずれ破壊の現象を指すもので、マグニチュードの指標は地震のもつエネルギーと関係している。一九九五年兵庫県南部地震と二〇一六年熊本地震のマグニチュードはともに七・三であった。一方、地面の揺れは「地震動」と呼ばれ、一般には震度の指標で表される。地震動は、その源である震源断層の近傍では大きく、そこから離れるに従って小さくなる。気象庁の定める震度階の最高値は七であり、それを記録した兵庫県南部地震の「震災の帯」や熊本地震で家屋の倒壊被害の大きかった益城町では、地震を引き起こした断層が通過していた。岡山県内には目立った分布がないとされる「活断層」とは、震源断層の面積が大きいために、断層面の上端部分が地表にまで到達して地形に現れた痕跡で、専門家が空中写真や野外調査で認定してその位置を地図に記している。兵庫県南部地震ではその発生以前に認定されていた淡路島の野島断層にそって最大約三メートルのずれが地表に新たに出現した。同様に、熊本地震でも以前から知られていた布田川断層に沿って最大約二メートルの田畑の畔のずれが観察されている。

ここで、岡山県の地震とその危険度を考える際に注意すべきことを二点挙げる。一点目は、地表に活断層が認められていなくとも、地下にはやや小さめの震源断層が存在しうるということである。こうした地下にすべて埋まっている断層は伏在断層と呼ばれる。地表にまで到達する大きさ（面積）ではないため、地表に認められる活断層で発生する地震よりもマグニチュードは小さくなる傾向がある。しかし、その直上での地面の揺れは相当程度大きく、建物の倒壊などが生じる場合もある。二〇一八年大阪北部地震がその一例で、マグニチュードは六・一と小さかったが大阪北部で最大震度六弱を記録し被害が生じた。中国地方でも、二〇〇〇年鳥取県西部地震が

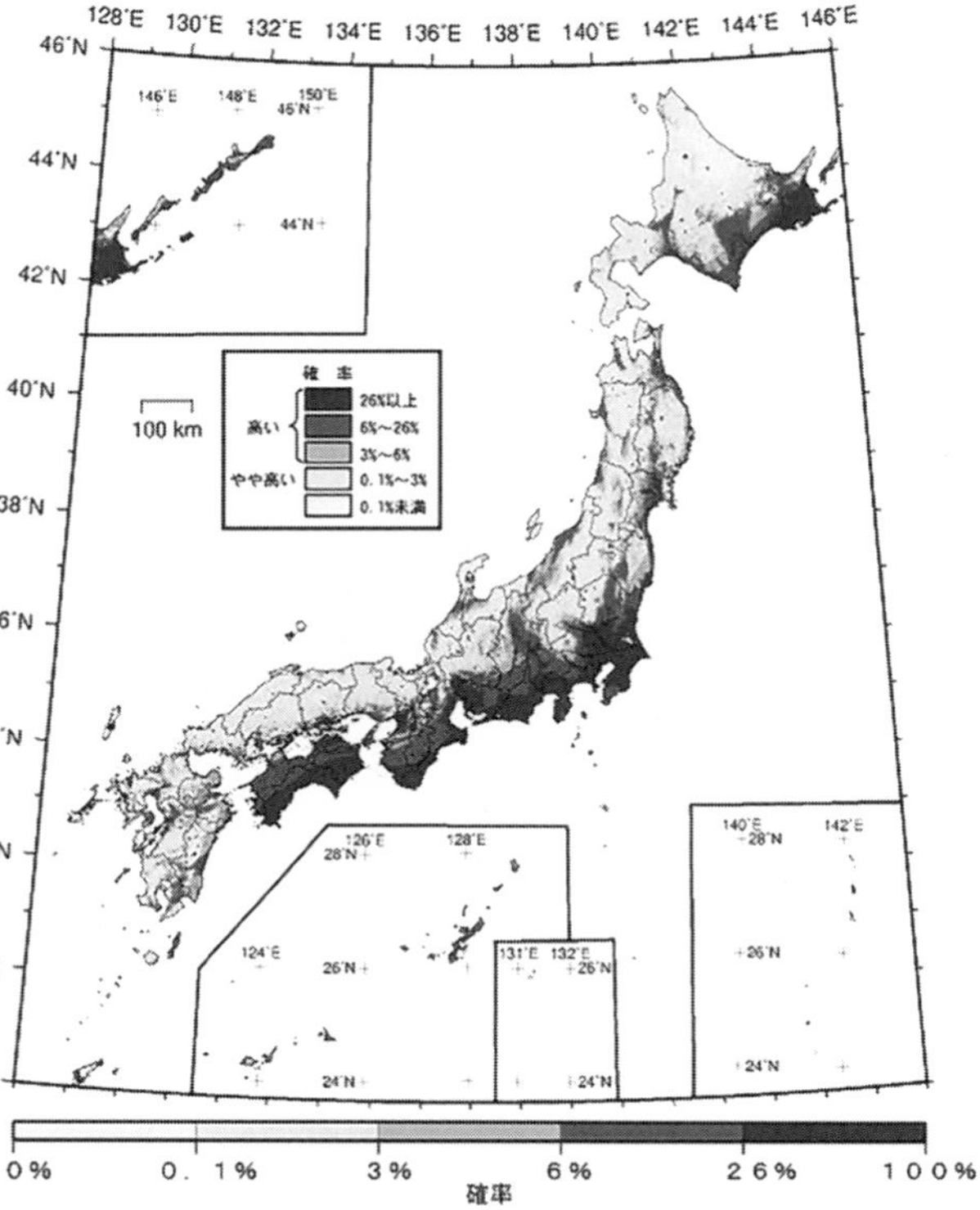

図1　今後30年間に震度6弱以上の揺れに見舞われる確率（地震調査研究推進本部、全国地震動予測地図2020年版、https://www.jishin.go.jp/main/chousa/20_yosokuchizu/yosokuchizu2020_chizu_10.pdfを一部改変）

このタイプの地震であると考えられている。このように、活断層がないとされる地域でも人的・物的被害を伴う地震が生じることに留意が必要である。

　二点目は、日本の沖合で発生するプレート境界型の巨大地震による揺れが、遠く離れた地域でも被害を生じさせうるということである。二〇一一年東北地方太平洋沖地震では、東北地方の広い範囲で震度六強を記録した

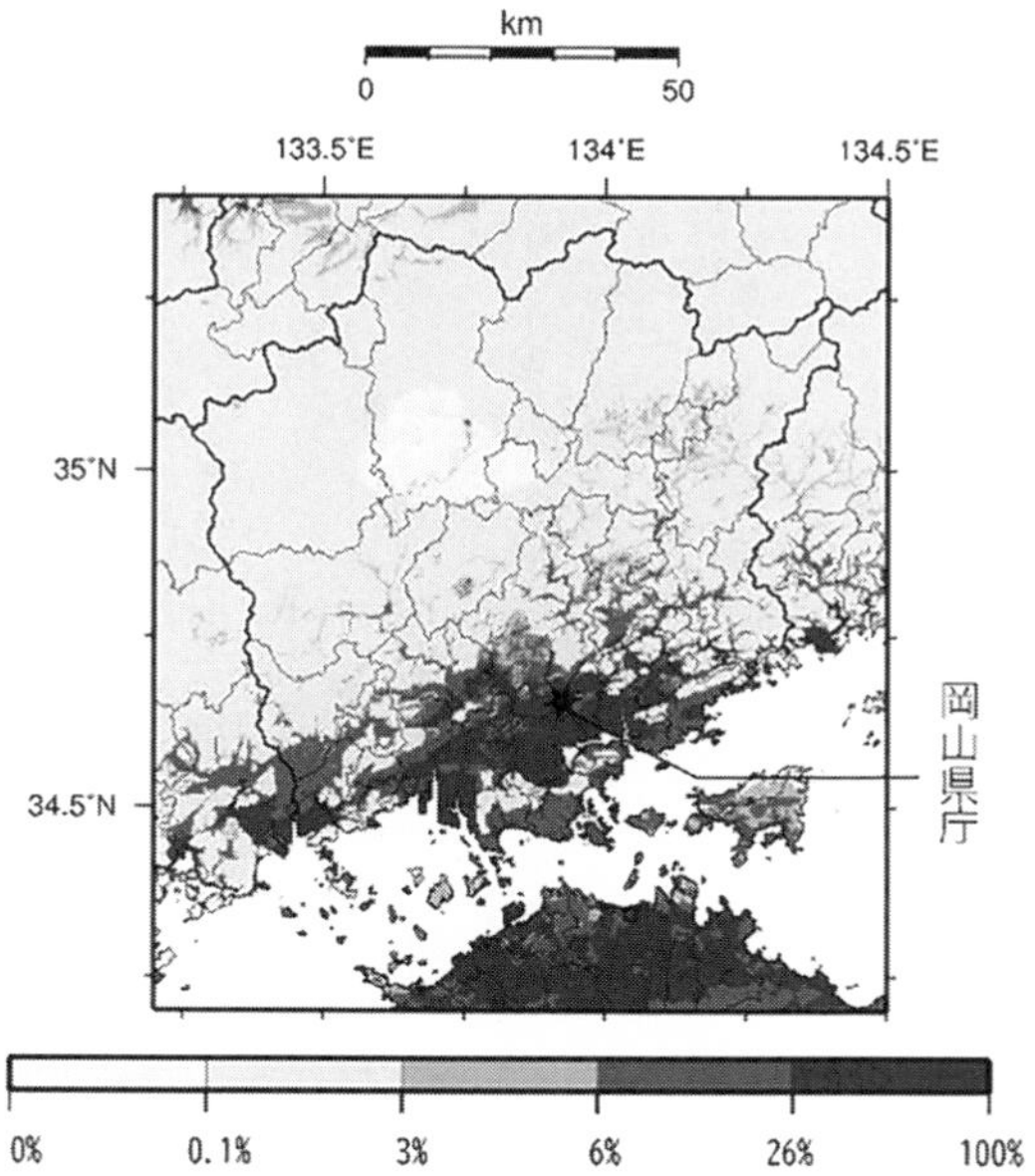

図2　地震動予測地図2020年版の岡山県周辺の拡大図（地震調査研究推進本部、確率論的地震動予測地図・中国・四国地方、https://www.jishin.go.jp/main/chousa/20_yosokuchizu/yosokuchizu2020_chizu_26.pdfを一部改変）

が、遠く離れた東京でも震度五強が観測され天井崩落やエレベータ閉じ込めなど被害が生じた。岡山県に影響を及ぼすと想定されるプレート境界型の巨大地震は、西日本の沖合のプレート境界である南海トラフで発生する巨大地震であろう（図1）。トラフとは細長い海底盆地のことで地震に関連した地形である。この地震発生域では、東から東海地震・東南海地震・南海地震と範囲を限った地震が複数発生することもあれば、区間が連動して超巨大地震となる場合もあることが歴史記録の調査から明らかとなっている。南海トラフの地震での岡山県の直近の被害の事例は、範囲を限った地震であったためやや小さめのマグニチュード八・〇となった一九四六年昭和南海地震で、児島湾沿岸部や高梁川下流域などの県南部で死者五一人、家屋全壊四七八棟の被害が記録されている。将来の南海トラフ巨大地震について、岡山県が公表している予測地図でその危険度を見ると、沿岸部の地盤が軟弱な低地帯で最大震度六強の大きな揺れが生じ、多数の液状化現象が発生するとされている。文部科学省・地震調査研究推進本部が公表する地震動予測地図では、南海トラフ巨大地震の今後三〇年間の発生確率は七〇％程度と高く見積もられている。さらに、地震動は表層の地盤が軟弱な場合には数倍程度増幅されるという研究成果を受けて、県の南部を中心に今後三〇年以内に震度六弱以上の揺れに見舞われる確率が二六％以上の高い危険度の地域が広く見られる（図2）。例えば代表地点として県庁での地震危険度を見ると、今後三〇年以内に震度六弱以上の揺れに見舞われる確率は約四一％、同じく震度六強では約七％と示される。この危険度は決して小さくはない。

岡山県が、大きな自然災害に見舞われないことが理想ではある。しかし、地震だけでなく気象も含めた広い意味で、自然は希望的観測を許してはくれない。そうであるなら、「晴れの国おかやま」のイメージを守るためにこそ、官民それぞれの立場で不断の防災教育や対策の充実を図ることが重要である。

〔参考文献〕

岡山県『南海トラフ巨大地震による震度分布図・液状化危険度分布図について』（https://www.pref.okayama.jp/page/308887.html）二〇二二年四月一五日アクセス

文部科学省・地震調査研究推進本部『全国地震動予測地図』（https://www.jishin.go.jp/evaluation/seismic_hazard_map/shm_report/）二〇二二年四月一五日アクセス

貝類からみた岡山の環境変化

福田　宏

はじめに――貝類は「炭坑のカナリア」

貝類はさまざまな動物の分類群のなかでも、とりわけ環境の変化に敏感な一群といえる。大半の種は、個体群を継続的に維持するうえでの環境条件の嗜好が厳密であるのに加え、移動能力が総じて低いため、棲息地の状態が急変すると適応できず、ただその場で滅びるしかない場合が多い。もともと著しく狭い範囲の固有種も多く、それらの種はたった一ヶ所の産地が失われると即座に絶滅へ直結する。

この結果、貝類は他のどの動物の分類群よりも、絶滅危惧種の数が多くなる。日本全国を対象とした環境省レッドリスト（以下、RLと略記する）2020では、動物のうちで評価対象種の母数が最多なのは昆虫類で約三万二〇〇〇種に上るが、そのうちRL掲載種数は八七五である。これに対し貝類の評価対象種数は約三二〇〇と昆虫類の一〇分の一であるにもかかわらず、RL掲載種数は昆虫より約三〇〇種も多い一一七七種である。これは日本全国どこでも類似した比率になると予測される。

環境変化に対する貝類の反応は、貝類以外の大半の生物より早く、しかも明瞭に現れるのが通例である。貝類は喩えていえば炭坑のカナリアである。地下から無味無臭の有毒ガスが発生しても坑夫はしばらく気づかない（気づいた時は大概手遅れである）が、カナリアは坑夫に先んじて敏感に反応し、突如鳴き止むか、頓死する。これと同様に、他の生物が一見平然と生き延びていて環境になんら変化がないように見えても、貝類の種数だけが減り始めるか、あるいは特定の種だけが短期間で劇的に消えたならその場所には必ずや何らかの異変が生じている。

逆にいえば、ある特定の場所で、どのような顔ぶれの貝類の種が棲息しているかを精査するだけでも、その場所の現状と歴史的経緯の概要を知ることができる。したがって貝類は、いわゆる環境指標生物として最適な存在であるともいえる。移動能力に優るため環境攪乱が生じても他の場所へ逃げおおせる生物ならば、環境との関連性が稀薄なため指標としての適性も弱まるが、対照的に、環境状態の良し悪しを端的に、しかも高解像度で反映するのが貝類である。

これを踏まえたうえで、現生貝類の地域ごとの絶滅種や絶滅危惧種の実数を見ると、様々なことがくっきりと浮き彫りになる。現在は四七都道府県すべてが独自のＲＬまたはレッドデータブック（以下、ＲＤＢ）を公表しているので、地域ごとに生物の絶滅種数を知ることができる。それらによって現時点での貝類の絶滅種数ワースト５を挙げると、筆頭は東京都（二〇一〇・二〇一一、本土と島嶼部の合計）の三四、次いで大阪府（二〇一四）の二〇、千葉県（二〇一九）の一八、愛知県（二〇一五）の九、愛媛県（二〇一四）の六種と続く。上位四都府県はいずれも大都市を擁するため環境破壊もとりわけ大規模で、絶滅種が多くなるのも当然である。

1 畠田和一の遺した標本

ところが最近、岡山県版RDB（二〇二〇年三月発刊）作成のために同県で検討したところ、少なく見積もっても上記四都府県を遥かに凌駕する種数の貝類が、絶滅したことが明らかになった。これは畠田和一《はたけだわいち》（一八九七～一九六五）が生涯をかけて築き上げた膨大な貝類コレクションが、二〇一〇年に再発見されたことが大きく影響している。畠田は岡山市在住で、一九三〇～六〇年代にかけて熱心に貝類蒐集を続け、ハタケダマイマイなど複数の新種発見にも直接関与した著名なアマチュアである。歿後、その標本群は行方不明となっていたが、およそ四五年ぶりに鏡野町公民館の薄暗い物置から、幸運にもほぼ原型通りの状態で見出されたのである。

畠田標本は、衝撃的な内訳を示していた。標本総数は七〇〇〇ロット以上に達し、それらの産地は日本全国から戦前～戦中の旧日本領のほぼ全域（千島、樺太、沿海州、朝鮮半島、台湾、パラオ、ヤップ、フィリピン、ニューギニアなど）に及ぶのみならず、戦後絶滅した種や、例えば北朝鮮などアクセスが困難となって事実上再入手が不可能な種なども多数含まれる。

なかでも彼が地元岡山県で自ら採集した標本には、従来同県での文献記録が存在しなかった種が多数存在する。それらを再同定して加味した結果、岡山県産貝類の種数は、二〇一〇年時点での記録の約六〇〇種から一挙に三〇〇種以上増加し、二〇二二年七月時点で九〇〇種を超えた。この増加分の大半は畠田の遺した標本のみによる。つまり、それら畠田標本に見られる岡山県産の種の大半は、その後の同県で一切産出が確認されていない。再確認された種もわずかな死殻や破片のみで生貝は見出されていない例が多い。したがって畠田が目にしていた当時の岡山県の自然環境は、現在我々が見ているものとは著しく異なり、両者の間には大きな断絶があると言える。畠田が歿した一九六五年以降、日本は高度経済成長期に突入し、国土全体で急激な開発がなされて自然環境が一変したが、とりわけ岡山県はその時代の環境破壊の影響が極端に大きく、それまで県内に棲息していた貝類の種の多くが絶滅した。その規模はまさに大量絶滅の語にふさわしく、本県でなされた環境攪乱の甚大さは他のすべての都道府県と比べても抜きん出ていた。その事実の直接的にして唯一の物的証拠を、今に伝えているのが畠田標本なのである。

これらを踏まえて岡山県版ＲＤＢ２０２０では、同県で絶滅した貝類を七一種とした。また、現時点で県内から絶滅したとは断定できない（つまり今なお県内に生存している可能性がある）種においても、このまま放置すれば近い将来絶滅する恐れが極めて大きい絶滅危惧Ⅰ類として一四八種、それに準ずる絶滅危惧Ⅱ類として四七種、準絶滅危惧二四種、情報不足三七種が選定された。しかも、その選定時は時間的制約などの事情により、棲息実態や稀少性評価の検討が完了できなかった種がさらに約三〇〇種あり、それらの中にも、実際には既に県内で絶滅した種が多く含まれている可能性が高い。

また、岡山県でこれまでに産出が記録された現生貝類全体の種数は約九〇〇種で、そのうち絶滅種が約七〇種を占めるので、絶滅率（絶滅種数／総種数）はおよそ七・八％と驚くべき高率である。例えば東京都は伊豆・小笠原諸島をも含むためその範囲は亜熱帯まで及び、貝類の種数合計が二〇〇〇種を下回ることはなく、そのうち絶滅種は三四であるから絶滅率は二％に届かない。岡山県での絶滅種数と絶滅率の数字は桁違いで、異常と呼ぶほかないレベルである。このような県は全国どこを探しても他に一切の類例がない。これは以下に述べる、本県独特の環境破壊の歴史に起因している。

2　岡山県の環境破壊と貝類の大量絶滅の歴史

岡山県における人為的環境攪乱の歴史の始まりは、六世紀半ばの古墳時代まで遡る。そのころ大陸から渡来してきた人々は、吉備地方（現在の岡山県中央部）に製鉄技術をもたらした。製鉄は吉備の地に普及して根付き、長きにわたって発展したが、これには火力の安定的な確保が必須であった。必然的に岡山県の山々に繁茂していた樹木は盛んに伐採され、薪として消費されていった。これが原因で山林の多くがみるみる消失し、剥き出しとなった山肌から雨が降るたび土砂が崩れて低地へ流出する。それらの土砂は吉井川・旭川・高梁川の県内三大河川を通じて瀬戸内海へ着々と運ばれた。

それまでの岡山県の海岸線は、現在の岡山市東部から倉敷市西部～浅口市あたりに及ぶまで、水深の浅い水道が東西に走り、多数の島嶼が散在していた。岡山県南部と香川県島嶼部に固有な陸産貝類アキラマイマイは、この時代まで離島であった場所に産地が限定される（図1）。現在、岡山・倉敷・玉野・浅口各市で陸続きながらもアキラマイマイが見られる場所は、本来はすべて島嶼だった場所である。これらの島嶼間を満たしていた海域へ、山間部から流出した土砂が次第に堆積していった。時代を下るにつれて海岸線は漸次沖合へと移動し、陸地の面積は徐々に拡大していった。これらの地形変化自体が既に、製鉄に起因する人為的なものである。森林伐採はその後も長く続き、江戸時代までには本県の南半分の大半は禿山と化してしまい、熊沢蕃山が治水治山や持続可能な農業経営の観点から警鐘を鳴らしたことはよく知られている。

海辺の浅海域に土砂が堆積し、干潟が拡大していった様子は、貝塚から掘り出される貝類遺骸からも知ることができる。縄文時代あたりから岡山県南部には多くの貝塚が形成され、ハイガイとヤマトシジミが多く見出されるが、時代の経過とともにハイガイの産出量が飛躍的に増してゆき、安土桃山時代あたりでピークを迎える。これはハイガイが棲息可能な泥干潟がどんどん拡大していったことを明示している。ハイガイは現在の日本では干潟棲貝類の絶滅危惧種の代表例として認知されている。しかし岡山県では、人為的要因によって分布を拡大した時代が確かに存在したのも事実である。

陸地の拡大と海岸の水深の減退は、奈良時代ごろ着手された干拓事業の促進に拍車をかけた。干潟はもとより平坦な地形であるから、海水の侵入さえ防げば農地などに転用可能な土地が確保できる。もともと陸地化が進行し続けていた岡山県では、それに乗じて干拓がなされたのは自然な流れではあった。室町時代以降本格化した干拓工事によって、江戸時代末期までには岡山市と倉敷市の間にあった水道は全て陸地と化し、大きな島であった現在の児島半島も完全に陸繋された。その後さらに戦後に至るまで、間断なく大規模な干

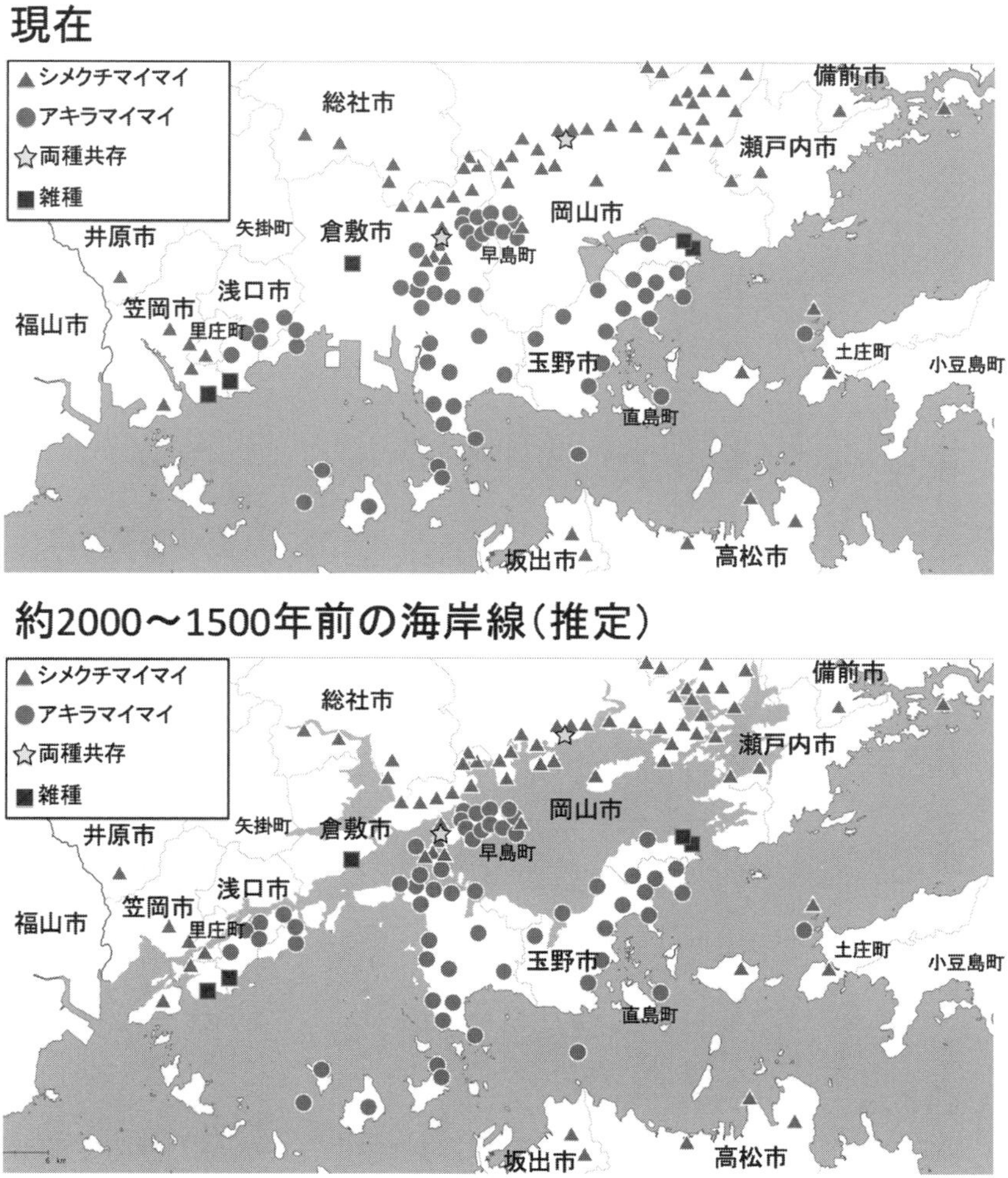

図 1　陸産貝類アキラマイマイ・シメクチマイマイの分布と岡山県の海岸線の変化

拓が進行してゆくことになる。

しかしそれでも戦前から戦後まもない時代（一九五〇年代ごろ）までは、まだ岡山県の貝類の多様性は、現在とは比較にならないほど高かったと考えられる。これはもちろん畠田標本が主たる証拠である。また、国立科学博物館をはじめ各地の自然史博物館等に所蔵されている標本にも、今は生貝を見ることの叶わなくなった岡山県産の種が少数ながら含まれている。それらのうち、かつては岡山県内に確かに産出していながら、現在は絶滅してしまった海産貝類の種は、以下の三群に大別できる。

① 大規模な内湾奥部の、干潟や河口汽水域に特異的な種。例、シマヘナタリ、キヌカツギハマシイノミ、ハイガイ、ハマグリ。（図2）

② 内湾の潮下帯（水深約五〜三〇メートル）の砂泥底に棲む種。例、ヤツシロガイ、ミクリガイ、ハンレイヒバリ、アオサギ。（図3）

③ 湾口部または外洋を主な棲息環境とする種。例、ダンベイキサゴ、コホラダマシ、ユキノアシタ、ワスレガイ。（図4）

これら三群の絶滅要因は以下の通りそれぞれ異なる。
①の直接的にして最大の絶滅要因は、一九五九年の児島湾閉め切り淡水化である。それまで長い年月をかけて干拓が継続され、既に広い範囲が陸地化していたものの、それでもまだ児島湾の奥部には決して狭くない泥質干潟が残されていた。そこには依然としてハイガイをはじめとする干潟特有の貝類相が見られ、明治時代に有明海から移植されて根付いたアゲマキも多産していた。これらの種は湾の閉め切りによって一挙に棲息可能な環境を奪われ、絶滅した。閉め切り堤防の内側だけでなく、外側に位置する吉井川や旭川の河口

図 2　岡山県で絶滅した海産貝類 (1)
大規模な内湾奥部の干潟や河口汽水域に特異的な種

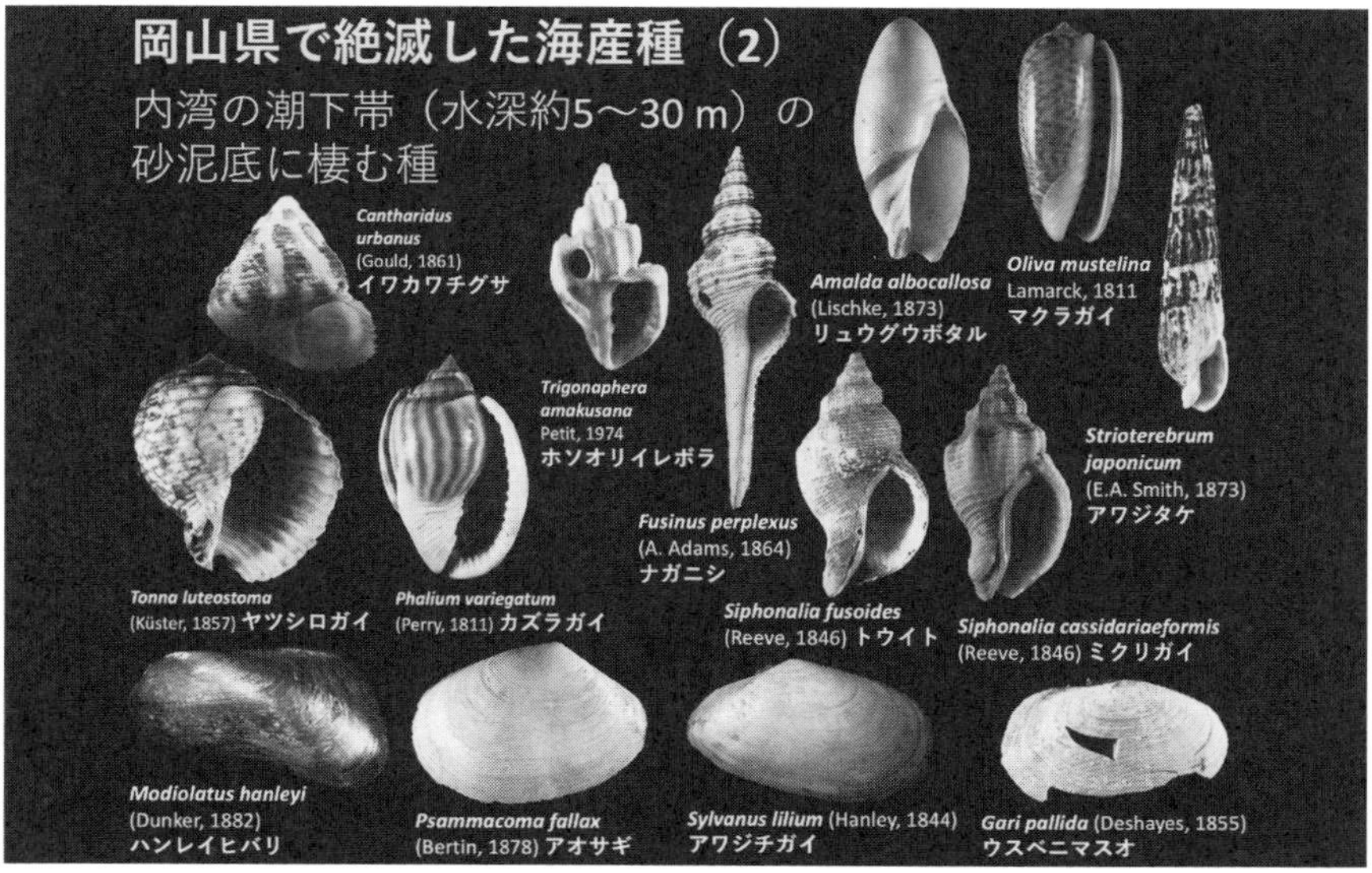

図 3　岡山県で絶滅した海産貝類 (2)
内湾の潮下帯（水深約 5 〜30m）の砂泥底に棲む種

図 4　岡山県で絶滅した海産貝類（3）
湾口部または外洋を主な棲息環境とする種

においても同時期に大規模な護岸が施され、水辺が直線的に単純化されたことで土砂の堆積が妨げられ、ヨシ原や干潟が失われた。これには吉井川や旭川それ自体の護岸の影響だけでなく、閉め切り堤防の設置によって湾外の海水の流れ全体が大幅に変更されたことも関係している可能性が高い。児島湾の閉め切りは、当時は農地確保や治水などの点で必要な事業として評価・讃美され、確かに一定の恩恵をもたらしはしたが、その一方で干潟を消失させ、漁業を衰退させた側面もあり、功罪どちらか片方だけを強調するのは偏った見方になりかねない。

②の種群が消え去った最大の理由は、過剰な海底浚渫と考えられる。現在の水島工業地帯はすぐそ

の沖合の海底から砂をサンドポンプで巻き上げ、それを用いて埋め立てることで造成された。また同時に、高度経済成長期には安価なコンクリート材料としての海砂の需要が飛躍的に高まり、岡山県を含む瀬戸内海中央部の海域各地で、盛んに砂の浚渫と採取がなされた。これを行うと海底の地形自体が大幅に変形し、そこに棲息する生物すべてを根こそぎ死滅させるばかりか、砂を削り取った跡地には巨大な擂り鉢状の陥没がいくつも生じる。その底が深い場合は陽光が届かず、腐敗して無酸素状態となり、嫌気性細菌によって硫化水素など毒性の強い物質が発生する。これが荒天の時などに攪拌され、底から巻き上げられて表層に出てくる。この結果、穴の奥底のみならず外においても多くの生物を死滅させ、あるいは生態系の平衡を崩壊させて赤潮などが頻発する。この繰り返しで、一九六〇〜八〇年代という比較的短期間のうちに、多くの種が耐えられず滅び去ったとみられる。

③の種群の主たる絶滅要因は陸域からの汚水による水質悪化であろう。高度経済成長期に全国で問題となった公害の典型である。急激に増殖した工業地帯や都市から河川や海へ、大量の排水が規制もなく垂れ流され、富栄養化が生じたのみならず本来ならば自然界に存在しない物質も多く排出されてしまった。特に岡山・香川両県に挟まれた備讃海域は瀬戸内海の中でも東西の湾口から最も遠い奥部に位置するため、本来的に海水の交換が少なく、事実上の閉鎖水域である。そこへ汚水を急速かつ大量に流し込んだ結果、有害物質はいつまでも薄まらず濃度は高まる一方で、その場に棲む在来底生生物の大半が致命的な打撃を被ったことは想像に難くない。また船底塗料の有機錫に起因するインポセックスもこれら水質汚染被害のうちに含められる。賊腹足類（いわゆる「ツブ」・「ニシ」と呼ばれる大型で食用の巻貝を含む群）の多くの種がこれに罹患して生殖不能となり、短期間のうちに

危機的状況に陥る過程は既に広く知られている。

また、上記三つの要因は相互に独立に生じたわけでなく、複数が重なり合ったことで絶滅した種も多かったにちがいない。それらが同時多発的に生じ、全体として激甚な環境破壊を成してしまったのが戦後の岡山県の海域であるため、絶滅種が異常なほど多くなったのも当然であったと考えられる。

3　陸産貝類相の惨状

以上は海産・汽水産貝類に関する絶滅または減少要因の梗概であるが、岡山県（特に南部）では陸産貝類においても類似した傾向を指摘せざるを得ない。上記の通り、古墳時代から江戸時代初期までの間に既に県南部の天然林は大半が伐採され、それに伴って本来の陸産貝類相の多くも壊滅的打撃を被ったことは間違いないからである。現在の岡山県南部では、一見豊かな森林に見える場所でも陸産貝類は多くの場合限られた少数の種しか確認できない。しかもそれらの種のほぼ全てが西日本の広域に分布する普通種であり（例、ヤマタニシ、ヤマクルマ、ヤマナメクジ、セトウチマイマイ）、岡山県という土地の固有性は失われ、一様化・凡庸化ばかりが際立っている。それら以外の種が見られるのは神社仏閣の社叢など、信仰上の理由といった特別な事情によって伐採の難を辛うじて逃れた、狭い範囲に局限される。それゆえ陸産貝類も、県南部においては本来の貝類相は江戸時代までに木っ端微塵に破壊され、その後にわずかに残った破片の形で存続しているに過ぎない。残念なことに本県の陸産貝類は海産貝類の場合と異なり、貝塚からの産出はほとんど記録されておらず、畠田標本も昭和初期以降のものであるから本来的状態を示すものではない。アキラマイマイのごとく乾燥環境への適応能力が高い一部の種は別として、多くの種が記録すら一切ないまま近代以前に絶滅した可能性が高いが、現時点ではその具体的内訳を知るすべがない。ただ、畠田標本にも現在は確認できない種が含まれ（例、倉敷市児島由加産の標本が現存するものの、以後信頼できる情報がないアワジオトメマイマイなど）、やはり海産貝類と同様、一九五〇年代ごろまではまだかろうじて残っていた本来の陸産貝類相の欠片も、それ以降でごく一部を残して一掃されたことが垣間見える。

おわりに——岡山県は日本一の環境破壊県

これら凄まじいばかりの大量絶滅の発端にもう一度目を戻すと、今から約一三〇〇年も前に岡山県にもたらされた製鉄技術が、その後の本県の自然環境を激変させた最初の出来事だったのである。洋の東西を問わず、金属の生産と利用は文明を大きく動かすに足る重要な一要素である。日本ではそれはまず岡山県周辺で生じ、周囲の樹木をことごとく薙ぎ倒して、山々を崩し海の底を遠浅に変えた。人為的に拡張させられた干潟が今度は海水を奪われて干拓地となり、最終的に自然から程遠い人工物に変わり果てた。これはいわば近代以降の日本各地であまねく生じた様々な自然改変の集大成であり、その意味では岡山県は全国に共通して見られる環境破壊の典型的パターンを狭い範囲で顕在化してみせた縮図であるとともに、歴史的にも嚆矢であるからグラウンド・ゼロに相当するともいえよう。

岡山県でなされた大規模な人為的開発・開拓に匹敵しそうなものを他の地域に求めると、例えば北海道の開墾であるとか関東の利根川東遷、東京湾・三河湾・大阪湾岸の埋め立て、八郎潟・巨椋池・諫早湾の各干拓、沖縄島南半分の本土復帰後の開発など枚挙にいとまがないが、それらすべてと比較しても本県でなされた森林伐採と干拓は、事業に要した時間の長さ、面積の広さにおいて他の追随を許さず、突出して大規模である。その帰結として貝類は敏感に反応し、全都道府県で最多となる種が絶滅してしまった。したがって岡山県は、誇張や比喩でなく、日本一の環境破壊県の称号がふさわしい。かつて東西冷戦たけなわの頃、人々の間で核戦争後の地球のイメージが繰り返し語られていた。荒涼たる廃墟に人の姿はどこにもなく、ただゴキブリやドブネズミなど放射能を浴びても死にそうにない生物だけが跋扈する世界。それは過剰な死の匂いに支配された終末の通俗的表象であるが、一九六〇年代以後現在に至る岡山県の海域環境がこれに酷似している現実に、私たちは今こそ戦慄を覚えるべきである。

これだけ多くの種が重篤な危機的状況に陥り、しかもそれが環境変化と密接な関係を示すにもかかわらず、多くの人々の視界には貝類の存在が入っていない。せいぜいごく一部の種を食材として消費する程度である。環境行政や多くの「有識者」たちもこれを免れ得ず、岡山県で実際に生じた大量絶滅の事実に気づくことはなかった。まさか岡山県が、特定の分類群の絶滅種数や絶滅率において全都道府県のワースト1となり、しかも飛び抜けて劣悪な数値を示すなどとは誰一人想像だにしていなかったに違いない。この認識不足が生じる原因の一つに、貝類とそれ以外の生物にさほどの差異を感じず、「数ある無脊椎動物の一つ」として他の分類群と一緒くたにしてなんら問題ない、という根拠を欠いた、粗雑で鈍感な思い込みがあるように感じられる。

こうした鈍感さの方を基準・前提にして自然界に臨むと、現実から乖離した無意味な情報が増え、誤解が拡散される恐れがある。他の生物が依然として健在であるかのごとく見えたからといって、環境悪化が始まっていないとは限らず、一部の貝類が減りつつあるならそれは異変の兆しに他ならない。こと環境保全上の観点においては、他の生物に先駆けて炭坑のカナリアとしての威力を発揮しうる、貝類の存在をこれまで以上に重視すべきであろう。

〔参考文献〕

日本ベントス学会編『干潟の絶滅危惧動物図鑑　海岸ベントスのレッドデータブック』東海大学出版会、二〇一二年

環境省自然環境局野生生物課希少種保全推進室編『レッドデータブック2014―日本の絶滅のおそれのある野生生物―6　貝類』ぎょうせい、二〇一四年

岡山県野生動植物調査検討会編『岡山県野生生物目録2019』岡山県環境文化部自然環境課、二〇一九年

岡山県野生動植物調査検討会編『岡山県版レッドデータブック2020　動物編』岡山県環境文化部自然環境課、二〇二〇年

環境省自然環境局野生生物課希少種保全推進室編『環境省レッドリスト2020』環境省、二〇二〇年

column

季節サイクルの中でみる岡山の気候(瀬戸内式気候の見直しも含めて)

加藤内藏進

周りを山地に囲まれた多島海である瀬戸内地域では、冬には山陰に比べて、また、暖候期には四国の太平洋側に比べて降水量が少ない。このような瀬戸内式気候区に属する岡山(特に、岡山市や倉敷市などの平野部)は、「晴れの国」として、また「気候温和」な地域として宣伝されている。確かに、佐橋(一九九一)が指摘したように、岡山県や広島県東部、香川県の瀬戸内地域では、日降水量一〇〇ミリ以上の顕著な大雨だけでなく、日雨量一〇ミリ以上の「普通の雨」の年間日数が約四〇日であり、その周辺域に比べて約二〇日程度も少ない(一九五一〜一九八〇年の平均)。しかし、瀬戸内でその南北側に比べて平均的に降水量が少ないのは、単に地形と季節的な平均風との関係だけではなく、岡山とその周辺域との日降水量差が大きくなる日がどの季節にどの程度の頻度で出現するかを、強く反映することが分かってきた(加藤二〇〇七、加藤ほか二〇一九と二〇二二)。本書では、そのような視点で瀬戸内式気候を見直してみよう。なお、岡山県では、瀬戸内海の霧や、津山近くの那岐山麓での「広戸風」なども注目すべき現象であるが(佐橋一九九一等)、本書では割愛する。

冬の季節風時の岡山の空:「晴れ」だが、雲は少なくない

冬には、大陸からの大変冷たい季節風が暖かい日本海上を吹走する際に、海から多量の熱や水蒸気を供給されて不安定になり、筋状に並んだ積雲が多数形成される。これらの積雲は風下側ほど活発化しながら日本列島に達するため、日本海側の地域では雪や雨が降りやすい。一方、その季節風が日本列島の山地を越える間に水蒸気が消費され、風下の太平洋側では、降水量が少なく晴れの日が多くなる。瀬戸内側で冬の降水量が少なく晴れの日が多いのも、このためである。但し、佐橋（一九九一）が指摘したように、岡山付近では、冬の最低気温が九州～関東の低地の中では平均的に低く（筆者が解析した表1も参照）、また、夏の最高気温も京都、大阪、名古屋、岐阜などの地域に次いで高い。つまり、必ずしも「気候温和」というわけではないという点にも注意が必要である。

ところで、瀬戸内の冬の空には、意外と雲が浮かんでいる。昼間に日射がある程度以上の強さで当たっている時間数（「日照時間」）の大小は、同じ「晴れ」でも、日射を遮るような雲がどのくらい出ているかの目安になる。表1に示されるように、瀬戸内地域の一月における平年の月降水量は、九州～四国～関東の太平洋側の平均に比べても少ない。しかし、一月の日照時間の合計値は、確かに岡山県北部や北陸、山陰などに比べて五〇～九〇時間ぐらい長いものの、九州～四国～関東の太平洋側の平均に比べると、四五時間程度も短い。つまり、瀬戸内の冬には、他の太平洋側に比べると、降水が特に少ない割に雲はそれほど少なくないことも注目される。実際、冬の季節風時の岡山市の「晴れの空」に、モクモクとした背の低い多数の積雲が浮かんでいるのを目にすることは多い。中国山地の平均的な標高が中部山岳ほど高くないので、季節風が山地を越えても積雲が消えてしまわない確率が高いことや、関門海峡や中国山地の谷間などを季節風が抜けやすい、等の要因が考えられるが、具体的な検討は今後の課題である。

四国太平洋側と瀬戸内との大きな降水量差：季節の変化の中で

瀬戸内式気候に関連した夏の降水の地域差について、夏の南東からの季節風が日々四国の山を越えることで、四国の太平洋側と瀬戸内側との降水量差が生じるとの説明を聞くことも多いであろう。しかし、図1から分かるように、気候学的には四月頃から一〇月初め頃まで継続して、高知市の方が岡山市よりも降水量がかなり多い。図1の下段にはその差を示すが、その差を月降水量に換算すると、八月～九月頃に最も大きく、二〇〇～三〇〇ミリにも達する。ただし、両地点の降水量差は梅雨最盛期頃の六月後半～七月前半頃に少し小さくなるものの、

表1　1月の平年値の地域平均値の比較（1991～2020年平均。気象庁のデータに基づき筆者が解析）

地域	日平均気温（℃）	日最低気温（℃）	月降水量（mm）	日照時間の合計値（時間）
瀬戸内の平野部	4.9	0.8	41.2	147.4
岡山県北部	1.1	－2.7	69.7	98.9
山陰～九州北西部	5.8	2.9	124.4	84.0
北陸	3.0	0.3	282.1	62.9
九州～関東の太平洋側	6.1	1.8	68.2	193.1

＊各地域で平均に使用した地点は次の通り。瀬戸内の平野部：岡山、倉敷、高松、姫路、広島、岩国、岡山県北部：津山、千屋、新見、山陰～九州北西部：下関、鳥取、松江、長崎、北陸：富山、高田、新潟、福井、金沢、九州～関東の太平洋側：高知、宮崎、延岡、日向、潮岬、名古屋、伊良湖、浜松、御前崎、静岡、三島、横浜、東京、銚子、千葉、つくば（舘野）、水戸。

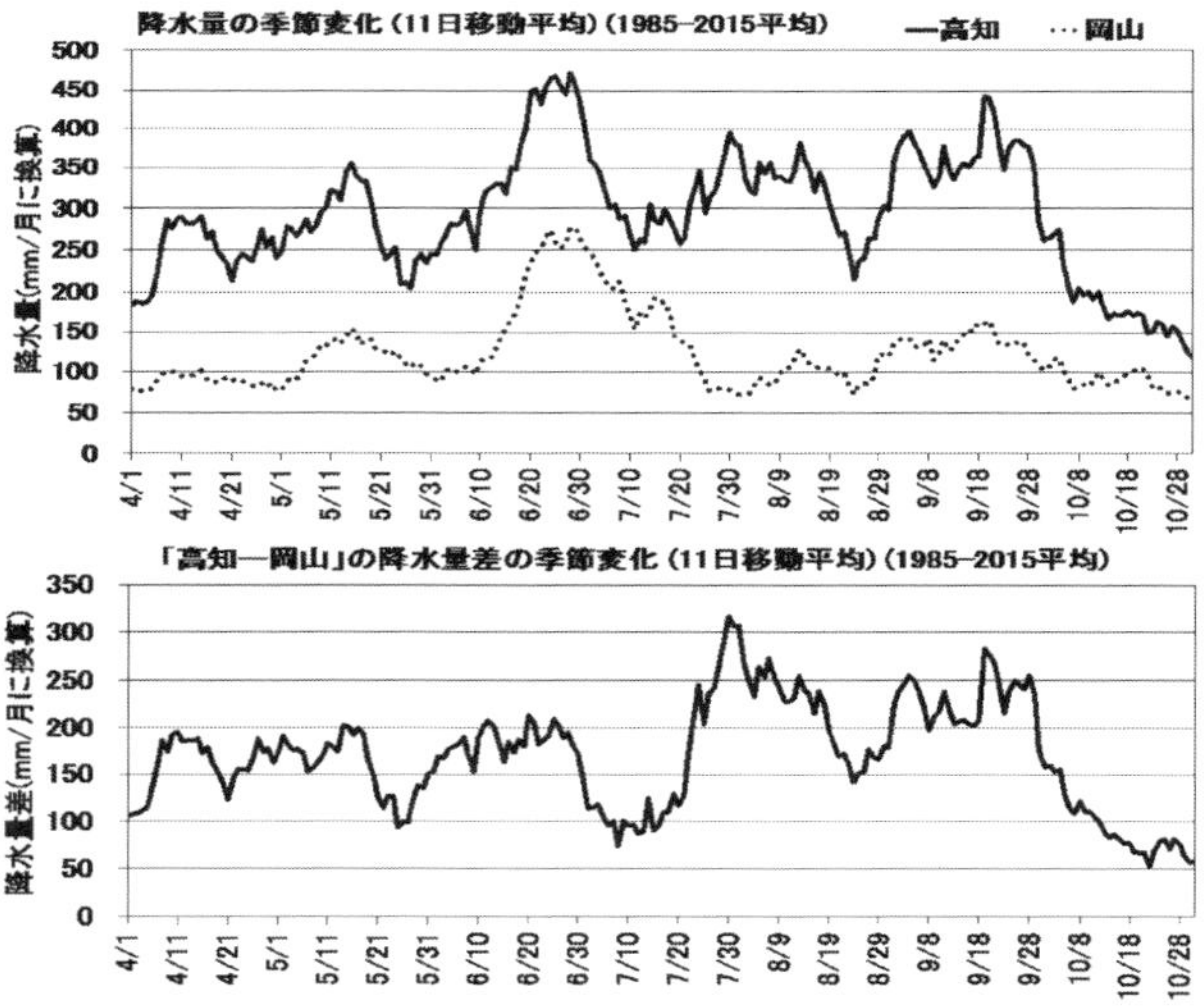

図1　高知と岡山における降水量（上段）、及び、高知から岡山を引いた降水量差（下段）の季節変化（1985～2015年平均）　1日毎に31年間で平均した時系列を、更に11日移動平均で滑らかにした。月降水量の単位に換算して示す。加藤ほか（2019）の図を改変。

表2　高知から岡山を引いた日降水量差が30mm以上の日の平均日数（日）、及び、その当該日で平均した高知と岡山の日降水量（mm）　加藤ほか（2019）の結果をもとに筆者が更に整理。

		4月	5月	8月	9月
降水量差30mm以上の日数（日）		1.7	1.8	2.5	2.6
降水量差30mm以上の日の日降水量の平均値（mm）	高知	75.8	89.7	86.9	91.0
	岡山	13.3	16.6	11.8	16.3

＊1985～2015の31年間で平均

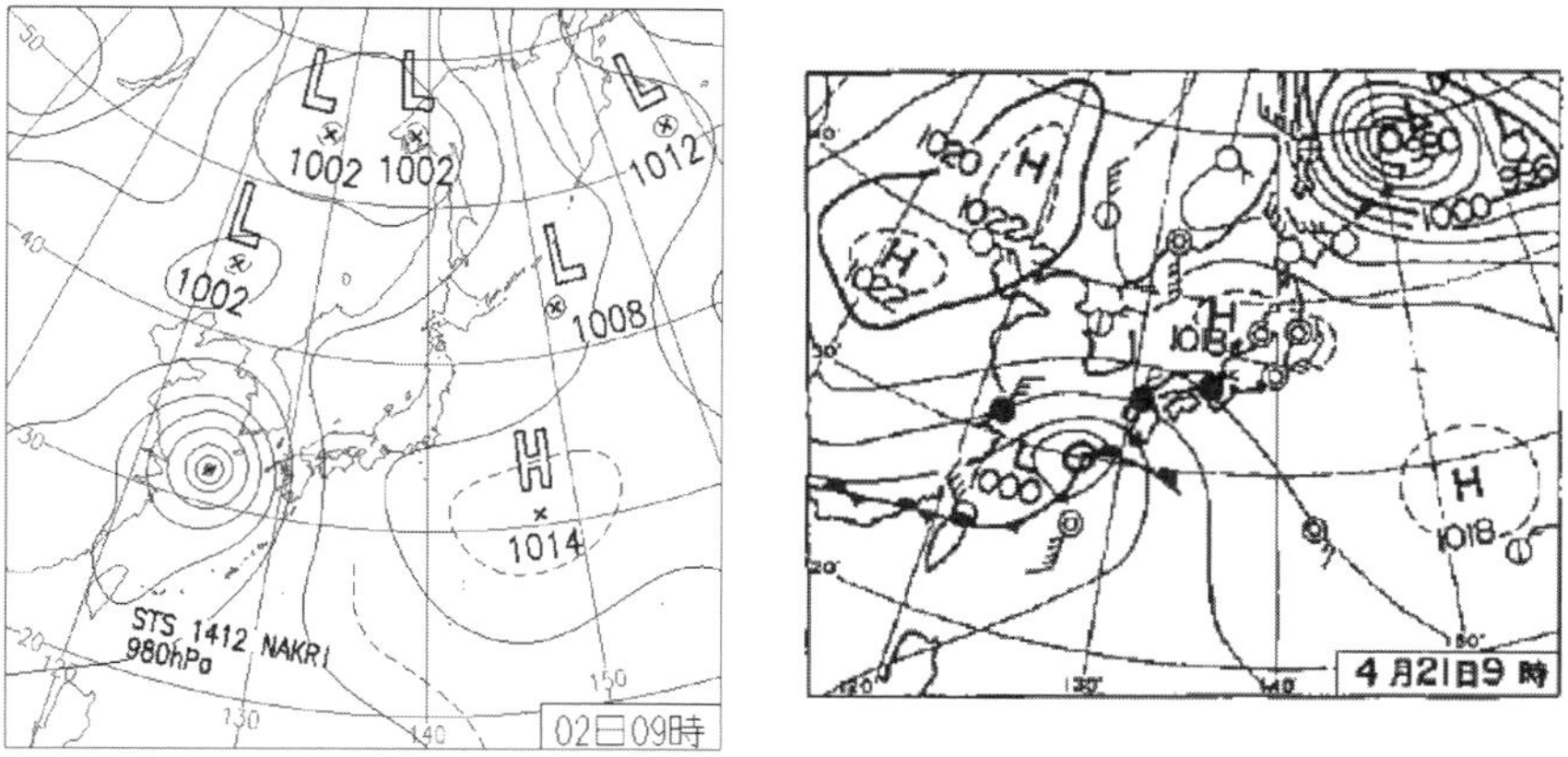

図2　2014年8月2日09時（左図）と2001年4月21日09時（右図）における気象庁作成の地上天気図　左図は気象庁HP、右図は日本気象協会発行の『気象』より利用。

四月～五月においてもかなり大きい点が注目される。なお、日本列島付近では卓越する天気図のパターン（「卓越気圧配置型」）が月毎に変化するような多彩な季節サイクルが見られるので、高知と岡山との降水量差が大きくなる要因も、季節によって大きく変化することが示唆される。

ところで、このような気候学的な降水量差は、個々の降水日の少しずつの差が積み重なって生じるわけではない。実は、前述の気候学的に大きな降水量差は、梅雨期以外の四月～九月を通して、高知での日降水量が岡山よりも三〇ミリ以上大きい日がひと月に何回か出現するためであることを、加藤ほか（二〇一九）は明らかにした。表2に示すように、そのような日数は必ずしも多くはないが、単に平均的な季節風によるというより、平均的に六〇～七五ミリ程度もの降水量差をもたらすような日の寄与で、瀬戸内側での暖候期を通した降水量の少なさが特徴づけられていることになる。

特に、八月頃の約半数近い事例は、図2の左側の天気図例に示されるようなパターンで、南寄りの風が中四国の山を越えて北に吹き抜けやすい状況の時であった。このとき、中四国は太平洋高気圧の圏内にあり高温多湿で積乱雲が生じやすい不安定な大気状態であった。しかし、高気圧圏内では、下降流により積乱雲の組織的な発生が辛うじて抑えられているのが普通である。しかし、そのような高温多湿で大変不安定な空気が四国の山を越える時だけは、山による強制的な上昇流をきっかけに積乱雲が活発化し、高知側と岡山側との大きな降水量差が発生しえたものと考えられる。

九月には、八月の事例と同様なパターンで大きな降水量差が生じた日もあったが、秋雨前線が中四国付近に位置するなど、単に不安定な空気が四国の山を越える状況とはかなり異なる事例も多かった。秋雨前線では、冷気の上をゆっくりと南から北へ暖気が這い上ることで広範囲でしとしとと雨が降ることは多い。しかし、秋雨前線の南側は太平洋高気圧下の高温多湿で不安定な状態であり、前線近くでは積乱雲の活動が活発化して激しい雨が降り続くこともある。従って、このような秋雨前線との位置関係の違いにより、四国の太平洋側で瀬戸内側よりも降水量が多くなりうる点に注意が必要である。

一方、日本列島付近を低気圧が発達・東進しやすい四月頃には、時間雨量一〇ミリ未満の降水(「そこそこの強さの雨」(「それほどには強くない雨」))に伴って高知側の方が瀬戸内側よりも日降水量が多い事例も、しばしば出現した。特に、九州西方の低気圧から南東方に地上の前線が伸びる状況で、そのようなパターンが際立った。このパターンでは、地上の前線から北東に伸びる前線面下方の、安定な大気状態のところを吹く南東風が四国の山にぶつかって生じる強制的な上昇流により、四国側で降水量が多くなった可能性もあろう。しかし、そのような降水量差を生み出す主要な過程の季節毎の違いに関しては、今後の研究課題として残されている。

二〇一八(平成三〇)年七月の西日本豪雨の特徴:梅雨降水の気候学的東西差の中で

最後に、二〇一八(平成三〇)年七月の西日本豪雨の特徴に関して簡単に触れておく。梅雨最盛期には、九州~関東で共通して雨の日が多くなるが、西日本(特に九州)の方が、活発な積乱雲の活動に伴う集中豪雨が頻出して梅雨期全体の降水量も大きくなる。例えば九州の長崎の梅雨最盛期にあたる六月後半~七月後半には、日降

表3　広島県〜岡山県付近における2018年7月5日〜7日の総降水量（mm）　激しい雨（10分間で4mm以上の時間帯）、及び、それほど強くない雨（10分間で2mm未満の時間帯）で、総雨量のどれだけを稼いだか（それぞれの雨による「寄与」の欄）も示す。新見、岡山、及び、表の右側に示す14地点での平均値を示す。加藤ほか（2020）より改変。

2018年7月5日〜7日	新見	岡山	14地点の平均
総雨量（mm）	429.0	310.5	366.7
4mm/10分以上の寄与（mm）	186.5	67.0	117.8
2mm/10分未満の寄与（mm）	118.5	147.5	125.8

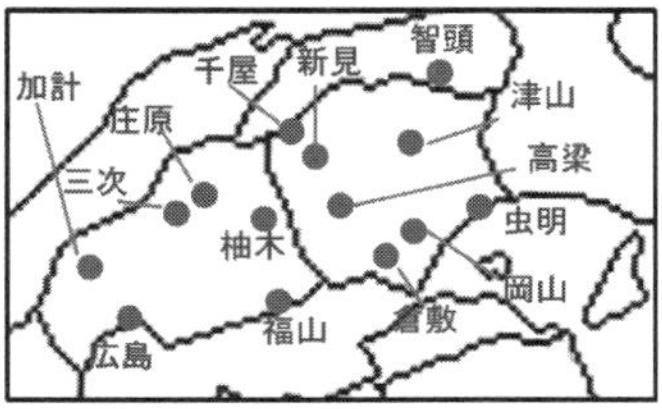

水量五〇ミリ以上の「大雨日」のみで二四〇ミリ程度も稼ぐ結果、期間の総降水量が四〇〇ミリ程度に達する（一九七一〜二〇〇〇年で平均）。一方、関東の東京では、その期間の「大雨日」による稼ぎが六〇ミリ程度しかなく、総降水量は二〇〇ミリ程度にしかならない（加藤二〇二二）。これは、梅雨前線に向かう強い南寄りの風による水蒸気輸送が九州側で多いことや、梅雨前線北方の冷涼で安定なオホーツク海気団の影響が東日本側で強いことなどを反映している。なお、梅雨最盛期の岡山における総降水量は東京と同程度しかないが、降水の特徴は、どちらかというと関東よりも九州に似ていると考えて良い。

今述べた点を念頭に置いたうえで、二〇一八（平成三〇）年七月五日〜七日の西日本豪雨における雨の降り方をざっと眺めてみよう。この豪雨では、三日間の総降水量が三〇〇ミリを超える領域が九州北部〜中部地方西部に広がっており、通常の豪雨よりもはるかに広範囲で多量の雨が降った。表3に示されるように、その豪雨期間中、中国地方でも多数の積乱雲が線状に繋がった「線状降水帯」のようなシステムに伴って、一〇分間で四ミリ（一時間で二四ミリ）を超えるような激しい降水がしばしば起きた。そのような降水で、広島県〜岡山県の平均でも、総降水量三七〇ミリ近くのうち一二〇ミリ足らず、つまりその三分の一程度を稼いでいた。特に、県北の新見では、その傾向がより顕著であった。しかし、強雨でない時間帯でも、強雨の時間帯の間隙を埋めるように、一〇分間で二ミリ未満（一時間で一二ミリ未満）の「そこそこの強さの雨」（「それほどには強くない雨」）が執拗に続いていた点が注目される。このような「それほどには強くない雨」により、広島~岡山県平均で更に合計一二五ミリ程度にのぼる雨が「上乗せ」され、本事例での総降水量を大きく押し上げていたことも注目される。

このように本事例は、加藤ほか(二〇二〇)がコメントしたように、「九州タイプの大雨と関東タイプの大雨との混在に関連して、双方で総降水量を押し上げた」というように特徴づけられそうである。

〔参考文献〕

加藤内藏進「岡山と高知の日降水量差の季節進行の気候学的特性―瀬戸内型気候と降水に関連して―」『地域地理研究』一二、二〇〇七年
加藤内藏進「東アジアの気候特性の地域性とそれに関わる広域的因子」『図説　世界気候の事典』(山川修治ほか編)朝倉書店、二〇二二年
加藤内藏進ほか「高知・岡山間の降水量差形成に関わる暖候期の日々の降水や大気場の総観気候学的解析(瀬戸内式気候に関連して)」『岡山大学地球科学研究報告』二六、二〇一九年
加藤内藏進ほか「二〇一八(平成三十)年西日本七月豪雨などの特徴も意識した防災教育の教材化への視点―日本付近の暖候期の大雨の特徴の季節的・地域的多様性の中で―」『近年の自然災害と学校防災(I)―これからの時代に求められる防災・減災―』(藤岡ほか編)協同出版、二〇二〇年
加藤内藏進ほか「降水の地域差理解に必要な総観気候学的視点について―梅雨降水の東西日本での差や瀬戸内式気候を例として―」『地域と生活Ⅲ(岡山大学創立七十周年記念地理学論文集』岡山大学出版会、二〇二一年
佐橋　謙『岡山のお天気』山陽新聞社、一九九一年

自然史博物館で楽しむ岡山の昆虫

奥島雄一

はじめに

筆者の勤務する倉敷市立自然史博物館は、一九八三年一一月三日に倉敷美観地区に程近い現在の場所（倉敷市中央二丁目六―一）に開館した。建物は旧倉敷市水道局舎を改装して再利用している（写真1）。倉敷市教育委員会生涯学習部に所属する組織で、地学（古生物を含む）、植物、昆虫、動物（昆虫を除く）の各専門分野の学芸員が配置されている。

岡山県内には、表1に示すように官・民による自然史に関する学習施設が充実している。そのような中にあって、当館の特色といえば、自然史全般において資料の収集・保管から調査研究・展示による活用、さらには教育普及と博物館活動全般をカバーしようと努力していることだろう。全国的に見れば、県立レベルの施設で同様な活動が行われている自治体が多いが、残念ながら岡山県にはそれに相当する施設はない。現状では、力不足ながら当館がその責務に向き合っている面が多い。さらにいえば、隣接する広島・香川両県にも

写真1　倉敷市立自然史博物館外観

表1　岡山県内の自然史に関する主な施設

施設名称	所在地	運営
池田動物園	岡山市	株式会社 池田動物園
岡山市環境学習センター「めだかの学校」	岡山市	岡山市
岡山市半田山植物園	岡山市	公益財団法人 岡山市公園協会
岡山理科大学恐竜学博物館	岡山市	学校法人 加計学園
環境学習センター「アスエコ」	岡山市	公益財団法人 岡山県環境保全事業団
操山公園里山センター	岡山市	公益財団法人 岡山市公園協会
倉敷昆虫館	倉敷市	医療法人 創和会
倉敷市立自然史博物館	倉敷市	倉敷市
重井薬用植物園	倉敷市	医療法人 創和会
津山科学教育博物館（つやま自然のふしぎ館）	津山市	公益財団法人 津山社会教育文化財団
市立玉野海洋博物館（渋川マリン水族館）	玉野市	玉野市
渋川動物公園	玉野市	有限会社 ナチュレ・ファーム瀬戸内
笠岡市立カブトガニ博物館	笠岡市	笠岡市
高梁市成羽美術館	高梁市	公益財団法人 成羽町美術振興財団
津黒いきものふれあいの里	真庭市	真庭市
真庭市オオサンショウウオ保護センター（はんざきセンター）	真庭市	真庭市
岡山県自然保護センター	和気町	公益財団法人 岡山県環境保全事業団（岡山県指定管理者）
岡山県立森林公園	鏡野町	一般財団法人 上齋原振興公社（岡山県指定管理者）
なぎビカリアミュージアム	奈義町	奈義町（「柿ビカリア会」に運営委託）

そのような施設は存在せず、近隣県からの需要も感じているところである。

「岡山県野生生物目録２０１９ ver. 1.3」(1)によれば、一万一〇一種の昆虫が岡山県から記録されているが、この数字は近年の年平均で一〇〇種以上のペースで増加してきた結果である。新たに侵入してきた外来種等も含まれるが、県内にはまだその存在を知られていない昆虫も多いことを表している。

本章では、あまり知られていないと思われる自然史博物館の楽しみ方を、筆者の担当する昆虫分野を中心として紹介したい。

1　展示の楽しみ方

一般の方にとって博物館といえば、たくさんのものを展示している施設を思い

（1）岡山県野生動植物調査検討会編『岡山県野生生物目録２０１９ ver. 1.3』（岡山県ホームページ）二〇二一年

写真２　キアゲハ幼虫の真空凍結乾燥標本

浮かべるだろう。展示は正に博物館の「顔」であり、所蔵している資料をふんだんに自館で展示できる仕組みはほかの研究施設や教育施設とは違った博物館ならではの特徴である。ただ、自然史博物館の展示は恒久的なものではないので、二〇二二年現在の常設展示の詳細については展示解説書[2]に譲りたい。

　ここでは、展示物のいくつかのタイプについて紹介する。将来、展示更新が行われても個々の展示物については配列や展示手法を変更して引き継がれるものもある。

　昆虫に関する展示の大部分は当館が所蔵する実物標本で構成されている。標本は、自然物の姿を最も忠実に表現しているものである。標本の形態については、昆虫の成虫の多くは外骨格[3]が丈夫で乾燥による変形が少ないため、乾燥標本とされることが圧倒的に多い。体の柔らかい幼虫等については、研究資料としては液浸標本が用いられるが、変形・変色を防ぐのが難しいことに加え、標本ビンの中では見にくいため、展示には好まれない。当館では、普通の乾燥標本では色や形を残すことが難しいイモムシ・毛虫等の展示標本の作製に真空凍結乾燥[4]を用いている。うまくできればきれいな標本ができるが（写真２）、高価な機器が必要なうえ、初めての資料については手探りの調整が必要である。近年では、取り扱いが簡単で保存性も高い樹脂封入標本も普及してきた。

　展示物の一部には精巧な模型もある。実物標本が主流の自然史博物館の展示において、模型を用いる理由はいくつかある。実物の入手が困難な恐竜の化石や、標本よりも模型の

（２）　倉敷市立自然史博物館編『倉敷市立自然史博物館展示解説書』二〇一一年

（３）　ヒトのように体の内部にある骨を内骨格と呼ぶのに対し、昆虫や甲殻類のように、表皮が硬い殻になっているものを外骨格という。外骨格は体を支えると同時に身を守る機能も備えている。

（４）　専用の機器を用いて、凍結させた資料を真空状態に置き、水分を抜く（昇華）ことで乾燥させる方法。フリーズドライ。インスタント食品に多く用いられる。

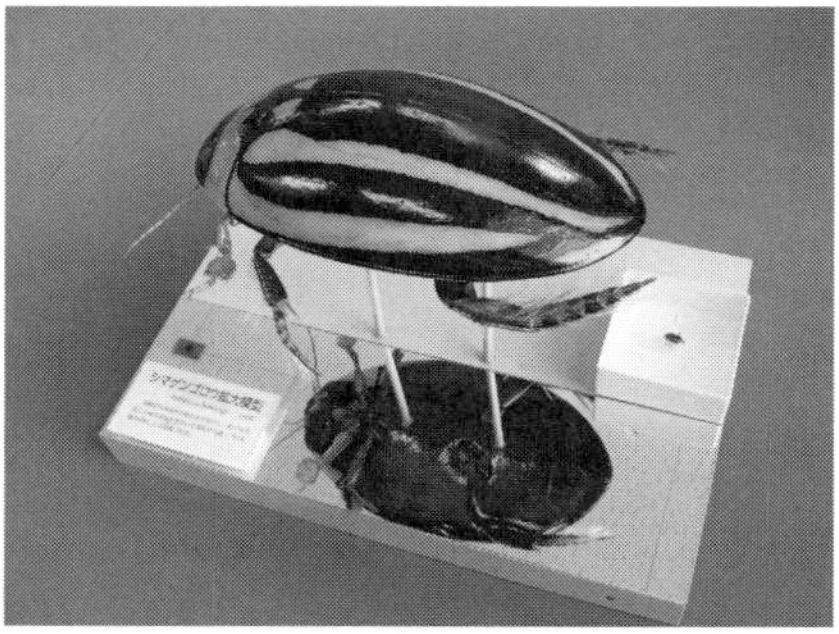

写真3　シマゲンゴロウの二十倍拡大模型（体長30cm）　下面の鏡で腹面も観察できる。右は実物標本。

方が生きている姿を再現しやすい植物などの展示ではレプリカと呼ばれる実物大の模型が多用される。昆虫の場合は、実物標本が比較的入手しやすいこと、乾燥標本で生時の姿が損なわれにくいものが多いことから実物標本での展示が一般的であるが、これまでに一度だけ、昆虫の模型製作に携わったことがある。昆虫のように小さな体を持つ生き物では、拡大模型で展示することで、その複雑な体のつくりを伝えることができると考えたのである。実物と同じサイズで製作されるレプリカと異なり、拡大模型の製作には詳細な設計図面を求められた。倉敷に生息する昆虫からツツジグンバイ、シマゲンゴロウ（写真3）、ツバキシギゾウムシの三種を選んで専門業者に製作委託することになったのであるが、図面を用意するのにほぼ三ヶ月を要した。複雑な体表構造については大学の協力を得て走査型電子顕微鏡写真も用意した。観覧者の方と話をしていると、「模型」と聞いて「なぁ〜んだ、偽物か」という反応をされることがあるが、博物館における模型は学術情報に基づき、専門の技術者が相応の手間をかけて製作したものであるから、いうなれば「本物の模型」である。製作経費も標本を入手するのと比較にならないほど高額になる。

　標本や模型を組み合わせて作る、周囲の風景ごと切り取ったような展示をジオラマという。大きな岩や植物の葉や花はレプリカを用い、動物の剥製や昆虫標本を組み合わせて表現することが多い。どこかの自然史博物館でジオラマを見つけたら昆虫を探してみてほしい。標本箱に並べる標本は体の特徴がわかるように、かつ、コンパクトに整形するのが一般的なので、チョウのはねはまっすぐに広げられ、カミキリムシの長い触角は後ろ向きに整形される。一方、ジオラマの中の虫は今にも動き出しそうな姿に整形することが求められる。作者のフィールドでの観察経験値がその出来栄えに反映されるわけである。筆者が製作した小さなジオラマでもっとも苦労したのは、はねを半開きにして体を浮かして花に留まり、吸蜜しているクロアゲハである（写真４）。

2　収蔵庫の楽しみ方

たくさんの標本からわかること

展示を博物館の表の顔とするならば、博物館には裏の顔がある。実は、博物館の収蔵品は展示物がすべてではないのが一般的である。博物館に受け入れられた資料は基本的に収蔵庫と呼ばれる資料専用の部屋で管理されている。二〇二二年時点の当館の昆虫標本数は常設展示では約一万点であるが、収蔵数全体では約六〇万点に及ぶ。つまり、展示は収蔵品のたった二パーセントにも満たないので、博物館施設のメインはどう考えても収蔵庫ということになる。展示されていない資料は、自館の将来の展示だけでなく、他施設の展示への貸出しや研究者らの研究資料として広く活用されるため、その可能性を広げるためには、収蔵資料は単純に多いほど充実した博物館といえる。

写真４　ジオラマ中のクロアゲハの標本

写真５　昆虫標本の例　キマダラルリツバメ、1984年6月14日、英田町福本（現美作市）にて尾関啓吉氏による採集品。現在、同地ではすでに絶滅している。

まず、個々の標本の構造について説明しておきたい。昆虫標本の場合、昆虫針というステンレス製の標本専用針に一個体ずつ刺した状態で取り扱われる。虫体の下には、採集場所の地名、採集年月日、採集者名などが記された採集ラベルが付けられている（写真5）。これらの情報はその虫を採集した人でないとわからない内容で標本にとって最も重要な履歴書のようなものである。昆虫図鑑を開くと、各種の解説に体長や分布、出現期などの種の特徴となる情報が記されているが、それらはたくさんの標本データから得られたものである。つまり、同じ種であっても多くの標本があった方がより正確で詳しい情報を提供することができる。いくつかの例を挙げよう。

種内変異の把握　ノコギリクワガタは岡山県全域の山林に見られるクワガタムシで、雄の個体変異が著しいことで知られる。写真6のような本種の変異をよく表した一〇匹の標本展示を作るのにどのくらいの数の標本を集める必要があるだろうか。答えはもちろん一〇匹ではない。都合よく違うサイズの雄が採れるはずはないからである。特に変異幅の端に当たるとても大きな個体や逆にとても小さな個体はなかなか採れない。実際にはこのセットは当館収蔵の岡山県産一六二個体の母集団から欠損のない雄個体をバランスよく選

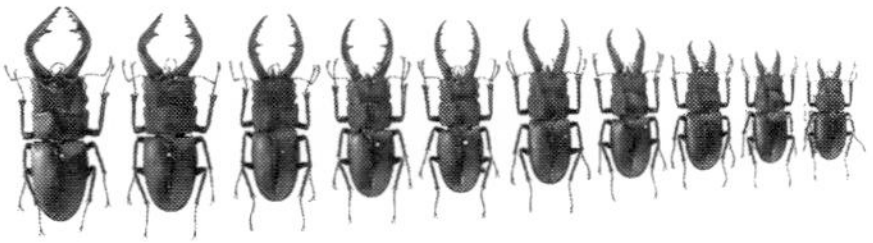

写真６　ノコギリクワガタの雄の個体変異（すべて岡山県産）

抜した標本群である。

絶滅危惧種の評価　ヒョウモンモドキは草原に生息するチョウで、国内では本州に断続的な分布が知られるが、全国的に衰亡が著しく、国内希少野生動植物種(5)に指定されている。岡山県内においては南部から北部までの広い地域から記録されているが、二〇二〇年に発行された「岡山県版レッドデータブック２０２０　動物編(6)」では、県内絶滅の判定が下された。当館には岡山県産の本種標本七八個体が保管されている。このうち、放蝶由来の疑義が掛けられている三個体を除けば、最も古い標本は一九四〇年（写真7）、最も新しい標本は一九九四年の採集で、それより新しい標本はない。同様に標本が得られなくなったことで県内絶滅の判定が下されている昆虫は九種あるが、このうちかつて岡山県に生息した証拠となる標本が当館に残されているのは、ヒョウモンモドキのほか、ベッコウトンボ、ルイスハンミョウ、マルエンマコガネ、オオウラギンヒョウモン、シータテハの計六種である。これらの特に古い時代の標本は、珍しいものを狙って採集されたものではない点に注目されたい。身近な自然の記録としてたまたま採集され、その後大切に保管された標本がかけがえのない資料となったのである。

写真７　ヒョウモンモドキ　1940年「吉備龍王山」（現岡山市北区下足守）産

外来種の定着確認　絶滅に向かう昆虫がいる一方で、かつては県内に分布が知られていなかった昆虫の発見と増加も蓄積された標本から裏付けられる。中国原産とされるアオマ

（５）「絶滅のおそれのある野生動植物の種の保存に関する法律（種の保存法）に基づき、国内に生息・生育する絶滅のおそれのある野生生物のうち、人為の影響により存続に支障を来す事情が生じていると判断される種（または亜種・変種）」（以上、環境省ホームページ）を指定している。過去に岡山県から記録のある昆虫類では、ヒョウモンモドキのほか、フサヒゲルリカミキリ、マルコガタノゲンゴロウ、タガメ（特定第二種）、ウスイロヒョウモンモドキ、ベッコウトンボが該当する。

（６）岡山県野生動植物調査検討会編『岡山県版レッドデータブック２０２０　動物編』二〇二〇年

ツムシ（写真8）の県内産の標本は一九九二年に岡山市で採集された個体が最古で、それ以降、南部の市街地を中心に各地で得られている。したがって、一九九〇年頃に岡山県に侵入し、定着してきたと推察できる。古くはイチジクの害虫として知られるキボシカミキリが一九五五年以降、近年ではキマダラカメムシが二〇〇五年から急速に増えて現在では普通種になっている。最近ではシタベニハゴロモ（写真9）という目立つ外来種が二〇一九年に備前市で発見されたが[7]、その後、周辺域で発見が相次いでおり、今後の動向が注目される。

少ない標本では種の存在は確認できても盛衰を知ることは難しい。しかし、たくさんの標本が蓄積されていれば、考察できることも多くなる。博物館は珍しいものだけを集めて

写真8　アオマツムシ　2010年8月26日、倉敷市向山にて筆者撮影

写真9　シタベニハゴロモ　2019年、備前市産

（7）奥島雄一・水井颯麻「岡山県におけるシタベニハゴロモの記録」『月刊むし』五八六、二〇一九年

いたのではいけない理由がご理解いただけるだろう。

突然変異個体

博物館に保管されているすべての標本には価値はあるのであるが、そうはいってもやはり珍しい標本には特別の価値があり、館の目玉となる。中でも遺伝子の異常や発生過程の事故等による突然変異と呼ばれる個体の中には、通常ではありえない容姿を持つものがあり、しかもそれらの表現型は子孫にほとんど引き継がれることなく絶えてしまうので希少価値が高い。そのような標本はどんなに経験を積んだ専門家であっても狙って採れるものではない。ここに当館が収蔵するとっておきのお宝標本を紹介しよう。

体色の異常型　モンシロチョウは、普通その名の通り白地に黒い紋があるが、二〇一一年に鏡野町で発見されたこの個体は全身真っ黒である（写真10）。とてもモンシロチョウには見えないのであるが、実はこの個体は小学校の理科の授業で観察するために児童がキャベツ畑で採集した幼虫の中から羽化した。先生も子どもたちも教科書に載っていない現象に驚き、筆者に相談があったのだが、筆者もまた見たことのない事例であった。チョウ類研究者らの協力を得て調べてみるとモンシロチョウの黒化型は記録の上では過去に一例の観察例（写真撮影）があるのみで、現存する標本は本個体が唯一であることがわかった[8]。

二〇二〇年に岡山市で小学生が見つけたクマゼミにも驚かされた。通常のクマゼミは黒い体をしているが、そのクマゼミはオレンジ色をしていた（写真11）。博物館に持ち込まれた時はまだ生きていて、つかんだ時の鳴き声でクマゼミとわかった。まったく例のない変異で研究者たちを驚かせ、セミの専門誌の表紙を飾った[9]。

（8）奥島雄一ほか「モンシロチョウの顕著な黒化個体を確認」『月刊むし』四八六、二〇一一年

（9）津下智・奥島雄一「岡山県におけるクマゼミの特異な色彩変異個体の記録」『Cicada』二七（一）、二〇二〇年

写真10　モンシロチョウ黒化型　2011年、鏡野町産

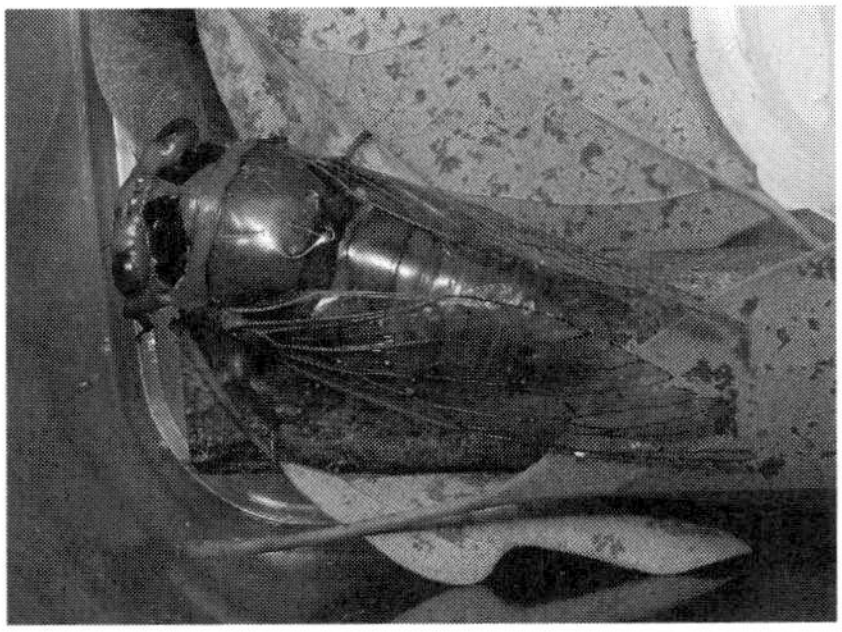

写真11　クマゼミ橙色型　2020年、岡山市産

写真12　ヤママユ雌雄型　2019年、赤磐市産

雌雄型　異常型の中でも希少性の高いものとして雌雄型（雌雄モザイク）がある。ひとつの個体の中に雄の部分と雌の部分が混在しているもので、倉敷市立自然史博物館にはこれまでにスズムシ（三例）、カブトムシ（二例）、ツバメシジミ、ウスタビガ、ヤママユの雌雄型が収蔵されている。中でも二〇一九年に赤磐市で中学生が発見、採集したヤママユは体の正中線で左右に雌雄がはっきりと分かれており、しかも欠損のない見事な個体である（写真12）[10]。

（10）山田洋平「ヤママユの雌雄型の記録」『月刊むし』五九八、二〇二〇年

正基準標本

新種が論文で発表される際には、その種を定義づける正基準標本（ホロタイプ）が指定

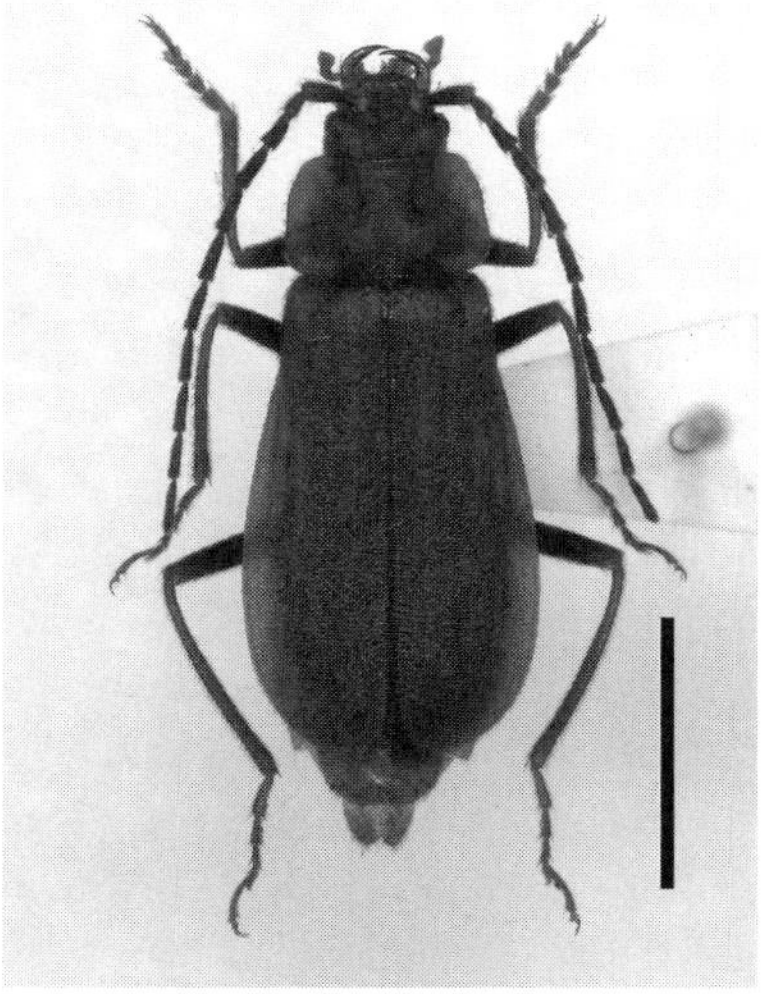

写真13　マニワシリブトジョウカイ（スケール5mm）正基準標本、2009年、真庭市産

される。正基準標本は後に分類の混乱が生じた際に確認される最も重要な標本で一個体のみが指定される。二〇二二年現在、倉敷市立自然史博物館には三一点の昆虫の正基準標本が保管されており、岡山県産は、ネアカヒメフトコメツキダマシ、オカヤマニンフジョウカイ、マニワシリブトジョウカイ、オカヤマクロチビジョウカイの四種が含まれる。中でも二〇〇九年に真庭市で発見され、翌年に新種発表されたマニワシリブトジョウカイ（写真13）[11]は発見から一〇年以上たっても正基準標本以外に標本が得られておらず、世界に一匹しか標本がない状態が続いている。

ここに紹介したようなあまりに貴重な標本は、一時的にお披露目の展示をすることはあっても、常設展示に利用することはない。展示にはどうしても色褪せや事故などのリスクが伴い、かけがえのない標本をいくら活用のためとはいえ、消耗させるわけにはいかないのである。ただ、一般の方でもこれらのお宝標本をご覧いただくことは可能である。当館では、「博物館のお宝探検」と称して一般の方を収蔵庫へご案内して貴重な収蔵品を見ていただく機会を提供しているので、興味のある方は担当学芸員へご予約いただきたい。

（11）　Okushima, Y. & K. Takahashi「A new cantharid species of the genus *Yukikoa* from western Honshû, Japan, with additional records of five congeneric species (Coleoptera, Cantharidae)」『Elytra』三八、二〇一〇年

3　自然観察会の楽しみ方

自然史博物館では各種教育普及活動も展開しているが、中でも特徴的な行事が岡山県内各地で開催する自然観察会である。フィールドへ出かけて行って、自然のありのままを観察するもので、事前に観察コースの下見はするものの、観察対象は準備されたものではないので、移動能力のある昆虫は期待通りとはいかないこともしばしばある。そのような中で参加者が大盛り上がりするシーンがいくつかある。

樹液ポイントの探索

筆者は小学校低学年の頃から近所でカブトムシ・クワガタムシ採集を始めてから四〇年以上のキャリアがあり、それらが好む樹種や樹液の匂い、樹形や立地などに基づき、樹液ポイントを経験から絞り込むことができる。観察会で狙い通りに獲物を見つけると、一気に株が上がるのだ。樹液の出る樹木として、一般書籍ではクヌギを筆頭に挙げてあるものが多いが、岡山県ではクヌギが見られるのは限られた地域で、より樹皮の割れ目が大きいアベマキの方が一般的である。もうひとつ、岡山県における重要な樹液ポイントとなる樹木としてアキニレを挙げておく。県中南部の人里に普通に見られ、筆者にとっては幼少の頃から「クワガタの木」であったが、全国的には一般的でないようで樹液ポイントとして紹介されているのをほとんど見ない。山間部の川沿いでは、ヤナギ類がポイントとなる。

写真14　ヒラタクワガタ　2016年6月16日、美作市日指にて筆者撮影

カブトムシやコクワガタは普通種で樹液ポイントさえわかれば比較的簡単に見つかる。ヒラタクワガタ（写真14）は県中南部に多いが、幹の樹皮下にできた虫食い穴に隠れていることが多いので採集にはピンセットなどの道具を使う。人気の高いノコギリクワガタやミヤマクワガタは高所の梢にいることが多く、幹を蹴飛ばして振動を与えることで落ちてくる。県北部のヤナギ類では山地性のアカアシクワガタも見られる。

格調高いゴキブリ

「ゴキブリ」といえば多くの方は家の中に出るクロゴキブリやチャバネゴキブリを思い浮かべるだろう。それらが衛生害虫として著名なことも周知の事実である。しかし、実は、我々がよく知っているそれらのゴキブリは中国大陸原産の外来種であり、日本古来の野生のゴキブリは屋内に侵入して人の邪魔をすることはない。オオゴキブリは良好な森林を代表する昆虫で朽ち木の中にすんでいる。体は漆黒でがっしりしており、風格がある（写真15）。朽ち木だけを食べて成長し、汚物や腐敗物に触れる機会もないので病原体を媒介することもないと考えられる。このような風貌と生態から、観察会でオオゴキブリが見つかると「格調高いゴキブリ」と説明して手に乗せて観察してもらっている。

写真15　オオゴキブリ　2012年11月16日、総社市見延にて筆者撮影

イモムシ・毛虫とのふれあい

ガ類の幼虫であるイモムシ・毛虫は成虫よりもよく目に留まる。グロテスクな容姿から一般に毛嫌いされ、さらに毛虫はみんな毒を持っているから触ってはいけない、などというデマまである。実際には触れて危険なものはごく一部で、観察会では安全なイモムシ・毛虫が見つかると触ってもらっている。毛のないイモムシの一番人気はセスジスズメの幼虫である（写真16）。体側に並ぶ眼状紋はファンタジーの世界にありそうな列車を連想させて見た目も良いが、触ってみると表皮が非常になめらかで、筆者は「赤ちゃん肌」と表現している。ホウセンカやサツマイモなどの人が育てている植物にもよく発生するので目の敵にされるが、駆除する前に触ってみると愛着が湧くかもしれない。毛虫の人気者はスジ

写真16　セスジスズメ幼虫 2020年10月10日、倉敷市福島にて筆者撮影

写真17　無毒のスジモンヒトリ幼虫は触れ合うことができる、2016年4月24日、吉備中央町豊岡上にて筆者撮影

写真19　手に乗せたオオスズメバチの雄バチ　2014年12月6日、筆者撮影

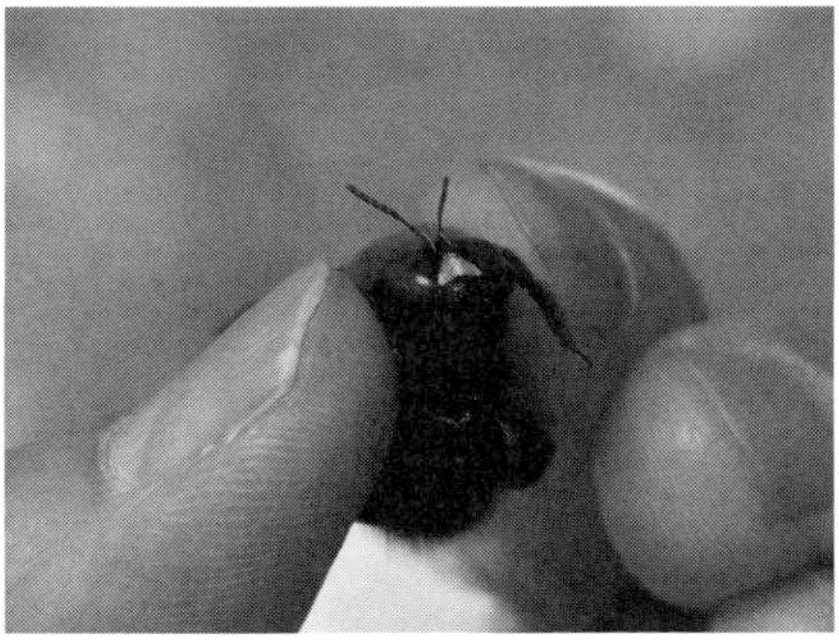

写真18　キムネクマバチの雄（顔面に三角形の紋がある）　2017年4月23日、倉敷市浅原にて筆者撮影

モンヒトリなどのやわらかい毛が密生している無毒の種類である（写真17）。ふわふわ感が気持ちよく、モコモコと動く様も愛らしく、「手乗り毛虫」と称して子どもたちにも大人気である。こちらは道路を横断して移動しているのをよく見かける。

ハチとのふれあい

ハチはいわずと知れた危険昆虫の代表格であるが、すべてのハチが危険なわけではない。ハチの腹部にある毒針は雌の産卵管が変化したものである。したがって、雄にはもともと針そのものがないので刺しようがないのである。出会う機会の多いキムネクマバチ（＝クマバチ）は、黒い体に胸部が黄色の毛で覆われているのが特徴の大型のミツバチの仲間である。本種は四〜五月頃には藤棚などで蜜を求めて花から花へと飛び交う姿がよく見られる。花を訪れているのは雌バチがほとんどで、気性はおとなしいものの、つかむと当然刺される。一方、雄バチは春から夏にかけて広場や山頂のように開けた場所でホバリング(12)をしているのが観察される。これは縄張り行動であるが、その様子で雄とわかる。捕まえて確認すると雄の顔面には逆三角形の乳白色斑があり（写真18）、針は持たないので素手で握っても刺されることはない。社会生活を営むスズメバチ類では、集団の大部分を占める働きバチは不妊ではあるがすべて雌である。したがって、強力な毒針を持つ大変危険なハチである。スズメバチ類では、雄バチは秋の繁殖期にのみ現れる。働きバチに比べて少し触角が長い、腹部の先端が尖っていないなどの特徴がある。「手乗りスズメバチ」（写真19）として触れ合うこともできるが、雌雄を見誤った時の被害は甚大であるので必ず習熟者の下で楽しまれたい。

家族連れや初心者でも気軽に参加でき、学芸員や経験豊富な参加者と一緒にフィールドを歩くことは室内学習では得難い体験である。倉敷市立自然史博物館では、高学年の子どもたちを対象として、より高度な活動に取り組む「むしむし探検隊」事業も行っている。標本を次世代に残すことが大切なことは前述したが、身近な自然に興味を持ち理解し、そのことを伝えていく人材を育成することもまた同様に大切なことである。

(12) 空中で静止飛行すること

おわりに

実は、当館の収蔵標本のうち、九割以上は館外の主に個人から寄贈されたものである。自然史標本の収集活動の歴史は、日本国内では戦前から始まるものの、戦災と適切でない管理下での虫害等により当時の標本資料は大部分が失われた。現在、国内の多くの博物館に寄贈が相次いでいるのは主として戦後の高度経済成長期以降に収集された標本である。趣味としての研究やコレクションが盛んな昆虫では特にその成果が大きいのであるが、その後、様々な状況に変化が生じた。開発や生活習慣の変化による雑木林や農地の減少、水辺環境の改変、外来種の増加等により、「古き良き時代」の日本の昆虫は次々に姿を消していった。有名なゲンゴロウもオオクワガタも現在ではほとんど図鑑の中の虫になってしまったのである。さらに、希少とされると法令・条例等で採集が禁止される昆虫が年々増加している。どんなに頑張っても先人たちが残したようなコレクションは成しえない時代になった。また、子どもたちの遊びの主流が自然相手から電子ゲームに変わったこと、外国産を中心とした生きた昆虫がペット化され、標本収集よりも生き虫飼育を好む人が増えたこと、標本による形態学よりも分子生物学的な研究が増えてきたことなどから、自然史資料としての標本収集は衰退傾向が続いている。

そういった時代にあって、高齢化した世代のコレクションがどんどん手放されている。資料を次世代に安全に引き継ぐことを最大の使命とする博物館としては、かけがえのないそれらの資料を確実に受け入れると同時に次世代の担い手を育てることで、未来へと引き継がなければならない。

二〇二三年、倉敷市立自然史博物館は開館四〇年を迎える。欧米には一〇〇年、二〇〇年と歴史を重ねた博物館が数多くあるし、国内にも当館より古くから活動している館はいくつもある。どうやってもそれらの歴史を超えることはできないが、これからも博物館活動を継続する限り、着実に後世に残す宝物は増えていく。

〔参考文献〕

岡山県野生動植物調査検討会編『岡山県野生生物目録2019 ver. 1.3』（岡山県ホームページhttps://www.pref.okayama.jp/page/602836.html（二〇二二年一〇月七日アクセス））二〇二二年
倉敷市立自然史博物館編『倉敷市立自然史博物館展示解説書』二〇一一年
岡山県野生動植物調査検討会編『岡山県版レッドデータブック2020 動物編』二〇二〇年
奥島雄一・水井颯麻「岡山県におけるシタベニハゴロモの記録」『月刊むし』五八六、二〇一九年
奥島雄一ほか「モンシロチョウの顕著な黒化個体を確認」『月刊むし』四八六、二〇一一年
津下智・奥島雄一「岡山県におけるクマゼミの特異な色彩変異個体の記録」『Cicada』二七（二）、二〇二〇年
山田洋平「ヤママユの雌雄型の記録」『月刊むし』五九八、二〇二〇年
Okushima, Y. & K. Takahashi「A new cantharid species of the genus *Yukikoa* from western Honshû, Japan, with additional records of five congeneric species (Coleoptera, Cantharidae)」『Elytra』三八、二〇一〇年

column

岡山の水辺の淡水魚――絶滅危惧種の宝庫

中田和義

今から一一年前に岡山大学に赴任した筆者は、当時、岡山に来てとても驚いたことがある。とにかく、至るところに農業水路がはりめぐらされ、聞くところによると、岡山市の水路の総延長はなんと約四〇〇〇キロメートルにも達するらしい。しかも、水路をのぞくと無数の魚たちが泳いでいるのである。よく見てみると、それらの魚たちは一種や二種ではなく、いろいろな種が混じっている。その中には、童謡の「めだかの学校」でお馴染みのミナミメダカも含まれる。かつてはどこにでもいたメダカであるが、現在までに数を減らし、環境省のレッドリストでは絶滅危惧Ⅱ類として掲載されている。そのような絶滅危惧種のミナミメダカが、岡山の水路では群れをなして普通に泳いでいるのである。まさしく、淡水魚の宝庫という状況なのだ。

実は、岡山県の純淡水魚の種数は、全国で見ても上位に相当する。国土交通省岡山河川事務所のホームページによると、岡山県内を流れる一級河川の旭川・吉井川・高梁川で平成一二～一七年度に実施された河川水辺の国勢調査の結果では、確認された純淡水魚の種数はそれぞれ四七・四四・四一種であり、純淡水魚出現種数の全国順位ではそれぞれ四位・五位・七位であった。なんと、三河川ともに全国ベスト一〇にランクインしているのである。これらの魚たちの中には、多くの絶滅危惧種も含まれている。

いったいなぜ、岡山県は魚の種数が豊富なのだろうか？　その理由は、（1）一級河川が三本流れている、（2）農業水路網が非常によく発達している、（3）冬になっても水路の水枯れが起きない、ことにあると筆者は考えている。（1）については、大きな川は魚たちにとっての良好な生息場となるので、一級河川が多ければ、魚の種数が多くなることは容易に想像できよう。

写真1　アユモドキ（撮影者：住田崇成氏）

写真2　スイゲンゼニタナゴ（撮影者：水井颯麻氏）

（2）については、冒頭でも述べたように、岡山では至るところに水路がはりめぐらされており、水路同士がつながっていて、さらに川ともつながる複雑なネットワークを形成している。実はこの複雑なネットワークが、魚類をはじめとする水生生物にとっては重要な生息環境となる。岡山の水路づくりにはとても古い歴史があるのだが、先人による水路づくりをイメージしながら水路の魚たちをながめてみると、実に感慨深いものがある。

（3）については、農地に水を入れる必要のない農閑期となる秋から冬にかけては、通常、農業水路に水が流れなくなる「水枯れ」が発生するのだが、岡山県の水路の多くでは冬でも普通に水が流れている。当然ながら、水がなくなれば魚たちは棲めなくなるが、岡山の水路では、冬であっても、魚たちにとっての良好な生息環境が維持されているのである。

岡山の水辺で見られる淡水魚の中には、特に絶滅危惧度の高い種がいる。アユモドキとスイゲンゼニタナゴである（写真1、2）。アユモドキとスイゲンゼニタナゴともに、「絶滅のおそれのある野生動植物の種の保存に関する法律」（種の保存法）で、国内希少野生動植物種に指定されている。国内希少野生動植物種に指定されている魚類は、国内でわずか一〇種に限られ、平成三〇年までは四種のみであった。同一の県内において国内希少野生動植物種の魚類を複数種確認できる県は、全国的にも数少ない。まさに岡山は、きわめて絶滅危惧度の高い淡水魚の重要な生息域なのだ。アユモドキはさらに、国の天然記念物にも指定されている。両種ともに、環境省レッドリストではもっとも絶滅危惧度の高いランクに相当する絶滅危惧ⅠA類に選定されている。

ここで、アユモドキとスイゲンゼニタナゴの生態などを簡単に紹介しておこう。アユモドキは分類学的にはドジョウ科に属し、ドジョウに近い種であり、日本固有種でもある。現在の分布は岡山県と京都府の一部に限定される。河川や水路に生息し、繁殖期になると増水後に水田などに移動して産卵する。

スイゲンゼニタナゴは、分類学的にはコイ科に属し、いわゆるタナゴ類の一種である。現在の分布は、岡山県南部と広島県福山市の一部に限られ、各地で個体数が激減している。スイゲンゼニタナゴを含むタナゴ類は、非常にユニークな繁殖生態をもっている。イシガイなどの二枚貝の体内に産卵するのだ。このため、スイゲンゼニタナゴを保全するためには、同時に二枚貝も保全することが不可欠となる。

なぜ、アユモドキとスイゲンゼニタナゴは、法律保護種になってしまうほど激減してしまったのであろうか？その理由としては、河川・水路の改修などの開発、生息環境の悪化、水域のネットワークの分断、外来種による捕食などが挙げられる。岡山では、今後もアユモドキとスイゲンゼニタナゴがいつまでも見られるように、さまざまな視点から保全のための取り組みが進められている。

本来であれば、読者の皆さまには岡山にお越しいただき、実際の生息地で生きているアユモドキやスイゲンゼニタナゴの姿をご覧いただきたいところであるのだが、両種ともに法律保護種であるので、残念ながら本コラムでは、生息場所の詳細を紹介することはできない。しかし、アユモドキであれば、例えば岡山市環境学習センター「めだかの学校」・岡山市埋蔵文化財センター・倉敷市立自然史博物館などを訪問していただければ、水槽で常設展示されている生体の姿を見ることができる。スイゲンゼニタナゴは、筆者が知る限りでは岡山県内の施設では常設展示は行われていないが、例えば姫路市立水族館・神戸市立須磨海浜水族園・宮島水族館などでは、生体展示が行われている。ぜひ、その姿をご覧いただきたい。

第2部

歴史と文化

縄文～弥生時代の岡山

山口雄治

はじめに

岡山県は西日本でも有数の縄文時代貝塚の密集地帯である（図1）。貝塚では特殊な遺物が見つかることがあり、その代表例の一つに埋葬人骨がある。人骨などの有機質遺物は土中では分解されて残りにくいが、貝層中では比較的状態のよい人骨が残る。縄文時代人骨が豊富にある地域として中央の研究者の目にとまり、岡山県での縄文時代研究は大正期には始まることとなった。それゆえ岡山県には、西日本における縄文土器の標識遺跡が数多く存在する。

例えば笠岡市にある津雲貝塚は、江戸時代の土取工事によって人骨が出土したことで認知された。一九一五（大正四）年には東京帝国大学によって発掘調査が行われ、その後も京都帝国大学や東北帝国大学などによって二〇回近くの調査が行われた。これまでに縄文時代の人骨が一七〇体以上確認されたことにより、縄文時代の葬制を探る重要な遺跡とし

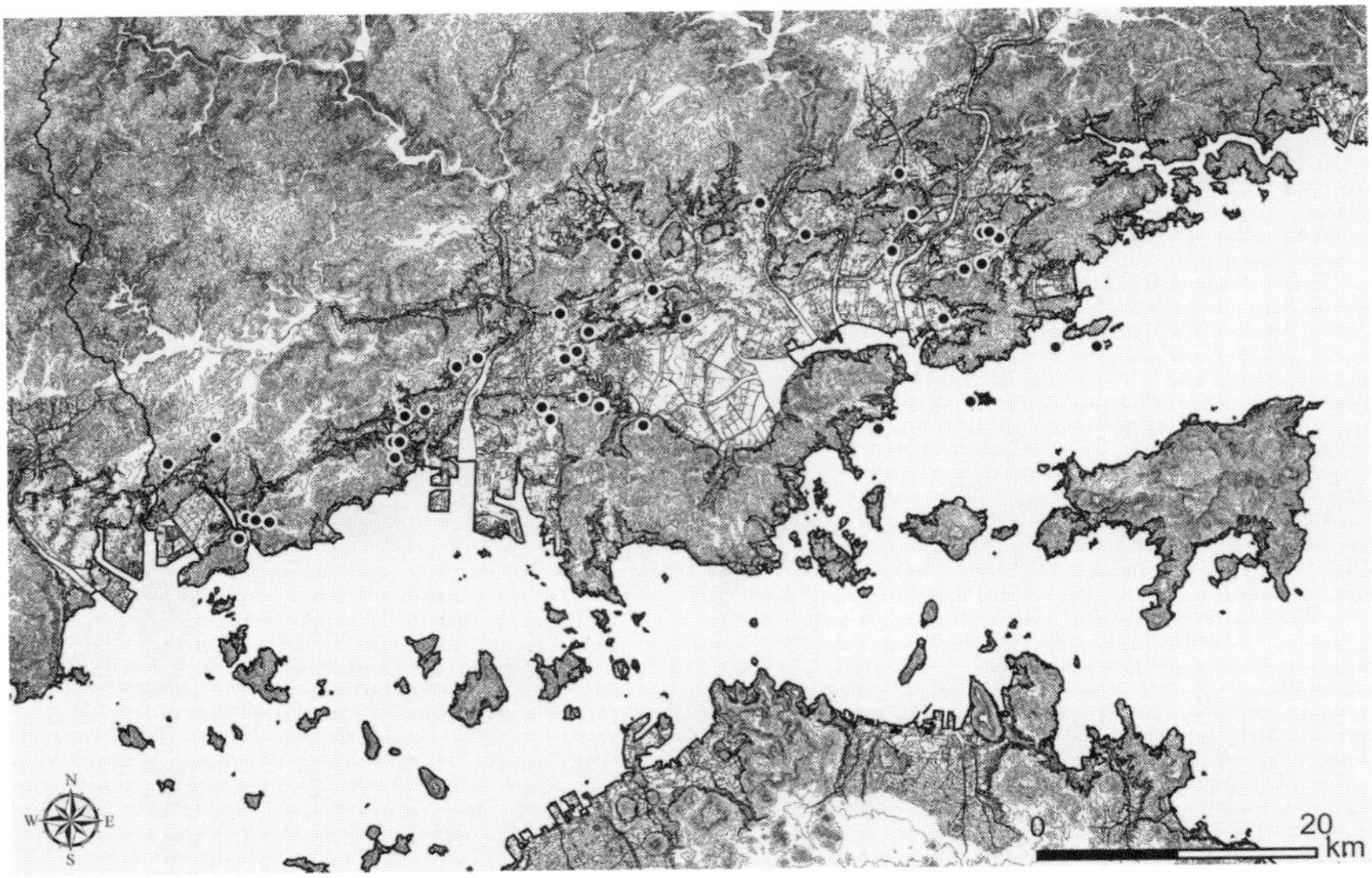

図 1　岡山県の貝塚分布（筆者作成、国土地理院基盤地図情報数値標高モデル（5m）を利用）

写真 1　津雲貝塚遠景（筆者撮影）

て、一九六八年に国の史跡に登録されている（写真1）[1]。この遺跡出土の一部の土器は「津雲A式」と呼ばれ、縄文時代後期中葉の標式資料となっている。

その後も貝塚を中心に発掘調査が行われてきたが、一九九〇年代以降には生活の場である集落についての情報も徐々に蓄積されてきた。本章では、岡山県の縄文時代の特徴である貝塚にまず注目して、人々の生活について概観しよう。生活の基盤は狩猟・採集・漁労ではあるが、それがどのように変化し、そして農耕生産社会たる弥生時代へと至ったのか、についてみてみたい。

（1）二〇二一年には、イギリス・日本などの国際研究チームが、成人男性の骨に多数観察されたのこぎりの歯のような傷がサメによるものであり、これによって死亡したと発表した。この例は、世界最古のサメによる犠牲者としてニュースにもなった。

1　貝塚文化の形成と発展——縄文時代早期〜中期

貝塚とは、貝が一定空間に廃棄され続けることによって形成された、いわば貝のゴミ捨て場である。そこには貝のみならず、魚の骨や土器、石器といったその他の生活残滓も混じっているが、最も特徴的なことは、長期間にわたって数多く形成されることと、埋葬がなされる場所でもあるということである。貝塚自体は弥生時代以降も形成されるが、その数は少なく、またそこに埋葬されることはほとんどない。この点において縄文時代の貝塚は、弥生時代以降の貝塚とは大きく異なる、縄文時代特有の文化的現象であるといえる。

縄文時代は、今からおよそ一万六〇〇〇年〜二五〇〇年前とされており、大きく草創期、早期、前期、中期、後期、晩期の六つに区分されている。貝塚は草創期には存在せず、早期に登場して晩期にはほぼ姿をなくす。

岡山県における貝塚文化の成立は、瀬戸内海の成立と密接に関わっている。最終氷期の旧石器時代には、海面が現在よりも一三〇メートル近く低く、水深がおよそ四〇メートルの瀬戸内海は陸地であった。(2) 瀬戸内海の海底から出土する動物化石は、その状況を伝えてくれるよい資料である。(3) それが縄文時代の早期になると、温暖化に伴って海水面が上昇し、瀬戸内に海水が流入して瀬戸内海が成立する。いわゆる、縄文海進である。この現象を、縄文時代早期の貝塚は如実に物語っている。

牛窓市黄島に所在する黄島貝塚では、貝塚の下層では汽水性のヤマトシジミ(4)が九五％を占めていたのに対し、上層では鹹水性のハイガイ(5)が九〇％へと変化したことが明らかにされた。この変化に、貝塚形成初期には周囲に海水がきていなかったのが、次第に海水が浸入してきたという環境の変化、すなわち瀬戸内海の成立過程を読み取ることができる。近年の研究によれば、その年代はおよそ九五〇〇年前と推定されている。そしてこれは、縄文人が環境変化に適応してなお生活し続けたことも同時に示す。

牛窓市黒島にある黒島貝塚では、掘り込みを伴わない簡易的な住居と考えられる平地式住居が見つかっている。このタイプの住居は「夏の家」と考えられ、季節的に居住地を移動する生活スタイルが想定されている。岡山市犬島に所在する犬島貝塚では、貝類の採取時期が夏期に偏っていることが明らかにされており、この想定を裏付ける研究として注目される。

海浜部のみでなく、内陸部や山間部においても遺跡は確認されており、竪穴住居三棟前後の集落が見つかっている。出土する石器は石鏃、石錐、削器といった狩猟具が多い。山間部では狩猟用の落とし穴も見つかっていることから、様々な資源を利用していたことが

(2) 瀬戸内海の成立や地形の変化の詳細については第1部15頁〜19頁、21頁〜38頁を参照。

(3) 倉敷自然史博物館や岡山大学考古資料展示室にて見学が可能。

(4) 海水と汽水が混じる汽水域の上・中流域に生息する。

(5) 内湾奥部等の干潟に生息する。

わかるだろう。

　縄文時代前期になると海進が進み、現在の岡山市・倉敷市の平野部は海となって旧児島湾と呼ばれる湾が形成される。ここに、貝塚が多く出現するようになる（図2）。岡山市彦崎貝塚は、一九四八・四九年に東京大学理学部人類学教室が調査し、人骨や土器などが多数出土した。出土した土器は縄文時代前期の標識資料となっており、二〇〇八年には国の史跡に登録された。近年の調査成果によると、貝塚の規模が馬蹄形状に拡大することも明らかにされている。

　縄文時代中期には少し海水面が低下したこと（小海退）が知られるが、貝塚は継続してつくられた。中期の代表的な遺跡として、倉敷市里木貝塚を挙げることができる。里木貝塚は、大正年間に調査され、その後一九六九年に倉敷考古館によって調査された。出土土器は中国・近畿地方における縄文時代中期の基準となっている。[6]石器は、石鏃や石匙といった利器類が多く、石錘もある。縄文時代中期後半～後期初頭の埋葬人骨が検出されており、中には貝輪をはめたままの例もある（写真2）。興味深いことに、埋葬された時期によって頭位方向が異なるようで、中期では頭を北に向けるのに対して、後期では東西方向を指向することが指摘されている。

　このように、縄文時代早期の海進にともなって貝塚文化が形成・発展してきた。ここには、陸生動物を対象とした狩猟や植物質食料の採集に加えて、漁労活動の活発化が読み取れる。

（6）　倉敷考古館にて見学が可能。

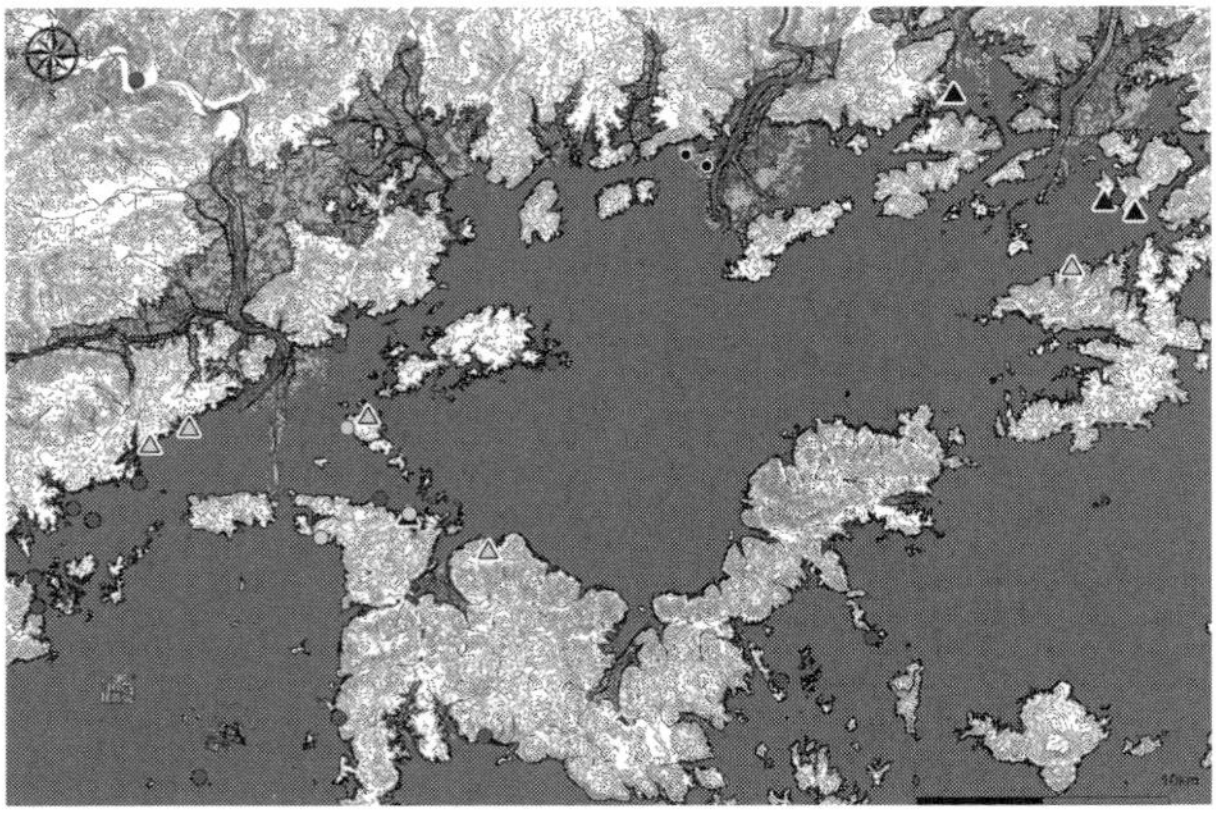

図 2　縄文時代前期の海岸線と遺跡分布（△が貝塚。山本悦世・山口雄治2021「山陽地域の海岸線復元と遺跡分布」『中部瀬戸内地域における縄文時代の環境変動と人間活動に関する考古学的研究　平成三〇年度～令和二年度科学研究費補助金（基盤研究（C）研究成果報告書）』岡山大学埋蔵文化財調査研究センター　図1を引用・改変）

写真 2　里木貝塚の埋葬人骨（間壁忠彦・間壁葭子1971『里木貝塚』倉敷考古館研究集報7、倉敷考古館　図版6(1)を引用）

2　植物質食料利用の顕在化——縄文時代後期

縄文時代後期は、貝塚が最も多く形成される時期である。それに伴い、これまで貝塚が確認されなかった地域にまでその分布が拡大することに特徴がある。またこの時期は、縄文時代を通して最も遺跡が増加するタイミングでもある。この意味で、ここに一つの画期を見いだす研究者は多い。ここからは、生活空間が具体的にわかる津島岡大遺跡を例として挙げて、その暮らしぶりについてみてみたい(7)。

岡山市の岡山大学津島キャンパスにある津島岡大遺跡は、縄文時代中期から近代にかけての遺跡である。岡山大学文明動態学研究所文化遺産マネジメント部門（旧、埋蔵文化財調査研究センター）によって継続的に発掘調査されてきたことによって、縄文時代後期の集落の様子がわかる西日本でも指折りの遺跡である（図3）。近年の地質調査から、海が遺跡の近くまで迫ってきていたことも明らかとなっている。

第一七次調査地点では、微高地上に後期前～中葉にかけての竪穴住居が二棟と炉跡、土坑が多数確認されている。竪穴住居は長楕円形を呈しており、中央部に炉を備える（写真3）。住居の立て替え、もしくは拡張が想定される例もある。また、第一五次調査地点では微高地上に後期前～中葉にかけての竪穴住居が一棟、炉跡六基、土坑多数、旧河道への落ち際に貯蔵穴が一八基確認されている。竪穴住居の内部には、柱穴と考えられるピットと炉が確認されている。土坑の中には香川県産のサヌカイトが集積されたものもあり、石器の素材が埋納されていた。このすぐ近くからは、石器を作成する際に生じる剥片も多数出土していることから、この地点では住居のすぐ近くで石器製作が行われたことがわかった。

貯蔵穴からは、カシ類・トチ・ニワトコ・キランソウ・カジノキ・ノブドウ・エビヅル・マルミノヤマゴボウ・センダン・アカメガシワ・タデ類などが見つかっている。底面

（7）　岡山大学考古資料展示室および岡山大学文明動態学研究所文化遺産マネジメント部門にて見学が可能。

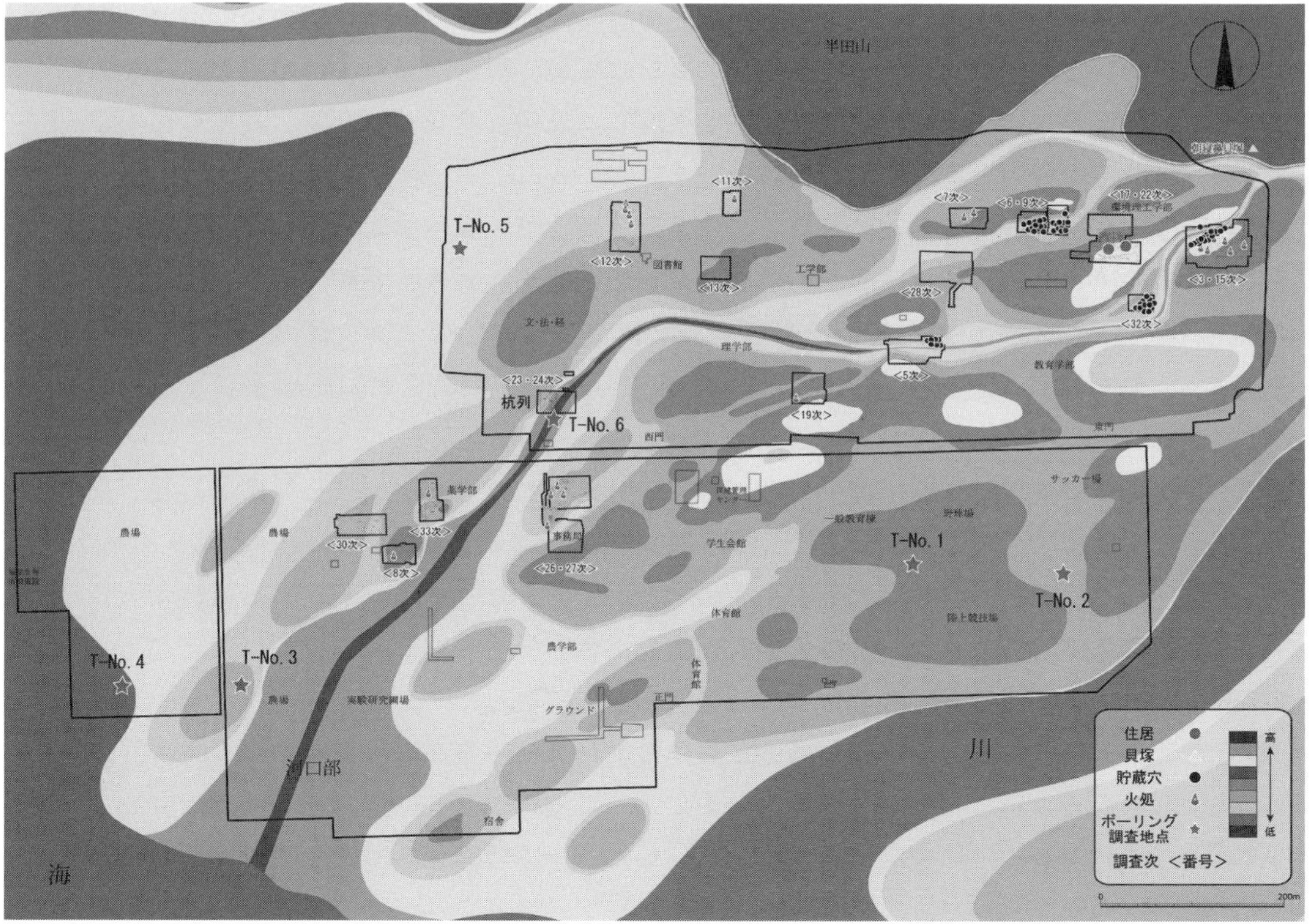

図３　津島岡大遺跡全体図（山本悦世2021「津島岡大遺跡の遺跡動態と環境変化」『中部瀬戸内地域における縄文時代の環境変動と人間活動に関する考古学的研究　平成三〇年度〜令和二年度科学研究費補助金（基盤研究（C）研究成果報告書）』岡山大学埋蔵文化財調査研究センター　図1を引用）

写真 3　津島岡大遺跡の縄文時代住居址（岡山大学文明動態学研究所提供）

写真 4　津島岡大遺跡出土貯蔵穴に敷かれたアンペラ（岡山大学文明動態学研究所提供）

にアンペラが見つかったことから（写真4）、敷物があったか、もしくはカゴのようなものに入れて貯蔵されていたと考えられる。通常、有機質遺物は分解されて残らないが、水分の多い河道の近くに構築されていたことにより、分解されずに残ったといえる。

第五次調査地点で検出された貯蔵穴からは、炭化マメ類（アズキとダイズ）も出土した。その大きさから、このアズキは野生種ではなく栽培種であることが指摘されている。従来、縄文時代は狩猟・採集・漁労の文化と捉えられてきたが、近年の調査ではクリやマメ類の栽培が行われていたことが明らかにされてきている。ドングリ類の採集やマメ類の栽培など、様々な植物資源を利用する複雑な社会であったことがうかがえる。実は、中期以前では石器は利器類がほとんどだと先に指摘したが、後期になって新たに打製石斧が出現するようになる。この道具の機能・用途には諸説あるが、その中に農耕のために土を掘り起こす道具という見方がある。従来は、具体的に何を農耕するのか不明瞭であったが、栽培種のマメ類が出てきたことで、この道具の歴史的位置づけが変わる可能性がある。

概して西日本の貯蔵穴は、水分の多い土壌中に形成されることが多い。その理由として、長期保存や虫殺し、あく抜きなどの説明がなされることがあるが、未だ議論のあるところである。いずれにしても、秋に採集した植物質食料を冬、またはそれ以後に備えて備蓄することが基本的機能であることには疑いない。すなわち、季節を問わずに一か所に居住し続ける、定住を可能とする施設がつくられた点に、重要な意味がある。

縄文時代後期以前にも貯蔵穴と考えられるものがないわけではないが、確証に乏しいのが現状といえる。後期になると事例は増加し、単独というよりは群集してつくられている点に特徴がある。後期に貯蔵穴が多く出現してくる背景に、住み方の変化を想定することはおかしなことではないと思われる。

津島岡大遺跡のすぐ北東の丘陵斜面には、朝寝鼻貝塚がある。調査の結果、津島岡大遺跡の集落と同時期の貝塚であることが判明した。遺跡名は異なるが、おそらく津島岡大遺跡の住人が残したものと考えられる。ヤマトシジミやナマズ、ウナギ、クロダイなどが出土しており、また祭祀と考えられるサルの幼獣が埋納された遺構が検出されている。

このように、縄文時代早期以来の集落と住居数に大きな変化がみられるわけではないものの、石器に新たな道具が追加され、ダイズやアズキを栽培し、そしてそれをドングリ類と共に保管する貯蔵穴が集落に組み込まれるという大きな変化を読み取ることができる。これはすなわち、生活の中で植物質食料のウェイトがこれまでよりも大きくなったことを示すものであり、本格的な農耕社会である弥生時代の前史としても重要な動向といえる。

3 縄文と弥生の間――縄文時代晩期

縄文時代晩期になると、貝塚が大きく減少してしまう。その背景としては、沖積作用によって平野が拡大し、貝塚形成に適した場所が減少したものと考えられている。一方で、その拡大した平野部に新しい遺跡が進出するようになる。こうした現象は、まさに農耕社会へ踏み出さんとする動きとして理解されてきた。ここではその一端として、イネの出現と土器の変化についてみてみたい。

イネの出現は弥生時代以降と考えられてきた。しかし近年の圧痕レプリカ法による研究によって、縄文時代におけるイネ科の植物質食料資料の直接的証拠がみられるようになってきた（写真5）。縄文時代晩期後半には、土器に付着したイネの圧痕が見つかっている。倉敷市上東中嶋遺跡では浅鉢の胴部内面に、総社市南溝手遺跡では浅鉢の口縁端部内面にイネの圧痕が確認されている。こうしたイネ圧痕は、晩期の終末になると一層その数を増やすようで、岡山市百間川沢田遺跡、津島岡大遺跡、里前遺跡出土土器にイネの圧痕が認められている。しかし、イネ以外のアワやキビ等は確認されていない。この状況は、中四国地方の他の地域とは異なっており、本地域の特徴といえるかもしれない。

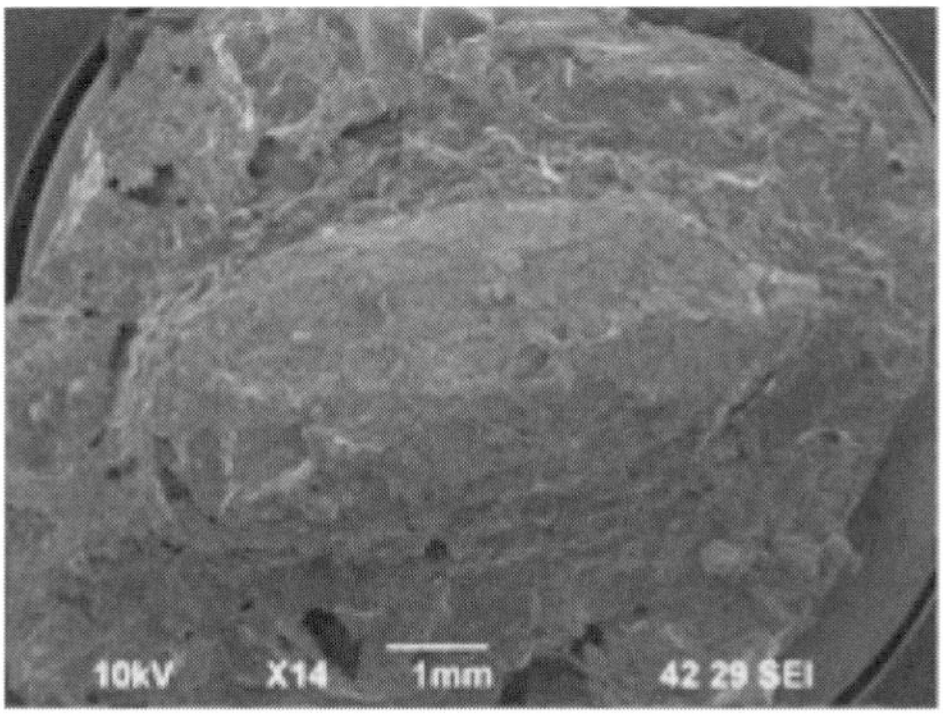

写真5　津島岡大遺跡出土土器付着イネ圧痕（山本悦世2012「縄文時代後～「突帯文」期におけるマメ・イネ圧痕」『紀要2010』岡山大学埋蔵文化財調査研究センター　図16No. 4を引用）

一方で、後期以来の堅果類やマメ類の利用が続いていたことも貯蔵穴出土資料から示されている。赤磐市南方前池遺跡、岡山市津島岡大遺跡、百間川沢田・米田遺跡などがある。群集するものが多いが単独での検出もある。津島岡大遺跡第三・一五次調査地点では、二一基の貯蔵穴が確認され、その中からはトチ、シラカシ、イチイガシなどが出土している。また、南溝手遺跡では土坑から炭化マメ類も出土している。このように、植物質食料は堅果類、マメ類を継続的に利用しつつ、晩期後半になるとイネが加わるという状況が読み取れる。こうした姿は、まさに「縄文と弥生の間」といえるだろう[8]。

では、こうした新たな食料資源をどこで、どのようにつくっていたのだろうか。残念ながら、その具体的な姿は未だわかっていないのが現状である。しかし、縄文時代の水田と考えられている遺構が、岡山市津島江道遺跡で見つかっている。本例は、北部九州以外で見つかった縄文時代の水田遺構のほぼ唯一の例である。

水田の畦畔は、旧河道が埋没したたわみ部の最も低い場所において、洪水砂によって覆われた状態で確認された。畦畔が構築された層、耕作土、および畦畔を覆う洪水砂層には、

（8）この時期を弥生時代早期と呼ぶ研究者もいる。

縄文時代晩期後半の土器のみが含まれており、砂層よりも上層からは弥生時代前期の土器が出土している。こうしたことから、本遺跡の畦畔は縄文時代晩期後半の所産とされる。畦畔の幅は三〇センチメートル、高さ八センチメートルを測り、断面形は蒲鉾状を呈する。畦畔は地層の削り出しと盛り土によって構築されており、その区画の形態はおおよそ三×五メートル程度の矩形を呈す。

ただし、この畦畔の上面には弥生時代前期の畦畔も築かれており、その区画が縄文時代晩期後半の畦畔とほぼ同様の位置にある。このことからこの畦畔は連続的に構築されたものと考える研究者もおり、時期の評価には慎重な意見があるのも事実である。

しかしながら、例えば香川県の林・坊城遺跡では晩期最終末とされる木製の鍬と鋤が出土しており[9]、また堰と考えられている集積された礫群が確認されている。こうした状況に旧河道埋没後の凹みに給水路を備えた水田が点在する状況を想定する意見もある。

以上のように、この時期の水田に関する直接的な痕跡は、議論はあるものの、津島江道遺跡以外にはなく、間接的な痕跡として周辺地域に木製農具の出土や水路、堰といった遺構の検出があるのみである。したがって、農耕空間を明確には捉え難いのではあるが、積極的に考えるならば弥生時代前期の畦畔とほぼ同様のものと異なる方式のものの両方が想定されているといえよう。

土器については、晩期後半の土器組成にごく少量ではあるものの壺が加わることとなる。総社市窪木遺跡では北部九州からの搬入品の可能性のある丹塗磨研壺が出土している。こうした土器は、西方との交流の中でもたらされたのであろう。

(9) 弥生時代前期とする見解もある。

4　農耕生産社会へ――弥生時代前期

水稲農耕社会としての弥生時代への転換は、今からおよそ二五〇〇年前には起きたとされる。本格的な食料生産社会の成立は、その後の社会発展に大きな影響を与えたと考えられ、革命ともいわれてきた。最後に、岡山の初期水稲農耕社会についてみてみよう。

最も早い弥生時代前期の遺跡として、岡山市の津島遺跡を挙げることができる（写真6）[10]。岡山県総合グラウンド一帯に広がる津島遺跡は、一九六八年の発掘調査において弥生時代初めの集落と水田が全国で初めて一緒に見つかったことから、国の史跡に登録された著名な遺跡である。

武道館当初建設予定地点においては、微高地上に竪穴住居一棟、掘立柱建物三棟、炉、土坑などが検出され、微高地の縁辺部には杭を打ったような痕跡が認められている。集落縁辺部の低位部には畦畔は確認できていないものの、プラント・オパール、花粉等の分析から水田と判断されている。また、陸上競技場地点では畦畔が検出されており、その区画の大きさは平均二〇平方メートル程の小区画水田であることがわかっているが、プラント・オパールの検出密度が低かったことから生産性は低かった可能性が指摘されている。また、アズキ、シソ、マクワウリといった作物の種子も出土していることから、水田の他に畠もあった可能性がある。津島遺跡から北に約七〇〇メートル離れた津島岡大遺跡においても弥生時代前期の水田や堰、出土種実として水田雑草類が検出されている。すなわち、

（10）　岡山県総合グラウンドにある津島スポーツミュージアムにて出土遺物の見学が可能。また、同グラウンドでは竪穴住居や水田などが復元されている。

写真６　津島遺跡の復元住居（筆者撮影）

集落に対する水田の面積が非常に大きいことが特徴として考えられる。その理由の一つには、多くの植物が雑多に生育していることもあり、水田の生産性が低かったことを挙げることができるかもしれない。

他の弥生時代前期の集落は、南溝手・窪木遺跡、百間川沢田遺跡などで確認されている。南溝手・窪木遺跡では、前期初頭の竪穴住居が三棟、前期中頃〜後半の竪穴住居が五棟検出されている。他に土器棺や多数の土坑があり、低位部には水田も存在していた。住居は、一つの微高地上に一〜二棟前後でまとまり、それが時期ごとに移動していく様子をみることができる。百間川沢田遺跡では、前期中葉〜末に環濠集落が見つかっている。住居が四棟検出されているが、中期以降には継続せず短期間の内に廃絶している。

ここで、縄文時代晩期と弥生時代前期の集落を比較してみよう。晩期では、三棟前後の竪穴住居に墓、土坑、炉がともなって構成される。弥生時代前期には、これに掘立柱建物や水田が加わるものの、集落規模に大きな変化が認められるとは言いがたい。南溝手・窪木遺跡の例は、未だ移動性が高かったことを示しており、環濠集落が成立してもそれらは長期にわたって継続するものではなかったのである。すなわち、水稲農耕の開始が、すぐさま社会へ大きな変化をもたらしたとは考えにくい状況といえる。住居の数（人口）が増加するのは弥生時代中期以降であり、水稲農耕の社会的インパクトは、革命というよりは長期的なプロセスとして捉える必要がありそうだ。

おわりに

以上、岡山の縄文～弥生時代についてみてきた。この非常に長い歴史を生業からみていくと、縄文時代中期以前の貝塚の時代から後期以降のマメ類栽培、木の実貯蔵のように植物質食料へ傾斜した時代、そして晩期後半のイネ利用が始まる時代、そして弥生時代の水田の時代という流れを追うことができる。そして、弥生時代の水田といっても、初期のそれは生産性が低い可能性が示された。一般に狩猟・採集・漁労から農耕への変化と一言でいわれる縄文～弥生時代の変化には、それらの言葉だけでは語り尽くせない内容がある。それを岡山の資料から感じ、ぜひ遺跡へ足を運んでいただけたらと思う。

〔参考文献〕
河瀬正利『吉備の縄文貝塚』吉備人出版、二〇〇六年
山本悦世『中部瀬戸内地域における縄文時代の環境変動と人間活動に関する考古学的研究　平成三〇年度～令和二年度科学研究費補助金（基盤研究（C））研究成果報告書）』岡山大学埋蔵文化財調査研究センター、二〇二一年（岡山大学リポジトリにて公開）

山口雄治「山陽地方における縄文時代後・晩期の集落」考古学研究会岡山例会編『シンポジウム記録七』考古学研究会、二〇一〇年
山口雄治「岡山平野における土器組成と農耕の展開」『農耕文化複合形成の考古学』(下)、雄山閣、二〇一九年
那須浩郎・山本悦世・岩﨑志保・山口雄治・富岡直人・米田穣「津島岡大遺跡から出土した植物種子の再検討」『紀要　2018』岡山大学埋蔵文化財調査研究センター、二〇二〇年（岡山大学リポジトリにて公開）

column

墳丘墓から古墳へ

光本　順

古墳時代の前方後円墳の成立過程に関する探究は、先立つ弥生時代の墳丘墓に着目した。岡山大学考古学研究室は一九九〇年代初めごろまで、当時の教授であった近藤義郎氏を中心に、数多くの遺跡発掘を通じてこのテーマに取り組んだ。とりわけ倉敷市楯築《たてつき》墳丘墓の発掘調査は顕著な成果をあげた。築造された弥生時代後期後葉において、墳丘推定長約八〇数メートルの当時最大規模を誇った同墳丘墓は、全国的に著名な遺跡のひとつである。本コラムでは、この楯築を中心に、近年の研究成果もまじえて紹介したい。

遺跡の概要

楯築は、前方後円墳の起源の探究を目的として、測量調査を経て一九七六年から一九八九年にかけて七回の学術発掘調査がなされた。発掘終了から間もない一九九二年には、近藤氏によりまとめられた報告書『楯築弥生墳丘墓の研究』が刊行され、重要な基礎資料となってきた。一方、発掘に携わった学生のひとりであった宇垣匡雅氏により、発掘記録の再整理報告書『楯築墳丘墓』が二〇二一年に刊行された。この二〇二一年版報告は、かつて評価が困難であった重要遺構について明らかにした点でも、学界で大いに注目されることとなった。その新知見については後述するが、まずは楯築に関する概要を略述しよう。

墳丘は円丘部とその北東および南西の突出部で構成される（図1）。南西突出部については現在の給水塔の下にあり、その形状を窺い知ることはできない。一方、北東突出部については、測量調査以前の開発行為により残念ながら先端から根元にかけての大部分が失われたが、突き出す一部が遺る。突出部は最重要観察ポイントのひ

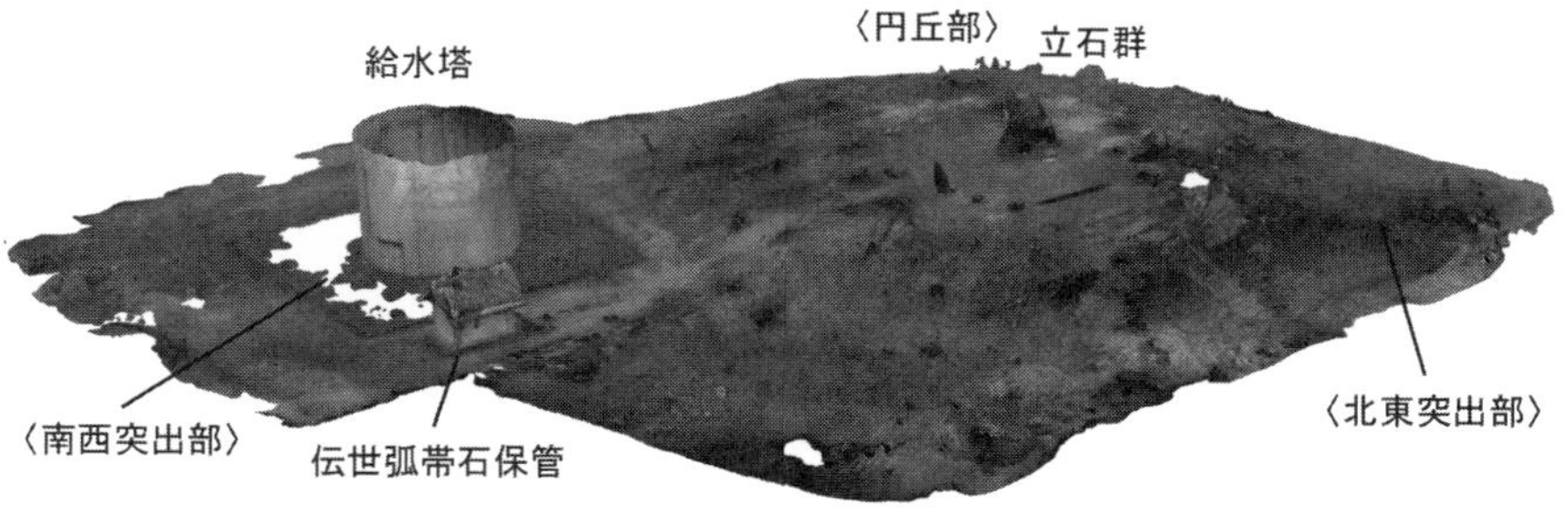

図1　楯築墳丘墓鳥瞰図
（原図はSfM多視点写真測量により四田寛人作成。樹木はソフトウェアで除去。光本編2020より引用）

とつである。弥生墳丘墓にみられる突出部は、後の前方後円墳の前方部の起源であるからだ。円丘部上には、高さ約三メートルの巨大なものも含む立石が複数林立する。発掘の結果、この墳丘墓が築かれた当時の所産と評価された。立石は楯築特有の外観をなす。

埋葬については、円丘部中央の中心埋葬施設一基に加え、少なくとも円丘縁辺に小規模埋葬一基が発掘されるとともに、排水溝の存在から南西突出部上にも埋葬施設が推定されている。中心埋葬施設は、遺骸を納める長さ約二メートルの木棺を木槨で覆ったもので、かつ排水溝を伴う入念な構造をなす。木棺底面には総量三二〜三三キログラムにもなる多量の朱が敷かれ、その上に遺体が横たえられた。遺体は歯片がみつかったのみである。一方、副葬品は翡翠製勾玉や碧玉製管玉他の玉類と一振りの鉄剣という、後の古墳に比べると簡素なものであった。

木槨を埋めた後、地上には円礫が敷かれるとともに、中心埋葬施設上に小山（円礫堆）が築かれた。ここからは、特殊器台形土器と特殊壺形土器という当時の吉備を中心に展開したマツリの道具や高杯などの各種土器、人形土製品や家形土器、土製装身具など、多量の遺物が出土した。さらに、円礫堆からは、弧帯石という帯状の文様を刻んだ特別な石が出土した。この弧帯石と関連するのが、楯築神社の御神体として祀られてきた伝世弧帯石（旋帯文石または弧帯文石）である。伝世弧帯石以外の品々は、バラバラの破片で出土しており、儀礼の後に壊され廃棄された。こうした儀礼の在り方から、近藤氏は葬送儀礼に伴う「共飲共食儀礼」の存在を推定した。すなわち、集落における農耕儀礼から亡き首長の霊威を介した儀礼への転換を読み取り、後の古墳時代における葬送儀礼の発展の契機と評価した。

出土遺物は岡山大学考古学研究室が保管・展示し、研究を行っているが、伝世弧帯石については現地の給水塔脇の施設において大切に保管されている。

図2　楯築墳丘墓復元図（宇垣2021より引用）

楯築をめぐる新知見

以上は概略の一部であるが、宇垣氏による二〇二一年版報告書には、円丘部上においてさらなる驚くべき遺構の存在が記されている。ひとつは、中心埋葬施設付近の大柱一本と木柱二本である。深さ約一・七メートルを測る大柱遺構では、遺構の柱痕跡から直径約二九センチメートルの柱が立てられていた。大柱が埋葬施設の墓壙端に築かれたのに対し、小型の木柱二本は埋められた木槨上の両脇を挟む位置に築かれた。さらに円丘部には、建物の可能性のある柱穴痕跡が存在した。立石ならびに多彩な品々を伴う円礫堆に、大柱と木柱、そして建物が加わるとなると、儀礼の風景が大きく変わる（図2）。なお、墳丘の推定全長については八三メートルとされる。

宇垣氏も述べるとおり、楯築の特徴的性格は、墳丘や立石、大柱・木柱といった遺構に代表されるような、立体的構造へのこだわりである。加えて、墳丘上で使用された各種器物が精巧で立体的であることにも注目したい。高さを強調した特殊器台形土器もそれに該当する。さらに特筆すべきは、伝世弧帯石や小型の出土弧帯石、人形土製品や家形土器等、事物をかたどった独特の形象遺物の存在である。楯築周辺では、こうした形象遺物が墳丘墓祭祀で用いられた。楯築と同一丘陵に所在し、埋葬施設を有する女男岩遺跡からは墳丘周囲において二個体の家形土器が出土した（倉敷考古館所蔵）。他にも弧帯石片が表面採集された鯉喰神社墳丘墓や、未報告ながら複数の鳥形土器や家形土器を有する雲山鳥打墳丘墓群もある。楯築を中心に、墳丘墓祭祀においてこうした立体的形象遺物が用いられたことは、吉備の特色であった可能性がある。これらの由来と展開は、今後追究すべきテーマである。

二〇二一年版報告書で描かれたように、楯築は各地の儀礼要素の統合の場であり、かつ他地域への拡散の起点ともなった。大柱については、北部九州の墳丘墓に起源を有する。それが楯築に導入されるとともに、小型の木柱は楯築を中心に各地に拡散したものと宇垣氏は評価した。他にも、吉備にはみられない円丘と突出部、朝鮮半島由来の木槨、北部九州からもたらされた翡翠製勾玉等の副葬品といったように、各地の儀礼要素が取り入れられている。そして、古墳時代の埴輪の起源となった特殊器台形土器に代表されるように、他地域へも影響を及ぼした。こうした統合と拡散の在り方は、後に畿内を中心に成立した前方後円墳の原像にもみえる。楯築を歩けば、豊かな吉備の弥生墳丘墓文化の一端と、次なる古墳時代への胎動を感じることができるだろう。

〔参考文献〕
宇垣匡雅『楯築墳丘墓』岡山大学文明動態学研究所・岡山大学考古学研究室、二〇二一年（岡山大学学術成果リポジトリ https://ousar.lib.okayama-u.ac.jp/63034 二〇二二年八月二八日アクセス）
近藤義郎編著『楯築弥生墳丘墓の研究』楯築刊行会、一九九二年
光本 順編『津倉古墳』岡山大学考古学研究室、二〇二〇年（岡山大学学術成果リポジトリ https://ousar.lib.okayama-u.ac.jp/63087 二〇二二年八月二八日アクセス）

吉備の巨大古墳

清家　章

はじめに

岡山市造山古墳・総社市作山古墳・赤磐市両宮山古墳は岡山県が誇るべき巨大古墳である。これらの古墳は古墳時代中期に築造された。古墳時代とは、三世紀中頃から七世紀初頭までを指し、前期（三世紀中頃～四世紀後葉）・中期（四世紀後葉から五世紀）・後期（六世紀～七世紀初頭）の三時期に分けられる。[1] 古墳時代は、弥生時代から始まった階層分化が進み、大王墓と目される二〇〇～三〇〇メートル級巨大前方後円墳から、首長墳と目される数十～百メートル級の古墳、小首長あるいは一般層の一部が埋葬されたと考えられる数メートル～十数メートル規模の方墳・円墳というさまざまな規模の古墳が築造された時代である。古墳時代に築造された古墳数は、一六万とも二〇万ともいう。社会のエネルギーの多くが古墳の築造に注がれ、古墳によって社会的地位が表示される時代である。

数多くある古墳の中でも、大王墓や各地の首長墳には前方後円墳という墳形が基本的に

（1）古墳時代は七世紀末あるいは八世紀初頭まで続くとする見解もあり、研究者の主張は分かれている。その場合、七世紀を古墳時代終末期とする。いっぽう、筆者のように古墳時代の終わりを七世紀初頭前後とする研究者は、七世紀を飛鳥時代として別の時代として理解することがある。

採用される。弥生時代の首長墓には地域性があったが、古墳時代になり前方後円墳という墳形が全国的に広まる。このことをもって、東北南部から九州にいたるまでの広域政治連合体＝ヤマト政権が誕生したと理解される。また、弥生時代における最大の首長墓が倉敷市楯築墳丘墓・奈良県桜井市ホケノ山墳丘墓の八〇メートル前後であることに比べ、大王墓と目される前方後円墳は三〇〇メートル級を基本とすることから、ヤマト政権の権威と権力は弥生時代の地域首長のそれらを大きく凌駕していると理解されている。

そうした大王墓は畿内に集中する。ヤマト政権の本拠地が畿内にあるので、当然のことである。しかし、歴代大王墓に匹敵する古墳が、吉備に築造される（121頁図5）。それが造山古墳と作山古墳、そして両宮山古墳なのである。三古墳を総称して吉備三大古墳という。吉備三大古墳はどのような性格を持つ古墳なのか、なぜ三古墳が吉備に築造されたのか、本文で探っていくことにしよう。

1　吉備三大古墳前史

吉備三大古墳は古墳時代中期に属する。吉備三大古墳について語る前に、古墳時代前期の吉備の様相を語る必要がある。

コラム（106頁）で光本順が楯築墳丘墓について示したように、前方後円墳につながる要素が楯築墳丘墓などの吉備の弥生墳丘墓には認められる。このことから前方後円墳の成立、言い換えればヤマト政権の成立と展開には吉備の勢力が強く関わり、あるいは前方後

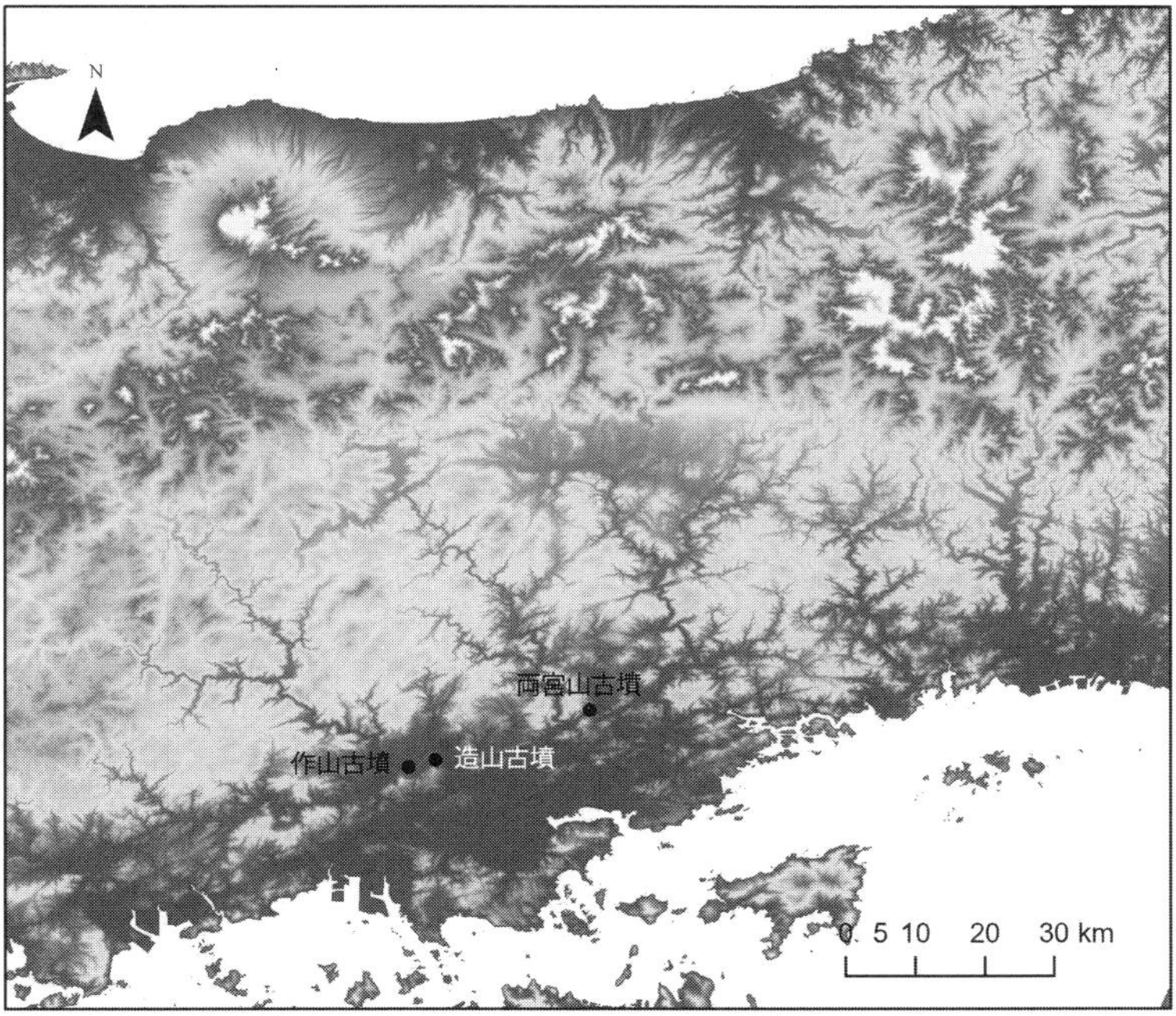

図１　吉備三大古墳の位置

円墳の成立に関わりうるだけの勢力を保持していたことがうかがわれる。

　実際、古墳時代前期初頭には、畿内の大王墓に次ぐ大型古墳は吉備に築造された。浦間茶臼山古墳である。浦間茶臼山古墳は全長一三八メートルの前方後円墳であり、古墳時代前期初頭という時期に限れば、畿内以外では最大の古墳であった。畿内最古の大型前方後円墳である箸墓古墳の二分の一サイズの相似形墳とされる（北條一九八六）。浦間茶臼山古墳被葬者は吉備において大きな勢力を誇ると同時に成立当初のヤマト政権と強い関わりを持つことが理解される。この後も一〇〇メートルを超える大型前方後円墳が継続して吉備では築造される。中山茶臼山古墳（全長一二〇メートル）・神宮寺山古墳（一五〇メートル）・尾上車山古墳（一三五メートル）・金蔵山古墳（全長一六五メートル）などである。

これら有力な前期古墳は吉備の中でも旭川流域とその東側に多いことが特筆される。すなわち備前である。足守川流域とされる中山茶臼山古墳と尾上車山古墳も、備前と備中の境にある吉備中山にある。それと対照的に、吉備最大を誇る造山古墳は古墳時代中期になって備中に築造される（図1）。

2　造山古墳・作山古墳・両宮山古墳

造山古墳

造山古墳は岡山市北区新庄下に所在する。全長三五〇メートルを測り、日本で四番目に大きな古墳である（図2）。これまで岡山大学や岡山市教育委員会などによって調査が行われている。古墳は三段築成であり、後円部と前方部の接点である両方のくびれ部にそれぞれ造出を有する。墳丘は葺石で覆われ、円筒埴輪を中心に埴輪が立ち並んでいたことがわかっている。埴輪の特徴から古墳時代中期、五世紀前葉に位置づけられる。

墳丘について論争となっているのが周溝の存在である。墳丘測量図や周辺地形図を見れば後円部の北東から前方部南端に至るまで盾形周溝といわれるような地割りを見て取ることができるし、前方部前端前にある地獄田も周溝の跡として矛盾はないように見える。しかし、墳丘の東側は深く掘削されたようには感じられないし、墳丘の西側にはそうした痕跡が認められないので、周溝はなかったと評価する研究者もいる（草原二〇一四ほか）。同じ頃に築造された畿内の大王墓級巨大古墳は必ずといって良いほど多重の周溝を持つ。周溝がなかったあるいは未完成だったとすれば、造山古墳は畿内大王墓に匹敵する墳丘を持つものの、多重周溝を持つ畿内大王墓に劣るという評価もできてしまう。周溝の有無とそ

図２　造山古墳（新納泉「前方後円墳の設計原理試論」『考古学研究』第58巻1号：16-35、2011年）

の数は墳墓の格付けあるいは畿内大王墓との関連性を考えるうえで重要な論点であり、たかが周溝と放置すべきことではないのである。

岡山大学で長年古墳研究を続けた新納泉は、当時の最先端であったデジタル測量を造山古墳で試み、そのデータを基に古墳の設計原理を明らかにしている（新納二〇一一・二〇一九）。それによれば、造山古墳は段築のテラスの幅六・二五メートル、当時の尺度で二七尺あるいは四・五歩を基準として設計されているという。また、時期的に近い大型古墳の中で誉田御廟山古墳（伝応神陵）がもっとも設計原理が近いことを明らかにした。

国史跡のため埋葬施設は保存が優先され、発掘調査は行われていない[2]。ただ、後円部からは安山岩の板石が採取されている。この石材は竪穴式石室に用いられることが多いので、後円部には竪穴式石室があった可能性が高い。造山古墳で忘れてはならないのは、前方部にある石棺である。前方部頂には近世に建てられた荒神社があり、その前に刳抜式石棺の棺身が置かれている。また、神社の石垣には先の棺身と対になるとされる蓋の破片がある。蓋には直弧文という文様が刻まれ、内面には赤色顔料が塗布されている。この石棺は造山古墳前方部から出土したという説と付近にあった新庄車塚古墳から運ばれてきたという説がある。この石棺材は阿蘇凝灰岩であり、その産出地は熊本県宇土市馬門であるとされる。造山古墳陪冢の一つである千足古墳の横穴式石室は筑肥型とされ、さらに素晴らしい直弧文が刻まれた石障を持つ。石障は肥後の石室によく認められる。さらに石障の石材は天草砂岩であり、造山古墳と陪冢被葬者は肥後との関係を強く持つことがわかる（西田二〇二〇）。

出土した埴輪は重要な情報をさらにもたらす。埴輪の特徴を見ると、野焼きで焼かれた

（2）再校中に、岡山市教育委員会による後円部墳頂部調査の報に接した。この調査でも石室に関係すると思われる板石が検出されている。この成果によって以下の文章に大きな影響を及ぼさないと考えられたので、そのままとした。

ため器壁に黒斑という黒いススが付着したような特徴を持つ埴輪と黒斑を持たない窖窯焼成の埴輪が混在している。こうした特徴と器壁の調整の具合から五世紀前葉の時期が示されている。また、円筒埴輪の口縁部には幅約二センチメートルという広い粘土の帯（口縁部突帯）がめぐらされている。この口縁部突帯は、畿内の大王墓、とくに古市古墳群で多く認められる。造山古墳の埴輪は、畿内大王墓の埴輪と強い関わりを示す（野崎二〇一二）。円筒埴輪以外では蓋形埴輪も畿内のそれと関係が深い。

墳丘規格と埴輪はともに古市古墳群、とくに誉田御廟山古墳（伝応神陵）との関わりを強く示す点で注目される。

作山古墳

造山古墳に引き続き、備中に作山古墳が築造される。五世紀中葉に位置づけられる。造山古墳から約三キロメートル西方の総社市三須にある。二古墳はきわめて近い場所に存在するが、互いに視認することはできない。

墳丘は全長二八二メートルを測り、全国第一〇位の規模である。後円部最大幅一六〇メートル・前方部幅約一七〇メートルを測る（図3）。後円部は東西にやや長い楕円形をしているところが特徴である。三段築成で葺石が墳丘表面に葺かれ埴輪を持つ。

北側くびれ部に造出を持つ。南側は造出相当箇所が壊されているため、その存在は確かでない。前方部前端は直線ではなく、一段目平坦面は、前方部前端の中央で大きく張り出している。これを剣菱形に整えたものとして評価する研究者もいる。

周溝の有無については、造山古墳と同様に作山古墳でも意見が分かれている。明瞭な周

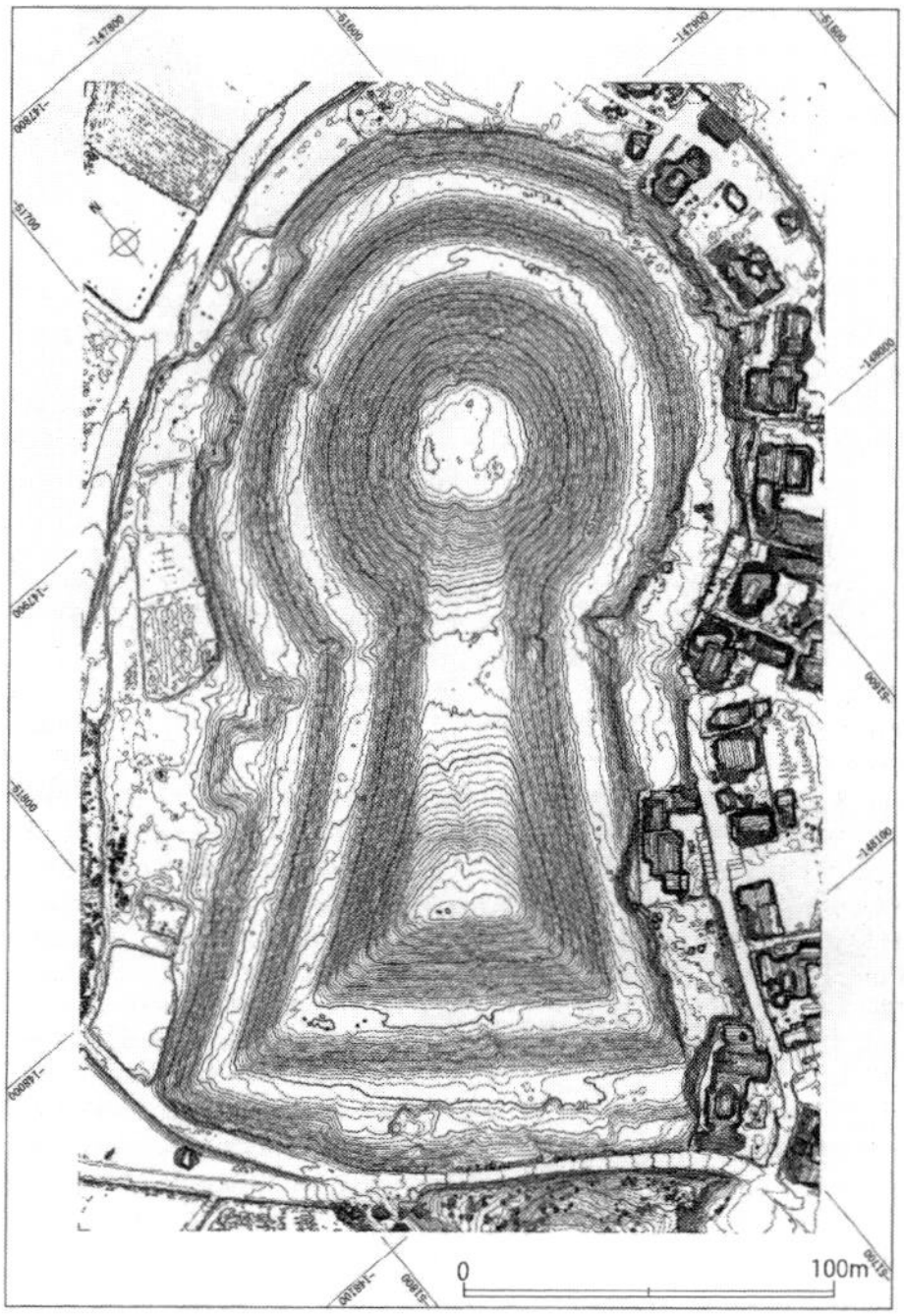

図3　作山古墳（新納泉編『岡山市造山古墳群の調査概報』岡山大学社会文化科学研究科、2012年）

溝は存在していないが、後円部の東側をめぐる作山段は周堤を削って周溝を埋めた痕跡だととらえ周溝の存在を新納泉は主張する（新納二〇一二）。新納は、作山古墳の墳丘は百舌鳥古墳群の中にある大王墓・上石津ミサンザイ古墳（伝履中陵）と関わりがあると述べる（新納二〇一九）。

埋葬施設の調査は実施されていないので不明である。出土埴輪を見ると黒斑を持たない、窖窯焼成の埴輪である。器壁の調整を見ると横方向にハケメが施され、器壁上でハケメの工具を止めた痕跡を残す（B種ヨコハケ）。これらの特徴から、作山古墳は五世紀中葉と考えられている。

両宮山古墳

吉備三大古墳の最後を飾る古墳である。赤磐市穂崎に所在し、吉備三大古墳の中では唯一備前に位置する古墳である。墳丘全長二〇六メートル・後円部径一一六メートル・前方部幅一四五メートルを測る（図4）。吉備三大古墳の中では墳丘規模がもっとも小さいが、二重周溝を完備しており、畿内の大王墓を彷彿とさせる。このことから、周溝の存在が明確でない造山古墳・作山古墳と比較して「完全な『畿内型古墳』」と評価されることもあ

図 4　両宮山古墳（有賀祐史編『両宮山古墳』二：赤磐市文化財調査報告第十二集、赤磐市教育委員会、2018年）

る（宇垣二〇〇五）。墳丘は、百舌鳥古墳群の大王墓である大仙陵古墳（伝仁徳陵）あるいはそれに隣接する御廟山古墳の形と類似すると評価される（宇垣二〇〇五）。

その一方で、本古墳は葺石と埴輪を持たない。この点は他の二古墳と大きく異なる。二重周溝を持つ墳丘長二〇〇メートルの中期古墳が葺石と埴輪を欠くことは、異例中の異例であり、このことから本古墳は未完成であるという評価もなされている（有賀編二〇一八）。

本古墳に関わる出土遺物がきわめて少ないため時期の比定は難しいが、隣接する森山古墳出土埴輪や和田茶臼山古墳の須恵器から五世紀中葉に位置づけられ、作山古墳よりやや新しいとされる（宇垣二〇〇五）。

3　巨大古墳築造の背景と意義

二〇〇メートルを超える墳丘を持つ古墳が古墳時代中期に継続的に築造され、とくに造山古墳は当時の大王墓にほぼ匹敵する（図5）。このような巨大古墳が築造される地域は吉備を除いて他にない。なぜこのような巨大古墳が吉備に築造されたのであろうか。

一つには、吉備地域が畿内勢力と関係を保ち、ヤマト政権の成立当初から政権を支援していた勢力だと考えられることだ。ヤマト政権の象徴的存在である前方後円墳の諸要素のいくつかは吉備に由来することが知られているし、ヤマト政権成立当初、畿内以外で最大の古墳は浦間茶臼山古墳である。それ以来、継続的に一〇〇メートルを超える墳丘規模の古墳が築造され、ヤマト政権と関わり深い副葬品・埴輪が出土している。

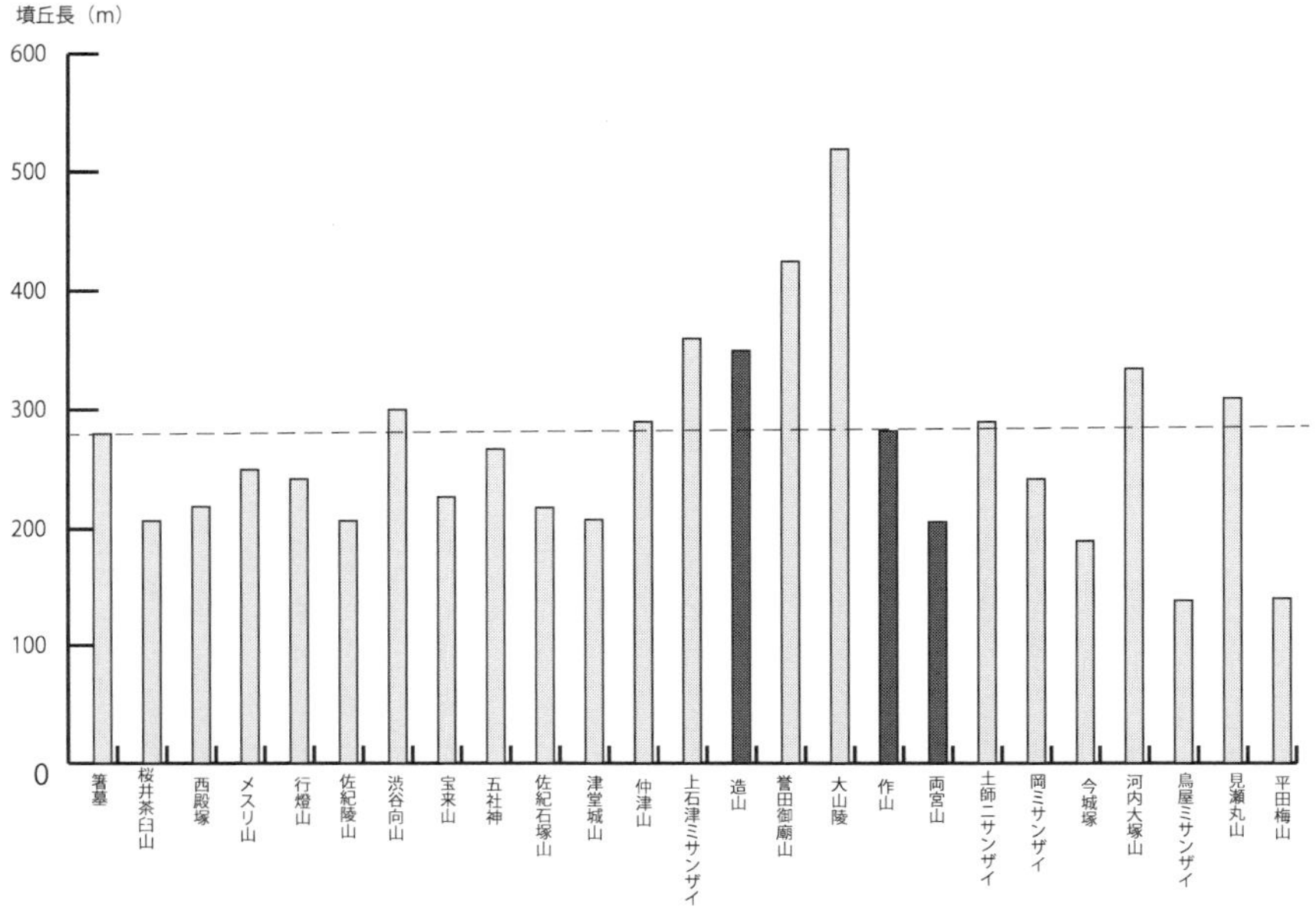

図５　畿内大王墓級古墳と吉備三大古墳

吉備の平野部が比較的広いことも重要で、巨大古墳を築造する生産基盤を持っていたことも要因にあげられるであろう。さらに瀬戸内にあって、交通の要所であることも重要だ。

吉備三大古墳はいずれも古代山陽道の近くにある。古代山陽道はもちろん奈良時代に整備されるが、その前身となる街道は古墳時代から存在したであろう。造山古墳の近くにある上東遺跡では弥生時代の船着き場状遺構が発見されている。水陸の拠点というわけである。だからこそ、肥後の墳墓要素や石材ならびに渡来系文物が造山古墳とその周辺に認められた。ヤマト政権との関わりを示す埴輪も製作された。当時の日本列島は、鉄資源や最先端の技術を大陸・韓半島に求めていた。瀬戸内は資源と技術を入手する重要回廊であった。その拠点をおさえる吉備地域は、その東方にある畿内＝ヤマト政権にとって無視しえるものでない。以上の要因が相まって巨大古墳が吉備に築造されたのであろう。

さらに付け加えるならば、古墳時代中期は大王墓クラスの古墳が、古市古墳群・百舌鳥古墳群と奈良の佐紀古墳群に造られる。古墳時代は複数の王統が存在し、その中で大王位の継承が競われていたと筆者は考えている（清家二〇一八）。大王位の継承は一つの王統だけで完結していなかった。そうした状況の中で、造山古墳の被葬者は大王位継承争いに加わりうる勢力を持っていたと考えているが、このことについては別の機会に述べたい。

おわりに

吉備の巨大古墳はまだまだ謎が多い。被葬者像は不明な点が多いし、三古墳どうしの関係もよくわかっていない。三古墳がヤマト政権と深い関わりを持つことは明白だが、造山古墳の墳丘と埴輪は古市古墳群、作山古墳と両宮山古墳の墳丘は百舌鳥古墳群と関わりがありそうだ。両宮山古墳は未完成であり、このことは『日本書紀』に記される吉備の反乱伝承とも結びつけられて議論されることがある。(3) ヤマト政権との関わりといっても、複雑な政治関係がかいま見えるのであり、そのもつれた糸をひとつひとつ解きほぐしていかねば、吉備の歴史は語ることができない。読者の皆さんにもぜひ考えていただければと思う次第である。

（3）例えば赤磐市教育委員会編二〇一七では、両宮山古墳が未完成であることと吉備の反乱伝承の関係が議論されている。

三〇〇メートル級前方後円墳はほとんどが天皇陵や陵墓参考地となっているため、墳丘に立ち入ることはできない。造山古墳は墳丘に登ることのできる最大の古墳であり、作山古墳と両宮山古墳も同様に墳丘に登ることができる。岡山に来られたら、大王墓級古墳の存在感を味わうため、ぜひこれらの古墳を訪れて欲しい。

〔参考文献〕

赤磐市教育委員会編『両宮山古墳とその時代』赤磐市市制施行一〇周年記念事業史跡シンポジウム　シンポジウム記録集一、二〇一七年
宇垣匡雅『両宮山古墳』赤磐市文化財調査報告第一集　赤磐市教育委員会、二〇〇五年
有賀祐史編『両宮山古墳』二　赤磐市文化財調査報告第一二集　赤磐市教育委員会、二〇一八年
草原孝典「造山古墳の基礎的考察」『岡山市埋蔵文化財センター研究紀要』第六号、二〇一四年
清家章『埋葬からみた古墳時代　女性・親族・王権』吉川弘文館、二〇一八年
清家章「古墳時代における王墓の巨大化と終焉―社会の変化とモニュメント―」松木武彦ほか編『日本の古墳はなぜ巨大なのか』吉川弘文館、二〇二〇年
新納泉「前方後円墳の設計原理試論」『考古学研究』第五八巻一号、二〇一一年
新納泉「設計原理からみた造山古墳と作山古墳」造山古墳蘇生会編『造山古墳と作山古墳』吉備人出版、二〇一九年
野﨑貴博「造山古墳と周辺古墳群の円筒埴輪にみられる畿内との関係」新納泉編『岡山市造山古墳群の調査概報』岡山大学社会文化科学研究科、二〇一二年
北條芳隆「墳丘に表示された前方後円墳の定式とその評価」『考古学研究』第三二巻四号、一九八六年
西田和浩『吉備の超巨大古墳　造山古墳群』シリーズ「遺跡を学ぶ」一四八　新泉社、二〇二〇年
安川満「造山古墳・作山古墳・両宮山古墳～古墳時代中期吉備王権の性格～」『一般社団法人日本考古学協会二〇一九年度岡山大会研究発表資料集』日本考古学協会二〇一九年度岡山大会実行委員会、二〇一九年

column

古代吉備の鉄生産

ライアン・ジョセフ

古代社会において、鉄が多大なる影響を人類に与えたことはいうまでもない。農業生産力の向上、木材の伐採・加工の効率化、そして戦争の強烈化は、いずれも大いに鉄製利器の鋭利さや強靭さに導かれたものだろう。したがって、古代社会にとって鉄を安定的に手に入れることが喫緊の問題であったと考えられる。

弥生時代から古墳時代の日本列島では、農工具や武器に必要な鉄が自前で生産できず、鉄素材を朝鮮半島などからの輸入に依存していたが、六世紀後半以降、ようやく日本列島でも製鉄が可能となった。この発展は日本列島の生産史における一大画期であったと評価できるだろう。

このコラムでは、古代吉備における鉄生産の展開を概観した上で、岡山大学周辺に的を絞り、「製錬・製鉄」(鉄鉱石・砂鉄から鉄を取り出す工程)・「精錬」(できあがった鉄塊から不純物を除去し、加工可能な鉄素材に仕上げる工程)・「鍛錬鍛冶」(加熱した鉄素材を叩いて鉄製品を製作する工程)の各工程に注目し、小地域における様子を紹介する。

古代吉備における鉄生産の盛衰

古代の製鉄遺跡数と製鉄炉数をみると、一番多い地域が福島県域を中心とする陸奥であるが、第二が吉備である。製鉄は、山陽・山陰・北部九州・近畿で六世紀後半まで遡るが、多くの地域では、製鉄技術が普及していくのが七世紀後半以降のことである。前者の中でも、最古の製鉄炉は吉備(備中南部)で検出されている。

六世紀後半から八世紀にかけて製鉄炉は吉備各地で確認されているが、その中心は備中南部や備前にあり、製

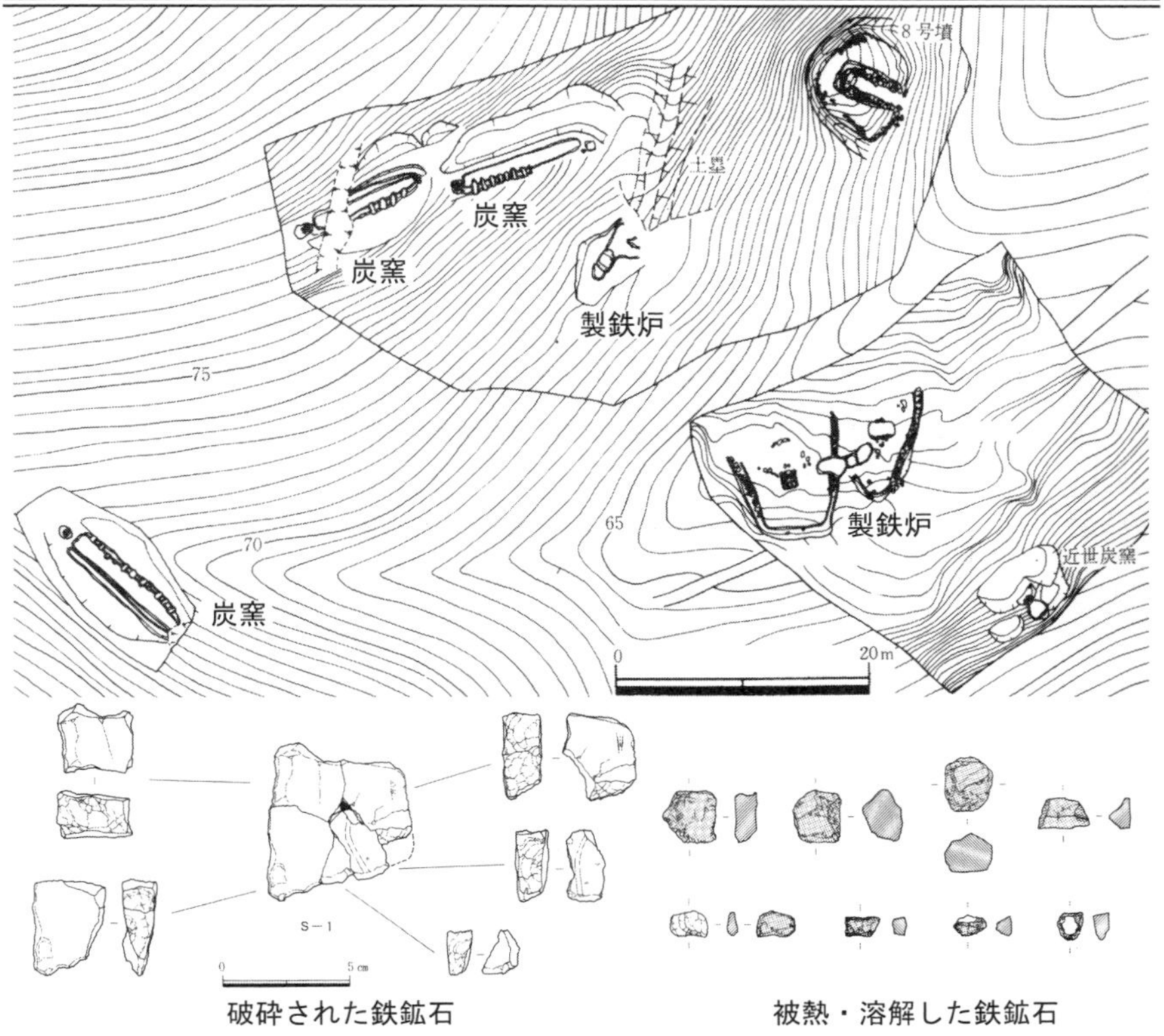

図1　総社市千引カナクロ谷遺跡の製鉄炉・炭窯と出土した鉄鉱石の様子（武田編1999を一部改変）

鉄遺跡がとくに総社市、岡山市、赤磐市などに集中する。鉄の大量生産を目的とした一大産地は総社市にあり、最古の製鉄炉が見つかっている千引カナクロ谷遺跡（図１）が所在する奥坂遺跡群で製鉄炉二〇基が、西団地内遺跡群で製鉄炉六七基が検出されている。両遺跡において炭窯も併設されており、生産活動の集中化と効率化が図られていた（花田二〇〇二）。今後、北部九州など他地域でより古い製鉄炉は発見されるかもしれないが、吉備で初期段階から製鉄が集中的かつ継続的に実施されていた事実は変わらず、当該地域の特徴といえるだろう。

　奥坂遺跡群から南へ約五キロメートルの窪木薬師遺跡は同時期の大規模な鍛冶専業集落であるが、千引カナクロ谷遺跡などから鉄の供給を受けていた可能性が高い。窪木薬師遺跡などで精錬された鉄素材や鉄製品は、地域内のみならず、近畿に拠点をおくヤマト政権の膝元にも運ばれていた可能性が指摘されており、吉備の鉄生産が地域を超えた意義をもっていた事実は明白である（花田二〇〇二、村上二〇〇七）。

しかし、八世紀後半にそれまで活発であった吉備南部の鉄生産が衰退し、九世紀以降に不明瞭になる。八世紀代における主原料の鉄鉱石の枯渇（大澤一九九九）は吉備南部における鉄生産の衰退の原因と考えられている。一方で製鉄遺跡の分布の中心は、砂鉄が豊富に採れる美作を中心とした中国山地側に大きく変化し、製鉄原料も基本的に砂鉄に転換した（上栫二〇一〇）。

岡山大学周辺における鉄生産

岡山大学津島キャンパスで発掘された津島岡大遺跡では、六世紀の溝から鉄鉱石を用いた製錬滓が、六世紀末～七世紀初頭頃の別地点から鞴の羽口や鉄鉱石由来の精錬鍛冶滓などが検出された（岩﨑二〇〇四）。炉自体は見つかっていないが、製鉄・精錬・鍛錬鍛冶の各工程の操業が実施されていたと想定できる（図2）。

南へ二キロメートル弱の津島遺跡でも、六世紀中葉頃の遺構から鍛錬鍛冶滓・精錬鍛冶滓・製錬滓に加え、一五・九九キログラムの鉄鉱石が出土しており、後者の敲打痕の存在から製鉄炉に投入できる大きさにするための小割り作業が行われたとみられる。津島遺跡の鉄鉱石は約九キロメートル北に位置する金山周辺のものに類似すると指摘されている（杉山編一九九九）が、重い鉄鉱石を金山から南の平地まで運搬することは決して容易ではなかった。吉備の製鉄関連遺跡と河川の位置関係の検討から鉄鉱石の原料調達における水運の重要性が指摘されている(上栫二〇一九)が、やはり津島付近でもそのすぐ東側に流れる旭川を利用した水運を想定すべきであろう。

旭川から分岐する百間川北岸に所在する原尾島遺跡でも、六世紀末～七世紀前葉を中心とした遺構から、炉壁片、羽口、鍛冶滓、精錬鍛冶滓、鉄鉱石を用いた製錬滓、そして七・一八キログラムの鉄鉱石などが検出された。

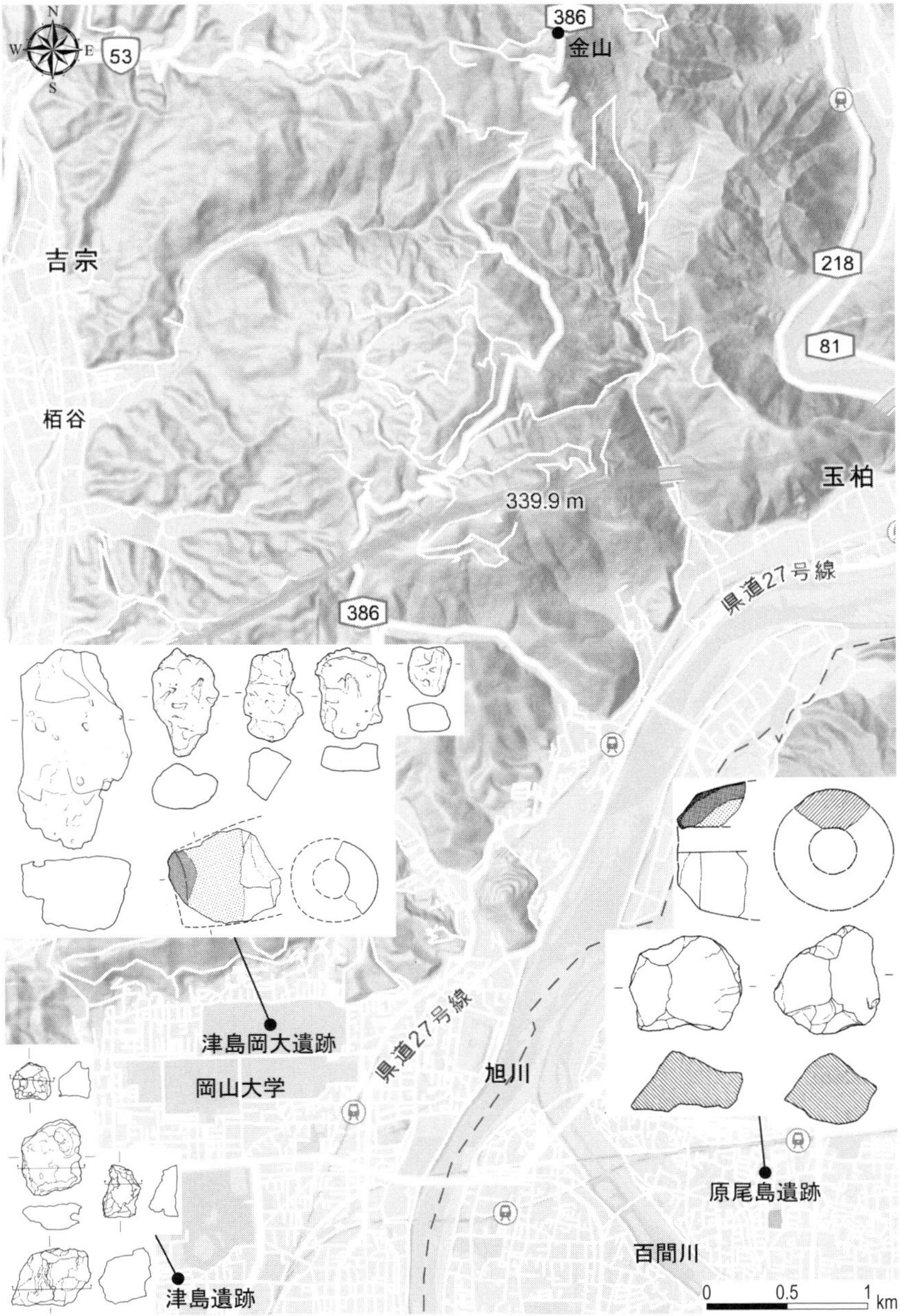

図2　岡山大学周辺における製鉄遺跡と関連遺物（地図はArcGIS Proを用いて筆者作成。黒丸は該当遺物が出土した地点である。実測図（S=1/5）は各報告書より。）

興味深いことに、その鉄鉱石は金山周辺の鉄鉱石とは異なる種類のものとされ、さらに北方に位置する御津郡御津町の佐野鉱山の磁鉄鉱が候補として挙げられているが、その場合でもやはり旭川を用いた水運が想定される。今後、似た組織をもつ磁鉄鉱の産地は遺跡周辺で発見されるかもしれないが、当時の原料調達は多様な経路があった可能性が高いとみるべきだろう。

このように岡山大学の周辺遺跡におけるほぼ同時期の鉄生産の様子を確認できた。鉄鉱石の採掘から製錬、そして鍛冶まで、小地域内における一連の作業が復元できる貴重な事例である。古代社会にとって必要不可欠な鉄入手はその外部依存を断ち、自給自足の道を歩み始めたといえる。

〔参考文献〕

岩崎志保「第4章第1節　2．調査資料の分析」『岡山大学埋蔵文化財調査研究センター紀要2003』二〇〇四年
宇垣匡雅・島崎東・高畑知功編『原尾島遺跡（藤原光町3丁目地区）』岡山県教育委員会、一九九九年
上栫武「古代吉備における鉄生産の衰退」『考古学研究』第五六巻第四号、二〇一〇年
上栫武「古代吉備における鉄鉱石の利用形態」『中国地方の鉄と関連産業の技術と歴史を探る』日本鉄鋼協会、二〇一九年
大澤正己「奥坂遺跡群出土製鉄関連遺物の金属学的調査」『奥坂遺跡群』総社市教育委員会、一九九九年
杉山一雄編『津島遺跡』岡山県教育委員会、一九九九年
武田恭彰編『奥坂遺跡群』総社市教育委員会、一九九九年
村上恭通『古代国家成立過程と鉄器生産』青木書店、二〇〇七年
花田勝広『古代の鉄生産と渡来人』雄山閣、二〇〇二年
松井和幸『鉄の日本史』筑摩選書、二〇二一年

吉備の古代史

今津勝紀

はじめに

吉備と黍

現在の岡山県と広島県東部を含む広域の地域をキビと呼ぶ。キビの呼称は古代にまでさかのぼるが、地名キビの由来について、この地に雑穀の黍が栽培されていたことに因むとの説が一般に広く信じられている。しかし、古代において現在の岡山県地方に黍栽培が卓越していた痕跡はない。そもそも、古代では雑穀の黍は、『万葉集』に収める歌に「梨棗《なしなつめ》黍《きみ》に粟《あは》次《つ》ぎ　延《は》ふ葛《くず》の　後《のち》にも逢《あ》はむと　葵《あふひ》花咲く」（三八三四）として詠まれているが、原文では「寸三（キミ）」と表現されていた。この他の例では、「伎美（キミ）」なども ある。[1] これがなぜキビになるかというと、サミシイ＝サビシイ（淋しい）、サムイ＝サブイ（寒い）、キミがわるい＝キビがわるい（気味が悪い）などと同様に、kimiの子音mがbに交替してkibiとなり、キビと発音されるようになったものである。雑穀の黍の発音は、本来

（1）『大日本古文書』十六―四八二。

はキミであった。

地名としてのキビ

地名のキビはというと、『万葉集』に「古人《ふるひと》の　たまへしめたる　吉備の酒　病《や》めばすべなし　貫《ぬき》簀《す》賜《たば》らむ」（五五四）という歌があり、原文も「吉備」とある。このほかに「岐備」と表現されるものもあるが、(2) 地名のキビは、古代では一貫して「吉備」・「岐備」であり、ビには「備」があてられた。

列島に住まう倭人は固有の文字をもたず、口頭で発する音により意思の疎通をはかっていたのだが、古代に至り、大陸から移入した漢字の「音」によりそれを表現するようになる。その際、それぞれの「音」に応じてある程度、漢字が使い分けられるという、法則性のあることが発見されている。この法則を上代特殊仮名遣いという。現代日本語は五十音に単純化されているが、古代の日本語の発音はより複雑であり、キヒミケヘメコソトノモヨロの十三音と濁音ギビゲベゴゾドの合計二十音に甲類と乙類の区別があった。

雑穀のキビに使われた「美」・「三」はいずれもミ甲類であるが、地名のキビに使われた「備」はビ乙類であった。列島社会は固有の音声言語の世界であるが、対象に応じてそれぞれの音が存在し、その「音」に応じて漢字が使い分けられていたのであり、「音」が異なれば、その表現するものは異なるということになる。すなわち、黍と吉備の「音」は同じではなかったのであり、地名の吉備は黍と無関係であった。江戸時代以来のキビ＝黍＝吉備説は俗説に過ぎないのである。

では、この地域がなぜキビと呼ばれたのかというと、結局のところわからない。しかし、

（2）『古事記』仁徳段。

この空間的広がりが意味をもった段階で生じた地域呼称がキビであったことは間違いない。そうした歴史的な瞬間は、過去に三回ほど存在した。第一は、弥生時代の末の段階で、倉敷市に楯築遺跡が築かれる頃、第二には、古墳時代中期に岡山市の造山古墳・総社市の作山古墳などが築かれた頃、最後が、七世紀の後半、滅亡した百済復興のために唐・新羅と朝鮮半島の錦江河口の白村江で戦い大敗する頃である。こうした広大な領域が歴史貫通的に一体として意味をもっていたわけではなく、そうした時期はむしろ特殊であり、キビは可変的な空間なのであった。

1 キビの神話と伝承

神話にみえるキビ

地名としてのキビは『古事記』・『日本書紀』にもみえており、日本列島の創世神話において、大八洲国が生じる際に吉備子洲がみえる。現在の児島である。今でこそ児島は地続きだが、江戸時代の初めまでは島であり古代では備前国に属した。

このほかの神話ではスサノヲの段にもキビがみえる。姉であるアマテラスの祭儀を混乱させ、高天原を追放されたスサノオはイズモの肥の河の辺に降り立ち八岐大蛇を退治する。蛇を退治したスサノヲはイナダヒメと結ばれ、オホナムチが生まれるのだが、オホナムチは国作り・国譲りを行う神である。

『日本書紀』には、スサノヲによる八岐大蛇退治の部分について、いくつもの異伝が載せられている。スサノヲ神話では、スサノヲが蛇を切った際に尾から出てきた剣が草薙剣であることは同じだが、蛇を斬った断蛇之剣について異伝を伝える。そうした異伝の一つである第二の一書によると、蛇を斬った剣は「石上」にあると伝え、第三の一書によると「今、吉備神部の許にあり」と記されている。この点について、備前国には石上布都之魂神社が存在するので、この異伝を組み合わせて、剣が石上布都之魂神社に伝わると考える向きもないではないが、別伝であるので慎重に考えるべきである。石上は現在の奈良県天理市の石上神宮を指すと考えるのが一般的である。記紀が成立する八世紀において、「吉備神部」が具体的にどこで、どのように存在していたのかはわからないが、列島創世神話とスサノヲ神話という記紀神話の核心にキビが現れていること、八岐大蛇退治の舞台が鳥上山であることには注意しておきたい。

もう一つ神話・伝承にみえるのが神武東征伝承である。まずアマテラスより葦原中国の統治を命じられ、高天原から日向の高千穂峰にニニギが降臨する。その孫であるウガヤフキアエズと海神の女であるタマヨリヒメとの間にカムヤマトイワレビコが産まれ、イワレビコは日向を出発し、九州東岸を北上して瀬戸内海に入り東へと向かい、熊野を経由してヤマトに入る。これがヤマトの橿原で即位した初代の天皇とされる神武であるが、東征の過程でキビの高島宮に立ち寄ったと伝えられている。この一連の伝承を神武東征伝承という。高島宮がどこであったかなどは考えようのないものだが、イワレビコがキビに立ち寄った際に、『日本書紀』の記述によると三年、『古事記』によると八年の間留まったとされること、その目的として、『日本書紀』には「三年積る間に、舟《ふね》檝《かぢ》を脩《そろ》へ、兵食《かて》を蓄《そな》へて、将に一たび挙げて天下を平けむと欲す」とあり[3]、キビで兵站を整えたとあることには留意

(3)『日本書紀』神武即位前紀乙卯年三月己未条。

しておきたい。

キビとイズモの伝承

以上のように、『古事記』・『日本書紀』の神話・伝承にキビが垣間見えるのだが、これらの神話において大きな役割をはたしていたのがイズモであった。イズモが列島社会の歴史過程において、何らかの意味をもったことを反映するのだが、神話を読み解くことはなかなかに困難である。しかし、そこにイズモとキビが直接関係する伝承も存在した。

『日本書紀』崇神六十年七月癸酉条によると、崇神は出雲大神の宮に収められていた神宝を奪うことを画策する。神宝を管理していたのは出雲臣の遠祖とされる出雲振根だが、彼が筑紫に出かけて留守の間に、弟の飯入根が神宝を献上してしまう。それを聞いた振根は激怒し弟を謀殺するのだが、そこにヤマトが介入する。振根を誅殺するために派遣されたのが、吉備津彦と武停河別であった。この伝承に登場する出雲大神は現在の出雲大社（杵築大社）であり、杵築の神宝をさす。吉備津彦と武停河別は、崇神朝に四方に派遣されたとの伝承にみえる四道将軍である。こうしてイズモの神宝はヤマトに奪われるのだが、振根が誅殺された後に、出雲臣らは神宝を献上したことが憚られたのか、大神を祀らない時期があった。すると、イズモの大神はタニハ（丹波）の氷上地方の氷香戸部の子に憑依し、子どもが話さないようなことを突然話し出すようになる。そこで、朝廷はイズモの神を祀ることを命じたというものである。

イズモの神宝は、天上から降ったものとされていたのだが、それがヤマトに奪われてしまうのは尋常ならざる事態であり、神の意思は憑依により現されることになる。その際、憑依されたのが子どもであること、それが発話に関するものであることに注意したい。実は、このモチーフに関連するのが、アジスキタカヒコの伝承である。イズモにはオホナムチの御子神であるアジスキタカヒコの物語が伝わるが、彼は物言わぬ御子であった[4]。アジスキタカヒコは『出雲国風土記』意宇郡条にヤマトの葛城地方の鴨の神としてみえ、『延喜式』に伝わる出雲国造が奏上する神賀詞のなかにもみえている。アジスキタカヒコは皇孫である天皇の守り神として葛城の鴨に鎮座する神でもあった。

物言わぬ皇子の物語は、『古事記』垂仁段にホムチワケの物語としても伝わっている。垂仁の后サホヒメは、兄であるサホヒコの滅亡の際、燃え盛る稲城のなかで皇子を出産し、皇子はホムチワケと命名されるが、彼は、長じても言葉を発することがなかった。ある日のこと、皇子は、高く飛び行く鵠の音を聞いて初めて言葉を話した。そこで鳥を追わせるのだが、それでもなお物言わぬ皇子に対して、出雲大神を奉ったところ、ようやく言語を獲得したというものである（今津二〇〇四）。

物言わぬミコの伝承が朝廷に伝わっていたことは確実であり、七世紀の斉明朝でも生まれてから話しをしなかった健皇子が亡くなった際には、出雲大神の社の造営を命じている[5]。このように、物言わぬ皇子の伝承の背景には、イズモの大神の祟りがあるのだが、なぜ祟る大神を祀るかというと、伝承での論理に従えば、これはやはり神宝の簒奪によるのであろう。そこにキビが関与していたのである。ちなみに斐伊川沿いに吉備津彦を祀る神が存在し、杵築大社方面へと分布するのだが、そこが後の出雲国出雲郡出雲郷であった。吉備津神社から杵築大社を結ぶ線上に位置するのが鳥上山であり、キビとイズモは表裏の地理的関係にあった。

（4）『出雲国風土記』仁多郡三津郷条。

（5）『日本書紀』斉明五年是歳条。

2　キビとヤマト

キビの氏族

キビに確認できる氏族を集成したのが表1である。臣・連・直・首などの姓をもつ氏族を多く確認できるが、なかでも吉備臣の氏族伝承は『古事記』・『日本書紀』にみえるところで、始祖に相当する吉備津彦は孝霊天皇の皇子とされる。[6]なお『日本書紀』応神廿二年九月庚寅条には、御友別を祖として上道臣・香屋臣・下道臣・三野臣・苑臣・笠臣などの諸集団を兄弟関係に擬する伝承がみえるが、この記事の本旨は、兄媛の元を訪れた応神への御友別による饗応譚であり、五世紀後葉に実在して確認できる稲荷山古墳出土鉄剣銘にみえる始祖オホヒコからヲワケ臣にいたる直線的な系譜と異なっており、これを本来的なものと見なすことはできないだろう（図1）。

吉備臣という表現は、右にみた伝承以外にもみえるが、欽明五年を最後としてみえなくなる。天武十三（六八四）年に大三輪君・大春日臣・阿倍臣・巨勢臣・膳臣・紀臣・波多臣をはじめとして、五二の氏々に朝臣の姓が賜姓されるのだが、[7]その際、吉備に関連する氏族では下道臣と笠臣が朝臣を賜姓されるのに対して、そこに吉備臣はみえない。吉備臣は欽明紀までにみえる表現で、それ以降にはみえなくなり、吉備の小地域名を関したウジ名に臣の姓をもつ氏がみえるようになるのだが、一見すると吉備臣が「分氏」したかの印象をうける。しかし、こうしたウジ名は五世紀末から六世紀にかけて成立し、ウジ名によ

(6)　『日本書紀』孝霊二年二月条、『古事記』孝霊段。

(7)　『日本書紀』天武十三年十一月朔条。

表1　吉備の氏族分布

国	郡	氏　族
美作	英田郡	財田直(『続紀』神護景雲2.12.乙丑)・巨勢部(郷)・壬生部(字)・白髪部(字)・土師部(字)・秦人部(城34-23)・秦部(城宮7-12656)
	勝田郡	家部(『続紀』神護景雲3.6.壬戌)・石野連(『続紀』神護景雲3.6.壬戌)・田部(木研2-16)・賀茂部(郷)・鷹取部(郷)・白髪部(字)・綾部(字)・服部(城23-21)
	苫田郡	蝮臣(『文実』天安元.2.己丑)・綾部(郷)・賀茂部(郷)・日下部(字)・白髪部(字)・勝部(字)・服部(字)・矢矧部(字)・土師部(字)・田部(字)
	久米郡	家部(『大日古』4-227)・石野連(『続紀』神護景雲3.6.癸亥)・秦(『三実』貞観7.11.3)・倭文部(郷)・錦織部(郷)・弓削部(郷)・久米部(郷)
	大庭郡	白猪臣(『続紀』天平神護2.12.庚戌)
	真島郡	日下部(字)・建部(郷)
		坂合部(城宮7-12596)、曽禰(『類史』87、延暦21.9.2)
備前	和気郡	矢田部(城6-6)・秦(『続紀』文武2.4.壬辰)・弓削部(字)
	磐梨郡	石生別(『文実』嘉祥3.8.丙辰)・母止理部(郷、物部か)・佐伯部(郷)・矢作部(字)
	藤野郡	藤野別(『続紀』天平神護元.3.甲辰)・別部・忍海部・財部・母止理部(以上、『続紀』神護景雲3.6.壬戌)
	邑久郡	土師部(郷)・服部(郷)・靫負部(郷)・石上部(郷)・須恵部(郷)・品治部(神)・秦造(『大日古』6-568)・秦部(『大日古』6-568)・秦勝(城15-12)・尾張部(郷)・宗我部(『大日古』25-126)・県使部(木研2-16)・海部(城38-24)・葛木部(城16-8)・大辟部(城19-24)・小長谷部(城19-24)・海宿祢(『平遺』補164)・大伯国造(本紀)・吉備海部直(『書紀』雄略7.是歳)
	赤坂郡	軽部(郷)・鳥取部(郷)・葛木部(郷)・家部(『続紀』神護景雲3.6.壬戌)・辛国君(藤宮2-657)・工部(郷)・倭文部(字)・母止理部(字)
	御野郡	伊福部(郷)・津島部(郷)・物部(藤宮2-811)・秦(城19-24)・日下部(城19-24)・倭文部(城19-24)・三野国造(本紀)・三野臣(『書紀』応神22.9.庚寅)
	津高郡	建部(郷)・賀茂部(郷)・久米部(字)・桉作部(『大日古』6-591)・漢部(『大日古』6-577)・蝮王部臣(『大日古』6-577)・書直(『大日古』6-577)・寺(『大日古』6-577)・薗臣(『大日古』6-592)・勝(『大日古』6-591)・三野臣(『大日古』6-591)
	児島郡	鴨直(城宮1-322)・賀茂部(郷)・牛守部(城宮1-321)・山守部(城宮1-321)・三家連(城宮1-323)・白猪部(城31-40)・日下部(城22-38)・間人連(城40-20)
	上道郡	宇治部(郷)・秦部(郷)・日下部(郷)・和仁部(城15-8)・秦人部(城31-30)・大部(城14-11)・若倭部(城22-37)・高矢部(城22-37)・秦勝(城31-40)・佐伯部(城31-30)・葛木(城34-12)・家人部(『書紀』雄略9.5)・山部(『三実』仁和元年.12.23卯)・上道国造(本紀)・上道臣(『書紀』雄略7.是歳)・宍甘部(字)
		壬生・海部・壬生首・壬生部(『類三』天平3.6.24勅)
備中	都宇郡	建部(『大日古』2-247～、以下帳)・丸部(帳)・西漢人(帳)・津臣(帳)・秦人部(帳)・赤染部首(帳)・上道臣(帳)・服部首(帳)・史戸(帳)・白髪部(郷)・矢田部(字)
	窪屋郡	軽部(帳)・軽部首(帳)・下道臣(帳)・物部(帳)・美和首(帳)・氷人(帳)・神首(帳)・家部(帳)・神人部(帳)・刑部(帳)・下道朝臣(帳)・出雲部(帳)・迩麻部(帳)・白髪部(帳)・勝部(帳)・語直(帳)・私部(帳)・吉備窪屋臣(『書紀』雄略元.3.是月)
	賀夜郡	服部(郷)・刑部(郷)・忍海漢部(帳)・鳥取部(帳)・山守部(帳)・倭文部(帳)・中臣忌寸(帳)・弓削部連(帳)・物部(帳)・出雲部(帳)・建部臣(帳)・建部(帳)・壬生首(帳)・東漢人部(帳)・宗我部(里)・西漢人部(帳)・羅曳連(帳)・史戸(帳)・矢田部(帳)・川人部(帳)・鰐部(帳)・白髪部臣(帳)・犬甘部首(帳)・漆部(城宮7-11319)・葦首(城宮7-11320)・蝮王部(集成-221)・犬甘部(飛14-13)・香屋臣(『書紀』応神22.9.庚寅)・薗臣(風)・下道朝臣(風)・加屋国造(本紀)
	下道郡	二万部(郷)・矢田部(郷)・秦原(郷)・白髪部(塼)・西漢人(『三実』貞観5.正.癸亥)・須恵部(字)・下道国造(本紀)・下道臣(『書紀』応神22.9.庚寅)・薗臣(『書紀』応神22.9.庚寅、郷)
	浅口郡	犬養部(『続紀』霊亀2.8.癸亥)・阿曇部(城22-38)・海部(城22-38)・須恵部(字)・矢田部(字)・軽部(字)・間人部(郷)
	小田郡	日下部(郷)・小田臣(『類符』天暦8.7.23式部省符)・白髪部(霊上29)・出雲部(?郷)
	後月郡	出雲部(?郷)・県主(郷)
	哲多郡	額田部(郷)、白猪部(城宮7-11528)
	英賀郡	呰部(郷)・刑部(郷)・丹比部(郷)・白髪部(字)
		海部首・生部首・笠朝臣(『類三』天平3.6.24勅)
備後	安那郡	阿那臣(孝昭段)・安那公(『続紀』天応元年3.朔)・大坂臣(孝昭段)・矢田部(城14-8)
	神石郡	物部(寧下538)
	奴可郡	刑部(郷)、額田部?(郡名)
	沼隈郡	春部(郷)
	品治郡	吉備品遅部君(開化段)・服部(郷)・漢人部(城宮7-12839)
	葦田郡	網引公(『続紀』神護景雲2.2.壬辰)、品治(霊)
	恵蘇郡	春部(郷)・刑部(郷)
	三谷郡	額田部(郷)・刑部(郷)・松部(郷)

※出典の郷は『和名類聚抄』・帳は天平11年備中国大税負死亡人帳、字は近世村で『岡山県の地名』平凡社、1988年。城は『平城宮跡発掘調査出土木簡概報』、城宮は『平城宮木簡』、藤宮は『藤原宮木簡』、飛は『飛鳥藤原宮発掘調査出土木簡概報』、集成は『評制下荷札木簡集成』、神は備前国神名帳(西大寺観音院所蔵)、霊は『日本霊異記』、寧は『寧楽遺文』、類史は『類聚国史』、風は風土記逸文

り表現される氏族は、王権との関係で政治的に編成された組織にほかならない。日本古代の氏は、いうならば王権への奉仕の形態に規定されるものである。吉備の個別の臣姓諸氏族が明確になることは、王権とそれに従属する集団の関係の変化を反映するものであり、吉備臣を構成していた個別の氏族が明確になることは、列島中央部で欽明朝以降、世襲王権が形成されるのに対応して、地域の支配関係、王権への奉仕の体系が再編されることに関連する。吉備臣は、葛城臣や和珥《わに》臣と同様、そうした奉仕体系が整えられる以前の地域勢力の呼称であった（今津二〇一二）。

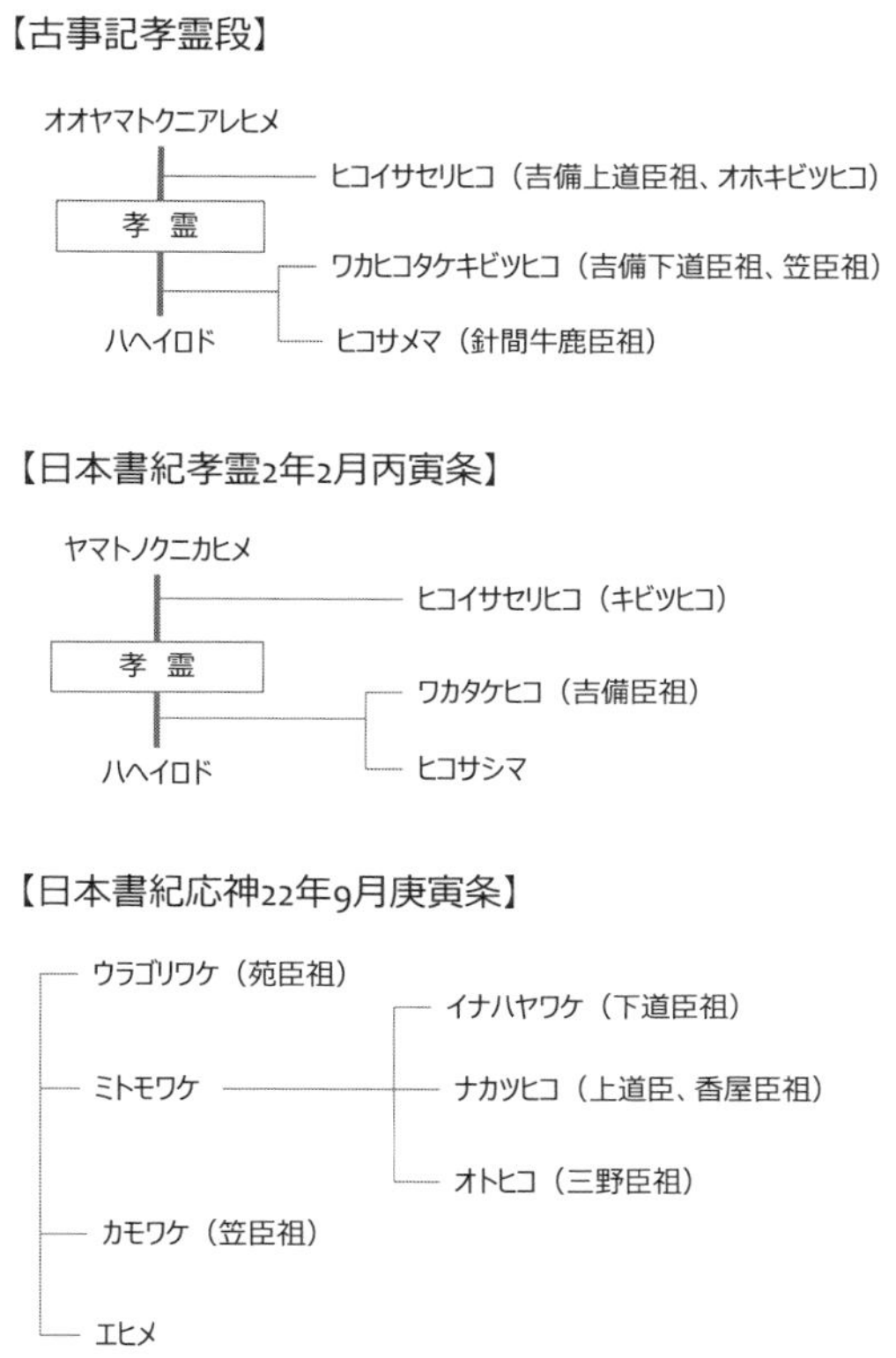

図１　吉備の氏族系譜

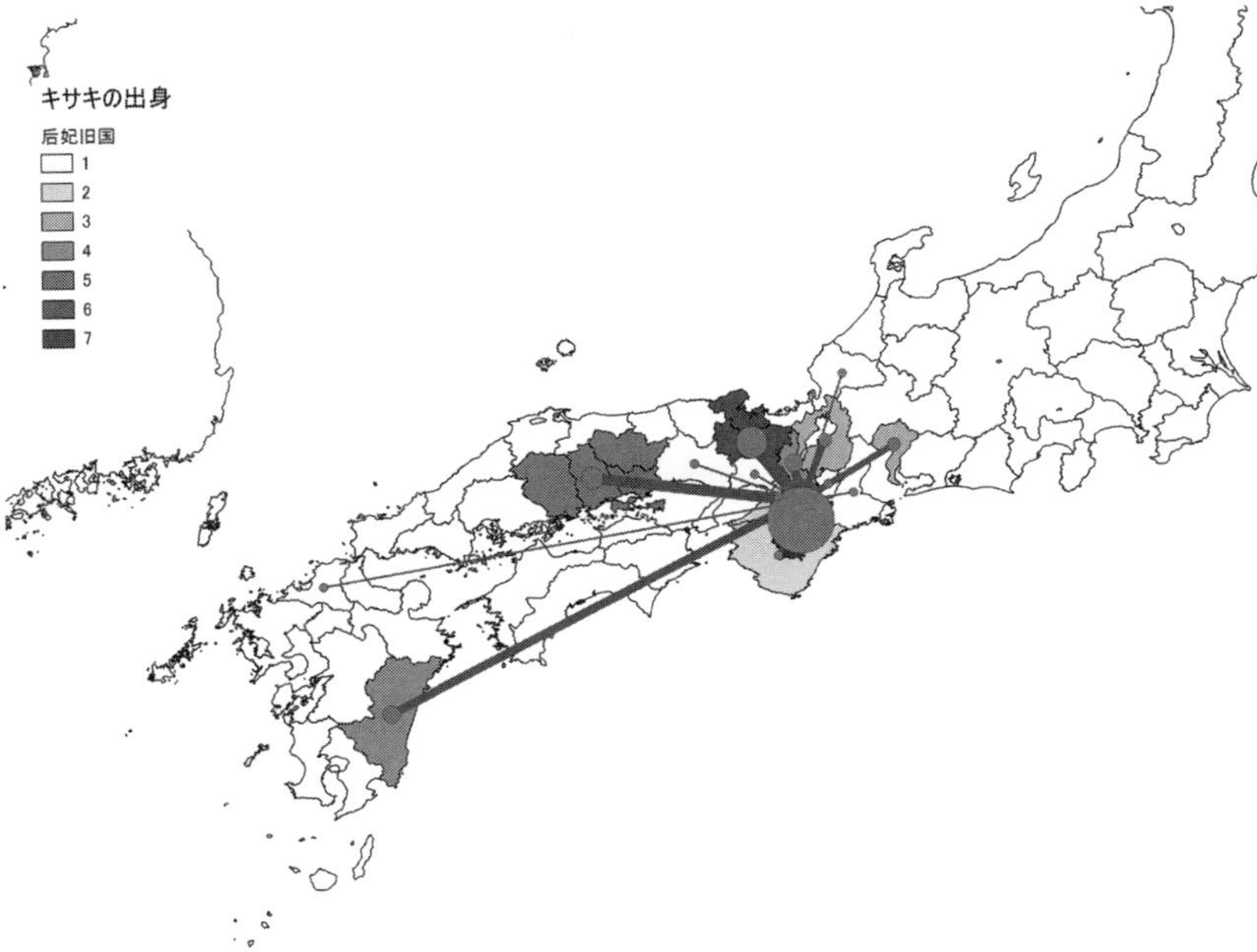

図２　旧国別に示した后妃の出身地

キビの婚姻同盟

なお、キビとヤマトの密接な関係をうかがわせるものに、キサキの伝承がある。図2は『古事記』・『日本書紀』で確認できるキサキの出身地を旧国別に示したものである。もとより複数のキサキのあるのが一般的であり、文献に伝わらないキサキも多くあったはずだが、一応の傾向は把握できるであろう。弥生時代以来の列島社会においては、異母キョウダイの婚姻例がみられるように、外婚規範は明確ではない。そのため王族間の婚姻は一般的であった。後の倭王・天皇につながる集団の本拠地は三輪山の麓にあり、その周辺の磯城・春日・十市といった近接する地域の豪族のキサキが多くあった。それ以外では葛城や和珥氏など近隣の大豪族出身のキサキが多くあり、次いでヤマト周辺の豪族、さらには吉備臣や尾張連などなど遠隔地の集団からキサキを出すこともあった。

とりわけ、キビとタニハは多くのキサキを出しており、ヤマトと特殊な関係を結んでいたことがうかがえる。キビの場合、景行は吉備臣等の祖である若建吉備津日子の女、針間之伊那毘能大郎女を娶るが、(8) これに関連する話を伝える『播磨国風土記』賀古郡条によると印南別嬢は、丸部臣らの祖である比古汝茅と吉備比売の子とされていた。ヤマトタケルにも大吉備建比売があり、これは吉備臣建日子の妹である。

キビのアガタ

倭王権の中枢で大王への料物を貢納する拠点を県（アガタ）といった。県の分布は、史料に拾える県主や県造、山辺御県坐神社・葛木御県神社・県主神社などの神社で確認できるが、おおよそヤマトを中心として東は越前（加賀）・美濃・遠江まで、西は紀伊・伊与・日向など瀬戸内海沿岸を中心とする地域に集中する。おそらく初期の倭王権の勢力範囲に対応するのであろう。

とりわけ県が集中的に確認できるのがキビであった。例えば、国造本紀に吉備中県国造なるものがみえ、備中国後月郡には県主郷・県主神社が存在する。応神に奉仕したキビの御友別の子を川島県・上道県・三野県・波区芸県・苑県に封じたことがみえるように、(9) キビには複数の県が存在した。その一つが美作の英多郡英多郷《あいだ》であった。英多という地名は『和名類聚抄』に伊勢国鈴鹿郡の英多郷を「阿賀多」・「安加多」と読むようにアガタで

(8)『古事記』景行段。

(9)『日本書紀』応神二十年九月庚寅条。

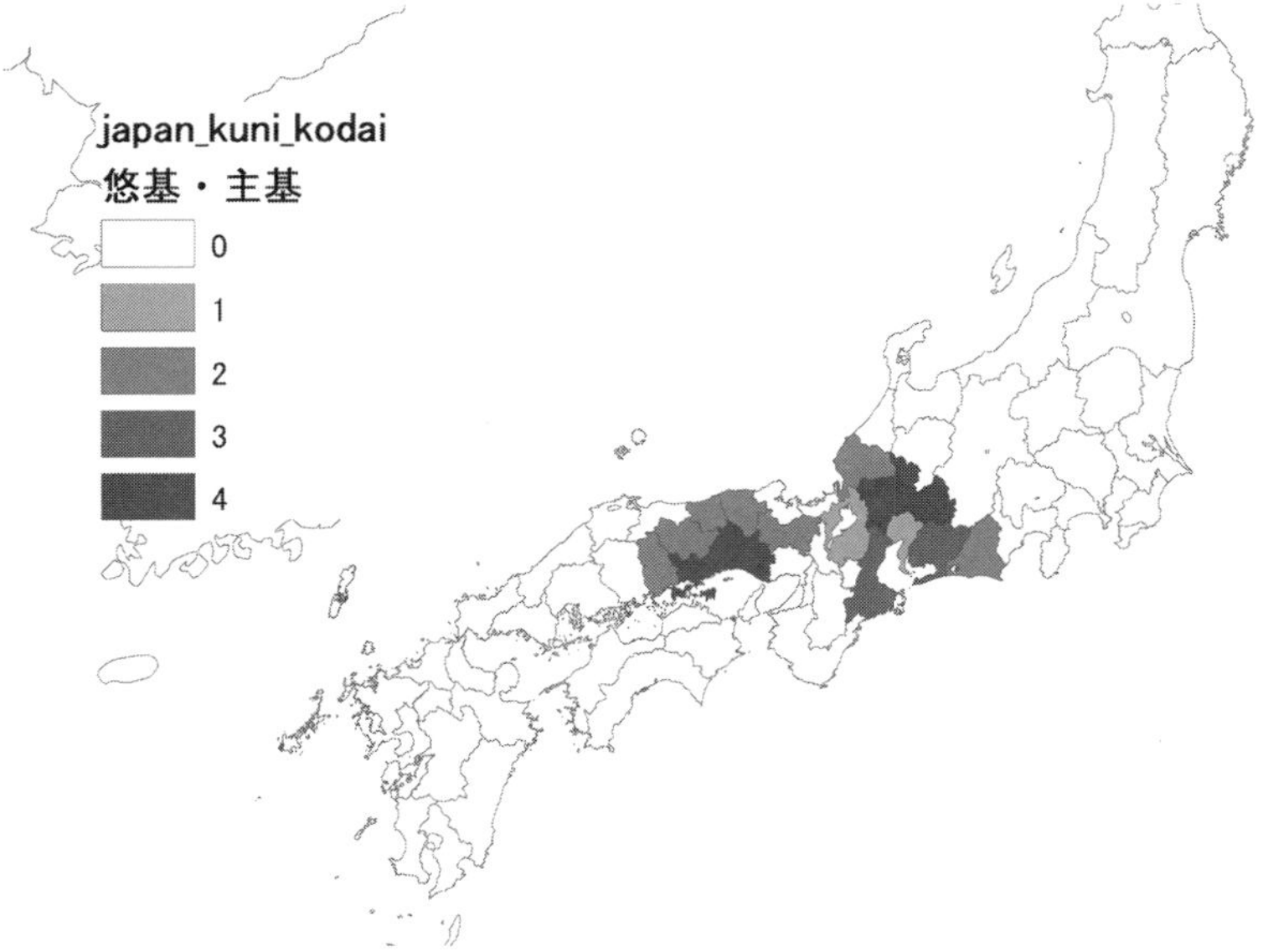

図３　悠基国・主基国

あり、それが後に訛って「アイダ」となったものである。

美作国英多郡には中宮職・皇太后宮職の田が置かれていたことが確認できるが、これらの田も県に由来するだろう。清和天皇の大嘗祭に際して、大嘗祭の料物を用意する主基国・悠基国に美作国英多郡と参河国幡豆郡が卜定されるのだが[10]、その翌年に英多郡の地狭く田少なし、口分田が不足であるとして、皇太后宮職の水田九町が勝田郡の公田と交換されている[11]。大嘗祭への料物負担に支障があったからと考えられる。大嘗祭は、天皇が即位してはじめて臨む新嘗祭であり、新穀を悠基国・主基国が献上した。

（10）『日本三代実録』貞観元年四月十五日条。

（11）『日本三代実録』貞観二年六月廿三日条。

毎年の新嘗祭には、大和・摂津・河内・山背に置かれた官田の稲が供されるのだが[12]、『延喜式』宮内省式には「凡そ官田を営むは、当国長官の専当行事なり。若し損に遭うことあらば、省、丞已下一人・史生一人を遣りて巡検せしめよ。其の収穫の多少及び用残の数、並びに省、奏聞せよ。其詞に曰く、『宮内省申久、内国の今年供奉せる三宅の田合せて若干町、穫稲若干束、其の年以往の古稲若干束、惣て若干束、供奉れる事を申給はくと申す』」として、官田の作柄を天皇に報告することがみえる。ここに述べられるように官田はウチツクニのミヤケの田であった。

新嘗の祭料は、古くは大王のミヤケのミタの穫稲が利用されたのであろう。元来は、倭屯田をはじめとするミタの収穫を感謝する「大王の新嘗」であった（佐々田二〇一四）。新嘗に供奉する国郡の卜定については、天武朝には認められるが、持統朝以降は悠紀・主基の卜定は、即位後の大嘗に限定された。律令制下の新嘗は畿内の官田の卜定に限定され、大嘗祭で卜定される悠紀・主基国は、いずれも畿外の諸国であった。律令制下には、新嘗祭には畿内の官田、大嘗祭には畿外の悠紀・主基国の抜穂田の穫稲が利用されるというように整備されたわけである。すなわち悠紀・主基国の抜穂田はトツクニのミタなのだが（今津二〇一八）、そうした王権のミタ・ミノが濃密に存在するのがキビであった（図3）。

(12)『延喜式』宮内省式。

3　軍事・兵站拠点としての吉備

倭王権の危機

五世紀に至り倭国は、百済とともに宋と通交し、いわゆる五王の時代に入る。『宋書』によると、王権は讃・珍・済・興・武へと継承されるが、王位をめぐる争いが頻発していた。こうした動きに連動して、葛城や吉備といった地域に属する諸集団も政治的な変動を蒙るのだが、当時の集団間の関係は、かなりフレキシブルで個別的な契機の集積の上に成り立っており、それを表現する血縁関係も頻繁に再編されていた。

倭王に対して宋王朝から授けられた将軍号にしても、元嘉十五（四三八）年四月己巳に安東将軍・倭国王に除された珍は、倭隋ら十三人の除正も求め、それに対して平西・征虜・冠軍・輔国の将軍号が聴されている。[13] これらはいずれも実質的な差のないものであり、珍だけが倭国王に冊封されている点で少しぬきんでている程度のものであった。列島社会は、弥生時代以来の首長制原理に基づく政体が各地に分立し、それらがヤマトを中心としてゆるやかに結びついている分節的な構造をなしていた。

こうした列島社会の構造が大きく変化するのが五世紀後半であり、結節の中枢であった王権が崩壊するのだが、それは朝鮮半島の百済との共時的現象でもあった。百済と倭の同盟的関係は四世紀にまで遡り、五世紀に百済は倭兵を導入することで高句麗に対抗しようとしていた。宋王朝による倭王の冊封を仲介したのも百済である。鉄資源や稀少金属を朝

(13)　『宋書』倭国伝。

鮮半島に依存していた倭は百済と連携して、朝鮮半島に介入していたのだが、百済は四七五年九月に、高句麗の長寿王の親征により漢城を失い蓋鹵王が殺害され一時的に滅亡する。[14]吉備や葛城の勢力を押さえ込んだ雄略王が宋に遣使して朝鮮半島南部の軍事指揮権を要求したのはまさにこのタイミングであった。

しかし、雄略王はその直後に没し倭王権は混乱に陥った。百済では文周王・三斤王の後、倭に逃れていた東城王が立つも武寧王を待ってようやく王権が復興する。倭も同様で、雄略後に飯豊女王を経て地方王族が招かれるも継体王でどうにか復興する。武寧王と継体王が連携していたことは隅田八幡宮の人物画像鏡の示すところである。つまり蓋鹵王―雄略王、武寧王―継体王、さらには聖明王―欽明王と百済と倭の王権は共時的に進行するのだが、五世紀末に倭王権は大混乱の危機的状況にあったのである。

こうした事態に対応するために世襲王権の形成が指向されるのであり、倭は朝鮮半島に軍事介入を行った。王権継承をめぐる混乱は、継体王と手白香媛との間に生まれた欽明王が即位することにより最終的に止揚され、欽明王の後は、欽明と石姫の間に生まれた敏達王が継承し、その次には欽明と堅塩媛との間に生まれた用明王、さらには欽明と小姉君との間に生まれた崇峻王、そして敏達の妻であり欽明と堅塩媛との間に生まれた推古女帝が継承するように、王位は欽明直系の子の世代で継承されることになる。王たりうる血縁が排他的に独占されるようになるわけで、ここに世襲王権が成立する。なお同時に注意しておきたいのは、欽明王の妃となった堅塩媛・小姉君がいずれも蘇我稲目の娘であることで、世襲王権が形成されるのに対応して、王家の外戚として蘇我氏は最大の勢力をもつ貴族へと成長する。すなわち世襲王権の形成と貴族の成立は連動するのであり、王家・王族

(14)『三国史記』二五、百済本紀三。

の成立とともに貴族が形成されるわけである。

朝鮮半島の吉備臣と国造

吉備の諸氏族は朝鮮半島情勢に積極的に関わっていた。例えば、上道臣田狭は雄略王により「任那国司」に任じられているように[15]、それは五世紀にまで遡る。任那は朝鮮半島南部の伽耶・加羅の呼称であり、『日本書紀』の表現では「日本府卿[16]」・「任那日本府吉備臣[17]」が派遣されたとされる。現在では任那日本府という植民地統治機関を連想させるようなものが存在したわけではないと考えられているが、朝鮮半島南部の伽耶・加羅の地域には渡海した「在安羅諸倭臣[18]」などの倭人集団が存在した。

東アジアでは将軍には長史・参軍・司馬といった府官が附属したが、「日本府臣及任那国執事[19]」の表現から想像するに、マヘツキミとツカサといった指揮命令系統をもつ派遣軍が存在したのであろう。吉備臣はそうした日本府臣（マヘツキミ）の代表であり、伽耶地域に駐留する吉備臣が賀陽臣の実態であった。賀陽臣が上道臣と同祖関係にあることが応神紀・国造本紀にみえるが、五世紀以来、上道臣は朝鮮半島情勢に深く関わっており、それは六世紀の欽明朝でも同様であった。

そして、任那に駐留するマヘツキミ配下の部隊の軍事指揮官が国造である。国造の姿をもっとも雄弁に物語るのが、『日本書紀』欽明十五年十二月条であり、それは勇壮な武人の姿であった（今津二〇一四）。国造の軍事的な奉仕については、推古朝の来目皇子の新羅遠征に際し「諸神部及国造・伴造」ら二万五千が編成されていることや[20]、令制下の防人軍に「国造丁」などがみえ、防人軍の編成に国造制下の遺制がみえることから確実である。

(15)『日本書紀』雄略七年是歳条。
(16)『日本書紀』欽明五年二月条。
(17)『日本書紀』欽明二年四月条。
(18)『日本書紀』欽明十五年十二月条。
(19)『日本書紀』欽明五年十一月条。
(20)『日本書紀』推古十年二月朔条。

国造については瀬戸内海沿岸、なかでも西部瀬戸内と後の南海道地域に河内・安芸・周防・長門・阿波・讃岐・伊予などの地名+凡直の氏姓をもつ凡直国造が広く分布する。紗抜大押直（=讃岐凡直）の場合、敏達朝に国造の業を継承したと伝えられるが[21]、凡直は明らかに瀬戸内海沿岸地域に偏在しており、これらの国造を倭王権の一般的な地方行政官として理解することは不可能である。凡直国造は、朝鮮半島情勢に対応して、瀬戸内海の海上交通を統制するとともに、沿岸諸地域の人々を動員するためのものであったと考えられる（八木一九八六）。

吉備からも国造軍は派遣されており、『国造本紀』には、大伯国造・上道国造・三野国造・下道国造・加夜国造・笠臣国造・吉備中縣国造・吉備穴国造・吉備品治国造がみえる。大伯国造には吉備海部直、上道国造には上道臣、三野国造には三野臣、下道国造には下道臣、賀陽国造には香屋臣、笠臣国造はそのまま笠臣が、吉備穴国造は阿那臣、品治国造は品治君が任じられたのであろう。

（21）『続日本紀』延暦十年九月丙子条。

吉備の開発

この頃より各地には屯倉（ミヤケ）が設置されるようになる。ミヤケはヤケから派生した語で、ヤケに最上の接頭語ミが付着したものであり、ヤケは屋の在り処、すなわちヤ（屋）やクラ（倉）から構成される経営の拠点を意味する。大王など中央の権威の支配にかかる屋の在り処、田地の経営拠点が屯倉である。屯倉という表現以外に官家などと表現されるものもあり、後に郡家はコホリノミヤケ、五十戸家がサトノミヤケと読まれた可能性があるなど、ミヤケには多様なものが含まれるが、倭王権は各地に多様な目的を持って政治的・

表2　安閑紀二年五月甲寅条にみえる屯倉

国	屯倉	国	屯倉
筑紫	穂波屯倉	婀娜	胆殖屯倉
	鎌屯倉		胆年部屯倉
豊	滕碕屯倉	阿波	春日部屯倉
	桑原屯倉	紀	経湍屯倉
	肝等屯倉		河辺屯倉
	大抜屯倉	丹波	蘇斯岐屯倉
	我鹿屯倉	近江	葦浦屯倉
火	春日部屯倉	尾張	間敷屯倉
播磨	越部屯倉		入鹿屯倉
	牛鹿屯倉	上毛野	緑野屯倉
備後	後城屯倉	駿河	稚贄屯倉
	多祢屯倉		
	来履屯倉		
	葉稚屯倉		
	河音屯倉		

経済的・軍事的な拠点に屯倉・官家を設置した。

瀬戸内地域の屯倉を考えるうえで注目されるのは、安閑二（五三五）年五月の屯倉の設置記事で、[22] 筑紫の穂波屯倉以下、合計二六の屯倉がみえる（表2）。この記事に続いて犬養部が設置され、[23] 更に桜井田部連・県犬養連・難波吉士らに「屯倉之税」を掌らせることがみえるが、[24] 犬養部は屯倉の警固にあたったと考えられており、そうした犬養を中央で束ねる伴造が県犬養連であった。桜井田部連は諸国の田部の伴造であり、渡来系と考えられている難波吉士とともに屯倉の管理業務にあたったのであろう。もとよりこれらの屯倉が、同時に設置されたものであるかどうか保証の限りではないし、むしろその可能性は低いであろう。恐らく、この頃に設置された屯倉を一括して掲出したものと考えられるが、それでも日本列島の西部なかでも瀬戸内沿岸に濃密に分布していることに注意したい。

この安閑紀二年の屯倉の設置記事では、播磨と備後の屯倉がみえるがその間に位置する備前と備中に屯倉がみえない。しかし、ここが空白地帯であったわけではなく、この地域におかれた屯倉こそがいわゆる白猪屯倉であった。『日本書紀』の一連の記事によると、

(22)『日本書紀』安閑二年五月甲寅条。
(23)『日本書紀』安閑二年八月乙亥条。
(24)『日本書紀』安閑二年九月丙午条。

欽明十六（五五五）年にまず大臣である蘇我宿祢稲目・穂積臣磐弓が直々に吉備に派遣され、「吉備五郡」に白猪屯倉が設置される。[25] 翌欽明十七年にも蘇我稲目が派遣され、備前の児島屯倉を置いている。これらの屯倉には田令として葛城山田直瑞子が派遣され、その副には王辰爾の甥にあたる王胆津が随い、屯倉では田部の丁籍が作成された。[26] さらに、敏達三（五八三）年には、稲目に引き続き蘇我馬子が派遣され、白猪屯倉と田部を増したことがみえる。[27]

白猪屯倉については、これまでも児島屯倉との関係や屯倉の機能などが問題とされてきたが、現在では、令制下の備前国児島郡[28]・備中国哲多郡[29]からの木簡に白猪屯倉が設置されたことに由来する白猪部の存在を示すものが発見されており、美作国大庭郡にも白猪臣の存在することが確認できる。[30] 美作は古代でも有数の鉄の産地であるので、古くから白猪屯倉の設置目的を吉備地域で産出する鉄に求める見解も有力ではあるが、備前国の白猪部は租税である調の塩を貢納している。白猪屯倉は「吉備五郡」に置かれたとあることから考えて、後の美作・備前・備中・備後の広い地域に展開する複数の屯倉をさし、児島屯倉もこの中にふくまれるのであろう（狩野二〇〇一）。

なお白猪屯倉の経営について注目したいのは、蘇我氏が渡来系の技術を用いて開発を進めていることである。王胆津は白猪屯倉の田部の丁籍を検定した功により白猪史の姓を与えられるが、王辰爾は船連や津連の祖でもある百済からの渡来人である。白猪屯倉の経営には蘇我氏の指揮の下、渡来人の最新の技術が投入されたのである。白猪屯倉では田地を管理するとともに、付随して塩や鉄などの生産も行われたと考えられるが、まさにそれは兵站の開発であった。このように王権が直接介入して、広域に開発を進めたのは吉備だけ

(25) 『日本書紀』欽明十六年七月壬午条。
(26) 『日本書紀』欽明十七年七月己卯条。
(27) 『日本書紀』敏達三年十月丙申条。
(28) 『平城宮発掘調査出土木簡概報』二二。
(29) 『平城宮発掘調査出土木簡概報』三七。
(30) 『続日本紀』天平神護二年十二月庚戌・神護景雲二年五月丙午条。

であり、兵站拠点としての吉備の性格を雄弁に物語るであろう。

おわりに

百済の滅亡

六六〇年、百済王朝が滅亡する。六六〇年一〇月、百済の遺臣鬼室福信は倭国に逃れていた王子余豊璋を軸に王権の復興をはかる。これに対して、斉明女帝は年末には難波宮にて装備を整え、[31] 翌年一月筑紫に向け海路にて進発する。倭国は、かつてと同様に百済王権の再興を目指し、直ちに派兵を行うのである。

斉明女帝は、難波から吉備の大伯（邑久）、さらに伊与の熟田津・石湯行宮を経由して、三月に筑紫の那津に至るのだが、筑紫に至るまでの停泊地では兵の徴発が行われた。『備中国風土記』逸文の下道郡二万郷の地名起源はこの戦争に際し、二万人の兵を集めたことを伝える。ちなみに下道郡は高梁川を挟み賀夜郡に隣接する。さらに賀夜郡内には日羽郷宍粟里が認められるが、宍粟里は播磨国宍粟郡の地名に由来する。さらに総社市宍粟には近接して美袋という地名も残されているが、これも播磨国美嚢郡に由来する。こうした播磨の地名は賀夜《かや》郡にのみ伝わる。これらが示唆するのは、白村江派遣軍の吉備での編成が備中の賀夜の地で行われたこと、その際、吉備全域に留まらず播磨からも兵力が動員された可能性の考えられることである。

『日本霊異記』（上七）には、百済救援軍に参加した備後国三谷郡大領の先祖の説話がみ

(31)『日本書紀』斉明六年十二月庚寅条。

える。彼は遠征から無事に帰ることができたならば寺を建立することを誓願し、百済から禅師弘済を伴い帰国して三谷寺を建立する。三谷寺は、広島県三次市の寺町廃寺が相当すると考えられており、寺町廃寺の軒丸瓦は顎部下端に水切りと呼ばれる突出部をもつことで有名である。水切り瓦は備中の大崎廃寺に祖型が求められ、寺町廃寺の軒丸瓦は、直接的には同じく備中の栢寺廃寺の范型を利用して作られた。大崎廃寺は足守川左岸の岡山市大崎に、栢寺廃寺は同右岸の総社市南溝手に所在し、いずれも賀夜郡内に属す。栢寺廃寺は賀陽臣が建立したと考えられる寺である。備中と備後の豪族が結びつく契機として、ともに百済救援軍に参加した経験が考えられるだろう。

朝鮮式山城と大宰・総領

白村江での敗戦後、倭国では都を近江の大津宮へ遷し防衛体制を固める。天智三(六六四)年には対馬から畿内に至るまでに烽が置かれ、筑紫には水城が[32]、長門・筑紫には亡命百済人による山城が築かれた[33]。このほかに倭国高安城・讃吉国山田郡屋嶋城・対馬国金田城[34]、備後国安那郡茨城・葦田郡常城がみえる[35]。これら正史にみえる城以外に、播磨の城山城、備前の大廻・小廻山城、備中の鬼の城、讃岐の城山城、伊予の永納山城などが確認されている。

大野城の築造に派遣された憶礼福留が百済人であるように、これらの城の構造が朝鮮半島に類例の多い山城であることから、一般に朝鮮式山城とよばれている。水城や椽城、城山城、鬼の城など、いずれも「キ」の音が含まれていることが特徴である。漢字の「城」は、呉音では「ジャウ」・「ジョウ」、漢音では「セイ」と発音されるが、百済語の音が「キ」

(32)『日本書紀』天智三年是歳条。
(33)『日本書紀』天智四年八月条。
(34)『日本書紀』天智六年十一月是月条。
(35)『続日本紀』養老三年十二月戊戌条。

写真1　鬼の城西門（復原）

であったろう。吉備の賀夜の地に築かれた朝鮮式山城が鬼の城であった。

律令制下にも残る筑紫大宰と同じように、吉備・伊予にも総領・大宰が置かれた。『日本書紀』天武八（六七九）年三月己丑条には吉備大宰である石川王が吉備にて病没したことがみえるが、石川王は、『播磨国風土記』揖保郡条に総領としてもみえる。吉備大宰は播磨をも管轄していた。六七二年に、王権の継承をめぐって壬申の乱が勃発するが、大海人皇子が吉野から東国に逃れるとともに、大友皇子は、すかさず佐伯連男を筑紫に、樟使主磐手を吉備国に遣わし、筑紫と吉備の兵を動員しようとしている。つまり、これらの地域には兵力が集結していたのである。結局、筑紫大宰であった栗隈王は出兵を拒むが、吉備では樟使主磐手により「吉備国守」である當摩公広嶋が殺されている。[36] 現地で兵を管理していた「国守」が殺害された以上、吉備に集結していた兵は戦闘に動員されたのであろう。吉備は古墳時代以来一貫して、倭王権の兵站拠点であり、その中心が備中国賀夜郡の地であった（写真1）。

唐が攻め込んでくるような直接の危機は、六七〇年代の後半には脱するが、文武四（七〇〇）年に筑紫・吉備・周防の総領が任命されていることから、[37] こうした緊張はその後も続いていたらしい。しかし大宝元（七〇一）年には高安城を廃し、舎屋と儲物が大倭と河

(36)『日本書紀』天武元年六月丙戌条。

(37)『続日本紀』文武四年十月己未条。

内二国に移される。[38] 同年には粟田朝臣真人が入唐使に任じられるが、倭国から日本へと国号が変更され、唐との間に二十年一貢という新たな外交関係を樹立したのがこの遣唐使であった（東野一九九二）。倭王権にとっての吉備の性格は北東アジアの軍事的緊張の緩和とともに変化するのであった。

（38）『続日本紀』大宝元年八月丙寅条。

〔参考文献〕
今津勝紀「古代播磨の『息長』伝承をめぐって」『日本史研究』五〇〇、二〇〇四年
今津勝紀「吉備をめぐる予備的考察」鈴木靖民編『日本古代の地域社会と周縁』吉川弘文館、二〇一二年
今津勝紀「文献学から見た古墳時代―古墳時代における政治の様式―」一瀬和夫・福永伸哉・北條芳隆編『古墳時代の考古学9　21世紀の古墳時代像』同成社、二〇一四年
今津勝紀「畿内と近国・御食国」広瀬和雄・山中章・吉川真司編『講座　畿内の古代学Ⅰ　畿内制』雄山閣、二〇一八年
狩野　久「白猪屯倉の設置事情」『京都橘女子大学研究紀要』二七、二〇〇一年
佐々田悠「記紀神話と王権の祭祀」『岩波講座日本歴史2　古代2』岩波書店、二〇一四年
東野治之『遣唐使と正倉院』岩波書店、一九九二年
八木　充『日本古代政治組織の研究』塙書房、一九八六年

column

鹿田遺跡と鹿田庄

岩崎志保

鹿田遺跡の位置

ＪＲ岡山駅後楽園口（東口）を出て大通りを南へ約二キロ進むと、岡山大学鹿田キャンパスの北縁にあたる岡大病院通りに行きつく。その北に位置する岡山市役所付近までは東西南北の方向に整然とした道路や土地区画が見られるのに対し、この通りより南では北が東に振れる区画となっていることが顕著に見て取れる（図１）。現在の町名では、大供表町、鹿田本町、岡町、新道等にあたる一帯である。鹿田《しかた》遺跡はこのなかに位置しており、一九八三年の岡山大学病院外来診療棟建設に伴う発掘調査以来、二九回にわたり岡山大学による発掘調査が実施されてきた。その結果、鹿田キャンパスのほぼ全域にひろがる遺跡の内容が明らかになってきている。また同キャンパスの周辺においても岡山県および岡山市教育委員会によって、鹿田遺跡・新道遺跡・大供本町遺跡などの発掘調査が実施されている。

発掘調査でわかる鹿田遺跡

鹿田遺跡は岡山市北区鹿田町に位置する、弥生時代～近代まで一七〇〇年にわたって営まれた集落遺跡である。市街地にあって長期にわたる重層

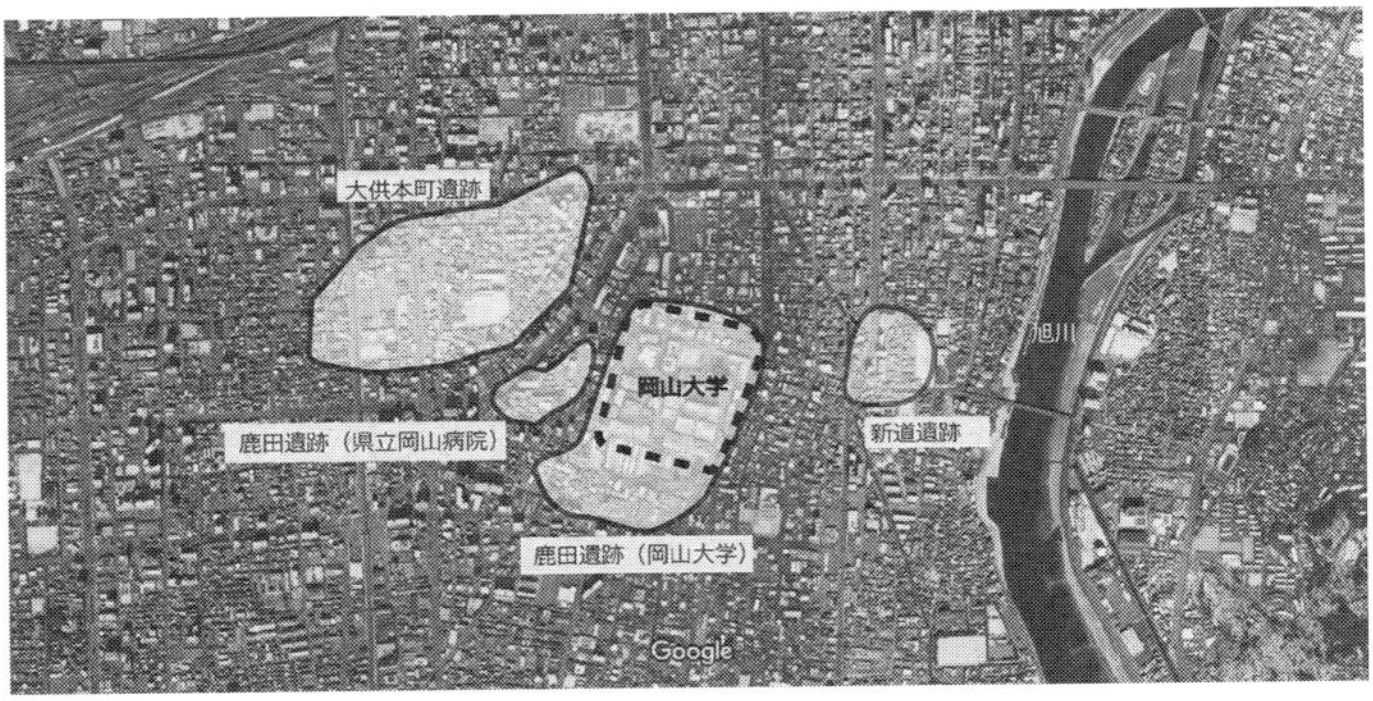

図1　鹿田遺跡周辺図（Google earthに加筆作成）

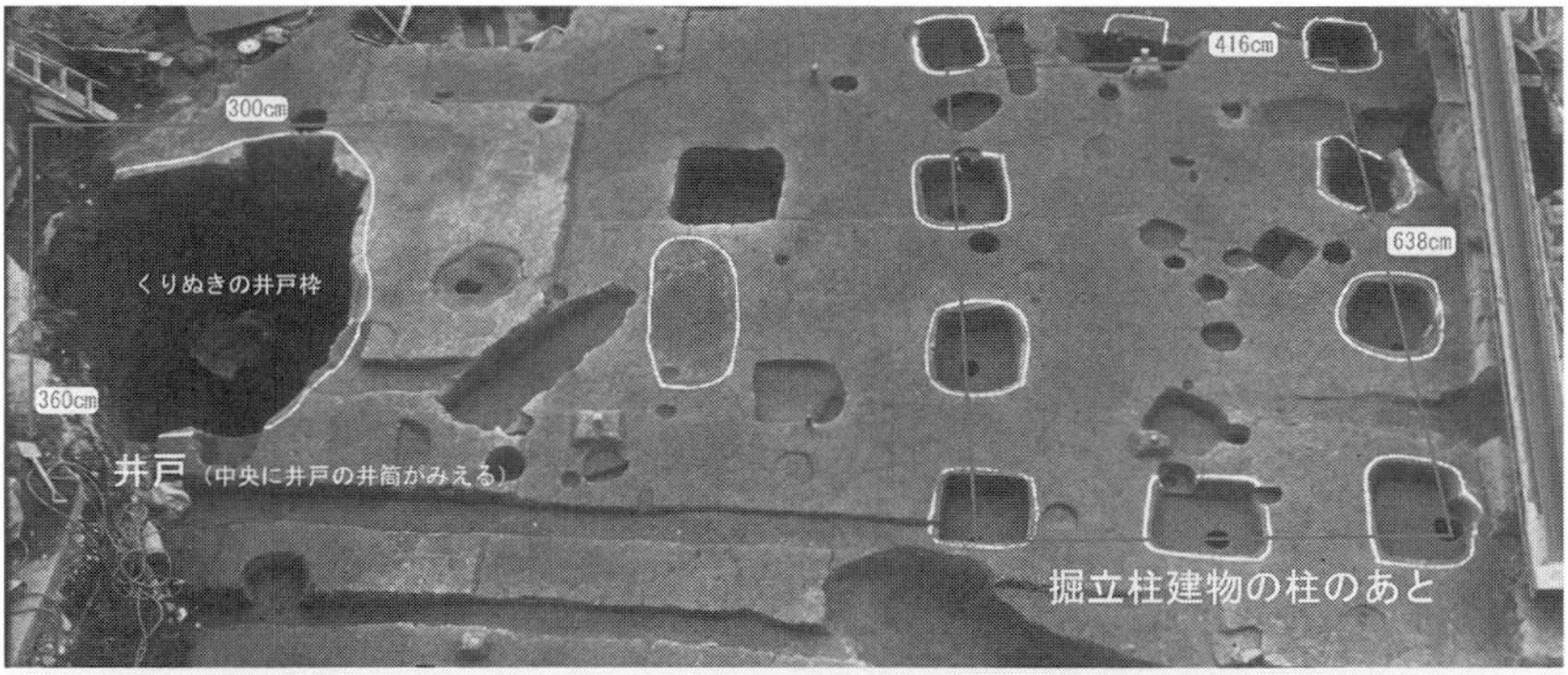

鹿田遺跡周辺にのこる現在の地割りと方角が一致する平安時代（9世紀）の建物と大形井戸

写真1　建物と大形井戸

的な遺跡の調査は希少で、ここでは弥生時代中頃以降、各時期における集落の内容を伝える考古資料が豊富に得られており、この地が長く人々の生活が営まれた重要な場所であったことが明らかとなっている。なかでも奈良時代～室町時代については後述する「鹿田庄《かたのしょう》」との関連が窺われる資料が注目される。

奈良時代後半～平安時代前半に注目される遺構として、建物と大形井戸が挙げられる（写真1）。井戸は径三×三・六メートル、深さ三・六メートルの掘り方のなかに直径一メートル、高さ二・五メートルの刳り抜きの井筒を据えたものである。この井戸に隣接して、三間×二間の規模の掘立柱建物が位置する。この時期には地方では見られない規模であり、井戸内からは墨書土器・硯・櫛・斎串・刀子などが出土しており、文字の使用や都と同じ井戸の祭祀が窺える内容である。これほどの大形ではないが同時期の刳り抜き井筒を据えた井戸は、鹿田遺跡では四基が見つかっている。そのなかで、第二十四次調査地点の八世紀後半の井戸からは二枚の絵馬が出土した。「猿駒曳（猿が手綱を引く馬）」と「牛」の図柄が描かれた絵馬の出土は重要な意味を持つ。絵馬の使用は平城京から地方へと波及したものと考えられており、畿内や東北地方で出土が知られているなかで、鹿田遺跡例は八世紀に岡山にまで絵馬の使用が広まっていたことを示す。また「猿駒曳」の図柄としては現時点で日本初、「牛」の

写真3　猿形木製品
（高さ9.2cm）

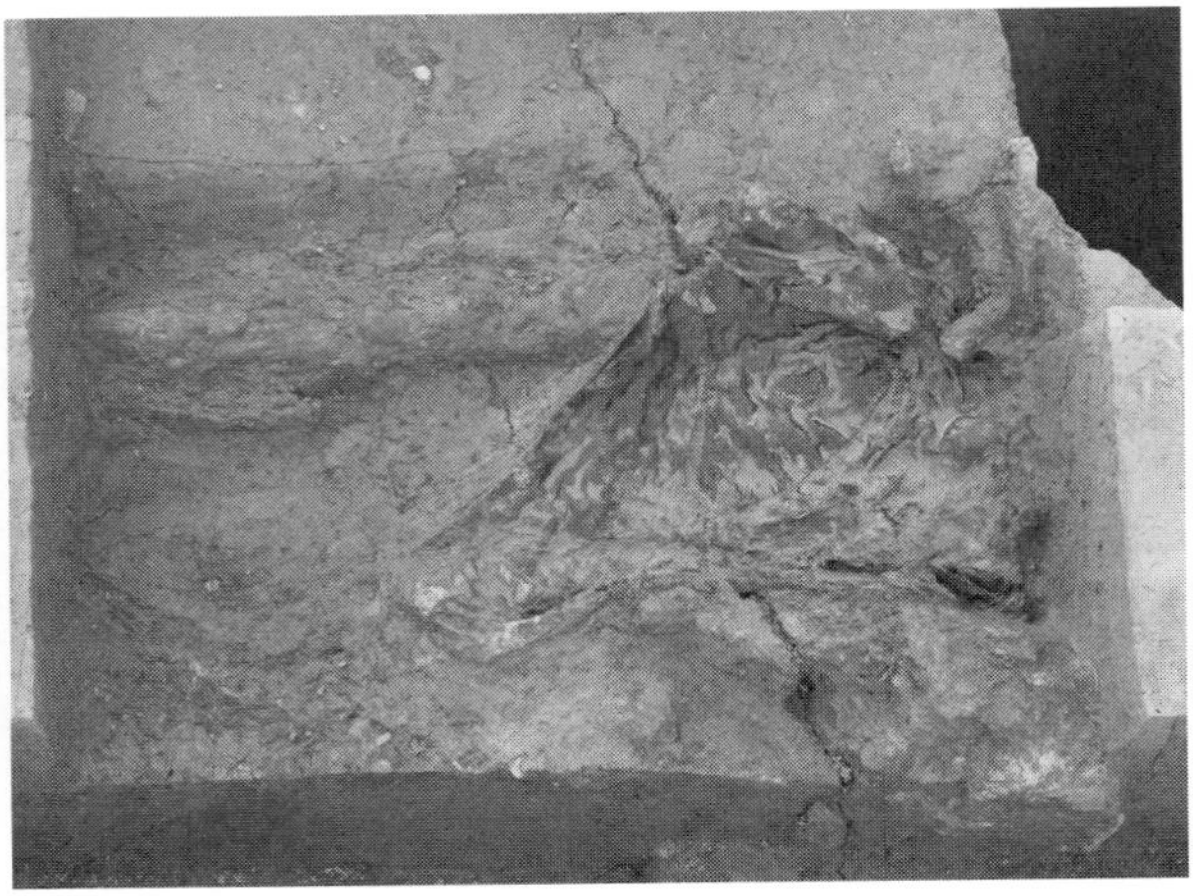

写真2　「烏帽子」出土状況

図柄は最古例である。

以上のような遺構・遺物の内容から八世紀後半～九世紀の鹿田遺跡には都との深いつながりを有し、また文字をあつかう役人の存在が窺われる。集落の南端では橋脚が見つかっており、物資の盛んな往来を想定させる。こうした遺構・遺物は、鹿田遺跡が通常の集落ではなく、何らかの管理施設であった可能性を示す。

一一世紀に入ると集落は溝によって一定の敷地に区画され、それぞれに井戸や耕作地を備えた屋敷地が集住する状況に変化する。屋敷墓も数基が確認されており、そのうち一三世紀後半の一基から烏帽子が出土している（写真2）。この墓には烏帽子を装着したままの人物が埋葬されており、副葬品として中国産の白磁皿・青磁碗が納められていた。この人物は烏帽子の形状から武士と考えられる。武士が鹿田庄を掌握していたことが窺えよう。

このほか集落から出土する品には備前焼や亀山焼などの在地の品のほか、東播焼、常滑焼や石鍋など日本各地からもたらされた物資が認められ、活発な交易を示す。屋敷地を区画する溝からは猿形木製品の出土も見られた（写真3）。くぐつまわしと呼ばれる芸能民があつかう人形である。鹿田遺跡に芸能民が訪れるような賑わいがあったことが窺われる。

こうした鹿田遺跡の集落は改変されながら江戸時代に入っても

一部で継続している。城下町の整備とともに鹿田キャンパスの大半は耕作地へと変化するが、北東部の一角では大正期まで居住域が存在したことがわかっている。発掘調査では長期にわたる暮らしぶりが具体的に判明しているのである。

鹿田庄とは

鹿田庄《かたのしょう》は、藤原摂関家の氏長者が代々受け継ぐ殿下渡領の一つである。殿下渡領は全国に四ヶ所が知られ、大和国佐保殿、河内国楠葉牧、越前国片上庄と備前国鹿田庄である。鹿田庄は文献史料が多く知られ、また一三〇〇年頃に描かれた絵図の存在により現在の旭川河口西岸に位置していたと考えられる。これまで述べてきた発掘調査の成果および最初に述べた鹿田遺跡一帯の地割の方向を考慮して、荘域が想定されている。鹿田庄の成立について明確な記載はないが、昌泰三（九〇〇）年の興福寺縁起に「鹿田地子」の記載が見えるのが初出である。奈良時代～平安時代前半の文献史料には儀礼関係の記録として「鹿田庄」の記載があるが、荘園での様子等が伝わるものはない。これに対して「鹿田庄事件」を伝える寛和二（九八六）年の記載では、備前国司藤原理兼や検非違使と鹿田庄を巡る抗争が記録される。また長徳四（九九八）年に鹿田庄の梶取が美作米を都に運送する中途での出来事についての記録が見られ、鹿田庄に豊富に米が備蓄されている状況や、海運業との関連を如実に伝えるものである。その後も文献記載は複数認められ、南北朝期には備前守護を務める松田氏や赤松氏といった武士による荘園支配が進む様子も看守される。一六世紀に入ってから「鹿田庄」の記載は姿を消す。

文献史料に見る鹿田庄の記載と発掘で得られた実際の考古資料とは合致する点も多いが、そうではない点もある。文献では明らかでない鹿田庄成立期の状況や、長期にわたる荘園での暮らしぶりやその変化について、考古資料を介して具体的な様子がより明らかとなることが期待される。

〔参考文献〕

岡山大学埋蔵文化財調査研究センター二〇〇五『鹿田遺跡と「鹿田庄」』岡山大学埋蔵文化財調査研究センター報二四

＊写真1～3は、いずれも岡山大学文明動態学研究所文化遺産マネジメント部門提供

岡山県の民俗と山岳信仰

髙野　宏

はじめに

人々が暮らしの中で受け継いできた日本各地の民俗は、きわめて地域色豊かなものであり、日本国内にいながら地域文化の多様性を新鮮な驚きとともに実感することができる。

本章の目的は岡山県の民俗について知ってもらうことであるが、全般的な記述形式はとらず、話の内容を大きく絞り込んでみたい。ここでは、筆者が岡山県の民俗として特徴的と考えるミサキ信仰とそれに関連した「忌み筋」伝承について取り上げる。具体的にいえば、それら信仰や伝承の実態について報告例を示すとともに、それらの成り立ちを山岳信仰（修験道）との関連から説明しようとした千葉徳爾の論考を紹介する。そして、こうした議論の流れの延長線上で、久米郡美咲町・両山寺で行われている護法祭を、岡山県における山岳信仰の様子がうかがい知れる行事として紹介したい。

1　岡山県のミサキ信仰

岡山県の民俗のうち、とりわけ注目されてきたものの一つとしてミサキ信仰が挙げられる。ミサキとは、一般的に「御前《みさき》すなわち前駆、先出の意味で、大きな主神の先に立って働く小さな神」[1]や、「主神に従属し、その先触となって働く神霊や小動物」[2]と定義されており、そうした小さな神霊的存在に対する信仰が、ここでいう「ミサキ信仰」である。岡山県の一帯は、日本国内でも殊にミサキに対する信仰が篤い地方と理解されている[3]。

岡山県内においてミサキ信仰は全県的に確認されるが、その様態は先の定義に比してきわめて複雑である。たとえば、『岡山県史　民俗編』には岡山県内のミサキ信仰の事例が豊富に掲載されているが、そこに示される信仰の在り方は実に多様である。以下、岡山県下のミサキ信仰における主要な信仰形態を、同書から事例を引きつつ紹介する。

①鳥などの野生動物の登場をもって神の来臨とみなす。

例：岡山市今谷（現・岡山市中区）の深田神社では、一〇月九日の祭りに先立って、当人が本殿の屋根の上に供物を載せておく。そこにオクドウ様という鳥が来て供物をついばんだことを確認してから祭りを開始する[4]。

②村に異変や災難がある時に、ヤテイという野生動物（多くは狐に似た動物）が鳴く。ただし、ヤテイと特定の神との関係は明確に語られない。

（1）柳田国男監修、五五三頁、一九五一年

（2）福田アジオほか編、六〇二頁　二〇〇〇年

（3）千葉徳爾、一三二頁、一九九九年

（4）岡山県史編纂委員会編、五〇二頁、一九八三年

例：北房町井殿（現・真庭市）では、村に凶変があると、氏神の井戸《いど》鐘乳《かなち》穴《あな》神社にあるシャクノテと呼ぶ井戸にヤテイが現れて鳴くと伝えられている。(5)

③特定の野生動物を特定の神の使いとして理解する。

例：神郷町高瀬（現・新見市）の梅田では、村に災難があると伯耆の船上山から勧請した船上様の狼がうなると伝え、その狼が長くうなった時には伝染病が流行した。(6)

④神に仕える使者の動物が、その主神と同程度の威光を持つと理解され、祈願の対象になる。

例：久米郡桑上（現・津山市）の貴布禰神社には、通称「桑村の狼様」が貴布禰神社本社の東側に祀られている。社殿の背後に直径約三〇センチメートルの丸い穴が穿ってあり、そこから狼が出入りすると伝えられ、その信者らが狼の好物とされる塩を供えている。(7)

(5) 同、五〇五頁。

(6) 同、五〇六頁。

(7) 同、五一〇—五一一頁。

写真１　奥御前神社の御守（2022年7月30日、筆者撮影）

そのほか、先祖や死者の霊をミサキとして祀る例、出土した刀剣をツルギミサキなどとして祀る例等が挙げられるが、ミサキ信仰の基調をなしているものは、野生動物の異様な出現や行動の背後に神の存在を求めようとする姿勢、ないしは身近に存在する特定の野生動物（ときに、それに類似した想像上の動物）が何か特別な力を持つとする想像であろう。それら野生動物への想いが信仰として結晶化し、単なる言い伝えから組織的・形式的な祭祀に至るまで、多様な民俗事象を県内各地で析出させていると考えられる。

なお、④の例にある貴布禰神社の「桑村の狼様」は、正式には奥御前《おくみさき》神社といい、悪魔退散、伝染病除け、火難・盗難除けのご利益があるとされる。二〇二二年七月現在、その社殿は改修中であり、狼が出入りするとされる穴も見ることはできない。しかし、社務所にて頂いた同神社の御守には、向かい合った二匹の狼が大きく描かれている（写真1）。

2　「忌み筋」に関する伝承

ミサキ信仰に関連する岡山県の民俗として、「ナメラスジ」や「ナワメスジ」、「マスジ」などの語で表現される、忌避すべき土地に関する伝承がある。具体的には、その場所を通ると気分が悪くなったり、そこに家屋を建てると家が不幸になるなどといわれている。また、魔物や神霊、獣などの通り道とされることもある。こうした忌避すべき土地を総称する学術用語は今のところ定まっていないが、近年、木下（二〇一四）が「忌み筋」の語を用いている。本章でもこの名称を使用することにしたい。

それでは、どのような「忌み筋」伝承が岡山県下にみられるのであろうか。研究の先駆者である三浦秀宥の研究報告より幾つか紹介してみよう。

「久米郡倭文村里公文のナマメ筋は麓から上る坂道になっていて、そこを通ると髪の毛が立つように思われ、魔に誘われるようで怖しい気持がする。時折は風もないのにゴワゴワと木の葉が揺れたり、又ある時はギンヅチ（太く短い白蛇）が転がり出ることもあ」る。[8]

「鏡野町には、沢田から総墓地東に向かい、そこから仏峠《ほとけだわ》を経て旧道を通り抜け、地蔵様の所を通って大林後に出るマスジがある。魔の通るスジであって、そこに家を建てると不幸が続くという。[9]」

「落合町鹿峯の南の山裾から、坂本部落を経て不動寺部落に向かう一筋の道があるが、これをマミチとかオオカミミチといい、ちょうど氏神栗原神社の森の下を通る。そこが社殿の背後に当たっていて、白狐がいて、オウマガトキに通れば土を投げるという。[10]」

このような「忌み筋」の成立について『岡山民俗事典』は、「今のところまったく究明されていない」としつつも、「そこが神の使者（ミサキ）の通路として、最初に神聖視され、後にはたんに恐怖感をもって記憶され、次いで奇怪な伝説がこれに不会したものと思われる[11]」と推察している。こうして、「忌み筋」伝承の話が先のミサキ信仰と結び付く。

3　ミサキ信仰・「忌み筋」伝承と山岳信仰

このように、岡山県においてはミサキ信仰や、それと関連すると思しき「忌み筋」の伝承が濃密に確認されるわけであるが、それらが成立した背景には一体何があるのであろう

（8）　久米郡倭文村里公文は現・津山市。三浦秀宥、一七七頁、一九八九年

（9）　和歌森太郎編、二二七頁、一九六三年

（10）　落合町鹿峯は現・真庭市。「オウマガトキ」とは「地（じ）明（あかり）のなくなる頃、人の目鼻の見分けがつくかつかぬかの頃」のこと。三浦秀宥、一五一頁、一九八九年

（11）　岡山民俗学会編、二五三頁、一九七〇年

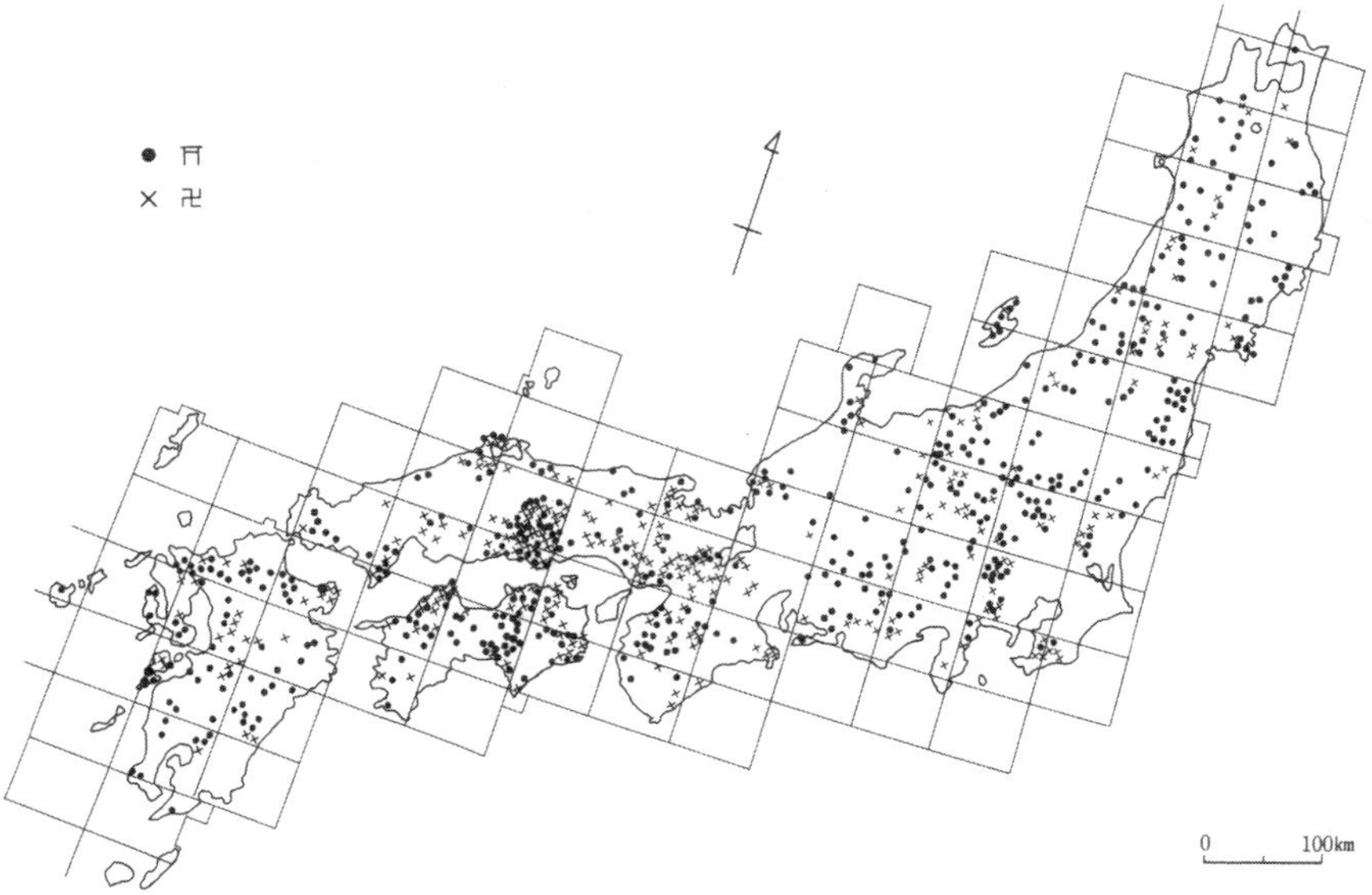

図1　山岳社寺の分布図（千葉徳爾『地名の民俗誌』より）

か。この問題に挑んだ研究者に地理学者・民俗学者の千葉徳爾がいる。彼は、「山岳信仰に基づく社寺の発生と分布―とくに美作地方を例として―」において、山岳社寺の分布や成立過程とともに、岡山県のミサキ信仰および「忌み筋」伝承の成立過程にも言及している。

　彼の議論のベースになっているのは、彼自身が作成した二枚の分布図である。一枚目は、明治期に作成された五万分の一地形図の地図記号を手掛かりに日本全国の山岳社寺の位置を地図上に示したもの（図1）[12]、二枚目は、狩猟者が開基したとする伝承を有する社寺の位置を地図上に示したもの（図2）である。

　まず、図1からは山岳社寺の分

(12)　図1に示される社寺は、「山頂および山腹に位置して…一般住民の集落との比高が二〇〇メートル以上ある」（千葉徳爾、一一六頁、一九九九年）という条件を満たしたものである。

図２　狩猟者が創始した社寺の分布（千葉徳爾『地名の民俗誌』より）

布に関して、以下の興味深い特徴が指摘される。

・山岳地域であれば山岳社寺が立地するわけではない。山岳信仰がより成立しやすそうな険しい山地であっても、人口が密な文化の中心的地域から遠ざかった山岳においては、山岳社寺の密度が疎となる（北上山地、飛騨山地など）。

・山岳社寺は、地域文化の中心となる平野に臨んだ比較的低い山岳部に密に立地する（関東平野に臨む低い山地、近畿諸平野に面した低い山地など）。とくに、本章で議論している岡山県（岡山平野周辺部）には山岳社寺が著しく集中している。

こうした地形と山岳社寺の分布との間に見られる矛盾は、千葉においては、社寺の経営という現実的な問題から説明される。すなわち、山岳社寺の施設を維持するためには多くの経費が必要となる。また、儀礼や祈祷のための人員が居住・生活しなくてはならず、その経済的な要求を満たすのは険しい山地ではなく、人口が密で生産性の高い平野に臨んだ比較的低い山地であったのである。(13)

そして、図2からは、狩猟者が開基した社寺の分布が西日本、とくに岡山県を含む瀬戸内海周辺地域に集中していることが確認できる。それは、千葉によれば、これらの地域において早い段階から山岳信仰が発展してきたことを示すのだという。すなわち、瀬戸内海周辺地域では、明確な教義をもつ山岳信仰(山岳宗教)と組織的な教団が成立する以前から、狩猟者由来の原始的な山林修行者が数多く存在していた。彼らの一部がのちに「高級な仏教」に感化されて山岳社寺を創始した結果、図2のような分布が形成されたと考えられている。

これら分布図から得られた知見を議論の基盤とし、松岡による美作の修験道に関する報告(14)、猿を神の使者とする美作国一宮の中山神社の伝承などを参照しつつ、千葉は岡山県におけるミサキ信仰および「忌み筋」伝承の成立を次のように説明する。

①現在の岡山県域(備前、備中、美作)には、狩猟者由来の山林修行者が多く存在した。彼らは、その山中での生活を通じて、特定の野生動物(狐、狼など)が何かの訪れを告げるような特異な能力を持っているとか、あるいは、それらが神の使徒であるなどとみなす観念を形成した。この山林修行者の原始的な感覚が、ミサキ信仰の発端である。

②彼らはのちに「高級な仏教」に触発されて山岳社寺を創始する。人口が密で文化の中心

(13) 千葉は、「山岳信仰が集団化、組織化するほど、原始的世界としての山岳の崇高清浄という本質と遊離せざるを得ないという矛盾が、地理的空間に反映した」と述べている。千葉徳爾、一一七―一一九頁、一九九九年

(14) 和歌森太郎編(一九六三)所収の「修験の特色」。

的地域から近い岡山平野周辺部はその経営に適した場所であり、そこに多数の山岳社寺が立地することになった。また、その施設のミクロな位置決定においては、自らが特異な能力を有すると信じる野生動物の出現が手掛かりとなることがあった。その場合には、当該の野生動物が移動する獣道の上に山岳社寺が立地することとなり、境内に狐や狼などの野生動物を神の使徒たるミサキとして祀ることにつながった。

③これら山岳社寺を拠点に結集し、活動する修験者の活動が継続されることで、一般民衆にもその世界観や観念が広まった。たとえば、美作地方では修験者が著しく多く、彼らは近世に滅罪寺院化した山岳社寺の祈祷部門を担当した。修験者たちが里山伏化して民衆の教化指導にもあたったため、民間の年中行事レベルにまで修験道が浸透していった。これにより、修験者たちが抱いていたミサキ信仰が民衆に広まることになった。

④その一方、時代が下るに従って、民衆が行う農耕の範囲が野生動物の領域である山間部にまで拡大した。その過程で、多数の獣道が彼らの生活世界の中に取り込まれた。結果、山から降りてきて山に帰っていく野獣の通路が、民衆が受容したミサキ信仰と相まって、非日常的な場所（ミサキの通り道など）とみなされるようになった。それが次第に畏怖と忌避の対象となっていき、無数の「忌み筋」伝承が岡山県内に生成された。

こうした千葉の説明は、彼自身が論文の末尾に「本章で記したような民俗資料による記述では不十分」「歴史的方式をとる必要があ」る[15]、などと断っているように、試論の域を出ない。しかし、分からないことに接近していく学問の醍醐味はもとより、自然と人間との関係史の一端を我々に感じさせてくれる。また、「分布図から考える」という地理学的

(15) 千葉徳爾、一四二頁、一九九九年

手法の面白さが垣間見えることも、この論考から見落とせない点であろう。

4　久米郡美咲町両山寺の護法祭

千葉により、岡山県の民俗として注目されるミサキ信仰と「忌み筋」伝承は、ともに同県内（備前、備中、美作）での山岳信仰の発達から説明できる可能性が指摘された。本章の最後に、岡山県内における山岳信仰の一面が理解できるものとして、久米郡美咲町の両山寺（写真2）で行われている護法祭について紹介する。

写真２　両山寺本堂（2022年7月30日、筆者撮影）

両山寺は岡山県のほぼ中央、二上山の山頂近くに位置する。二上山は、標高六八九メートルと必ずしも大きな山ではないが、急峻な山岳のない岡山平野周辺の吉備高原地帯にあっては際立つ存在であり、古くから霊峰として山岳信仰の対象となってきた。両山寺の開山は和同七（七一四）年と伝えられ、一説には修験道の開祖である役小角によるとも、加賀白山を開山した修験者の泰澄大師によるともいわれている。宗派は高野山真言宗である。

そして、この両山寺で毎年八月一四日の深夜に行われる行事が護法祭である。天下泰平、風雨順時、五穀成就、万民豊楽を祈願するものとされるが、護法善神《ごほうぜんじん》という神(16)

(16)　この神の性格について『中央町誌　民俗編』は、「本来、仏教の守護神の意」としつつ、「両山寺の護法神については…古代の人々の間で形成された土俗的信仰が、未だ体系化されない仏教の雑密の信仰と結合して具現したもの」としている。美咲町史編さん委員会・中央町誌編集委員会編、八一四―八一五頁、二〇一七年

写真３　「神迎え」を待つ護法実(『両山寺護法祭』より)

写真４　護法善神社から下る「神迎え」の行列(『両山寺護法祭』より)

を山主の秘法によって護法実《ごほうざね》と称する男性に憑依させ、「お遊び」いただく行事の様子は異様な雰囲気を放つ。『岡山県の祭りと行事』は、「修験者の行う特異な祭りである」(17)と紹介している。

この行事に先立って、まず、護法実の選出がなされる。温厚・真面目な性格で日ごろの行いが善良な者、自分の信心や義務感から行動する者がその基準である。そして、護法実に選ばれた人は、祭りの一週間前から両山寺に入り、一日六回の水行、毎日一回の巡拝(いずれも山中での苦行)をして身を清める。護法祭の当日には、午後一〇時の最後の水行後、山中に祀られた護法善神社の前で腰を下ろし、白装束で「神迎え」の一行の到着を待つ(写真3)。

一方、当日の本堂には神燈持、紙手持、大太鼓、小太鼓、榊葉持、サイカ、ケイゴといった役付人たちが集まる。彼らは山伏姿の立螺師《りゅうらし》による法螺貝の合図(午後一〇時半の三回目の合図)で行列をなし、

(17) 山陽新聞社編、二七一頁、一九八二年

写真５　「お遊び」になる護法実（『両山寺護法祭』より）

山主や修験者たちとともに護法善神社に護法実を迎えに行く。この「神迎え」の途上、少年たちによるケイゴは「バラオン、サラオン」の呪文を唱え、絶えず法螺貝、錫杖、太鼓の音が鳴らされる。一同が護法善神社に到着すると、護法実は同神社に向かって拝み、両山寺山主が扉を開いて授ける金幣を持って、山主の加持と修験者の祈祷を受ける。その後、一同が金幣を持った護法実とともに本堂に戻る（写真４）。

　一同が本堂へと帰着すると、護法実に護法善神を降ろす「祈り憑け」へと移る。護法実は紙手を頭に結わえ付け、背と腹に卍を染め抜いた紺色の衣装に着替える。そして、ややうつ伏した結跏趺坐の姿勢で神降ろしの秘法を受ける。読経と太鼓の響き、修験者の錫杖や法螺貝の音、護法実を取り囲んで周囲を走り回るケイゴたちの「ギャアティ、ギャアティ」という呪文。これらが重なり合いつつ、緩急リズムを変えて繰り返される。こうした中で場の雰囲気が高潮し、護法実の身体に護法善神が乗り移る。

　「祈り憑け」で神憑りとなった護法実は本堂を飛び出し、境内の広場に躍り出る。護法実は自由に境内を駆け回り、疲れると休み石などに腰を下ろして休み、再び境内を疾走する。青竹を持ったサイカや子どものケイゴも護法実を追いかけ、休む護法実のひざをさすってやったりする。この場面を「お遊び」と呼んでいる（写真５）[18]。境内には多数の参詣者が訪れているが、悪い心を持つ者がその中にいると疾走中の護法実が掴みかかるとされ、そ

(18)　なお、護法善神が乗り移った護法実の動きは烏に似ているとされ、両山寺の護法祭は「烏護法」であるといわれる。また、久米郡地域には他にも護法祭を行っていた社寺があるが、その中には「犬護法」とされるものもある。ここにも野生動物との関連性が確認され、岡山県における修験道とミサキ信仰との深いつながりがうかがわれる。

の掴まれた者は（何も処置しなければ）三年以内に死ぬともいわれている。そのために、参詣者の群れは護法実の動きに合わせて右往左往し、悲鳴が聞こえることもある。

「お遊び」を終えた護法実は、本堂にて山主による灑水《しゃすい》と加持を受け、その身体から護法善神を落とす。お清めが済んだあと、護法実は頭に結わえた紙手を取り、衣装も脱いで、もとの白装束に戻る。その後、彼は「神迎え」の時と同じように、役付人一同によって護法善神社まで送られ、持ち出した金幣を同社に納める。一同が再度本堂に帰り着くと山主から儀式の終了が告げられ、護法祭はお開きとなる。

このような護法祭の儀式は、一説によれば修験者の験競《げんくら》べから発展したものと考えられ、浮世から隔絶した秘儀のように感じられるが、意外にも長らく地域住民に親しまれてきたお祭りでもある。多数の参詣者があると先に書いたが、この地域では護法祭に参れば疫病を免れるとか、護法祭で用いた紙手を竹に挟んで田に立てれば作柄が良くなるなどといわれてきた(19)。地域住民は、護法善神が乗り移る護法実のことを、「ゴーサマ」と親しみのこもった名前で呼んでいる。また、筆者が護法祭を見学した二〇一四年にも、境内は子どもから大人まで大変な人出であった。中高生たちの中には、興味と恐ろしさが入り混じった表情を浮かべつつ、「お遊び」の様子をスマートフォンで撮影する者もいた。いずれにせよ、両山寺の護法祭は、岡山県内における山岳信仰の様子を知るための生きた教材である。

(19) 和歌森太郎編、二八〇頁、一九六三年

おわりに

本章では、岡山県に特徴的な民俗として、ミサキ信仰とそれに関連する「忌み筋」伝承を取り上げた。それらは、千葉徳爾によれば、同地域における早い段階からの山岳信仰の発展と民間への浸透・定着、ならびに人間の活動領域と野生動物のそれとのクロスオーバーに起因するものと考えられた。そして、同県内で民間に浸透・定着した山岳信仰の様子は、今日でも両山寺の護法祭などからうかがい知ることができる。こうした一連の事柄の紹介を通じて、岡山県の民俗の一端を知っていただければ幸いである。

もちろん、岡山県内には、ここで取り上げたもの以外にも興味深い民俗がたくさん存在している。皆さんが岡山県に来訪された際には、是非とも名所旧跡だけでなく、その地域の人々が暮らしの中で受け継いできた民俗にも目を向けていただき、独特な地域文化を探求してみていただきたい。

〔参考文献〕
岡山県史編纂委員会編『岡山県史　民俗編』岡山県、一九八三年
岡山民俗学会編『岡山民俗事典』日本文教出版、一九七〇年
木下　浩「忌み筋伝承の考察―ナメラスジとナワメスジを中心に―」『岡山民俗』二三五、二〇一四年
山陽新聞社編『岡山県の祭りと行事』一九八二年
千葉徳爾『地名の民俗誌』古今書院、一九九九年
中央町教育委員会『両山寺護法祭』中央町教育委員会、一九九二年

福田アジオほか編『日本民俗大辞典　下』吉川弘文館、二〇〇〇年
三浦秀宥『荒神とミサキ—岡山県の民間信仰—』名著出版、一九八九年
美咲町史編さん委員会・中央町誌編集委員会編『中央町誌　民俗編』美咲町、二〇一七年
柳田国男監修『民俗学辞典』東京堂出版、一九五一年
和歌森太郎編『美作の民俗』吉川弘文館、一九六三年

column

中世の修験道――「児島五流」の前身――

徳永誓子

修験道は、特有の装束を身に着け、霊山に入って規式にのっとり厳しい修行を積む山伏（修験者）を中心に受け継がれてきた。岡山県下には修験道の行場や山伏が携わる行事が、今日も複数残っている。現在も女人禁制地を擁する県下最高峰後山《うしろやま》（美作市・兵庫県宍粟市《しそうし》、標高一三四四メートル）や両山寺（久米郡美咲町）・清水寺《せいすいじ》（同

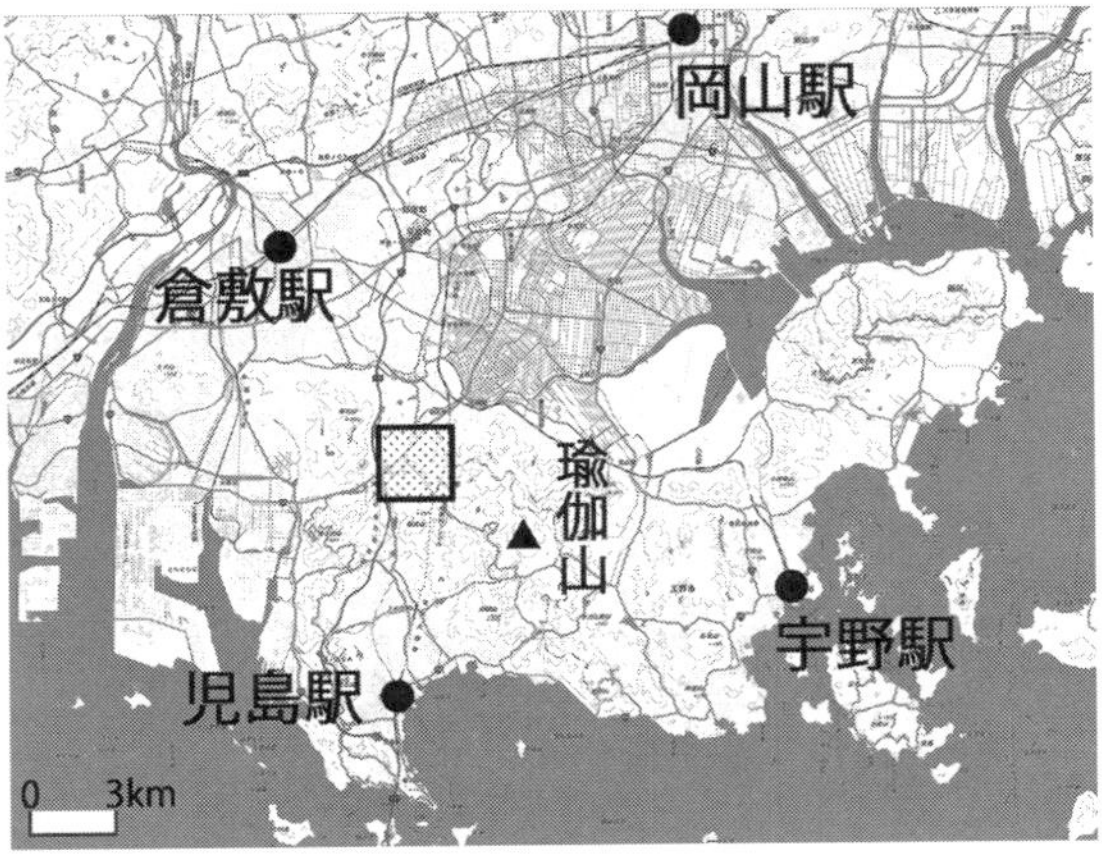

図1　児島半島略地図（地理院地図をもとに作成）

図2　新熊野山周辺地図（図1網掛け部分拡大図）（地理院地図をもとに作成）

久米南町）他で行われる護法祭《ごほうさい》は特に有名であろう。

残念ながら、こうした霊山や寺院の歴史の多くは、近世以後に残された記録によって窺えるのみであり、中世以前について確かなことを知るのは難しい。そのような中で二〇〇〇年頃から研究が進み、従来、知られていなかった動向が分かってきているのが、近世初頭以前には島であった児島を拠点とした山伏集団、いわゆる「児島五流」である。

標高二〇〇メートル前後の山地が大半を占める児島のうち、郷内川沿いの平地は、半島が島であった頃には本土との間の海峡をなした藤戸へとつながり、低地は湿地ないし海であったと推測される（図1・2）。この平地の東部に位置する蟻峰山《ぎほうざん》の麓、倉敷市林の地に現在、熊野神社と五流尊瀧院（宗教法人修験道総本山）がそれぞれ独立して存在する。近世には他に社僧の属する天台宗大願寺や複数の山伏寺院があり、「新熊野山《しんくまのさん》」として神仏の習合した複合的な形態を取っていた。児島五流は、尊瀧院を含む児島新熊野山の有力山伏寺院をさす、この時期の呼称である。

尊瀧院所蔵の近世の由緒書によれば、奈良県吉野金峯山から和歌山県熊野までの大峰山系を縦走する大峰入峰などを始めたとされる役小角の五人の弟子が熊野権現を勧請して児島五流の祖となり、鎌倉時代の承久の乱（一二二一年）後、児島に配流された後鳥羽院の皇子頼仁親王の子孫が五流を継承することになったという。

熊野権現が通ったという児島下の町から林までの道のりは熊野道と呼ばれ、その途上には建仁三（一二〇三）年の銘を持つ石造総願寺跡宝塔（下の町、県指定重要文化財）なども残るが、役小角の弟子を祖とする伝承は後代に作られたものである。承久の乱後に関しても由緒書の叙述を全面的に裏付けることはできない。とはいえ、頼仁親王の児島配流は『吾妻鏡』に記述が残っている。また、頼仁親王が父後鳥羽院崩御後に供養のために建立したと伝わる石造の五流尊瀧院宝塔（国指定重要文化財）（写真1）は鎌倉時代の制作と推定されており、解体修理時に塔身から火葬骨などが見つかっている。死者の供養を目的としたことは確かであり、その対象が後鳥羽

写真1　五流尊瀧院宝塔（国指定重要文化財）

院であった可能性は想定できよう。

中世の文献他をもとに考えるならば、児島の地と熊野の明確なつながりは、児島が熊野本宮長床衆の荘園になったことに始まる。紀伊の熊野三山も近世以前には児島新熊野山と同じく複合的な形態を取っており、三山のうち本宮では神社本殿前の長床を拠点とした山伏集団が形成されていた。これが本宮長床衆である。

林の熊野神社・五流尊瀧院の西方、郷内川を挟んだ曽原集落の山際に、かつて児島の惣鎮守であったという清田八幡神社が鎮座している。この神社に伝わる棟札のうち、南北朝時代一四世紀後半のものには、後鳥羽院が院政を行っていた一三世紀初頭に、児島が本宮長床衆に寄進されたと記されている。別の文献にも、一三世紀前半の児島に本宮長床衆の荘園があり、その地に熊野の神が祀られていたという記述が見いだせる。荘域に勧請された神社を核に、児島新熊野山は形をなしていったのであろう。

早い時期には児島荘と称されたこの荘園は、後に児林荘と呼ばれたようである。児島全島が本宮長床衆に領された時期が実際にどの程度あったかは判然としないけれども、児林荘の名称が使われる頃には島内に他の荘園があったことは確かなので、荘域は限られていったのであろう。林に南接する木見の諸興寺跡には頼仁親王の墓と伝わる五輪塔があり、更に南に所在する瑜伽山（由加山）は新熊野山・諸興寺とあわせて紀伊熊野の本宮・新宮・那智の三山になぞらえられたと尊瀧院蔵の由緒書に説かれている。近世の新熊野山領であった林・曽原・福江の三ヶ村に加え、瑜伽山あたりまでが児林荘域であったのかもしれない。

某院といった院名を号する僧が「児島山伏」として文献に登場し始めるのは一四世紀中葉頃からになる。ただし、この時代の「児島山伏」には近世の五流には含まれない院名があがり、児島五流の呼称もまだ使われていない。興味深いことに、この「児島山伏」たちは本宮長床衆の一員でもあった。清田八幡神社の棟札には、彼らに「政所」「荘務」の肩書きを冠するものがあるので、院名を持つ「児島山伏」とは荘園領主本宮長床衆のうちから任命される児林荘の荘官であったといえよう。

中世の「児島山伏」のうち、一四世紀から一六世紀の動向が比較的分かるのは、覚王院と智蓮光院である。ちなみに、覚王院は近世の児島五流に含まれず、智蓮光院は復興後に五流に加わったとされる。中世後期の覚王院・智蓮光院は、後白河院が一二世紀後半に院御所法住寺殿に勧請した新熊野《いまくまの》神社（京都市東山区）にも僧坊を有し、加えて真言宗寺院東寺（京都市南区）の一員であった。彼らは山伏としては、修験道の貫首を標榜する天台宗寺門派園城寺の高僧熊野三山検校の配下に属し、一方では真言密教の系譜に連なるという両属的な存在であったと考えられる。

智蓮光院は、一五世紀前半に、高梁川河口近くの新熊野神社領万寿荘《ますのしょう》（倉敷市東北部に比定）や高梁川上流の東寺領新見荘（新見市西北部）、更には熊野本宮長床衆領の豊後国津守荘（大分県大分市津守周辺に比定）の荘園経営に携わっていた。また、院名は不明であるものの、一四世紀末には徳島県鮎喰川《あくいがわ》上流で大般若経写経に関わった本宮長床衆がおり、この山伏に関しても児島を拠点としたのではないかと推測されている。

全体像を摑むにはなかなか至れないが、右にあげた事例から、中世の児島新熊野山とその周辺地域は本宮長床衆の所領であり、かつ瀬戸内地域での荘園経営・信仰活動の拠点であったことが分かろう。瀬戸内海水運での往来は相当に活発であったと予想される。岡山県下また日本各地に熊野信仰ゆかりの地は多く残るものの、児島新熊野山ほど紀伊熊野や京都東山新熊野神社との密なつながりが明らかなところは、今のところ見つかっていない。新熊野山は中世の熊野信仰・修験道にとってこれまで考えられていた以上に重要な場所であったと思われる。

「児島山伏」の呼称から活動の軸足を児島に置いていたことを窺わせる彼らであるが、一六世紀にはまだ熊野本宮や京都東山新熊野神社にも属していた。僧坊を児島に限るのは近世に入ってからと推測される。中世「児島山伏」の複属的なあり方が近世の制度下で整理され、尊瀧院を筆頭とする児島五流が定着したと考えられる。

〔参考文献〕
長谷川賢二「阿波国における三宝院流熊野長床衆の痕跡とその意義」『修験道組織の形成と地域社会』岩田書院、二〇一六年
近藤祐介「室町期における備前国児島山伏の活動と瀬戸内水運」『修験道本山派成立史の研究』校倉書房、二〇一七年
岡野浩二「備前国児島の五流修験」『中世地方寺院の交流と表象』塙書房、二〇一九年
宮家準『備前の児島・五流修験―その歴史と伝承―』岩田書院、二〇二一年

江戸時代の備前・備中・美作

東野将伸

はじめに

現在の岡山県域は、江戸時代の備前国・備中国・美作国におおよそ該当する。これらの三ヶ国は同一の領主に治められていたわけではないが、気候条件や瀬戸内海との関係など、ある程度共通する部分も有していた。本章ではこれらの三ヶ国について、所領分布と城・陣屋、地域の産業と文化の二点から紹介していく。他の近世・近現代を取り上げた論考の前提として、現在の岡山県域にあたる地域のイメージを掴んでいただければ幸いである。

なお、三ヶ国の城、主な町場・宿場、大規模な河川・西国街道（山陽道）を示した地図（備前・備中・美作略図）を掲載している。地図では省略しているが、河川の支流や大小の街道が複数存在しており、これらを利用した移動や産物の輸送がなされていた。

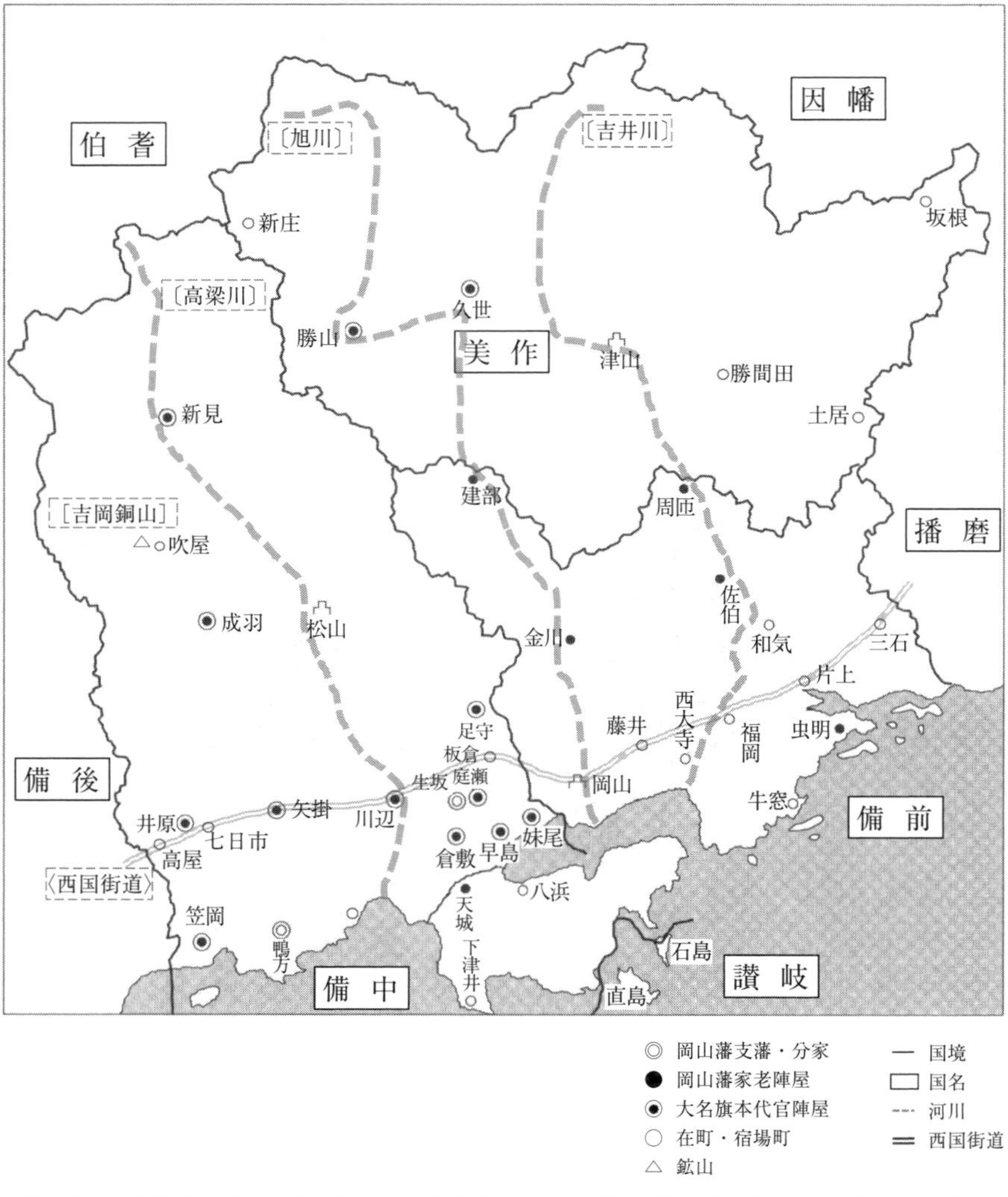

※倉地克直『絵図と徳川社会　岡山藩池田家文庫絵図をよむ』（吉川弘文館、2018年）vii頁の「関係地図」を転載のうえ加筆・修正を加えた。

※地名、西国街道、河川流域はいずれも大体の位置とイメージを示すものである。河川は本流のみを記し、支流は省略した。鉱山は本文で言及した吉岡銅山の位置のみ示した。また、在町・陣屋については適宜省略しており、すべてを網羅したものではない。

図１　備前・備中・美作略図

1　三ヶ国の所領分布と城・陣屋

三ヶ国のうち、備前国（四一万八九六四石余）(1)は、一六〇三（慶長八）年以降、一貫して岡山藩池田家が全域を治めており、一部金山寺領（二三六石余）がみられた。(2)なお、池田家は備中国にも所領を有し、さらに一六七二（寛文一二）年には備中国南部に支藩として鴨方藩と生坂藩を創設した。(3)岡山藩池田家の石高は、一六一五（元和元）年以降、三一万五二〇〇石で一貫しているが、これは江戸時代の初期に決定されたものが公的には変更されていないためであり、度重なる新田開発などもあって実際の土地面積や石高は幕末期までには大幅に増加している。岡山藩の城下町は現在の岡山市北区の中心部の一部として、近世・近現代を通じて地域の政治・経済の中心地となっている。(4)

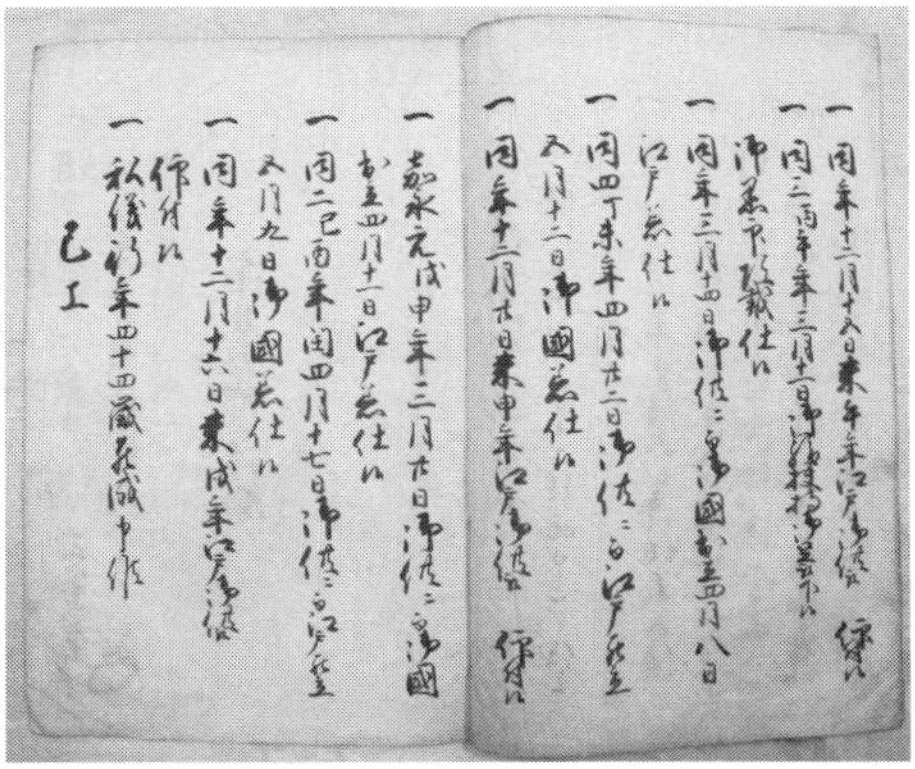

写真1　1849（嘉永2）年12月晦日「御奉公之品書上」（岡山大学文学部日本史研究室〈日本史学領域〉所蔵）
※岡山藩士三宅忠左衛門が自身の職務経歴を書き上げて藩に提出した冊子の写し。筆者撮影。

備中国・美作国は、備前国とは異なり複数の領主によって治められていた。表1、表2に両国の明治初期時点での領主

(1)「石」は容積の単位であり、一石は約一八〇リットルにあたる。
(2) 以下、本章で記す三ヶ国の領主や寺院の石高は明治初期のものであり、木村礎校訂『旧高旧領取調帳 中国・四国編』（近藤出版社、一九七八年）を参照した。
(3) 岡山藩の概要や支藩創設については、岡山県史編纂委員会編『岡山県史』第六巻近世Ⅰ（岡山県、一九八四年）第一章を参照した。
(4) 岡山藩池田家の藩政文書（池田家文庫）は岡山大学附属図書館が所蔵しており、マイクロフィルムなどの形で閲覧・利用できる。同館のホームページでは、池田家文庫の絵図画像、上中級家臣の情報、マイクロフィルム目録、一部の所蔵文書（『信長記』など）の画像を公開しており、前三者についてはキーワード入力による検索もできる。

と石高をまとめている。備中国の領主は三二（他に二七の寺社領）、美作国の領主は一三（他に誕生寺領）であり、両国ともに過半の石高を有する領主はおらず、特に備中国は所領の散在状況が著しい。その中では、幕府領（倉敷代官役所）、備中松山藩領、岡山藩領が全体の一〇％以上をそれぞれ占めている。美作国では津山藩が最大の石高を有しており、次いで幕領（龍野藩預り所[5]、生野代官役所管下所領、津山藩預り所、倉敷代官役所管下所領）が多く、

(5)「預り所」とは、周辺の藩が支配実務を担当していた幕府領のことである。

表1　1868（明治元）年、備中国の支配領主（石高上位20番目まで）

領主	類型	石高（石）	割合
倉敷支配処	幕領（倉敷代官役所）	53,086	14.3%
備中松山藩	藩領（譜代）	50,130	13.5%
岡山藩	藩領（外様）	37,638	10.2%
一橋家	御三卿領	33,517	9.0%
池田信濃守領分	藩領（鴨方藩）	25,848	7.0%
庭瀬藩	藩領（譜代）	20,574	5.6%
足守藩	藩領（外様）	19,815	5.3%
新見藩	藩領（外様）	18,290	4.9%
岡田藩	藩領（外様）	14,206	3.8%
成羽藩	藩領（外様）	13,097	3.5%
亀岡藩（丹波亀山藩）	藩領飛び地（譜代）	12,109	3.3%
亀山藩（伊瀬亀山藩）	藩領飛び地（譜代）	10,012	2.7%
浅尾藩	藩領（譜代）	9,522	2.6%
大森支配処	幕領（大森代官役所）	7,079	1.9%
花房近江守知行処	旗本領	6,325	1.7%
戸川主馬助領分	旗本領	6,188	1.7%
戸川伊豆守知行処	旗本領	5,746	1.6%
戸川捨次郎知行処	旗本領	5,265	1.4%
戸川右近知行処	旗本領	4,648	1.3%
水谷主水知行処	旗本領	3,373	0.9%
合計		370,671	100%

典拠：木村礎校訂『旧高旧領取調帳　中国四国編』（近藤出版社、1978年）158～159頁　註：領主と寺を合わせて59の所領が記されているが、このうちの石高上位20番目までをまとめた。石高は小数点以下、割合は小数点第2位以下をそれぞれ四捨五入している。上記頁での合計石高は372,534.2874石だが、本表では実際の合計値を採用した。

表2　1868（明治元）年、美作国の支配領主・寺院領

領主	類型	石高（石）	割合
津山藩	藩領（親藩）	98,585	37.6%
真島藩	藩領（譜代）	30,840	11.8%
龍野藩預り所	幕領（龍野藩預り所）	27,864	10.6%
生野支配処	幕領（生野代官役所）	19,148	7.3%
津山藩預り所	幕領（津山藩預り所）	16,682	6.4%
沼田藩	藩領（譜代）	14,118	5.4%
古河藩	藩領（譜代）	10,749	4.1%
明石藩	藩領（親藩）	9,858	3.8%
倉敷支配処	幕領（倉敷代官役所）	9,785	3.7%
土浦藩	藩領（譜代）	8,618	3.3%
鶴田藩	藩領（親藩）	8,326	3.2%
挙母藩	藩領（譜代）	5,057	1.9%
龍野藩	藩領（譜代）	2,462	0.9%
誕生寺領	寺院領	65	0.0%
合計		262,156	100%

典拠：木村礎校訂『旧高旧領取調帳　中国四国編』（近藤出版社、1978年）112頁　註：石高は小数点以下、割合は小数点第2位以下をそれぞれ四捨五入している。

続いて譜代藩などの所領が複数みられた。

三ヶ国の藩の中でそれぞれ最大の石高を有していた岡山藩、備中松山藩、津山藩は、城と城下町を拠点として領内を支配していた。江戸時代初期には主に西日本の外様大名領を対象として、いわゆる「一国一城令」が出され、各国ないし各所領に一つの城が存在することが原則であった。[6]三ヶ国には、それぞれ備前国に岡山城、備中国に松山城（備中松山城）、美作国に津山城がおかれていた。なお、陣屋や代官役所は各国に複数みられる場合があり、例えば地図では岡山藩家老などの陣屋所在地を示している。

これらの三つの城は、地図にみられる通り、岡山城が旭川、松山城が高梁川、津山城が吉井川に面して城下町が形成されており、川を組み込んだ防衛体制を構築していた。なお、松山城は江戸時代には珍しい山城であるが、日常の生活や政務には不便であったようであり、城下の「御根小屋」が藩主の日常の居館や政庁として機能していたとされている。[7]

以上の通り、備前・備中・美作の三ヶ国における所領分布と城・陣屋についてみてきた。備中・美作には旗本領や中小藩領も所在していたが、両国を通じて特に重要な所領は幕府領であろう。特に江戸時代の長い期間存続した代官役所として、備中国窪屋郡倉敷村の倉敷代官役所がある。同役所は現存しないが、国指定重要文化財の大橋家住宅などの町人住宅や当時の面影を残す町並みが現存しており、[8]倉敷市美観地区の景観は陣屋元村の風景の一部を現在に伝えている。

なお、各所領ではそれぞれ固有の支配が行われ、個別の領主は政治・経済面での強い権限を有していた。一方で、領主や領民は所領内部のみで活動を完結させるわけではなく、近隣の他国や他所領と盛んなやりとりを行っていた。例えば、幕末期の一八六四（元治元）

（6）今井林太郎「一国一城令」国史大辞典編集委員会編『国史大辞典』第一巻、吉川弘文館、六七三頁、一九七九年。

（7）『岡山県史』第六巻近世Ⅰ・二三一頁。

（8）倉敷市史研究会編『新修倉敷市史』4近世（下）倉敷市、第四章第五節　二〇〇三年。

年に、備中国の御三卿一橋家領が凶作となった際、同所領の領民は幕領の備後上下代官役所管下所領の者に問い合わせたうえで年貢の減免を願い出ている。(9) また、同国一橋家領の江原代官役所は、幕領の倉敷代官役所へ凶作や年貢減免の状況を確認している。領主・領民のどちらも近隣の幕領の状況を気にかけており、備中国の一橋家領では倉敷代官役所管下幕領の支配方法が従来から参照されていたことも史料に記されている。

領主・領民ともに、国や所領の枠に規定されつつも、これを超える多様な活動を通じて、支配や日々の生活が成り立っていた。特に備中国のように国内に大規模な所領を有する領主が存在しない国の場合、幕領の動向や政策が影響力を有していたことがうかがえる。(10)

2　地域の産業と文化

江戸時代は米の収穫量を基準とする石高制が採用されており、大きな地域差がありつつも、ある程度の稲作が行われる地域が多くみられた。一方で、年貢は全て米で納めると規定されていたわけではなく、年貢を貨幣で納める「石代納」も少なからず認められており、この時の年貢米一石あたりの貨幣換算レートである「石代直段」をめぐる領主と領民とのやりとりも頻繁にみられた。(11) 以上のような年貢制度に加えて、そもそも人々の生活には米以外にも多種多様な産物やその加工品が必要である。(12) これらの品々が各地域で生産され、場合によっては他地域へ移送のうえ消費されていたのであり、地域ごとに特色ある産物や生業を基盤として、江戸時代の地域経済や人々の暮らしは成り立っていた。

(9)　本事例については、東野将伸「備中一橋領における年貢収納と石代納」(『日本歴史』八一三、二〇一六年)による。

(10)　本城正徳氏は酒井一『日本の近世社会と大塩事件』(和泉書院、二〇一七年)での「解題」二〇八頁において、畿内において「幕領制度・政策を軸とした形での地域的な貢租体系が形成された可能性は十分に高い」と指摘しており、幕領の動向や政策が非領国において影響力を有していた点はかなりの程度一般的な事象であったとみられる。

(11)　前掲注(9)東野論文による。

(12)　本城正徳『近世幕府農政史の研究』(大阪大学出版会、二〇一二年)終章では、近世前期には煙草を除いて商品作物の継続的な作付制限はなく、一八世紀初期(元禄末年)には本田畑での商品作物の作付けが全面的に公認されるようになったことが指摘されている。

表3　笠岡港輸出入品の内訳（1872〈明治5〉年正月〜同年12月2日）

輸入之分

項目	数量	代金（両）	割合
米	760俵（升入257.275石）	765.8817	9.01%
雑穀	1,333俵（升入486.209石）	2,130.3572	25.06%
干鰯類	2,772俵	1,175.0671	13.82%
羽鯡	目方1,472貫	116.0750	1.37%
肥前焼物	1,511俵	1,236.7116	14.55%
菜種	419俵（升入154.3462石）	1,135.9321	13.36%
種粕	729玉（目方1,854貫238匁）	140.2169	1.65%
魚燈油	169丁	810.7400	9.54%
唐砂糖	20俵（2,295斤）	87.2100	1.03%
出雲葉煙草	60丸（3,089斤半）	90.9107	1.07%
白■紙	280貫	144.8129	1.70%
材木	195本	58.1402	0.68%
杦板	480間	90.6750	1.07%
竹	54束	7.9232	0.09%
柏木	目方1,483貫800目	51.9330	0.61%
蝋	目方76貫470目	75.6941	0.89%
荒苧	14丸（目方86貫800目）	41.3590	0.49%
国分刻	921玉	35.5904	0.42%
塩	226俵	12.2162	0.14%
目さし	105束	6.1000	0.07%
酒	54丁	106.9611	1.26%
蜜柑	31.2石	53.2800	0.63%
氷豆腐	19箱	74.1000	0.87%
若布	目方232貫110匁	17.4083	0.20%
海月	124桶	27.0816	0.32%
生姜	15俵（目方147貫504匁）	7.3755	0.09%
合計		8,499.7528	100.00%

輸出之分

項目	数量	代金（両）	割合
繰綿	770本	5,455.2603	31.58%
葉煙草	672丸	3,338.9170	19.33%
刻煙草	1,620箱（77,760個）	5,054.4000	29.26%
畳表	1,002丸（20,040枚）	1,303.4449	7.55%
素麺・うとん	789箱	921.6854	5.34%
蒟蒻玉	383俵	466.3929	2.70%
古手	43丸	605.6907	3.51%
雑穀	154俵（升入60.945石）	129.0738	0.75%
塩	530俵	—	—
合計		17,274.8650	100.00%
輸出入合計		25,774.6178	

註：代金の小数点以下の数値は永。史料上では「輸出之分」合計は17,274両永77文1分8り、「輸入之分」合計は8,499両永74文9分6り、「輸出入〆」は25,774両永62文1分2りとなっているが、本表では実数を記した。

典拠：東野将伸「近世後期の地域経済と商人」（『日本史研究』679、2019年）表1を転載のうえ、レイアウトを一部変更した。

瀬戸内地域は販売や製品への加工を目的とする商品作物の生産が盛んな地域の一つであり、綿、煙草、茶、藺草などが栽培され、これに加えて上記作物の加工品である繰綿（および衣類）、畳表などが製造されていた[13]。一八七二（明治五）年の笠岡港（備中国小田郡笠岡村、現在の笠岡市笠岡）の輸出品（表3）をみると、煙草・繰綿・畳表などが多くを占めており、一方で穀物や肥料（干鰯・羽鯡・種粕）を輸入していた。綿作は稲作よりも三倍の働き手と

（13）岡山県史編纂委員会編『岡山県史』第七巻近世Ⅱ　岡山県、一九八六年、東野将伸「近世後期の地域経済と商人」『日本史研究』六七九、二〇一九年。

写真２　吉岡銅山遺構（高梁市成羽町坂本）　※筆者撮影

一・五倍以上の肥料を必要としたとされており、[14] 外部から食料や肥料を輸入し、これらを消費して商品作物を栽培・移出するという形で、地域外との関わりを持ちつつ笠岡および周辺地域の経済は成り立っていた。また、干鰯等の金肥は主に東日本や北国、「肥前焼物」は九州での生産である。そのため、明治初期の時点で、全国の産物が海を通じて、江戸や大坂といった中央市場のみならず、広く各地域まで行き交っていたことがわかる。江戸時代の後期から幕末期においても、ある程度類似する状況があったものとみられる。

三ヶ国の中でも現在の中国山地にあたる地域では、鉱物資源の産出がかなりの程度みられた。鉄・銅・弁柄などが主要な鉱物資源であり、特に鉄は中国山地が全国的にみても重要な産地であった。[15] 岡山県北部には、これらの鉱山遺構や関連史跡が複数残存している。銅および弁柄については、備中国川上郡の吉岡銅山（写真2、地図）などが近現代までこれらを産出していた。[16] 吉岡銅山の東に位置する吹屋地区（現在の高梁市成羽町吹屋）には、弁柄による赤銅色の建物が立ち並んでおり、江戸時代以降の吉岡銅山と周辺地域の繁栄を

（14）『岡山県史』第七巻近世Ⅱ・三三三頁。

（15）『岡山県史』第七巻近世Ⅱ・第三章第三節。

（16）成羽町史編集委員会編『成羽町史』通史編　成羽町、第五章第二節、一九九六年。

写真３　明治10年代の廻船業者の日記（岡山大学文学部日本史研究室〈日本史学領域〉所蔵浅野家文書）　※筆者撮影

今に伝えている。

以上のように、備前・備中・美作では、米以外にも多種多様な産物がみられたが、これらの産物は地域内で消費される他、陸運や水運を通じて瀬戸内海沿いの港に集められ、船で各地へと移出されていた。主要な港として、備前国には金岡（西大寺）・牛窓・下津井など、備中国には玉島・笠岡などがあった。また、岡山・津山・松山の城下町や一部の在町も川に面しており（地図）、ここから人や物が多方面を往来していた。江戸時代の船は主に人力や風力（帆船）によって航行していたが、笠岡港の廻船業者であった浅野家の明治一〇年代の「日記」（写真３）をみると、備前・備中の沿岸部から大坂・兵庫までは、天候がよければ一日～二日程度で航行できたようである。また、岡山から笠岡までの四十数キロメートル程度の距離を陸路で八～一〇時間ほどかけて移動しており、徒歩・馬・駕籠などの移動手段は定かではないが、笠岡に到着後に多少の商用をすませている場合もみられた。なお、陸の交通路として、江戸時代には様々な道が整備されていた。備前・備中では西国街道（山陽道）が特に重要なものであり、この道沿いに多くの在町・宿場町が形成されていた（地図）。

海運以外にも、瀬戸内海は多様な産物を沿岸地域にもたらしていた。漁獲物はもちろん

写真４　旧野﨑家住宅（主屋）　※筆者撮影

であるが、特に備前国児島郡における製塩業は、幕末～近現代の瀬戸内地域において有した意義の大きさからみても、特筆すべきものであろう。当地域において製塩業を営んだ野﨑家（児島郡味野村〈現在の岡山県倉敷市味野〉）は、瀬戸内地域および日本全国の製塩業において、重要な役割を果たしていた(17)。岡山藩政に対しても、大庄屋職への就任や幕末期の塩専売制を主導するなどの形で深く関わっていた。同家住宅（旧野﨑家住宅、写真４）は国指定重要文化財であり、現在は野﨑家塩業歴史館として一般に公開され、庭園の風景と同家所蔵資料による展示を楽しむことができる。

以上のような経済活動を背景の一つとして、三ヶ国では特徴的な文化・学術活動がみられた。本書でも紹介されている山岳信仰や、後楽園（岡山藩）・衆楽園（津山藩）のような大名庭園および武家文化、蔵書や町・村の有力者による芸能（華道・茶道など）・武芸など、人々は日々の労働以外にも多様な活動を行っていた(18)。そのような中でも、幕末期の備前・備中・美作における文化・学術を考えるうえで、医学・蘭学は欠くことのできない事象であろう。幕末期に適塾（大坂）を主宰し天然痘への対策である種痘の普及に重要な役割を果たした緒方洪庵（一八一〇～一八六三）は、備中国賀陽郡足守（足守藩、現在の岡山市北区

(17)　児島郡および野﨑家による塩業については、東野将伸「野﨑武左衛門の経済・政治活動」（公益財団法人山陽放送学術文化・スポーツ振興財団編集・発行『近代岡山　殖産に挑んだ人々』2、二〇二二年）による。

(18)　倉敷市史研究会編『新修倉敷市史』4近世（下）倉敷市、第四章、二〇〇三年、岡山県史編纂委員会編『岡山県史』近世Ⅲ　岡山県、第五章、一九八七年。

足守）の出身であり、美作国の津山藩で宇田川家・箕作家をはじめとする蘭方医・蘭学者が活躍したことは著名な事柄である。[19]

このうち、緒方洪庵の門下生は備前・備中・美作に多くみられ、現在の県の領域を基準にすると、岡山県の四七名は山口県の五六名に次いで多い。[20] また、門下生以外にも洪庵と書状のやりとりを通じて医学面での交流を深めた者も多くみられた。[21] 例えば、津下成斎（一八二六〜一八九九）は洪庵の門下であり、明治期には岡山藩医学館教授方試補を務め、近代にも医学・医療に従事している。石坂堅壮（一八一四〜一八九九）は洪庵の門下ではないが、洪庵と書状をやりとりし、明治初期にはごく短期間ではあるが岡山藩医学館にて医学教授を務め、その後は倉敷にて開業している。

岡山藩医学館は現在の岡山大学医学部へとつながっているが、備前・備中・美作の医師たちによる江戸時代までの医学・医療の蓄積が、その前提にあったといえよう。岡山県の経済・文化・学術の中には、江戸時代からの系譜を引き継ぐものも多くみられるのである。

おわりに

大政奉還・戊辰戦争を経て江戸時代が終わりを迎えた後、紆余曲折を経つつ現在の岡山県の領域が設定されていく。[22] 三ヶ国の幕領は、一八六八（慶応四）年以降に備中の「倉敷県」、但馬の「生野県」（美作の旧幕領の一部を管轄）として、かつての代官役所管下幕領が「県」とされ、一八七一（明治四）年七月一四日の廃藩置県の際に各藩の領域が「津山県」、「岡

(19) 『岡山県史』近世Ⅲ・第五章第三節。

(20) 梅溪昇『緒方洪庵』吉川弘文館、二〇一六年、二八〇〜二八九頁。

(21) 緒方洪庵と他の医師との書状のやりとりについては、適塾記念会緒方洪庵全集編集委員会編『緒方洪庵全集　第五巻　書状（その二）その他文書（附）適塾姓名録』大阪大学出版会、二〇二二年を参照した。

(22) 明治初期の県域の変化や岡山県の成立過程については、岡山県史編纂委員会編『岡山県史』第十巻近代Ⅰ　岡山県、一九八六年、柴田一・太田健一『岡山県の百年』山川出版社、一九八六年、藤井学・狩野久・竹林榮一・倉地克直・前田昌義『岡山県の歴史』山川出版社、二〇〇〇年による。

山県」のようにそのまま「県」とされた。同年一一月一五日には全国的に府藩県が統合され、岡山県（備前国）・北条県（美作国）・深津県（備中国と備後国六郡、翌年に小田県と改称）へと統合される。その後一八七五年一二月に小田県、翌年四月に北条県が岡山県に合併され、美作国吉野郡の一部は兵庫県、備後国の六郡は広島県にそれぞれ編入され、ほぼ現在の岡山県の領域が成立した。

これまでに述べてきた通り、現在の岡山県域におおよそ該当する備前国・備中国・美作国の三ヶ国を全体としてみると、江戸時代には多くの領主によって分割して治められており、一八七六年にようやく一つの行政単位（岡山県）となっている。これらの三ヶ国は中国山地から瀬戸内海沿いまでを含むこともあり、現在の岡山県をみると、一つの県の中で地理・歴史・文化など非常に多様な様相を呈している。岡山県に限ったことではないが、歴史的経緯を背景とした各地の個性ある地域社会や文化、そこに息づく人々の生活の様相こそが、県の奥深い魅力を形成しているということができよう。

〔参考文献〕

梅溪昇『緒方洪庵』吉川弘文館、二〇一六年
岡山県史編纂委員会編『岡山県史』近世Ⅰ～Ⅳ・近代Ⅰ　第六巻～第十巻、岡山県、一九八四～一九八九年
木村礎校訂『旧高旧領取調帳　中国・四国編』近藤出版社、一九七八年
倉敷市史研究会編『新修倉敷市史』4近世（下）倉敷市、二〇〇三年
倉地克直『絵図と徳川社会　岡山藩池田家文庫絵図をよむ』吉川弘文館、二〇一八年
国史大辞典編集委員会編『国史大辞典』全一五巻、吉川弘文館、一九七九～一九九七年
柴田一・太田健一『岡山県の百年』山川出版社、一九八六年
適塾記念会緒方洪庵全集編集委員会編『緒方洪庵全集　第五巻　書状（その二）　その他文書（附）適塾姓名録』大阪大学出版会、二〇二二年

成羽町史編集委員会編『成羽町史』通史編、成羽町、一九九六年
東野将伸「備中一橋領における年貢収納と石代納」『日本歴史』八一三、二〇一六年
東野将伸「近世後期の地域経済と商人」『日本史研究』六七九、二〇一九年
東野将伸「野﨑武左衛門の経済・政治活動」公益財団法人山陽放送学術文化・スポーツ振興財団編集・発行『近代岡山 殖産に挑んだ人々』2、二〇二二年
藤井学・狩野久・竹林榮一・倉地克直・前田昌義『岡山県の歴史』山川出版社、二〇〇〇年
本城正徳『近世幕府農政史の研究』大阪大学出版会、二〇一二年
本城正徳「解題」酒井一『日本の近世社会と大塩事件』和泉書院、二〇一七年所収
岡山大学附属図書館ホームページ、「貴重資料」(https://www.lib.okayama-u.ac.jp/collections/index.html)二〇二二年七月二六日アクセス。

column

岡山の郷土料理

岡嶋隆司

瀬戸内海のほぼ中央部に位置する岡山県は年間の雨の日が少なく、「晴れの国岡山」と呼ばれている。穏やかな気候と風土の中では、岡山らしい食文化が営まれ、現代に繋がっている。ここでは、数ある郷土料理の食材から、もっとも岡山らしい食材であるサワラとママカリについての歴史と料理を紹介する。

鰆＝サワラ

岡山人とサワラの出会いは古く考古資料としては、岡山市彦崎貝塚の縄文時代前期層や岡山城跡から出土している。この魚は、四〜五月に瀬戸内海へ産卵の為に入るので「鰆」と書く。現代でも全国的にみて鰆の消費量は岡山が一番多く、県外で水揚げされたものも岡山へ出荷され業界用語で鰆を「岡山」と呼ぶ地域もあるという(1)。料理法は、全国的に祐庵焼や西京焼などの焼物や蕪蒸しなどの蒸し物が多いが、岡山の特徴としては、刺身を重宝することである。文献上での料理記録は、『吉備津宮舊記』一四八二（文明一四）年が一番古く、献立の三の膳中に「さわらさしみ」がみられる。醤油の一般への普及は江戸時代後期からであり、当時は現代と違って辛子酢・煎酒などで食されていた。江戸時代の料理書をみると意外と鰆の刺身が多く記載されており、各地で食されていたと考えられるが、現代の他地域では鰆の刺身をあまり重宝しない。このことから、岡山だけに刺身の食習が残った可能性がある。瀬戸内海の中央に位置する備讃瀬戸において大型で多量に捕れる魚は鰆であることから岡山人にとっては特別な意味があったのかも知れない。その他、同じく室町時代の『社中御酒注文』一五一六（永正一三）年の献立中に「さハら小やき物取て」と焼物の記載がある。また、同献立中に「魚ノ子」の記載があり、

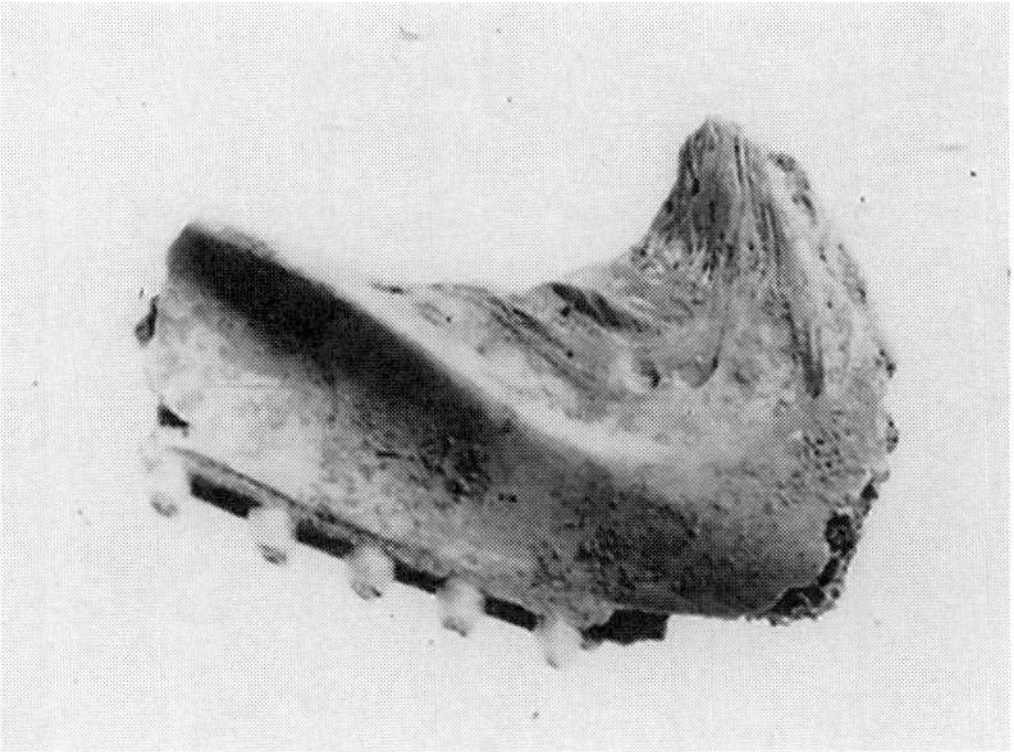

写真1　岡山城出土サワラ前上顎骨17世紀代（岡山市教育委員会提供）

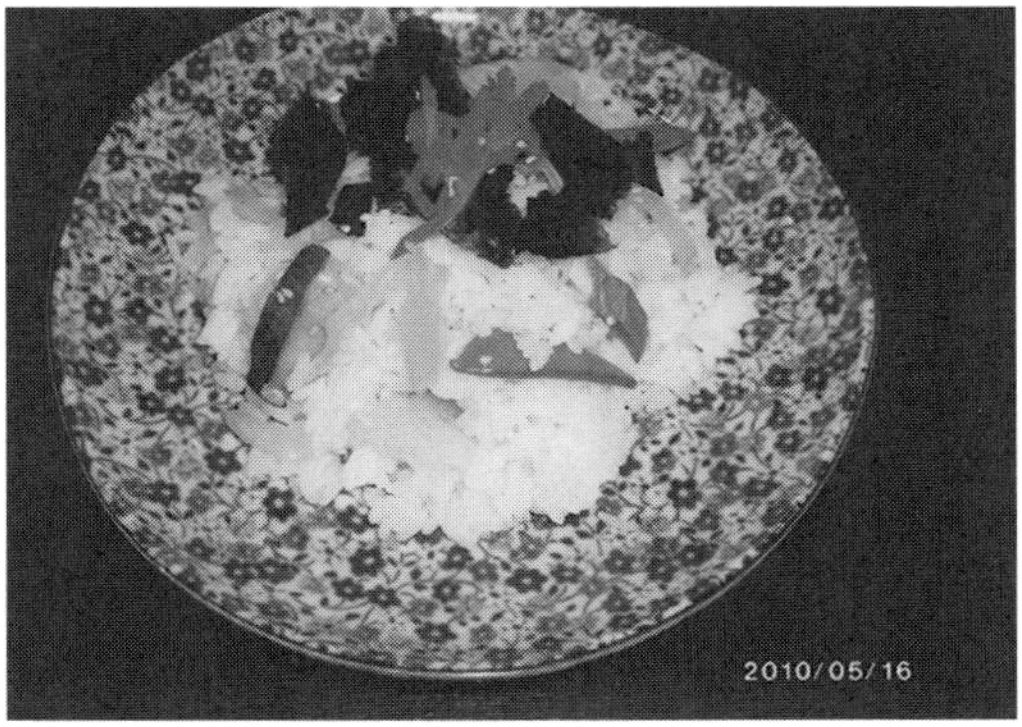

写真2　サワラこうこ寿司（窪田清一氏提供）

時期的に鰆の真子（卵巣）の可能性がある。江戸時代の献立では、「刺身」の他「平（煮物）さわら」「さわら切り身」「平やきさわら」[2]「さわら塩焼」「鰆はら子角切（煮物）」「鰆からしす」「鰆子つけ」[3]「鰆切焼」などがある。現代では、醤油と砂糖ベースですき焼き風の「鰆の炒り焼」や「鰆のこうこ寿司」「ばら寿司の具」などにも用いられる。「鰆のこうこ寿司」は、酢飯の中へ沢庵漬けを刻み混ぜ込み、塩と酢で〆た鰆の身を盛合せた寿司である。残念ながら文献上の記録はないが、『鯛百珍料理秘密箱』一七八五（天明五）年の中に「鯛の香物鮓」という料理が記載されており、鰆が鯛に変わるだけで調理法がほぼ同じであることから、「鰆のこうこ寿司」の起源も江戸時代にまで遡る可能性がある。その他、洋風に「フライ」や「ムニエル」なども作られている。

飯借的＝ママカリ

学名は「サッパ」、ニシン科の海産魚である。この魚も彦崎貝塚の縄文時代前期層から出土し、当時から食されていたことがわかる。魚名の由来は、「あまりにも美味しいので、自宅の御飯食べ尽くし足らなくなり、隣の家から御飯を借りた」というのが一般的であるが、成島柳北著『航備日記』一八六九（明治二）年には、同じ理由で船上にて漁師が「冠堂云うに…隣の船から御飯を借りた…」ところから付いたとあるが共に伝承からのもので文献上の伝承記載はない。この説話については以前に異論を述べたことがある。記録上では『備前国備中国之内領内産物帳』一七三五（享保二〇）年～一七三六（元文元）年の記載があり、「まゝかり　海魚ナリ大サ四寸許鱗ニ光アリ可食」とあり絵図まで描かれている。ママカリの料理については、『岩藤林弥茶』一八一七（文化一四）年が一番古く、「引肴　まゝかり酢付」があり、以後他の献立に「向　まゝかりからし」「鉢盛　まゝかりからすし」「鮓　ままかりきらず巻」「鮓　ままかり」が見られる。現代でも焼いて三杯酢に漬けた「焼漬け」や「甘露煮」「南蛮漬け」「握寿司」などが作られており、酢との相性が良いことがわかる。

以上、岡山を代表する食材のサワラとママカリについて紹介してみた。今後も郷土の食文化を次世代に向かって継承して行きたいと思う。

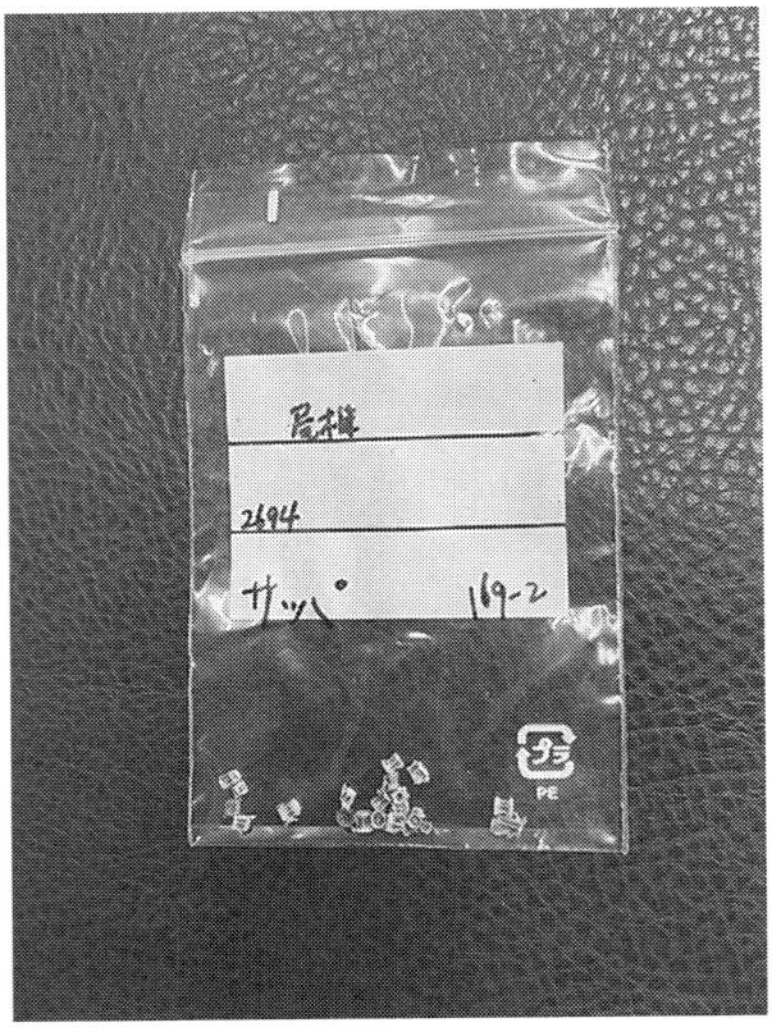

写真3　彦崎貝塚出土ママカリ（サッパ）骨（岡山市教育委員会提供）

写真4　ママカリ絵図（18世紀前半）（『備前国備中国之内領内産物帳』復刻版 岡山県郷土文化財団、1988年より（一部改変））

写真5　焼ママカリ（窪田清一氏提供）

〔注〕
（1）岡山中央卸売市場　長船商店　萩原唯司氏のご教示による。
（2）一度焼いて煮物にしたもの。
（3）卵巣をほぐして酒炒りし、冷まして刺身にまぶしたもの。

〔参考文献〕

池葉須藤樹『岡山県児島郡灘崎町彦崎貝塚調査報告』私家版、一九七一年
石丸恵利子「彦崎貝塚出土の動物遺存体―水洗選別によって得られた資料について―」『彦崎貝塚三』岡山市教育委員会、二〇〇八年
岡嶋隆司「魚名「ままかり」の由来について―語源に関する一私論―」『岡山びと岡山市デジタルミュージアム紀要』創刊号、同館、二〇〇六年
岡嶋隆司「古典料理書にみる鰆」『岡山びと岡山市デジタルミュージアム紀要』第二号、同館、二〇〇七年
岡嶋隆司「古記録にみる「ままかり」料理」『岡山びと岡山市デジタルミュージアム紀要』第三号、同館、二〇〇八年
『おかやまの味』岡山県郷土文化財団、一九八四年
『備前国備中国之内領内産物帳』復刻版、岡山県郷土文化財団、一九八八年

岡山城と後楽園

万城あき

はじめに

庭からのぞむ天守（写真1）。岡山後楽園を紹介する観光写真でよく使われる構図である。城は約四〇〇年前、岡山を本拠と定めた戦国大名宇喜多直家の跡を継いだ宇喜多秀家が現在地に高石垣や天守を築いたことに始まり、庭は約三〇〇年前、岡山藩二代目藩主池田綱政が政務の合間を過ごす場として城の背後に築庭したことに始まる。江戸時代は、城の後ろにあることから「御後園《ごこうえん》」と呼ばれた。

一九四五（昭和二〇）年の岡山空襲ではいずれも大きな被害を受けたが、残された歴史資料をもとに人びとの努力と熱意によってかつての威容を取り戻した。

1 岡山城と旭川

本丸の築造

一五七三（天正元）年、宇喜多直家が岡山を開府し、その子秀家は現在地を本丸として城下町の整備を進め、一五九七（慶長二）年、天守を完成させた。やがて本丸は天守のある本段、政庁が置かれた中の段、蔵などが置かれた下の段という構成に整っていく。天守は三層六階で、地山に合わせた不等辺五角形となっており、見る角度でそれぞれ違った印象となる。下見板が黒かったことから「烏城《うじょう》」とも呼ばれた。城主は宇喜多家、小早川家、池田家と変遷した。

写真１　後楽園から岡山城をのぞむ（岡山後楽園提供）

近年の発掘調査[1]で、中の段から宇喜多家時代の石垣が発見され、現地で公開されている。また、池田家入封後、中の段を拡幅して月見櫓を建て、政庁を置いた。その建物群の遺構も発掘調査で検出され、岡山大学附属図書館所蔵の池田家文庫（以後は池田家文庫と略す）に残る絵図と同じ間取り、中庭、塀重御門跡等が確認され、その成果を現地に示している。さらに、本段の野面積みの石垣と中の段の月見

（1）本丸中の段、下の段の調査は岡山市教育委員会により一九九二年一一月から断続的に行われている。

櫓の切石による整然とした石垣とで時代の変化を見て取ることもできる。

一八六九（明治二）年の版籍奉還で岡山城・内山下（内堀の内側）は陸軍省の管轄となり、一八八二年までに多くの櫓や御殿は取り壊された。一八九〇（明治二三）年に池田家当主池田章政にこれらの土地が払い下げられ、本丸は一八九六年から県立岡山中学校の敷地として利用された。(2) 本段には校舎、中の段には図画室や教員室など特別教室、下の段には運動場が設けられた。

戦災で天守や校舎は焼失し、一九四八（昭和二三）年に新制高校として岡山県立岡山第一高等学校、翌年の再編成で岡山朝日高等学校となり、一九五〇年から五三年までに旧制第六高等学校があった現在地に移された。また、一九四八年には、本丸を岡山市が池田家から譲り受けて烏城公園として整備を開始し、天守は一九六六年に再建された。

(2) 岡山大学附属図書館「池田家文庫等貴重資料展絵図に見る岡山城」パンフレット、一九九七年

旭川の利用

岡山城や城下町は、宇喜多秀家が豊臣秀吉の猶子だったこともあり、秀吉の意見を容れて整備されたが、城の背後の守りが手薄なことを懸念した宇喜多家の家臣が少し離れたところに流れていた川を城の後ろに付け替えて堀の代わりとしたといわれてきた。ところが、発掘調査により本丸付近に川の痕跡が発見され、「旭川の劇的な付け替えと言うよりは、幾つかあった川筋から今の流れを選択し、掘り拡げたり堤防を築くなどして、流路を今の一本に固定した」(3)、というのが現在の見解である。また、堀の多くはほかの河道跡を利用しながら仕上げたようである。

一六〇〇（慶長五）年の関ヶ原合戦の後、岡山城主となった小早川秀秋が外堀を掘り、

(3) 乗岡実「旭川と岡山城」岡山理科大学『岡山学』研究会編『シリーズ『岡山学』6 旭川を科学するpart4』六一頁、吉備人出版、二〇〇八年

池田家入封後は西川用水までを城下町とした。いずれも旭川から取水する堀や用水によって西を警戒した城下町の構えとなった。

ただ、旭川が城や城下町にほぼ直角に当たるため、城下はたびたび洪水被害に遭った。また、後に後楽園となる土地は大きな河原で、田畑が広がり人も住んでいたようだが、洪水のたびに被害を受けた場所でもあった。

2　新田開発と洪水対策

新田開発と治水

一六三二（寛永九）年に国替えで鳥取藩から岡山藩に入封した池田光政の課題は、新田開発による増収と旭川の治水であった。新田開発は主に旭川と吉井川の間に広がる遠浅の海を干拓し、治水では旭川が洪水を起こしかけた時に城下町の上流約四キロの地点に設けた越流堤から分流する仕組みを施した。しかし、これは洪水を川東に一斉に吐き出すというもので、その被害は甚大なものがあった。

池田綱政の代にはさらに大規模な干拓計画がおき、旭川のより強固な治水が必要となった。

百間川の築堤と副産物としての後楽園

そこで、旭川の洪水対策と河口部の新田開発を同時に可能にする人工の川「百間川」(4)が

(4)　上流部では越流堤を越えた洪水を流す放水路、河口部は潮留堤防で締め切って干拓をする。潮留堤防内側に大きな遊水池を設けて小河川や用水の排水を貯めておき、干潮時に堤防に設けた排水樋門から排出する仕組み。なお、百間川全域の河道は、沖新田ができた後の一六九三年頃に整備されたようである。

工夫された。まずは、一六八五（貞享二）年から翌年にかけて放水路部分の工事が本格化した。従来の越流堤を三段構えとし、流路となる田畑の脇に低い堤防と要所に閘門《こうもん》を設けて地域の交通を妨げない工夫をしつつ、洪水が通る河道を確保した。この工事は川を開削したのではなく、流路の確保であった。

ところが、一六八七年、綱政は新田開発を一時停止し、後楽園の築庭を命じた。その真意は明らかではないが、放水路ができて城下とともに城背後の河原も洪水被害が軽減し、比較的安定して使える土地になったこともきっかけの一つである。

その後、新田開発は後楽園の庭園域（有料区域）が一応整った後、一六九二（元禄五）年に再開され、沖新田約一九〇〇ヘクタールが完成した。一連の大規模工事は重臣津田永忠《つだながただ》が総指揮をした。後楽園は治水と新田開発に伴って誕生したのである。

3　後楽園の築庭　池田綱政の思い

一六八九（元禄二）年の庭

一六八七（貞享四）年一二月に鍬初めがあり、綱政が帰城する一六八九（元禄二）年初夏までに第一期の工事が完了した。築庭当初の後楽園は、城の背後にあった田畑などのうち比較的平坦な部分を大きく囲っただけの簡単なもので、西に寄せて綱政が滞在する簡素な建物とその前には芝生、また、南には元からの地形を活かした小山という単純な景色であった。

写真２　延養亭

一六八九年夏、綱政はこの庭に訪れ、「あまり手をかけた景色ではないので、そのままの景色を眺めることができる。この庭に来ると世の憂きことも忘れられる」と日々の感懐を和歌とともに記した『竊吟集《せつぎんしゅう》』（林原美術館所蔵）に残している。[5] 同年七月九日には近隣の村人による初めての田植え行事が行われた。[6]

築庭当初の後楽園で綱政が、藩主の居間、延養亭《えんようてい》（写真２）から目にした景色は、正面の芝生と池に続いて園外の山々がひろがる開放的で洗練された景色と当時どこにでもあった田園風景で、そこで働く人びとにも心を寄せている。明るく広々とした後楽園の第一歩である。当初は田畑が中心だったためか「御菜園場」と呼ばれ、やがて「茶屋屋敷」「御茶屋」とも呼ばれ、元禄年間半ばに「御後園」が定着する。

一六九〇年春、綱政は江戸に出立する前に、

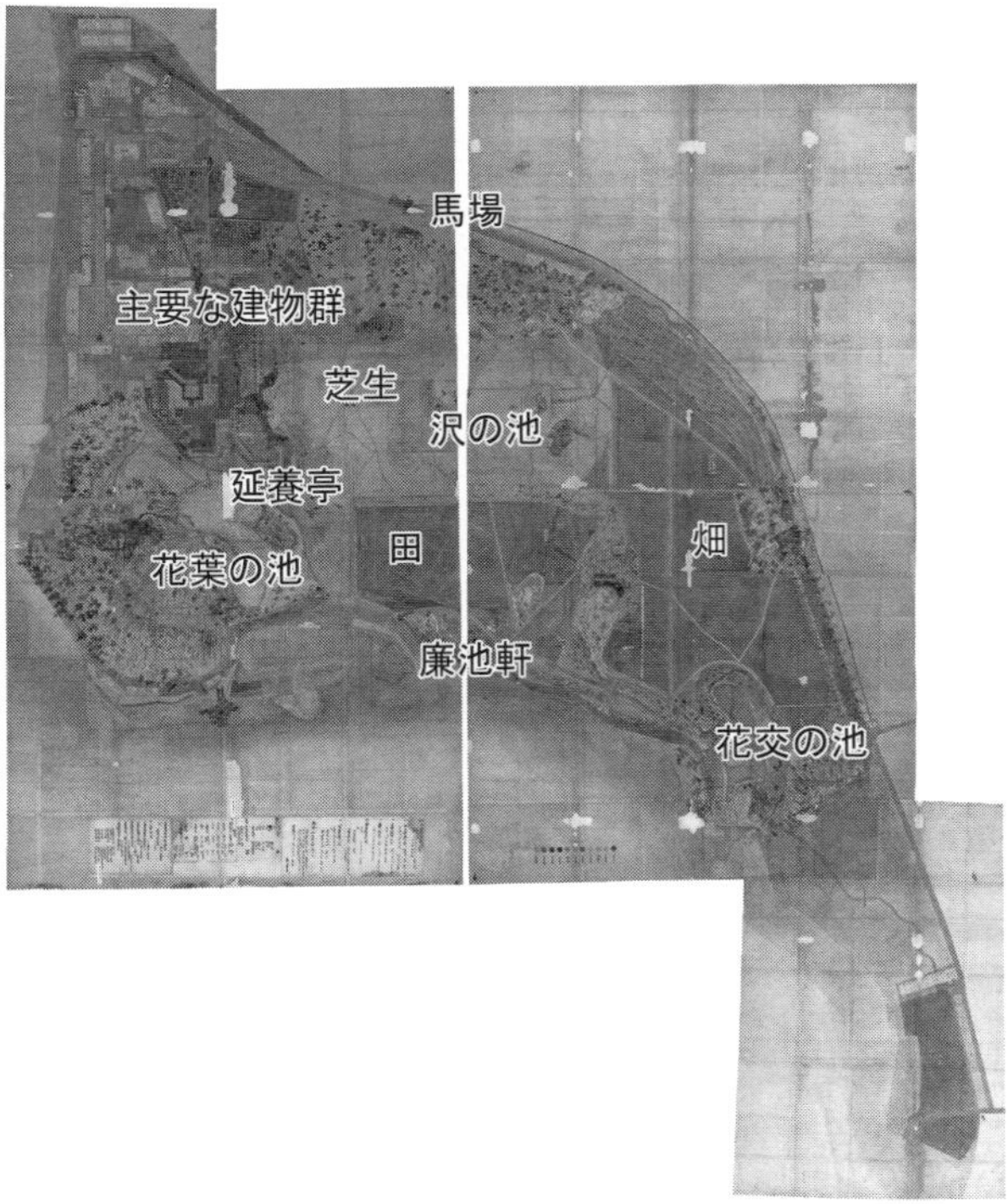

図１　築庭当時の後楽園　「御茶屋御絵図」（岡山後楽園所蔵）
1716年頃完成　一部改変

土地の拡大と建物の増築を命じた。この時拡大された土地には、弓場や馬場、慈眼堂などが次々とできた。延養亭の西には、現在の栄唱《えいしょう》の間の原形となる建物が増築された。当時、国元には藩主の下屋敷などはなく、この庭は歴代藩主にとっても休息の場となった。

一応の完成

一六九一（元禄四）年に現在有料となっている庭園域が完成し、元禄年間に現在の東外園を中心に土地が足され、一七〇〇年に北の一画に土地が足されて後楽園の敷地が一応整った。岡山県ではこの年を「一応の完成」としている。

綱政がつくった庭園は、図1の「御茶屋御絵図」（岡山後楽園所蔵）に見ることができる。西寄りに主要な建物群、中央には平地（芝生と田畑）と沢の池、南西に花葉《かよう》の池、南東に花交《かこう》の池、そして園内各所には廉池軒《れんちけん》などの建物や林がおかれ、今につながる構成の土台ができている。

現在は芝生で名高い後楽園だが、築庭当時は延養亭から沢の池までが芝生で、中央の黒っぽい部分は田畑で平地の約四分の三を占めている。築山《つきやま》の唯心山《ゆいしんざん》はなく、見通しのよい平坦な庭だったようである。

（5）池田綱政『竊吟集』（林原美術館所蔵）は、二〇〇七年の同館企画展「池田綱政—岡山の文化をつくりあげた大名」で初めて紹介された資料で、一六七九年から一七一四年までの綱政の自筆和歌集。和歌の詞書からは綱政の視点や出来事が読み取れる。翻刻は、神原邦男「［資料紹介］『竊吟集』岡山藩主池田綱政の自筆歌集」林原美術館『林原美術館紀要・年報』二号、二〇〇七年がある。

（6）『日次記《ひなみき》』（池田家文庫）一六八九（元禄二）年

4　歴代藩主の利用と改変

池田継政・治政の改変

池田綱政の跡を継いだ継政は園内中央に約六メートルの唯心山（写真3）を築き、そのふもとに水路を巡らせ、沢の池と廉池軒の池を結ぶひょうたん池を掘らせた。唯心山ができたことで歩いて楽しむ視点が増え、水の流れ方はこの時に定まった（写真4）。また、一七三二（享保一七）年からは能舞台の改築にあわせて周辺の建物を縮小し、空いた場所に

写真 3　池田継政の改変でできた唯心山

写真 4　唯心山からの眺め

武芸所などをつくった。

池田家文庫には一七三二年から一八七二（明治五）年にかけて御後園奉行によって書き継がれた『御後園諸事留帳』がある。江戸時代の後楽園の管理記録で、綱政の時代には藩主の身辺の記録『日次記』や家臣団の「奉公書」などから後楽園の築庭過程や利用の仕方が断片的にわかるだけだが、藩主の意向や行事の次第、ほかの部署との連絡など詳細な事情がわかる。

特に一七五六（宝暦六）年から一七六七（明和四）年までは御後園奉行（任期は不定期で二人体制）による全体の記録と御用所奉行（一年交替で一人）による記録の二種類があり、御用所の記録には行事や祭礼で入用の品や収穫物の情報が豊富である。園内でとれたものでは、茶、小麦、ちこ麦（はだか麦）(7)、胡麻、大根、茄子などがある。茶畑の茶葉は園内で製茶し、上物は藩主が日常に飲む煎茶となった。茶の残りや多くの作物は売却されているが、この中に米が見当たらないのは、園内で働く者への手当に充てられた可能性が高い。

また、茄子や瓜の初物は、まずは曹源寺に眠る綱政と継政の生母栄光院に供えられた。月見の行事では庭でできた芋が藩主や隠居に差し出されたが、一七五〇（寛延三）年には芋のほかに柿、ぶどうも出された(8)。田畑の実りは、藩主や隠居の暮らしに彩りを添えていたのである。

しかし、継政の孫治政の頃には藩の財政が逼迫し、後楽園を統括する奉行は二人から一人となり、御用所の奉行は記録が途切れることからその動向は不明となる。そして、掃除や田畑の耕作のために雇っていた人を減らし、田畑を芝生に変えた。廃園にはせず、なんとか維持しようという工夫から芝生の面積が増えたのである。

(7) 小学館『日本国語大辞典』第七巻によると、「はだかむぎ（裸麦）」の方言（岡山県旧御津郡）で、岡山県の一部では「ちごむぎ」という、とある。

(8) 神原邦男編『御後園諸事留帳 岡山後楽園の記録』上・中・下 吉備人出版、一九九九年、二〇〇五年。

図２　幕末の後楽園　「御後園絵図」（池田家文庫）1863年
一部改変（岡山大学附属図書館所蔵）

幕末の後楽園

治政による改革の後、唯心山の東に田畑を再開し、その一部を井田《せいでん》に整形した。延養亭から廉池軒までは芝生のままとなり、田んぼの脇にあった水路は芝生の中をゆったりと割って流れる「曲水」に修景された。園内には建物が増え、沢の池の半島の先端が切り離されて砂利島となった。図2は江戸時代の後楽園の最終形である。

歴代藩主は昼間の一時を過ごし、好みで手を加えてきたが、地割り構成を大きく変える改変はしなかったため、築庭以来の面影を色濃く伝える庭園となった。また、藩主がやすらぐだけでなく、時として藩主の客人をもてなしたり、領民にも日を決めて公開するなどさまざまな利用がされた。

池田家文庫や岡山後楽園に残る絵図からはその変遷が、また『御後園諸事留帳』などからは藩主の暮らしと密接につながっていた庭園の生き生きとした姿が伝わってくる。

5　近代の後楽園

岡山県へ有償譲渡

一八六九（明治二）年の版籍奉還で岡山城・内山下（内堀の内側）とともに後楽園も政府の管轄となったが、一八七〇年に後楽園は池田家へ返され私有が認められた。一八七一年二月、池田家では「御後園」を「後楽園」と称して公開を始めるが、廃藩置県で西の丸の住居を失った隠居の池田慶政をはじめ池田家の人びとが後楽園に移住することになった。延養亭は慶政、栄唱の間は嶺泉院《れいぜいいん》（斉敏正室）など、園内の建物を改造して住まいとしたため公開は中止された。やがて、一八八四（明治一七）年に「名園保存」を目的に池田家から岡山県に有償譲渡された。こうして、後楽園は岡山県、本丸は岡山市が管理することになったのである。

観光と見方の変化

岡山県では公園ではなく県庁付属地として公開したため、日暮れとともに閉園し、園内での茶店営業は三店舗限りなどの決まりがあった。公開に当たり、沢の池東に広がっていた田畑は井田を記念的に残し、残りは芝生地や桜林にした。かつて藩主は主に建物でくつろぎながら景色を眺めて楽しんだが、歩いて楽しむ庭園として整備したのである。こうした視点の変化から、城が見える庭という構図が後楽園を象徴する景色となった。

一八九一（明治二四）年三月に山陽鉄道が岡山まで開業すると、京阪神方面から多くの人びとが訪れ、観光が産業として成り立つようになった。岡山の後楽園、金沢の兼六園、水戸の偕楽園を今は「日本三名園」というが、本来は「日本三公園」であった。この評価は東京の新聞記事が最初といわれているが、明確ではない。いずれ、権威ある筋が認定したものではなく、世評が次第に広まり、「三名園」といわれるようになったのである。

大正時代の外園創設

一九一〇年代には、後楽園をいつでも開園している公園に、という声が高くなった。一九一九（大正八）年三月には「暫軒《ざんけん》(9)」があった北の一画が池田家から岡山県に譲渡されて、全園を岡山県が管理するようになる。そこで、林学博士田村剛の助言を仰ぎ、北の

図 3　西外園の音楽堂（岡山県郷土文化財団所蔵）
1921 年に芝生広場として整備され、音楽堂は1930 年に鶴見橋を鉄橋に架け替える時に撤去された。

図 4　鶴見橋付近の外園散歩道（岡山県郷土文化財団所蔵）

（9）「暫軒」は池田継政の時代に後楽園北端にできた建物で、一八八四年の譲渡の時には池田家の事務所や閑谷神社遥拝所があったためこの辺りは譲渡されなかった。一八九三年、九四年の水害で大きな被害を受け、「暫軒」とその南にあった奉行屋敷や役人の長屋は更地になっていた。

写真5　現在の借景　藩主が眺めた延養亭東の景色(岡山後楽園提供)

一画は音楽堂を中心とした西外園として整備し、さらに旭川の両岸に散歩道を付けて親水公園とし[10]、南東部の竹林を東外園とすることになった。一九二一年に西外園と散歩道の一部が整備され、東外園は一九三四(昭和九)年の水害後に整備された。外園と散歩道をいつでも利用できる公園とし、後楽園の庭園は従来通りの管理が続いた(図3、4)。

借景の保存

藩主の居間であった延養亭の東には、広い芝生、大きな池、さらに園外の操山《みさおやま》に列なる山々が広がる(写真5)。園外の景色を庭の景色として取り込む技法を借景といい、庭をさらに広大な印象にしている。

一九二〇年代には操山の麓や後楽園の対岸に家が建ち始め、景観や借景が脅かされるようになった。そこで、岡山県では一九四〇(昭和一五)年に操山や後楽園周辺を風致地区指定するなど借景や景観の保全に取り組んできた。一九六〇年代には向かい側の土手にビルなどが建ち、竹林で隠すこととなった。芥子山《けしごやま》は竹林で隠れたものの歴代藩主が眺めてきた景色の大半は、今でも眺めることができる。

(10)　天守と後楽園を望む鶴見橋から相生橋までの旭川両岸の親水公園(散歩道)は、ドイツ・ライン川の親水公園にならって「旭川ライン」という名で計画されたが、河川法などの規制により道幅六〜七メートルの予定が約二メートルに縮小され、また、難工事でもあったようで後楽園側の散歩道が東外園まで通じるのは一九三五年頃のことのようである。城側の散歩道の動向は不明。

水害と戦災

後楽園は一九三四（昭和九）年の室戸台風、四五年の岡山空襲では大きな被害を受けた。水害後の復旧では、半倒壊した建物は元のように直し、景観では、一般公開後に植えた桜林を撤去して芝生広場とし、複数あった園路を整理して単純な園路に引き直した。また、水害の教訓から旭川を後楽園の北で分岐することとなり、一九三九年から翌年にかけて東派川《ひがしはせん》が掘削され、後楽園は完全な中州となった。

戦災では延養亭など主要な建物群と茂松庵《もしょうあん》、観射亭《かんしゃてい》、利休堂が焼失。戦後、一九四九（昭和二四）年に鶴鳴館の代わりとして山口県岩国市の吉川《きっかわ》邸が移築され、五二年に茂松庵、五八年に能舞台、六〇年に延養亭、観射亭、六一年に茶祖堂（元の利休堂）、六七年に栄唱と墨流しの間を復元し、一連の復元工事を終了。廉池軒、流店《りゅうてん》などは焼失を免れたため、一九三四年の水害後に復旧された姿を保っている。後楽園の建物は三〇〇年来伝わるものはないが、藩主が過ごした建物の大半は破損するたびに復旧したので、歴代藩主の視点は保たれている。

また、後楽園では江戸時代から丹頂のほかに真鶴、鍋鶴も飼われ、日中は庭に放されていた。岡山県による一般公開後、丹頂が「後楽園の鶴」として人気を博した。戦後、丹頂は絶えたため、岡山に留学経験のある郭沫若中国科学院院長（当時）の計らいで丹頂二羽が贈られた。しかし、二羽ともメスであったため、北海道釧路市の協力でヒナが誕生し、今日に引き継がれている。

災禍のたびに見事に復興を遂げてきたのは、絵図や古写真、歴史資料が豊富であることに加え、江戸時代に時として領民の入園を許し、岡山に住まう人びとにとっては親しみ深い庭園であったことが大きな原動力となっている。

おわりに

一九八七年、岡山城跡として本丸跡、旧本丸跡、二の丸跡の一部及び後楽園が史跡に指定された。後楽園は、一九二二（大正一一）年に史蹟名勝天然紀念物保存法の名勝、一九五二（昭和二七）年に文化財保護法の特別名勝に追指定を受けている。

いずれも貴重な文化財であり、研究され、適切に管理・保存されていくべき対象であるが、同時に市民の憩いの場、歴史や文化を知る地域学習の場としても大切な場所となっている。

〔参考文献〕
後楽園史編纂委員会編『岡山後楽園史』岡山県・岡山県郷土文化財団、二〇〇一年
『岡山後楽園歴史ものがたり』岡山県・岡山県郷土文化財団、二〇一八年
『百間川小史』国土交通省中国地方整備局岡山河川事務所、二〇一九年
万城あき「近代の後楽園」岡山県郷土文化財団『岡山の自然と文化』三九号、二〇二〇年

column

岡山大学にのこる戦争遺跡
——軍政の中枢から知と教育の拠点へ——

野崎貴博

岡山大学のどこに戦争の痕跡があるのか？　風景のなかにとけ込んでいるものもあるし、明らかに異彩を放つものもある。バクゼンと歩いていては気づかない。

岡山大学津島キャンパスはかつて旧日本陸軍第十七師団の駐屯地だった。日露戦争後の軍備拡張にあたって、地域振興をもくろんだ全国的な師団誘致合戦のすえ、岡山市街地の北にひろがる広大な耕地が陸軍のものとなったのだ。そして、この土地は周囲の山々を切り崩した土で田畑を埋め立てて造成される。

私たちが行っているキャンパス内の発掘調査や、工事掘削時の立会では、明治時代の畑を一メートル前後の厚さで覆う当時の造成土がキャンパスの全域で確認される。発掘調査ではまた、トロッコ軌道の跡がみつかった。最近発見された古写真には、土や資材をのせた簡単な構造のトロッコが、急ごしらえのレールの上を走るようすが写っている。七二万立方メートル以上にも及ぶと推定される、その莫大な土量を人力で切り崩し、トロッコで運搬したこともさることながら、造成が開始されたのが一九〇七（明治四〇）年の八月、翌年秋には全部隊の入営が完了するという突貫事業だったことにも驚かされる。駐屯地の南に位置する広大な練兵場（現在は岡山県総合グラウンド）も、やはり短期間で造営された。敷地内の慰霊碑には、難工事のため、事故や疲労で一三人もの人が亡くなったことが刻まれている。

第十七師団創設時、歩兵、騎兵、野砲兵、山砲兵、工兵、輜重兵の各部隊が駐留していた。一九二五（大正一四）年、世界的な軍縮の流れのなかで第十七師団は廃止されるが、岡山駐屯地は引き続き岡山連隊区司令部、歩兵第十連隊、工兵第十大隊と陸軍兵器本廠岡山出張所が使用した。以降、岡山駐屯地の部隊は戦況に応じて大陸や南方へ出征していく。

戦況が悪化してきた一九四五（昭和二〇）年六月二九日未明、岡山市は空襲をうけた。少なくとも一七三七人以上の市民が犠牲となり、市街地の多くが焼け野原となったが、岡山における軍政の中枢であった駐屯地は被災しなかった。そのため、約二五〇棟もの建物が戦後までのこり、建物と敷地のほとんどは一九四九（昭和二四）年に開学した岡山大学へと引き継がれることとなったのである。

現在も岡山大学にのこる陸軍の建物や施設等として、A．建物、B．外周施設、C．庭園、D．記念物と、A～Dに分類されない性格をもつ施設がある（図1・2）。

建物は、大蔵省から岡山大学に引き渡された際には二五〇棟を数えたとの記録がある。その内訳は、木造平屋建て二二五棟、木造二階建て一七棟、レンガ造平屋建て八棟であり、レンガ造や二階建ては極めて少なかったことがうかがえる。木造二階建ての司令部建物は二〇〇三（平成一五）年に一部が移築された。レンガ造建物はキャンパス北辺に三棟がのこっている。

外周施設には土塁、門、コンクリート塀がある。岡山駐屯地の外周にはすべて土塁が巡らされており、当時は外から中の様子をうかがうことは難しかった。今ではほとんどが失われ、キャンパス中央を東西に流れる座主川沿いの土塁だけが往時の姿をとどめている。各部隊の入口にはレンガ造やモルタル造の門柱が立てられ、部隊名や施設名を記した石板が掛けられたり、嵌めこまれたりしていた。津島キャンパス北地区南東隅に構築されているコンクリート塀は高さ約五メートルもあり、周囲の景観のなかで異彩を放つ。法界院駅から延びる引込線で運び込まれた物資の荷解き場を隠す「目隠し壁」であったとも伝えられる。

庭園は、歩兵隊、工兵隊それぞれの将校集会所区画内にある。兵営の中をさらに土塁で囲った、将校のための特別な空間に設けられたものである。そのうち、工兵隊の庭園は、築山・池・石組の要素を備えた築山林泉式庭園の様式にのっとって作庭された日本庭園である。

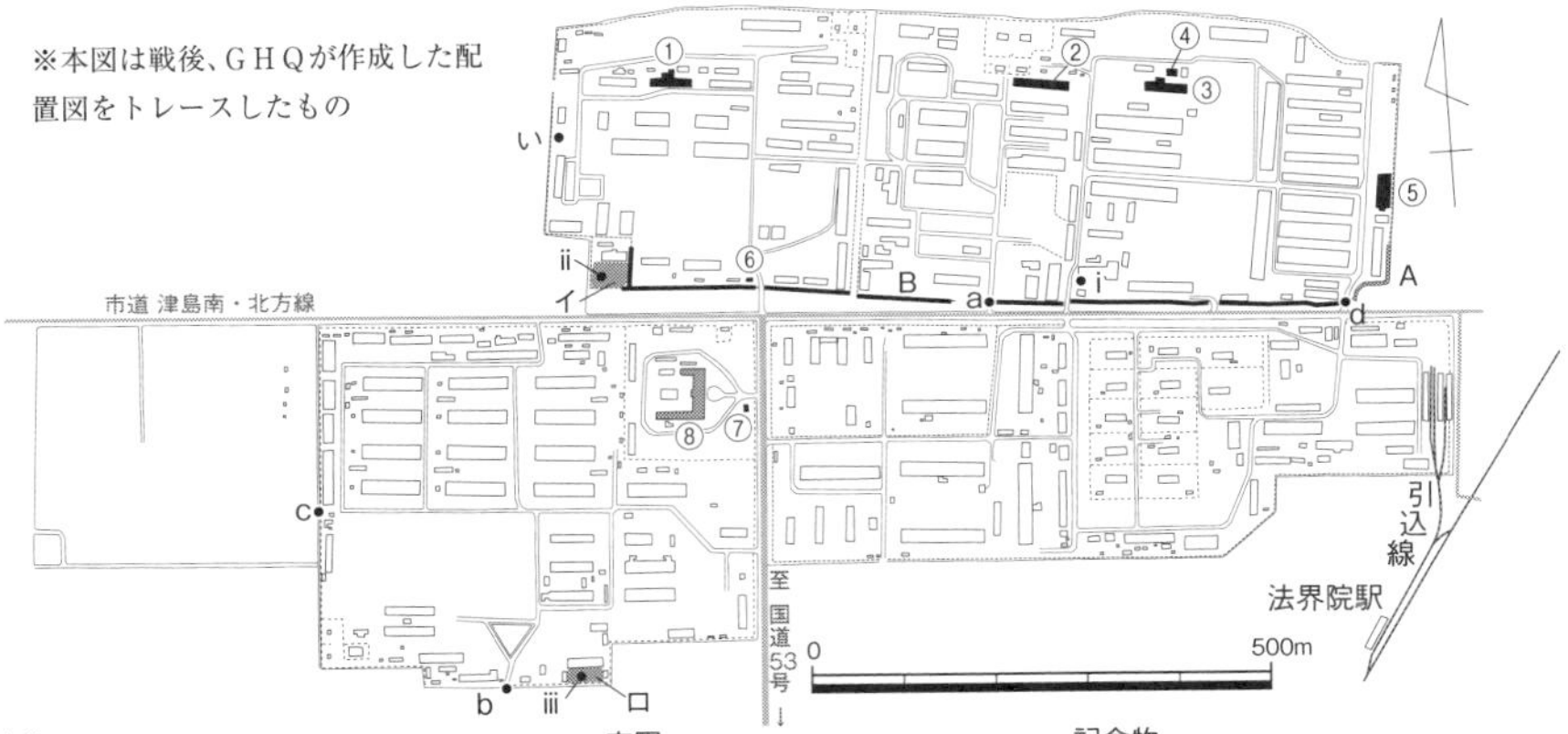

建物
① 工兵隊食堂並浴場
② 広島陸軍兵器補給廠岡山支廠倉庫
③ 広島陸軍兵器補給廠北倉庫炊事場
④ 広島陸軍兵器補給廠岡山支廠衛兵所
⑤ 広島陸軍兵器補給廠北倉庫兵舎
⑥ 工兵隊衛兵所
⑦ 岡山連隊区司令部衛兵所
⑧ 岡山連隊区司令部（移設）

庭園
イ 工兵第十連隊将校集会所庭園
ロ 歩兵第十連隊将校集会所庭園

門
a 山砲兵第二大隊表門
b 歩兵第十連隊表門
c 歩兵第十連隊通用口？
d 広島陸軍兵器補給廠岡山支廠第一通用門

記念物
i 軍人勅諭下賜五十周年記念碑
ii 「日支事変出征記念」石燈籠
iii 「満州事変出征記念」石碑

外周施設
A コンクリート塀
B 土塁

その他
い 工兵第十連隊橋梁演習施設

図１ 第十七師団駐屯地内の施設配置と現存する建物・施設の位置

レンガ造建物（①）

レンガ造建物（③）

司令部（移設）

コンクリート塀

橋梁演習施設

軍人勅諭下賜五十周年記念碑
（左上）正面全景
（右上）砲身部
（下）「軍人勅諭」の精神を刻んだ石板

図２ 岡山大学津島キャンパスにのこる陸軍の建物・施設

記念物は、駐屯していた各部隊や施設が出征等の記念に建立したもので、三基が現存する。前述の庭園には「満州事変出征記念」石碑、「日支事変出征記念」石燈籠が建立されている。大陸での戦争の転機となった二つの事変に岡山の部隊も関わっていたことが刻み込まれている。また、軍人勅諭下賜五十周年記念碑は、岡山兵器支廠の職員が建立した。最上部に砲身を象った石造物をのせるもので、砲身部には「勅諭御下賜五十周年記念」、前面に嵌めこんだ石板には軍人勅諭の精神を示す五か条「忠節・禮儀・武勇・信義・質素」を刻んでいる。

写真1　岡山大学津島キャンパスに残る戦争遺跡

その他の施設として、工兵隊敷地の橋梁演習施設がある。現在、レンガ造りの橋台部分と橋脚二本がのこっている。爆破演習を行ったものと伝えられてきたが、私たちが測量・実測調査を行った際には、爆破痕跡や、爆破によって破壊された残骸は確認されなかった。橋梁の架構演習や橋梁爆破用の火薬設置演習などに用いたと考える方が妥当とみている。

これらの建物や施設のうち、司令部衛兵所のみが国の登録有形文化財となっている。また、その他の建物、軍人勅諭下賜五十周年記念碑、コンクリート塀は岡山県近代化遺産総合調査報告書に記載されている。なお、橋梁演習場については報告書への記載はない。しかし、駐屯地内での演習に使用したとみられる施設がのこされている例は、管見では他になく、全国的にも稀有で貴重な遺構であることを記しておきたい。

建物の老朽化、最新研究や良質の教育環境を整えるための校舎建設などにより、多くの建物や施設が取り壊された。現在では十棟にも満たない建物、門柱・土塁・塀といった外周施設の一部、数基の記念碑等をのこすのみとなっている。誰も気に留めなければ、いずれすべてが失われることになるだろう。
そのような状況におかれていても、現地や実物がもつ力は圧倒的だ。百聞は一見に如かず。岡山大学に、来て、見て、触れて。キャンパスのなかにひっそりとのこる陸軍の痕跡を歩いて巡れば、兵隊として軍事演習や訓練に明け暮れ、死と隣り合わせの戦地へ出征していった若者たちの姿がうかんでくる。そして、知と教育の拠点となった岡山大学で、学び、青春を謳歌する学生たちの姿をみれば、この土地がたどってきた歴史の因果と、自らの心の内に湧きおこる何かを感じられるのではないだろうか。

〔参考文献〕

岡山県教育委員会『岡山県の近代化遺産—岡山県近代化遺産総合調査報告書—』二〇〇五年
西川宏・角田茂「岡山市内に遺る戦争の爪痕」『明日への文化財』三八号、一九九六年
野﨑貴博「津島地区とその周辺の陸軍関連施設について」『岡山大学埋蔵文化財調査研究センター紀要二〇〇五』二〇〇七年
松下孝昭『軍隊を誘致せよ　陸海軍と都市形成』吉川弘文館、二〇一三年
山下洋「第十七師団の岡山誘致運動」『西の軍隊と軍港都市　中国・四国』吉川弘文館、二〇一四年

写真はすべて岡山大学文明動態学研究所文化遺産マネジメント部門提供

長島愛生園と邑久光明園
――「自治」からみたハンセン病――

松岡弘之

はじめに

岡山県瀬戸内市の長島《ながしま》は、東西に伸びた約三平方キロメートルの島である。古代には牛馬の牧とされたこの穏やかな島には、現在長島愛生《あいせい》園と邑久光明《こうみょう》園という二つの国立療養所が置かれている。いずれもハンセン病患者を収容するためのものであったが、戦後有効な治療薬が登場したことで、入所者の病いは治癒し、いまその身体に闘病のあとを残すに過ぎない。

らい菌が引き起こす慢性の感染症であるハンセン病は、皮膚や神経に作用して結節や斑紋、末梢神経の麻痺や身体の変形などの症状をもたらし、失明に至る場合もある。そしてなにより患者や家族は厳しい差別や迫害にさらされた。患者のために設けられたはずの療養所においてさえ、望まぬ隔離、断種・人工妊娠中絶、入所者に対する所長の懲戒検束などの人権侵害が繰り返されていたことは今や広く知られている。らい予防法は一九九六年に廃止され、二〇〇一年には国家賠償請求訴訟熊本地裁判決が一九六〇年代以降の国のハンセン病政策を違憲と断じた。二〇〇八年には「ハンセン病問題の解決の促進に関する法律」が制定されたものの、元患者の家族への差別を認めた二〇一九年のハンセン病家族訴訟判決を受け、取り組みが進められている。

かつての「救癩」の「顕彰」が、一九九〇年代以降批判的「検証」へと大きく旋回するなかで、療養所に勤務した者だけでなく「善意」の支援者など、あらゆる者はその作為・不作為によって誤った政策への関与を厳しく問われた。ハンセン病の歴史は疾病と社会のあり方をめぐる私たちが繰り返してはならない負の側面を強く告発する。

写真１　長島全景（長島愛生園自治会蔵）

その一方、医療と生活が複雑に絡み合う療養所という場では、不断によりよい療養所を求めた入所者の営為があった。長島愛生園・邑久光明園という二つの療養所自治会の困難な歴史に目を凝らせば、ハンセン病問題は私たちが繰り返さないであろう彼岸の歴史ではなく、困難な現状に希望を失うことなく未来を切り開こうとする私たちの歴史でもある。

そのような入所者の自治という側面からハンセン病の歴史を捉えようとする際、長島におかれた二つの療養所はそれぞれに重要な場でもある。ここでは、そうした両園の近代をたどることとしたい。

1　外島保養院——「自治」の起点

近代日本のハンセン病患者はおおむね一万五〇〇〇人前後を推移していたが、患者は在宅療養、小規模な病院への入院、浮浪といったありかたを行き来していたと考えられている。また、草津温泉（群馬県）・本妙寺《ほんみょうじ》（熊本市）といった大規模患者集住地も生まれていた。こうしたなかで困窮患者救護の観点から対策が進められることとなり、一九〇七年法律第一一号により「療養ノ途ヲ有セス且救護者ナキ」（第三条）患者を収容するため、全国五ヶ所に公立療養所が設けられることとなった。

写真２　外島保養院の患者地区（撮影年未詳、邑久光明園蔵）

関西地方を中心とした二府一〇県からなる第三区によって、一九〇九年に大阪府西成郡（現大阪市西淀川区）の臨海部に開設されたのが外島《そとじま》保養院（定員三〇〇）であり、現在の邑久光明園の前身にあたる。この外島保養院は一九三四年九月の室戸台風によって入所者や職員等一八〇名を超える犠牲者を出して壊滅し、一九三八年に長島に移転したのであった。

さて、この外島保養院は、入所者による自治会を最も早い段階で認めた療養所であった。寄る辺なき患者を収容した療養所が、頻発する逃走や所内の秩

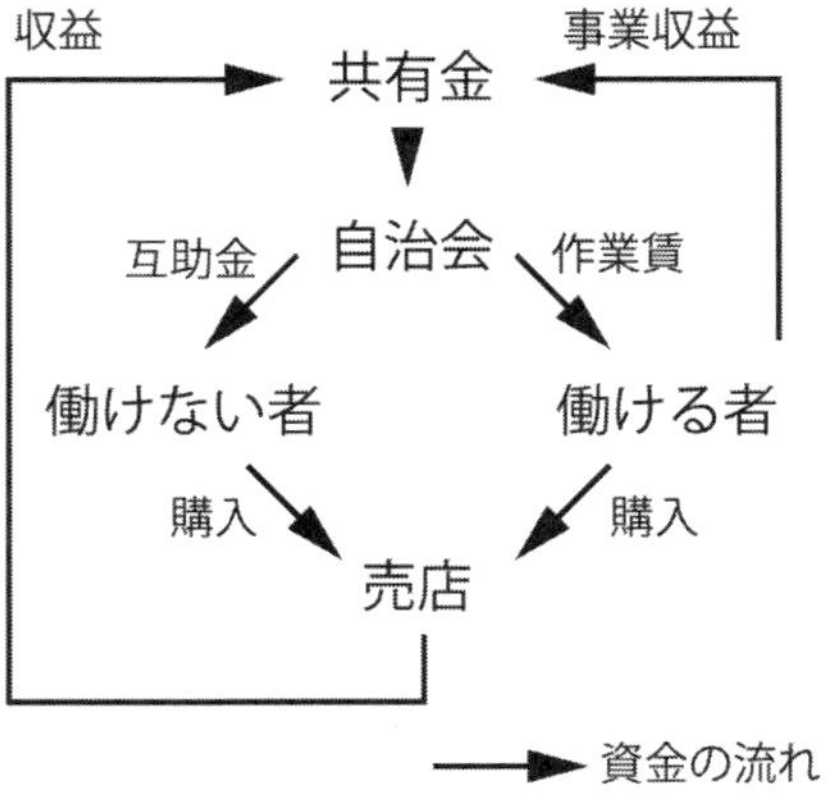

図１　共有金と互助制度

序維持に腐心するなかで、曽根崎警察署長から療養所長に転じた今田虎次郎は、選挙規定を定めて部屋の代表と総代を選出させ、決議事項を院長が認可して実施することとした(1)。もっとも、これは将来患者の隔離拡大を目指すうえでの管理手法という「与えられた自治」としての側面もあった。これに対して、療養所をよりよき場所としようとし、信仰を獲得し博徒と対決していた一部の青年層などが呼応し、青年団を組織して結束を固めながら、入所者自身による課題解決に取り組むようになっていった。また、二代目院長となった村田正太《まさたか》は隔離の強化を訴える一方、入所者の人格を尊重することを表明して逃走防止のために設けていた見張り小屋を撤廃したり、療養所内に学びの場を設けるなどして自治を支援した。入所者は執行委員長のもとに人事部などいくつかの部から構成される執行機関と、評議委員会議長を長とする評議機関を設けて「相愛互助」を理念として熟議を重ねるようになるが、最も大きな論点となったのが入所者間の経済格差の緩和であった。病状の進行により施設内で作業に従事することができなくなった者、家族からの送金が期待できない者に対して、自治会は四貫島《しかんじま》セツルメントから経営権を引き継いだ療養所内の売店を経営したほか、農園の耕作権を回収し園に販売した蔬菜の売上を収益化するなど、さまざまな事業収益を拡大しつつ、各人が得た作業賃を少しずつ拠出し

（1）第三区府県立外島保養院『大正七年度統計年表』一九一九年（藤野豊編『近現代日本ハンセン病問題資料集成』補巻二、不二出版、二〇〇四年所収）

て共有金を蓄積し、これを収入のない者に対して互助的に給付する制度を自らつくりだしたのであった。そこでは作業と互助は密接に連関していた。一九三二年の作業制度改革で賃金体系を見直した際、「一つの社会を構成してゐる以上はどの仕事を以つて神聖なりとは断言出来ないが、先づ附添をもって最も意義ある労働なりとするところは衆の期するところである」(2)として、重症者への付添という肉体的・精神的にも負担の大きい作業を頂点に位置づけた。それは、誰しもが付添に看取られながら亡くなるであろう療養所の現実を踏まえたものであった。こうした理念のもと自治会は給付水準の引き上げを目指していたのである。

外島保養院で学んだある少年は「学問の目的」という作文を残している。ここでは、病みながら学ぶことの意味を疑う大人たちが批判され、「皆千差万別の希望及び目的を心にいだゐて生きているのです。さらば、希望及び目的等を実現するには結局学問の力にあるのです」と訴える。一方、それに続けて「けれども学問ばかりあっても駄目です。血もあり、涙もあり、互いに助け合ってこそ世の中は立って行けん《ママ》のです」とも述べる(3)。療養所で学びや助け合うことの意義を説く少年のことばは、外島保養院における入所者の成長をうかがわせるとともに、その希望のありかを問いかけているといえよう。

こうして外島保養院の自治会は他療養所からも注目をされるなかで、一九三三年八月にはマルクス主義を学ぶ患者らが勢力を拡大して自治会への批判と対立を深めた。これに関与した職員が治安維持法違反によって検挙されたことをきっかけとして入所者間の対立は頂点に達し、約二〇名の患者が村田院長公認のもと脱院するという外島事件が発生した。メディアは「左翼患者廿名夜陰保養院を脱走す、奇怪！院長の許可を得て」(4)などとセンセー

(2)「作業問題に就いて」『外島タイムス』一八号、一九三二年五月

(3) 岸野章「学問の目的」『外島タイムス』一八号、一九三二年五月

(4)『大阪毎日新聞』一九三三年九月三日付

ショナルに報じ、自治を擁護した村田は監督責任を追及されて療養所を去らざるをえなかった。

室戸台風が外島保養院を直撃し、施設そのものを破壊したのは外島事件の翌年のことである。生存者は六ヶ所の療養所に委託されたが、自治会は栗《くり》生《う》楽《らく》泉《せん》園（群馬県）に本部を置き、村田と同様に自治を擁護した原田久作《ひさとも》院長とともに再建に向けた活動に取り組んだ。だが満洲事変後において大阪湾沿岸の重工業化が進むなかで、大阪府会をはじめとしてハンセン病療養所の移転を求める声が高まり、行き場を失った療養所はやむなく第三区の領域を越境するかたちで岡山県の長島に「光明園」として移転復興することとなる。しかも移転直後に院長の原田は「釈然としない事情[5]」から突然辞職を表明し園を去った。だが、約四年におよんだ委託期間中に、長島愛生園では自治を求めた長島事件が勃発し、栗生楽泉園では五日会という入所者団体が結成されるなど、委託先との入所者の交流は外島保養院の「自治」の理念や実践を伝えるものでもあったといえよう。光明園は自治の起点となった療養所だったのである。

写真 3　「外島保養院風水害」より　正門付近に漂着した主事官舎（1934年）（邑久光明園蔵）

（5）　原田久作「退職御挨拶」『楓』一九三八年六月号

2　長島愛生園――「自治」の広がり

内務省は一九二〇年にハンセン病療養所の定員を一九三〇年までに五〇〇〇名に拡張し、うち五〇〇名は国立療養所を新設するという一〇ヶ年計画を策定した。一九二七年に必要経費を盛り込んだ予算が成立したことから、第一区全生病院（東京府、現多磨全生園）の院長であり、日本のハンセン病政策に大きな影響力を与えた光田健輔は、かねてより中・四国地方における療養所適地としていた岡山県邑久郡の長島を推薦し、自らも国立療養所長となって設立準備に奔走した。長島のある邑久郡裳掛《もかけ》村は突然の療養所設置計画に大きく動揺するが、邑久郡出身で外島保養院初代院長であった今田虎次郎による説得などにより、ごく短期間の内に土地買収がなされ、一九三〇年に定員四〇〇名の国立療養所長島愛生園が開設された。

写真 4　長島への水道敷設工事（長島愛生園自治会蔵）

翌一九三一年には一九〇七年法が改正されて癩予防法が制定され、予防上必要と認めるとき「癩患者にして病毒伝播《でんぱ》の虞《おそれ》あるもの」を収容することとなり、患者は警察官署をへず直接療養所に入所することも可能となった。愛生園では医師が各地で積極的な検診活動を行う一方、「十坪《とつぼ》住宅」という寄附住宅の建設が進められ、全国各地から「善意」の資金が寄せられた結果、戦後にかけて約一五〇棟が建設された。一九三一年には癩予防協会が設立され、無らい県運動と呼ばれた患者の発見と入所を促す「啓発」活動などが各地で行われたこととあいまって、一九四〇年時点で療養所入所患者が自宅療養患者を上回るにいたった。

一方、療養所の運営方針から見た場合、光田健輔は入所者による自治には否定的であった。外島保養院自治会が尽力した互助的給付は「死金[6]」であり、自治を容認する外島保養院は「職員が怠慢[7]」と厳しく非難され、療養所の拡張と未入所患者の収容を推進していた。療養所長を家長とし入所者を一大家族にみたて「家族主義」を標榜した光田は、愛生園の開園にあたって第一区全生病院から新療養所の建設に相応しい「開拓患者」を選抜し、円滑な運営を目指した。そして、入所者の居住棟である「舎」の代表からなる舎長会を中核としつつ、入所者による作業、売店などの事業経営といった局面ごとに園長が人事権を行使して入所者を統制しようとした。開拓患者の一部は顧問として舎長会に参加することで、光田の意向に沿うことが期待された。だがこうした統制のあり方は、園が患者の受け入れを急ピッチで進めたことで、困難を来しつつあった。一九三二年八月の時点で、入所者の求める公選制代表の設置を退けつつも、舎長互選による入園者総代の新設を

写真５　開拓患者の到着（長島愛生園自治会蔵）

（6）「外島保養院作業及互助会制度改正実施案ニツイテ」『年史資料』大正四年～昭和七年、長島愛生園神谷書庫蔵。神谷書庫は長島愛生園に精神科医として勤務した神谷美恵子の遺金により一九八一年に設立された書庫で、全国のハンセン病療養所の刊行物を収集・公開している。

（7）大島療養所「第一回療養所協議会状況書」（藤野豊編『近現代日本ハンセン病問題資料集成』戦前編第三巻、不二出版、二〇〇二年所収）

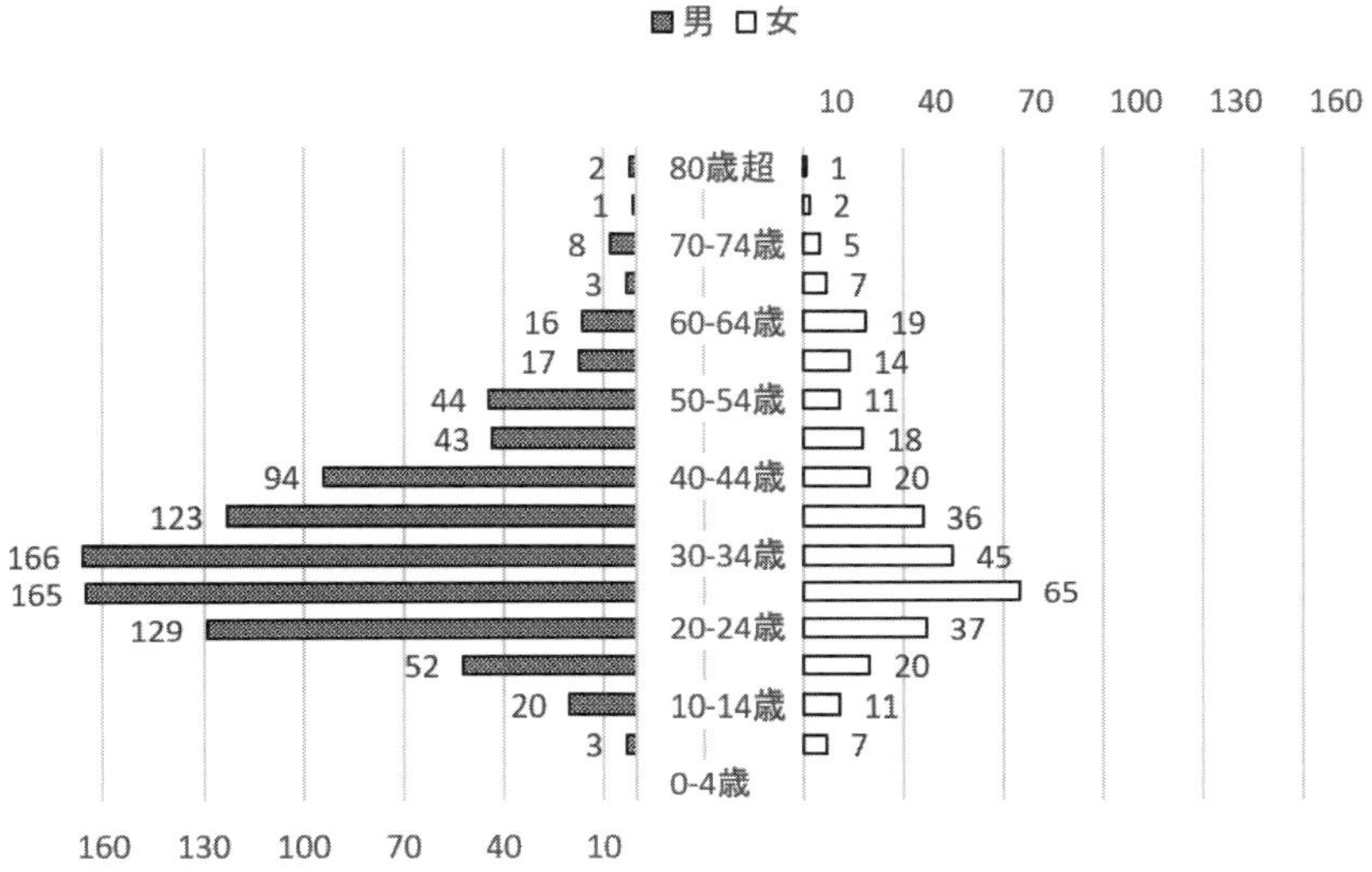

図2　長島愛生園入所者の男女比（1936年末）

園が認めたことは、連絡調整の見直しを園自身が必要としていたことの現れでもあった。だが、代表職の設置は入所者の凝集力を高めることとなり、舎長会は単なる指示の場から入所者と療養所との意見が交錯する場へと変化し、付添を含む作業のあり方や施設整備などさまざまな課題が取り上げられながら、それに応じることができない療養所との間の亀裂を深めていくこととなった。

一九三六年八月に光田ら幹部職員と自治を求めた長島事件は、患者が突如暴発したのではなく、こうしたせめぎ合いの延長上に発生したものであった。患者にとっての楽園であるはずの療養所で患者が蜂起したことは大きな注目を集め、事件は作業放棄やハンガーストライキ、四度にわたる入園者大会をへて、県特高警察課長が仲裁にあたるなかで最終的に自治を認めることで収束した。こうして同年一二月に先行する他園の規約が参考にされながら、執行・評議機関を備えた自助会規約が策定された。ハンセン病政策に大きな影響をもっていた光田のもとで自助会が発足したことは、自治の広がりを象徴するものでもあったといえる。

一方で、事件は愛生園の現状をめぐる入所者間の深刻な対立を浮き彫りにするものでもあった。入園者大会で実行委員となり、園などと交渉にあたった清田将三は第四区大島療養所（香川県、現大島青松園）の友人にあてて事件を次のように振り返る。「従来の家族制度が悪いと云ふ！ではどこが悪いか？自分は思ふ右の問に対してハッキリ自信を持って適確《ママ》明瞭に具体的に答へ得る者が幾人いや果たしてゐるだろうか？（中略）―自分は絶対に信じてゐる事（或は制度）は「家族的自治」である、これには園長殿も心好く同意して呉れると信ずる、たゞ一般への徹底が少し困難だらう―猛虎氷河《暴虎馮河カ》の勇士が多いから―」[8]それは各々の発病から入所、療養所での苛酷な経験を投影したものであった。職員に感謝し事件の激化を嘆く者、「楽天地」の実情を厳しく批判する者、さらにはその間で園の将来を憂慮する者とが入り混じり、激しい闘争をへてようやく生まれた自治を確かなものとすることが大きな課題となった。だが、その修復は容易ではなく、園も作為・不作為のかたちで自治に介入したほか、入所者間の対立が繰り返され、愛生園における自治の軌道は容易に安定しなかった。

（8）「昭和11年菊月以後患者騒擾事件余聞録」長島愛生園蔵（邑久町史編纂委員会編『邑久町史』史料編（下）、瀬戸内市、二〇〇七年所収）。こうした書簡が史料として残るのは、愛生園が通信を検閲していたためでもある。

3　総力戦と療養所

長島愛生園

だが、こうして獲得された自治も戦争のなかで大きな変容を余儀なくされた。

愛生園では、一九三六年一二月に田中文雄（本名は鈴木重雄）が入所し、将来に備えた英語や簿記の学習会を組織するなどして青年層のリーダーとして活躍するようになり、田中はやがて長島事件を経験していないしがらみのなさから役員に推されることとなった。[9] 東京商科大学在学中に発病しリーダーシップを備えた田中は光田や医局スタッフとの間にも信頼関係を構築し、園長の了解を取りつける巧みな交渉術でさまざまな課題に解決の道筋をつけていった。こうして愛生園の自治はようやく安定するかに見えたものの、田中の存在はこれまで入所者の交渉窓口を担ってきた末端職員にとって厄介なものであり、また一部の入所者との対立も深めることとなった。一九四一年一月に木炭配給量をめぐる自治会と末端職員との対立が発生した際、連袂辞職も辞さないとする職員に光田は折れ、田中は妻を園内に残したまま突如追放処分を受けた。その直後の三月に自助会は時局をふまえて自治の「返上」を決議した。

園の望む統制が復活するなかで、田中は一九四一年四月に愛生園に戻った。だが、太平洋戦争が勃発し、職員が応召し配給量がさらに低下するなかで、入所者も食糧増産に取り組むことが求められるようになる。その牽引役として田中を求めた園は過去を詫びて協力

（9）　田中文雄『失われた歳月』上・下、皓星社、二〇〇五年

を乞い、これに応じた田中らは溜池や報国農園、製塩、軍に供出する松根油の採集などあらゆる奉仕に取り組んだ。田中は下意上通を目指した組織の見直しにあたるなど、入所者は生き延びていくための必死の取り組みを続けていたのであった。それでもなお一九四五年中には三〇〇名もの入所者が亡くなり、こうした事態に立ち至ったことを厳しく批判した重症者らが、戦後に新たな患者運動の一角を担うこととなっていく。[10]

写真6　藪池地区の農園作業（撮影年未詳）（邑久光明園蔵）

光明園から邑久光明園へ

一九三八年に光明園が再建されると、外島保養院入所者は委託先から新しい療養所に移り事前の協議に基づいて自治会も再建された。しかし、その歩みはきわめて困難なものとなった。光明園の定員は移転を機に五五〇名から一〇〇〇名へと大きく拡張される一方、施設整備のための奉仕作業が重なった。菓子製造や畜産などの事業も物資の不足により停止を余儀なくされたことで、共有金の蓄積が難しくなり、目先の窮状を凌ぐための取り崩しが続いた。また、作業改革に反対した軽症者の追放処分や、夫婦寮設置の要望が契機となって結婚時断種実施が申し合わされるなど、自治会にとって難しい決断が迫られた。さらには、外島の経験を知らぬまま新たに入所した患者を中心として自治会の存在意義をめぐる認識のすれ違いや、自治を支援してきた古参職員の退職といった事態も自治の基盤を掘り崩しつつあった。

(10)　その一人に第五区連合立九州療養所（現菊池恵楓《けいふう》園）をへて一九四二年に愛生園に入所した森田竹次（一九一〇—一九七七）がいる。森田の足跡については、森田『死にゆく日にそなえて』（森田竹次遺稿集刊行委員会、一九七八年）などを参照のこと。

写真 7　皇紀2600年を祝う人文字（1940年）（邑久光明園蔵）

一九四一年七月には公立療養所が厚生省に移管されることとなった。公立・国立が併存するという療養所の設立主体の統一は長年の課題でもあったが、一九四一年三月の療養所長会議で愛生園は自治会について「国立移管後に於ても斯る制度の存在することは甚だしく統制上不都合なるべく思料せられる[11]」として、改良または解消を要求していた。光明園入所者に対しても療養所の方針が示されないままであったが、六月下旬となって突如国からの指令として自治会の返上が指示されたのであった。外島保養院以来、長らく自治会で役員を務めた阿部礼治はこの知らせに「例へ園政になっても独裁になっても、我等の理想は変らぬ、また変わってはならぬ、今田、村田、原田の三代院長先生達によって指導された外島精神は生命のあらん限り光明園の有らん限の楽園建設のために奉仕せねばならぬ[12]」と歴代院長からの支援に対する感謝とともに、自治を奪われたことやそれに対抗できない光明園のあり方に、無念さを隠さなかったのである。

以上のように、愛生園と光明園は園長が代表を任命する組織により総力戦を乗り越えたというありかたは共通するものの、そこにいたるベクトルは逆向きであった。園が望んだ自治の弱体化は果たされず、園と入所者の協力により戦時期を乗り越えた愛生園に対して、最も早くに自治に取り組み、その成果を誇っていただけに、光明園の後退は重苦しいものでもあった。

(11)　〔官公立癩療養所長会議昭和一六年三月三、四日〕（藤野豊編『近現代日本ハンセン病問題資料集成』戦前編第七巻、不二出版、二〇〇二年所収）

(12)　阿部礼治「自治を回顧して」『楓』一九四一年七月号

おわりに

ひとつの島に置かれた二つの療養所の近代を見てきた。光田健輔という医師の存在が入所者の結束に大きく影響した愛生園と、田中のような突出したリーダーこそなかったにせよ歴代院長の励ましを受けながら粘り強く自治に取り組んだ光明園の自治会の歩みはそれぞれ異なるものであったといえる。

このことは、一九五三年のらい予防法反対闘争においても見られることとなった。化学製剤の登場と社会の民主化に相応しい法改正を求めた入所者の運動は、各療養所での自治会の設立とその連携により戦前のそれからは大きく飛躍するなかで、東京の本部は各療養所自治会に作業放棄を含む実力行使を求めた。そうした状況のなかで、愛生園では、光田健輔を取り込み、その影響力を行使させることで入所者の望む法改正につながるとした穏健派と、従来の政策を厳しく批判する革新派とが激しく衝突した。光明園も実力行使には慎重な姿勢を取り続ける一方で、地域に対して訴えを行うなどして粘り強い運動に取り組んでいた。それは東京の活動

写真8　邑久長島大橋の架橋（1989年）（長島愛生園自治会蔵）

を中心として描かれた華々しい運動史からは位置づけにくい動向ではあるものの、まぎれもなく戦前からの歴史を踏まえたものでもあった。その連続する面と断絶する面を目配りしながら、らい予防法のもとでの入所者のあゆみを解明していくことは大きな課題となる。

もっとも、本章は自治会という入所者の活動の一面を素描したに過ぎず、女性入所者や多様な文化活動（コラム参照）など多くの論点がある。入所者が高齢化するなかで、長島愛生園歴史館・邑久光明園社会交流会館が両園内に整備され、歴史の継承に取り組んでいる。その根拠となる病歴を含む記録の調査・保存と公開のための模索も続いている。そこに記された複雑で多面的な一人一人の物語が歴史のなかに位置づけられたとき、ハンセン病問題は生きることの意味をより深く問いかけるものとなろう。長島はそのための大切な場所なのである。

〔参考文献〕
蘭由岐子『「病いの経験」を聞き取る』（新版）生活書院、二〇一七年
邑久光明園入園者自治会編『風と海のなか』日本文教出版、一九八九年
田中文雄『失われた歳月』（上・下）皓星社、二〇〇五年
長島愛生園入園者自治会編『隔絶の里程』日本文教出版、一九八二年
廣川和花「ハンセン病者の社会史」秋田茂・脇村孝平編『人口と健康の世界史』ミネルヴァ書房、二〇二〇年
藤野豊『日本ファシズムと医療』岩波書店、一九九三年
松岡弘之編『隔離の島に生きる』ふくろう出版、二〇一一年
松岡弘之『ハンセン病療養所と自治の歴史』みすず書房、二〇二〇年
岡山県ハンセン病問題関連史料調査委員会『長島は語る』前編、岡山県、二〇〇七年、『同』後編、同、二〇〇九年
邑久町史編纂委員会『邑久町史』（通史編）瀬戸内市、二〇〇七年

column

長島に生きた石仏の画家　清志初男――

才士真司

穏やかな瀬戸内。煌めく波光を望む、白い建物の一階に、「祈りのギャラリー」というのがある。小さな仏たちの喜怒哀楽を色彩豊かに描く油彩画（図1）を飾る。中に入り、絵を眺めて四、五分もすると、軽トラの弾けるエンジン音に合わせるように画家が現れ、「よー来られたね」と人懐っこい笑顔を向ける。だが、画家の姿はもう長島にない。二〇二〇年八月一一日。洋画家・清志初男は、国立療養所長島愛生園で逝去された。最愛の妻を失って一年。九三歳であった。

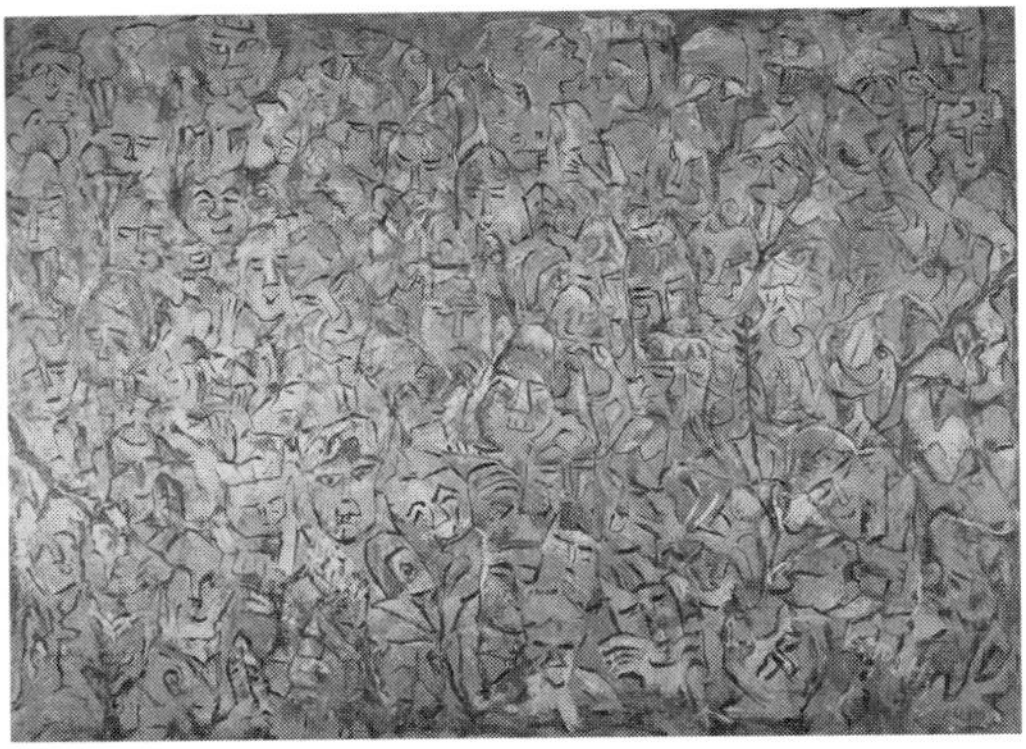

図1　《無題（石仏）》（国立療養所長島愛生園蔵）

奄美出身の清志は第二次世界大戦中、徴用された民間の輸送船に乗船し、南方戦線に赴く。その前線の島で若い兵士が清志に縋りついた。「連れて帰ってくれ」と叫ぶ、自分と変わらない歳の兵士の、痩せ細り、悲壮感だけを纏う身体、表情が、のちの清志の創作に影響した。清志自身は九死に一生を得て帰国したものの、戦後の食糧難に体力を奪われ、ハンセン病を発症。清志は自ら長島に入る。二一歳の頃である。その決断の理由を本人は語らなかったが、戦争が終わったからといってハンセン病患者に向けられた世間の差別意識が変わるはずもなく、すべての発症者を療養所に入所させる強制隔離政策を多くの国民が支持していた。

だが清志は長島に「運命的なものを感じた」と言っていた。それは、清志を乗せた船が機雷に接触し、沈んだ場所に近かったことを指していたが、ここで清志は、芸術表現とも運命的な出会いをする。

長島愛生園にはかつて、入所者による歌舞伎一座「愛生座」があった。ここで小屋の緞帳に絵を描く様子を盗み見た清志は、園にあった美術雑誌を読み漁り、それらに掲載された写真を頼りに、墨と糊化させた米で「油彩画のような作品」を描く。《日没・長島船越港》(口絵参照)だ。この絵が示した清志の創意工夫を、洋画家・青地秀太郎が認めた。清志は青地の指導を受け、県展への入賞二回、奨励賞四回を受賞するなどしたが、誰もが青地のようには清志と接したわけではなかった。どんなに研鑽を重ねても、ハンセン病に対する世間の無理解と清志も無縁ではいられなかった。当時の清志を知る美術批評家の柳生尚志は、「ハンセン病への偏見のため、画家として正しい評価を受けられなかった」と言った。清志自身、ハンセン病回復者に差別的な態度を示す美術団体幹部がいたことを証言している。

清志は一九六〇年頃から生涯の画題、石仏を描き始める。

兵庫県加西市の羅漢寺には、関ヶ原の合戦の頃に造られ始めた羅漢の石仏があり、清志は夜陰に紛れ、船で長島を抜け出しては、羅漢寺を訪ねていたと語っている。

一九六〇年代、「らい予防法」が定めた療養所入所者の外出禁止規定も届出制となるなどしてはいたが、社会はもちろん、世情を意識した療養所の変化は緩やかで、そうした時代に清志は無断で羅漢寺に通い、当時の住職も、そんな清志が寺に寝泊まりし、制作することを許したという。

「親の顔を見たければ北条西の五百羅漢に御座れ」という歌が、羅漢寺には伝えられており、長島からも多くの方が訪ねていたことが愛生園資料に確認できる。柳生は羅漢寺の羅漢像を、「祈りの対象であると同時に羅漢自身が祈っている。作った者たちの祈りの証だ」と語り、清志の描く羅漢もまた、「同様である」とした。だが、石仏のような日本の伝統的画題を油彩で描くことを諌める風潮が、当時あったと、長く岡山の画壇を牽引した画家、福島隆壽は筆者の取材に答えた。実際清志は、ある審査展で作品をただ、「岩だ」と言われ、悔しい思いをしたと語った。二〇一〇年には画壇から離れ、独自の表現を追求する。それは、ハンセン病を枕詞につけたがる世間との戦いでもあった。石仏を来る日も来る日も描き、清志はそれを「仕事」と呼んだ。妻で歌人の加代子は、そんな夫の姿をこう詠んだ。

ひたむきに夫かりたつるはなにならむ　描きし羅漢の数知れずして

やがて清志は、描いた羅漢の上に、様々な青を何層も塗り重ね、深い輝きを内部から放つ《深閑（心眼）》（口絵参照）という作品にたどり着く。これは清志の画業のひとつの到達点であった。だが、一般に清志は無名の画家である。市場に作品が流通しておらず、研究者もいなかった。加えて、制作の様子を非公開とした清志を無断で撮影したカメラマンがおり、以来、報道関係者も遠ざけた。

清志は《深閑》について語る時、必ず次のエピソードを話した。

「夜になると、若い兵隊さんの顔が浮かぶ…」

あの南方の兵士だ。清志は人生で出会った人たちを石仏に描いた。旅先で出会った人。厳しい仕事につく夜の町の女性たち。そして、長島愛生園の人々。

二〇二〇年の夏、清志は筆者にこう話した。

「僕のことはいいんです。十分です。ここ（長島愛生園）の人に本当に良くしてもらった。僕はいい。ただ、絵を残して欲しい。絵だけ…」

二週間後、清志は逝く。遺書には「旅に出ます」とあり、絶筆は羅漢の写実画であった。

祈りのギャラリー　長島愛生園本館一階・午前九時半から午後四時・土日祝休館

〔取材日〕

清志初男氏

二〇一八年九月一一日／長島愛生園内カフェ

二〇一九年九月二五日／長島愛生園清志氏アトリエ

二〇一九年九月二六日／長島愛生園清志氏アトリエ

二〇一九年一〇月一九日／岡山市内（清志氏と愛生園園長、スタッフ数名）

二〇二一年九月一七日／長島愛生園清志氏自室

長島愛生園内清志初男制作アトリエ資料整理

二〇二〇年一二月一一日

羅漢寺訪問取材

二〇二〇年一一月一四日

二〇二一年三月二七日

二〇二一年五月一〇日

田村朋久先生（長島愛生園歴史館主任学芸員）

二〇一九年一〇月一九日／岡山市内飲食店

二〇二〇年一二月一一日／長島愛生園歴史館

二〇二一年一一月　長島愛生園歴史館

柳生尚志先生（美術批評家）

二〇二一年九月一七日／岡山大学附属中央図書館

二〇二二年六月一八日／岡山市内飲食店

福島隆壽先生

二〇二〇年一一月二二日／山陽新聞本社ギャラリー

第3部

生活と産業

ジーンズを履いて、街を歩こう

——藤井大児

はじめに

デニム・ジーンズは、子供から中高年までお馴染みの商品だ。戦後の経済成長とともに育まれ、さらに日本市場の枠を超えて世界的にも知られるようになった。その生産基地としての岡山の存在感、さらにそのリアリティは、本当ならフィールド（現場）に出て、読者に直に感じてもらいたいものだ。経営学者である筆者には、今を生きる人々や企業・団体が研究対象だし、交流と対話は経営理論の深化にとって不可欠な要素だからである。[1]

例えば、政府の近代化産業遺産に指定された社屋の重厚感に、気圧されることがある。インタビュー相手の眉尻に、一瞬の動きを認めてうろたえることもある。街に出て、五感を使って学ぶことの大切さ。そうした思いを込め、まずはジーンズの歴史を、あえて筆者の個人的な視点から描き出してみよう。

（1）今回取材に応じてくださった方々は、以下の通り（取材順）。葛間佑輔氏（クロキ株式会社）、川井眞治氏（日本綿布株式会社代表取締役）、藤井英一氏（有限会社ニイヨンイチ代表取締役）、藤井伸江氏（同社長代理）、鈴木徹也氏（株式会社チャンネル代表取締役）、南　充浩氏（フリージャーナリスト）、古谷武弘氏（株式会社豊和）。

1　ジーンズ小史

そもそもデニムとはフランス語で「南フランス・ニーム地方の」という意味である。ジーンズもイタリア・ジェノバの訛りだそうだが、かつて欧州が繊維産業の中心だった名残だろう。太番手の綿糸を使う。太番手とは、綿繊維を多く使った太くて丈夫な糸のことを指す。これを綾織《あやおり》という斜め方向に伸縮する織り方で作ると、デニム生地となる。インディゴ染料で先染めした経糸《たていと》と、白色の緯糸《よこいと》を二～三本飛ばしに編み込んでいくので、表面が真っ青で裏返すと白っぽくなる。アメリカのゴールド・ラッシュの時期に、この生地を使った丈夫な作業着が大いに流行ったことが、パンツ素材として定着した理由だったようだ。かつて藍染めにした理由は虫除け・毒蛇除けだったらしいが、効果のほどは不明だ。

日本のジーンズ発祥の地は、戦後のアメ横（JR御徒町駅から上野駅の一帯）である。米軍が放出したB品を店先に山積みにして売られたのが、日本初のジーンズである。一九六一年、エドウィンが国産ジーンズを発売したのも「江戸で勝つ」という、これまた戦後らしい話だ。

筆者の亡父は生まれも育ちも北陸の富山県だったが、ハイカラなものが好きだった。彼は、ビートルズやフォークソングが巷にあふれた一九六〇年代の東京で、学生生活を送った。冷戦構造を背景としたヒッピー文化にはジーンズが欠かせないもので、作業服からファッションに脱皮した時期でもあった。幼かった筆者は、よく個人経営のジーンズ・

ショップに連れて行かれたものだ。西部劇のポスター、いかついバックルの革ベルト、スタジャンなどと並んで、パリパリに糊が利いた新品のジーンズが、ところ狭しと積まれていた。

あるタレントが、若い頃いかに真っ新のインディゴ・ブルーを色落ちさせるかで苦心したとテレビで語っていた記憶がある。地方の出の筆者は、新品をわざわざ古く見せるという都会的エスプリを苦々しく感じたものだ。ジーンズを履いたまま風呂に入って、石鹸や軽石で擦っていたとか。

一九八六年、女性ファッション誌のスピンアウトである『メンズ・ノンノ』が創刊された。彼らが流行らせたＤＣブランド（Designers and Characters Brand）と並んで、デニム・ウェアがその表紙を飾った。初代専属モデルだった風間トオルはその後トレンディー・ドラマを賑わせ、特にビンテージ・ジーンズ（特に一九七〇年代以前のリーバイス５０１など）の愛好家としても知られるようになった。この時期は、ヒッピー文化の時代に次ぐ第二次ジーンズ・ブームということができよう。

当時ジーンズを買うのは、カジュアル・ウェアを売る量販店だった。先述の専門店とは異なって比較的大きな売り場面積を誇り、リーバイスやエドウィンなどのナショナル・ブランド（National Brand, NB）の商品が、壁面いっぱいにディスプレイされた新業態だった。筆者は関東圏で主に店舗展開しているジーンズメイトという量販店でアルバイトをした経験がある。デニム生地は分厚いうえに、裾上げするには三つ折りにして縫うので、専用ミシンを使う。これが結構難しくて、ちょっとした職人仕事だった。

すでにウォッシュ加工が施された商品も店頭に並んでいた。現在ではあまり見られないケミカル・ウォッシュなる商品も、当時は結構人気があった。現在ではそれらの加工を総称してダメージ加工と呼ぶ。筆者が岡山大学に着任した二〇〇二年ごろ、市内で加工メーカーの工員がジーパンを一本ずつ手作業で洗剤やら軽石で擦って、ガードレールに並べて干しているのを見たことがある。「案外ローテクなんだな。」加工メーカーはそれぞれに技術を競い合い、倉敷市児島の産業集積が最も得意とする工程であることは、ずいぶん後になって知った。

プレミアム・ジーンズという言葉が登場したのは、一九九〇年代だったろうか。ビンテージ・ジーンズを復刻した商品で、裾《すそ》を裏返した際に縫い目に沿って見える赤やオレンジ色のセルビッジは、シャトル織機(2)と呼ばれる旧型機械で生産した生地の証だ。価格設定も一万数千円と強気だった。

二〇〇〇年前後に、ファッション業界に激震が走る。今でこそ我が国の製造小売業(Specialty Store Retailer of Private Label Apparel, SPA）の代表格であるユニクロも、もともとは個人店舗からカジュアル・ショップに脱皮した企業だった。市場がすっかり成熟し、彼らは「安かろう悪かろう」のイメージもつきまとっていた業態に限界を感じて、後に企画・製造部門を内部化した。目玉商品は一九八〇円のカラフルなフリース・ジャケットや二九八〇円のジーンズ。海外生産ながら、品質的には他社で一万円はする商品と遜色ないとまでいわれた。販売戦略もまた画期的で、従来郊外店が一般的だった店舗を六本木の真ん中に出店し、テレビCMを打ちまくった。

他方で、今でいうセレクト・ショップもピークを迎えつつあった。一九七〇年代半ばに裏原宿の小さな店舗からの創業だったビームスなどが、量産型のナショナル・ブランドで

(2)　シャトル織機は手動の機織り機と同じく、緯糸を木製のシャトルを往復させることで折り込んでいく。シャトルの内側には、糸を巻いた木管をはめ込んで緯糸を供給するので、糸切れした時には自動的に織機が停止し、新たな木管を供給する必要がある。他方、デニム生地用の新型シャトルレス織機はレピア式といい、西洋の刀剣（rapier）のような金具を使って緯糸を一方向に織り込んでいく。糸は大きな糸巻きから供給し、反対側まで緯糸が到達すると切ってしまい、また新たに糸を引っ張ってくる。シンプルな構造で、糸切れの心配が少ない。また一度に二倍幅の生地を高速運転で生産できる。

はなく、国内ではそれほど知られていないラクジュアリなインポート・ブランドを多数取り揃えた新業態だった。当時ビニール製のショッピング・バッグを肩から下げて歩くのが、ファッションに敏感な若者のステータス・シンボルだった。ウールやリネンなど嗜好性の高い素材が、一九九〇年台の円安を背景にして大量に流れ込み、市場の細分化が進んだといえるのかもしれない。ジーンズはアメリカ的なストリート・ファッションというセグメントに封じ込められた感がある。

それでもファッションの世界では必ずといって良いほど、ブームが循環する。規模拡大したセレクト・ショップは大衆化し、店舗拡大の固定費を稼ぐ必要もあったのか、次第にカジュアルで手頃なプチプレ商品を自社開発し始めた。国内外の相手先ブランド名製造(Original Equipment Manufacturing, OEM)メーカーはその下請け生産を担った。ただしそうした工場も、力がつけば下請けの立場に甘んじることない。顧客に企画営業を行ったり、独自ブランドを立ち上げたりもした。例えば「桃太郎ジーンズ」は、一九九二年倉敷市児島で創業した生地メーカー、コレクトが二〇〇六年に立ち上げた独自ブランドだが、その商品の上代は一本二万円を下らない。(3)

2　ジーンズの産地になった理由

岡山がジーンズの産地になったのには、いくつか理由がある。まず瀬戸内海沿岸が綿花の産地であったこと。干拓地の塩分に影響されず、換金作物として優秀な綿花栽培は、江

(3)　他方、近年カジュアルのデフレ傾向が影響して、アパレル業界でのM&Aが活発化している。二〇二二年一月、コレクトは投資ファンド刈田・アンド・カンパニーのグループ企業に八五%の株式譲渡を行った。

戸時代にはすでに行われていた。帯地・袴《はかま》地の加工・生産は明治に入って足袋《たび》に取って代わり、昭和に入ると軍服や学生服が主力商品となった。(4) 地理的に物流には困らないから、大量生産体制の構築にも向いている。分厚く固い生地を裁断したり縫製したりする機械設備も熟練労働力もふんだんにあった。デニム生地の裁断工程は、職人が幾重にも重ねた生地に型紙を置いて、のこぎりを使ってやっていた。絹織物で、こうはいかない。

第二の理由として、岡山に住むものが実感するところでもあるが、気候に恵まれていること。農漁業を営む庶民にとっては、古くから暮らしやすい地域である。岡山大学名誉教授の神立(一九八八)も、次のように記している(ただし、ルビは筆者)。

温暖な気象条件に恵まれ、中国脊梁山地から南に向けて、なだらかな丘陵性の山地と平坦地の連なる岡山県は、古くから豊な農業地帯を形成していた。とくに役肉牛としての黒毛和種牛、藺草《いぐさ》、ハッカ、葉タバコ、除虫菊、近世期は棉《わた》などの特用作物、モモ、ブドウ、などの園芸作物などは全国的に著名であった。また良質の米を多く産出し、県南では小麦など麦類も多く生産された。

農家の生活は比較的豊かだったことが窺い知れ、山深い地域であっても、独立した集落が現在でも数多く点在する。(5) 近世に至るまで日本の中心が西日本だったことを考えれば、気候に恵まれ労働生産性が高かったことが、文化や経済活動を活性化するうえで不可欠だったのだろう。(6)

農家は、農閑期にもなれば綿織物を作るための様々な工程(紡糸、染色、製織など)を賃

(4) 学生服は今でも岡山の主要産業のひとつで、全国シェアで七割を占めるという。

(5) 戦時中岡山県に疎開した横溝正史の世界観を思い出してもらうのも良い。『八つ墓村』の舞台となる県北の旧家の描かれ方など、とても裕福なのだ。

(6) 日本三大絣《かすり》(絞り・先染めの綿糸を用いた庶民向けの柄織物)の産地が、久留米(福岡県)、伊予(愛媛県)、備後(広島県)と比較的温暖な地域なのも無関係ではあるまい。

加工として請け負い、現金収入を得た。いわゆる「家内制手工業」である。問屋（服地製造卸業、英語ではコンバーター（converter）といわれる）の仕事は、農閑期にこうした農家を渡り歩いて設備やその購入資金を貸し付けたり、素材となる綿花や綿糸を供給したりして、出来上がった加工品を買い取って回ることであった。第二次ジーンズ・ブームの時まではまだそうした生産体制がとられていたそうで、農家からはガシャンガシャンというシャトル織機が稼働する音が方々から聞こえたという。またそうした家の庭先には、高級輸入車の一台や二台はあったそうだ。

　第三は、戦後の経済成長と産業構造の「合理化」である。瀬戸内工業地帯が拡充されていく過程で、繊維産業は再編を余儀なくされた。家内制手工業は、大規模工場に生産機能を集約する大量生産方式に代替されていった。若い世代が県南に集中していた工場群に労働者として吸収されていき、「囲い込み運動」[7]のような現象が起こった。それでも悪いことばかりでもなかった。働き者の息子・娘たちからの仕送りによって、農家の家計収入は増えたからである（山下二〇一二）。

　ところが一九七二年、日米繊維交渉と沖縄返還が起こる。佐藤栄作首相は国内の繊維産業を政策的に縮小する決定を行い、「糸（繊維）を売って縄（沖縄）を買った」といわれた。翌年には、円ドルで変動相場性への移行が行われ、日本の戦後復興を支えた保護貿易政策が実質的に終了した。輸出に大打撃を受けた繊維業界は業態変更を余儀なくされ、最悪廃業せざるを得ない者も多数あった。企業にも規模の大小があり、大きな工場はコンバーターのような機能を有し、細々とした注文を中小・零細工場に出すことで供給量を調整していたので、全体としての生産量が減れば、体力のないところが撤退していくことは自然な流

（7）　一六世紀と一八世紀のイギリスで、農村部で起こった現象である。毛織物産業の育成のため、ないしは三圃制からノーフォーク農法（四圃制）という高度集約農業の導入のため行われた。一九世紀には蒸気機関の発明によって毛織物の大量生産が可能になり、都市部に大工場が建設された。また農業生産性の増大によって、農村部でもジョントリと呼ばれる地主階級が台頭した。特に農家の次男坊・三男坊達は、そうした雇用先で賃金労働者として働くようになった。

れといえた。

旧式のシャトル織機から革新織機（シャトルレス織機）への移行もまた、設備投資への負担感から、大手に有利な条件になっていった。遠州（静岡県西部）の織物メーカーのブログでは、かつての様子について、こう書かれている。

…当時の織機は、1台700万円～1200万円もしていたから、遠州織物産地では、他産地と比べて導入は少ない方だったと思います。遠州織物95％は、家内工業で、2～5名程度の社員の構造でしたから、とても高額な織機を買えなかったのです。

この頃は、①廃業していくところ、②新しい織機で、新しい織物を作って販路先を増やす、又は、③変化を望まないシャトルの織物の、3タイプの織物工場に分かれました。[8]

こうして国内の綿布供給の存在感は、多少なりとも縮小を余儀なくされたといえる。備中・井原市でも、以前三〇〇社はあったとされる生地メーカーも、十数社に減少しているという。備前・倉敷市についていえば、ほぼ壊滅状態となった。[9]

しかし最終商品の市場に近い川下の縫製工程の企業は、新市場をすでにアメ横に見出していた。一九六〇年代にはすでに、倉敷市児島でビッグジョンやボブソンの生産が始まった。[10]

アメリカのリーバイス、日本のエドウィンなどと共にNBとしての地位を確立したこれらのメーカーは、量産化のため、総合商社からサプライチェーンの支援を受けたと推察される。また個人経営のジーンズ・ショップから大手のカジュアル・ショップへの流通チャ

（8） 福田織物ホームページhttp://fukudaorimono.jp 閲覧日：二〇二二年六月七日最終アクセス。原文ママ。

（9） かつては岡山市内にも、倉敷紡績の大規模なデニム生地工場が操業していたが、工場立地の整理によって閉鎖された（二〇〇六年）。工場の近代化を早々に進めた彼らは、近隣の家内制手工業の需要を効果的に吸収したであろう。また近年の生産拠点の再編や海外移転によって、結果的にこの地域のデニム生産は行われなくなったと見られる。

（10） 一九四〇年に尾崎小太郎が創業した学生服・作業服などの縫製工場「マルオ被服」は、一九六五年からジーンズの生産を開始する。一九六七年には現社名「ビッグジョン」ブランドを立ち上げ、一九七三年にはクラボウ製のデニム生地を用いた純国産ジーンズの生産が始まった。ボブソンピーチフォートは、一九四五年に尾崎小太郎の弟達が創業した「山尾兄弟会社」、後の山尾被服工業を起源とする。一九六九年に「ボブソン」のブランド名を商標出願、翌年からジーンズの製造・販売を開始した。一九七三年には社名を「ボブソ

ネルの変容、さらに一九八〇年代からの第二次ジーンズ・ブーム以降のダメージ加工やプレミアム・ジーンズの台頭は、それぞれのメーカー・流通業者が独自に打ち立てたマーケティング戦略の賜物だった。

プレミアム・ジーンズは、大量生産一辺倒だった時代、リーバイスが生産性の低いセルビッジ付きデニムの生産規模を縮小する中、多品種少量生産のニーズを掘り起こし、そのコンセプトはアメリカに逆輸出もされた。太番手の糸をシャトル織機でゆっくり堅牢に折り上げたデニム生地は、ヴィンテージの醸し出すノスタルジーを付加価値とし、生産性が低い分、希少性もあった。

ン」に変更した。

3 児島デニムの地域ブランド化

倉敷市児島は、ジーンズの産地としての地域ブランド化が進んでいる。デニム生地の生産拠点とはいえず、備中・井原市（日本綿布・クロキ）や備後・福山市（カイハラ）などの生地メーカーから仕入れたものを用いることが多い。かつて家内制手工業が広く見られたが、現在では、染色・製織工程を一貫生産するメーカーが有力である。最も大規模に経営の近代化が進んでいるのは、広島県福山市に本社を置くカイハラである。その吉舎工場はオートメーション化され、紡績から製織・整理加工まで内部化している。ユニクロなどボリューム・ゾーンの顧客の需要に応えている。

他方、児島は最終製品であるジーンズの企画、縫製、加工などを行う企業が大勢を占め

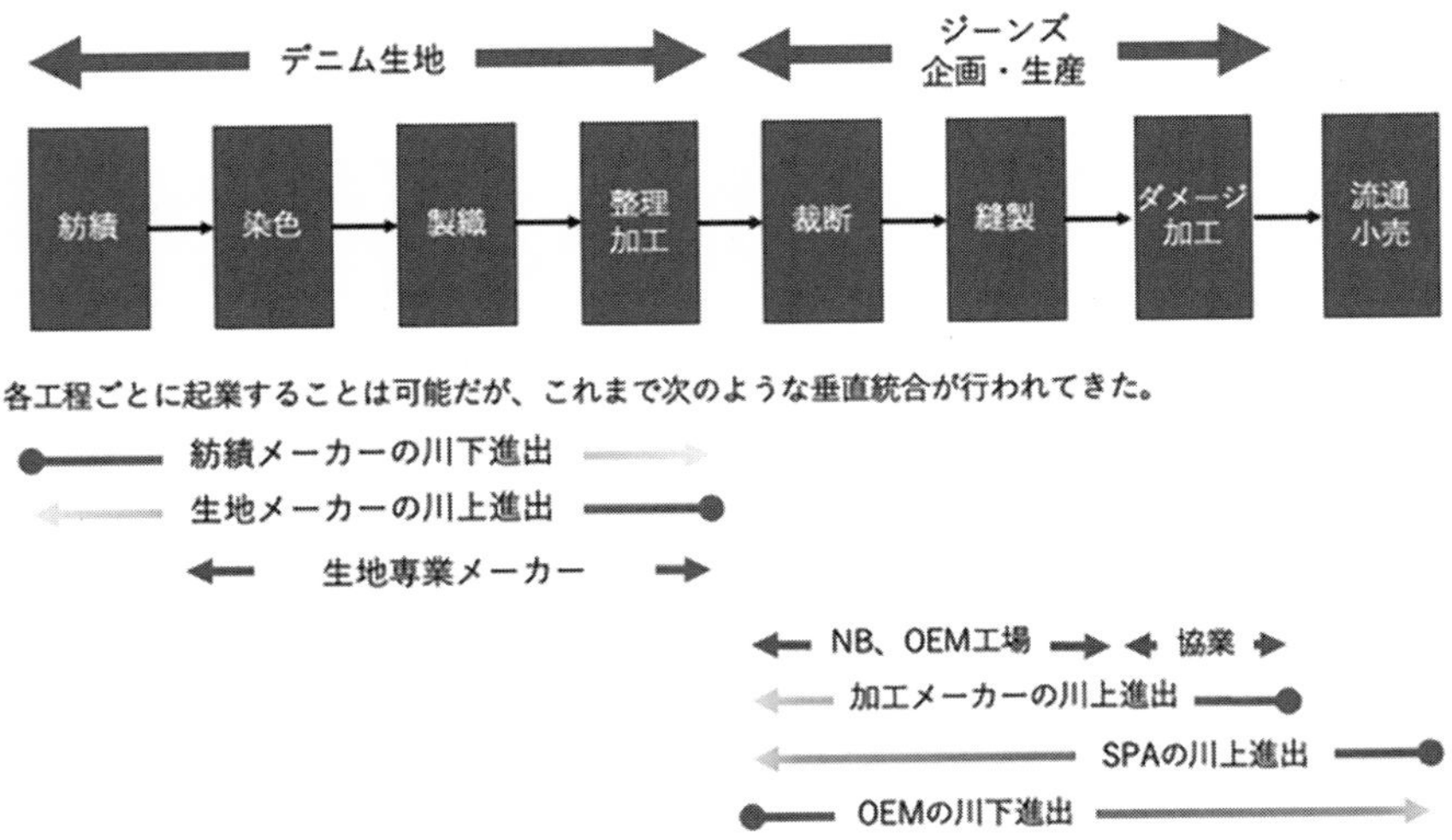

ジーンズの生産工程

る。ジーンズ愛好家向けに毎年「ベストジーニスト賞」を発表している日本ジーンズ協議会も、事務局は児島に本社がある豊和（染色・加工メーカー）となっていて、アパレル業界でも「ジーンズといえば児島」というイメージが確立されている[11]。

ジーンズの生産工程をおさらいすると、図のような流れとなる（詳細は、次節でも触れる）。生地生産、ジーンズ生産、流通と大きく分けて考えると、児島の周辺には、その真ん中の工程が集まっている。裁断や縫製を担う工場はＯＥＭ生産といって、自社ブランドでは販売せず、企画や流通を担うアパレル・メーカーに企画を持ち込んで生産を受注する場合もある。特にジーンズの場合にはダメージ加工[12]という特殊な工程があり、それが児島に集積しているために、企画機能を担うメーカーにはここに立地する

(11) 日本ジーンズ協議会は、従来インチ表示だったジーンズに対して、ＪＩＳサイズ規格に業界全体として対応するために全国から各種企業が参集して一九八一年に設立された。加盟・協賛企業には総合商社、紡績、生地、資材、縫製・加工、量販店、物流の各社も含まれている。

(12) 太番手の綿糸を染色する際、神社のしめ縄のように下拵えした綿糸をインディゴ染料に浸した後、空気にさらして酸化・発色させるという工程を数回繰り返す。こうすることで綿糸の表面だけが藍色に美しく染色されるので、中心部は白いままである。これを「芯白性」と呼び、履き古したジーンズは表面が削れて、独特の白っぽいパターンを浮かび上がらせる理由である。これが付加価値となって、現在ではダメージ加工と呼ばれる。

合理性がある。[13]

豊和など加工メーカーでの最初の試みとして、クリーニング用の巨大な業務用洗濯機の中でウオッシュ加工が行われた。筆者の想像だが、真っ新のジーンズは糊が利いてパリッとしているものの、洗濯すると一サイズ縮んでしまう。消費者からすると「不良品」と見えてしまうために、予め洗ってしまうというアイデアが生まれたのではないか。ちなみに整理加工といって、生地の段階で化学的・物理的に縮ませる工程もあることはある。

さらに洗濯するだけでは、全体的に糊や染料が剥げて褪色するだけである。そこでストーン・ウォッシュといって、洗濯機に軽石を入れて一緒に回すことで生地の表面を削りとる方法が開発された。またより自然なダメージを再現するため、太腿の部分だけ手作業で軽石などで擦るとか、鼠蹊部のシワの部分（白髭という）を裏側に木型を置いて上から擦るなどの工夫が始まった。

この他にも電動ヤスリで削るとか、ブラストといって鉄粉を高速で噴射して表面を削るといった、職人の細かな加工が施される。レーザー加工機で描き込むこともできる。こうした加工技術が最終商品としての顔を決めてしまうので、一人の職人が一日数本しか処理できない場合もあるとか。

一九九〇年代以降、円高を背景に中国などへ生産拠点の海外移転が進んだ。裁断・縫製・洗い加工を行い、日本に輸入するといった工程を踏む機会も増えた。筆者が二〇一〇年の上海万博前後に加工工場を見学した際には、ゴム手袋をしてジーンズをゴシゴシ擦る工員たちの姿があった。他方、国内工場を維持する動きもあった。アーム・ロボットやレーザー加工機の導入によって、コスト競争に対抗している。

（13） ジーンズの生産拠点は瀬戸内沿岸に限定されてはおらず、エドウィンなどは東北方面での生産拠点を擁する。二〇二一年、豊和は秋田にあるエドウィン子会社の閉鎖工場を引き受けた。

4 「産業集積」小論

筆者が様々なジーンズを生み出す児島の産業集積を「自律分散型システム」として眺めた時に、産地内部で企業統治[14]（ガバナンス）の考え方もバラバラであることに気がついた。

例えば単一事業に集中する企業もあれば、多角化して複数事業を並行して行う企業もある。また単一事業を行う場合であっても、原材料の生産から最終商品の流通・販売までのバリューチェーンの中で、複数の企業がどの程度工程間分業を行うのか、自社がどこからどこまでを業務範囲とするかはいろいろあって良い。垂直統合といって、バリューチェーンのほぼ全てを自社で賄うことも可能である。オープンな市場取引を通じた、対等な協力関係に留めることもできる。先の図では、それぞれの工程の専業メーカーが、川上・川下に進出する例も記載している。これはmake or buy（自分で作るか他所から買うか）とも呼ばれ、企業の規模感や他社への影響力に変化をもたらす。

これまでの分析は、産業集積レベルで企業間関係のパターンや包括的な機能連関を明らかにすることがしばしばだった。例えば、愛知県豊田市や茨城県日立市のような企業城下町を想像して貰えば良い。トヨタや日立製作所などの親企業の影響力が強く、二次請・三次請から末端の零細企業に至るまで統率が取り易い。他方で、例えばジーンズなどのアパレル商品は流行の移り変わりが激しいし、生産拠点の中国移転などが急速に進んだ業界だった。ひとつの産地で外部環境にうまく適応し、唯一最適な戦略を導き出すのは容易で

(14)　ここでは企業戦略の文脈で企業統治について説明する。経済学の市場理論では、売り手や買い手はその時々に気に入ったところと取引すれば良いという素朴な自由放任主義が前提となる。しかしそれでは社会はうまく回らないという「市場の失敗」の議論が古くからあり、また企業の側で自律的な秩序形成が行われるという立場もある。ウィリアムソンは「取引費用」経済学の功績によって二〇〇九年にノーベル経済学賞を受賞した。企業統治という言い方も、彼の用語法である。この理論によれば、市場での売買そのものにかかる費用を節約することが、企業間の秩序形成の動機となると考えられている。

はない。したがって、いろんな考え方に基づく企業戦略の多様性こそが、産業集積全体としての生き残りには合理的ということになる。生活の場であり、また仕事の場でもある産地にとって、この環境適応能力が住民らの生命線である。

大小様々な専門メーカーが独自にネットワークを形成し、時にはそれを組み替えながら新商品の開発・生産にあたる。個々の構成メンバーの仕事を、資本関係などを通じてリーダーが強力に取りまとめることがない。それでもなお全体としてうまく統合されており、構成メンバーが地理的に分散しているよりかは高い生産性や開発効率を達成しているかに見える。こうした逆説的ともいえるジーンズ産地の特徴を「自律分散型システム」と呼ぶことができる。

こうした逆説性に挑むことは社会科学の醍醐味のひとつだから、著者もこの産地内の企業統治のあり方を整理してみたことがある（藤井二〇一〇）。結論を先取りすると、市場セグメントの間で売れる商品には必ずタイムラグがある。このラグを産地内でうまく組み合わせることで、消費者の嗜好の変化を取り込みつつ、同時に規模の経済性を追求し、効率的生産を全体として実現する巧妙な仕組みを実現しているというのが、ここでの主張である。

マーケティングの講義で必ず教わる概念に、製品ライフサイクル(15)（Product Life Cycle, PLC）がある。アパレル商品の場合、いかにファッション性が高くとも、それはいつしか陳腐化する。流行の変化が激しい業界では、あっという間に飽和・衰退するかもしれない。しかもどのデザインがヒットするのか、事前に予測もできない。そうなると仕入れや段取りに予め時間もリソースも必要な大量生産体制を構築できず、零細・中小メーカーが限ら

(15)　横軸に時間、縦軸に売上高をとったグラフを作ると、どんな商品にも釣鐘のような緩やかなカーブのグラフを描けるとされる。これを製品ライフサイクルと呼ぶ。新商品が市場に初めて導入される時、関心を示してくれるのは、新しい物好きで趣味性の高さに惹かれるタイプの顧客である。次第に、導入期のイノベーティブな顧客から口コミが広がって、優秀なフォロワーの数が等比級数的に拡大する。やがて価格は低下し、市場は飽和して、ごく一般的な消費者の手に行き渡るが、その頃には初期の顧客たちは次の新商品に目が移っている。ネガティブな口コミが次第に広がり、市場は衰退期を迎える。

れた資金や得意な技能を持ち寄って試行錯誤するしかない。細々とリスクを負いながら、産地内部でネットワークを形成して多数の新商品を企画し、多品種少量生産の体制を構築するのである。ピオレ・セーブル（一九八四）が「柔軟な専門化」と呼んだシステムだ。ただしこの統治の原理だと、産地として持続的発展が危ぶまれると筆者は考える。ダーウィンの進化論よろしく「多様な変異体の創造・市場での選択淘汰」に依存し過ぎると、生活・仕事の場である産地の消耗が激しいからである。大量生産体制が可能であったなら、規格品の薄利多売によってまとまった収益を確保できたはずなのに（ただし、飽和・衰退が待ち受けている）。

瀬戸内周辺のジーンズ生産の体制は、こうした多様な製品展開と大量生産のジレンマを解消できる巧妙な仕組みがある。デニム生地の大量生産の技術は、良い意味でローテクである。世界を股にかけた綿花の買い付けから紡績まで、職人の目利きがものをいう。近年ではオートメーション化が進んだロープ染色機とはいえ、綿糸の色目は染料の配合や浸潤・酸化の時間によって微妙に変化する。製織工程では、わざわざ手がかかるシャトル織機によって、がっしり堅牢な風合いを引き出す。全ての創意工夫が、現場の職人や工員たちの手にかかっているのだ。カイハラのように一見してオートメーション化した近代的大量生産体制であっても、工場における年間の試作品の数は数百を数えるという。こうした柔軟なデニム生地の生産体制によって、児島のジーンズ・メーカーに限らず、日本・世界各国の大小様々なブランドからの受注を可能にしている。ファッション性が高く、上代が数十万円の商品向けもあれば、そうした高価格商品を真似て、数シーズン遅れて普及する一本数千円の商品向けもある。その全てが瀬戸内の限られた地域で生産されるのである。

最終商品であるジーンズは、多品種少量を前提とした企画・生産とならざるを得ない。そのリスクは、どの顧客層をターゲットとするかで変わるが、ボリューム・ゾーンでどのような商品が好まれるかは、それ以前のシーズンですでに高額商品として市場に出ているので、そのニーズはある程度検証済みだし、生産方法もすでに分かっている。一本数十万はする独自仕様のデニム原反を少量購入するよりは、翌シーズンにまとめ買いする方が安く仕入れられる。さらに近隣の主婦たち、街場の若者や技能実習生らがミシンを踏み、軽石や電動ヤスリを握る。それが高額商品でも、また一般的なプチプラ商品でも、最終的な商品の顔を作り込むのは彼らの職人技である。商品としてのバラエティは無限だが、試行錯誤のコストは大きくはない。

おわりに

産地の一人ひとりの顔を思い浮かべれば、消費者がジーンズに支払う代金がどのように循環し、どこに何の対価として落ちてくるかが自然にわかるはずだ。事前に決められた加工契約に従って黙々と働くことなど、変化の激しいこの業界では考えられない。工場で無数に試行錯誤する職人たちの手仕事と、変化し続ける消費者ニーズに立ち向かう企画・営業マンの進取の気性に対し、いかに経済的に報いていけるのか、その企業統治のあり方がジーンズ産地の行く末を支える。

近年、長きにわたるデフレ不況、コロナ禍での需要後退、ウクライナ危機によるインフレ圧力などで、生活に密着したジーンズではあっても、市況は決して良くない。他方で、デニム生地やダメージ加工などで、世界のメガ・ブランドからの受注も増えたという。世界的な生産基地としての地位が確立されたとはいえ、全ての企業が盤石というわけではない。業界の勢力地図は、依然として断続的な押し引きを続けている。今回何年かぶりに街歩きをしてみて、産業集積の柔軟性についての筆者の理論的認識が、さらに深化したように思う。

〔参考文献〕

藤井大児「不確実性下における適応システムの多様性：デニム・ジーンズ産地型集積の事例研究」『日本経営学会誌』第二六巻、二〇一〇年
神立春樹「岡山県にみる戦後農業集落の変貌：「農業集落調査」にもとづく統計的概観」『岡山大学経済学会雑誌』第二〇巻第三号、一九八八年
Piore, M. and C. Sable（1984）*The Second Industrial Divide : Possibility for Prosperity*, Basic Books.（山之内靖 他訳『第二の産業分水嶺』筑摩書房、一九九三年）
山下祐介『限界集落の真実―過疎の村は消えるか？』筑摩書房、二〇一二年

column

酒米からひも解く岡山の酒

市田真紀

酒米「雄町」の来歴と魅力

米と水から造られる日本酒は、地域の風土を象徴する酒として愛されてきた。現在は醸造技術や物流の進歩とともに酒質の向上が著しい半面、アルコール発酵に欠かせない酵母や原料米の開発が各地で活発化しており、地域らしさを反映した酒の価値はますます高まりを見せている。

そんな中、ある意味異彩を放っているのが岡山の酒ではないだろうか。理由は生産量の九割超を岡山県が占める酒米「雄町《おまち》」をひも解くことで見えてくる。

写真1　右から「雄町」「山田錦」「朝日」「アケボノ」。中でも「雄町」は背丈が160㎝以上に達し、見るからにワイルドだ（筆者撮影）。

「雄町」は一八五九（安政六）年、当時の備前《びぜん》国上道《じょうどう》郡高島村字雄町の篤農《とくのう》家・岸本甚造《じんぞう》氏が伯耆《ほうき》大山《だいせん》参拝の帰路に見つけて持ち帰った二本の稲穂に端を発する。「二本草」と名付けられたこの稲は瞬く間に生産者の間で評判が広がり、栽培地が拡大。後に育成地名を冠した「雄町」の名が浸透して現在に至る。一九〇八（明治四一）年には品種の優秀性が認められて県の奨励品種に採用。その後、岡山県立農事試験場で純系淘汰が行われ、晴れて良質な酒造用米として普及した。昭和初期

写真2　岡山県内には「雄町」の発展に尽くした功労者の石碑がある。左：岸本甚造翁碑（岡山市中区雄町）、右：加賀美章翁頌徳之碑（赤磐市町苅田）（筆者撮影）

には吟醸酒の発展に比例して、多くの酒蔵が原料米に「雄町」を使用。同時期に催された清酒品評会でも「雄町」人気は高く、一時は「雄町でないと上位入賞は難しい」と言わしめるほどだったという。

発見から一六〇余年の歴史を持つ「雄町」で特筆すべきは、他の品種との交配が一切行われていない原生種であることだ。収量性や作業性、品質向上を求めた品種改良が盛んな昨今も純血を守り、一〇〇年以上絶えることなく栽培され続けている品種は「雄町」唯一といっても過言ではない。ちなみに岡山で栽培されている飯米の「朝日」も品種間の交配が行われていない。しかも岡山県内の多くの酒蔵にとって「雄町」同様、酒造りに欠かせない原料米でもある。このような県は、全国広しといえ、ほかにないだろう。

加えて「雄町」や「朝日」は岡山県南部で九月上旬に出穂し、十月中~下旬に収穫期を迎える晩生《おくて》品種。品質にすぐれた米を安定的に収穫するには、長期にわたる安定した天候と豊かな日照量が必要となる。つまり、一年を通じて温暖で台風などの風水害が少ない岡山県は、これ以上ない栽培適地なのだ。

しかし「雄町」は栽培が難しいうえに病害虫に弱く、収量も限られる。戦時下においては「食糧管理法」（一九四二年）の影響も受け、作付面積が一時三ヘクタールまで減少。「幻の酒米」と呼ばれる危機にも見舞われた。それでも「雄町」が絶滅の危機を脱し、今に受け継がれてきたのは、「雄町」の唯一無二性に惚れ込み、栽培の維持拡大に尽力した功労者の存在が大きい。一人は赤磐郡軽部《かるべ》村長（現赤磐市）を務めた加賀美章《かがみあきら》氏。大正末期の農村不況の最中、自費を投じて全国の酒造家に酒米としての「雄町」の優秀性をアピールした。もう一人は、利守《としもり》酒造（同市）四代目蔵元の利守忠義《ただよし》氏。「雄町」の作付面積減少に危機感を抱いた氏が農家の所得補償を申し出、栽培復活の道筋をつけたのだ。さらに県内の酒造会社からの強い要望を受けて、作付は再び拡大。こうした波乱万丈の歴史もまた、全国の造り手や「オマチスト」と呼ばれる飲み手を魅了する要因となっている。

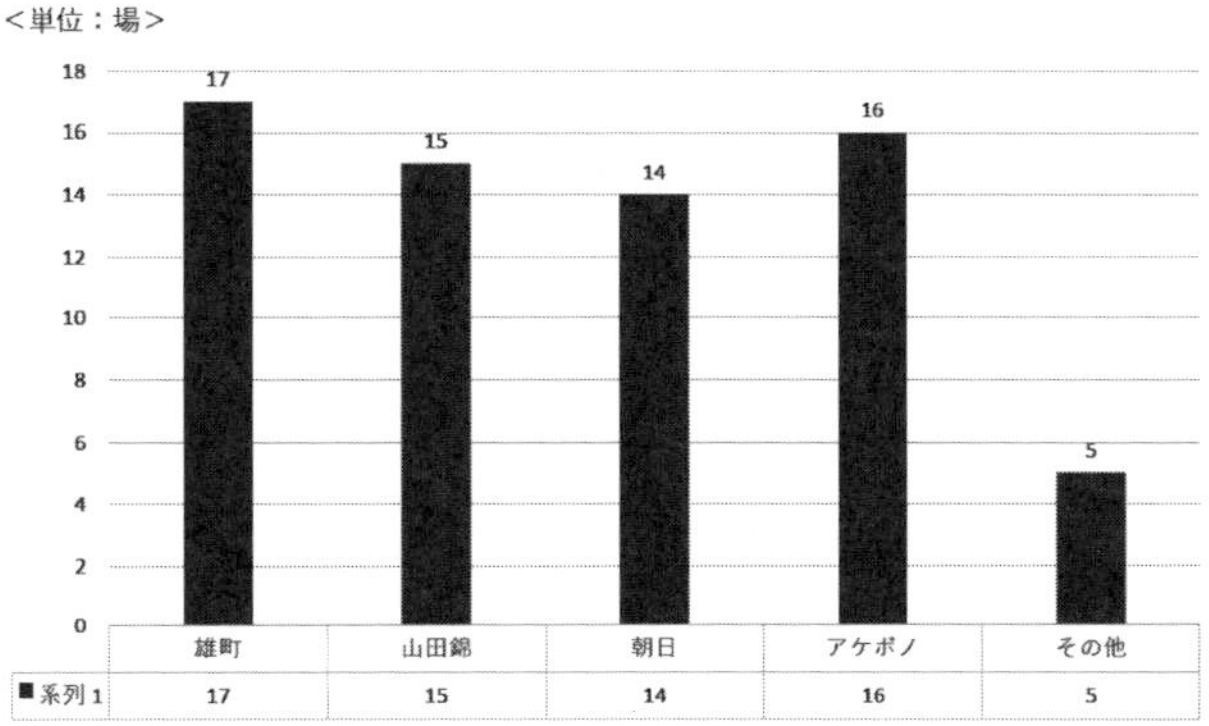

※複数回答

表1　岡山地酒蔵における岡山県産米の使用品種（2022年 筆者調べ）

「雄町」で表現する岡山地酒の味わい

岡山の酒にとって「雄町」は地域を象徴するアイデンティティである。全国の酒蔵では吟醸酒クラス以上の高級酒に使用されることが多いが、岡山では華やかな香味の大吟醸酒から日常的に嗜む純米酒クラスまで多様な味わいを表現してきた。

二〇二二（令和四）年春に岡山県酒造組合の協力を得て筆者が行ったアンケート調査では、回答を得た地酒蔵二〇場のうち一七場が原料米に「雄町」を使用。多くの酒蔵が高級酒からリーズナブルな価格帯の酒まで幅広く展開している実態が浮き彫りになった。中でも「御前《ごぜん》酒《しゅ》」蔵元辻本店（真庭《まにわ》市）は、同酒造年度に「雄町」の使用率一〇〇パーセントを達成する見込みで、名実ともに「全量雄町」を名乗る酒蔵が岡山県から誕生することになる。このほかにも酒造好適米の「山田錦」をはじめ、飯米の「朝日」や「アケボノ」といった酒造適性の高い県産米が数ある中、「雄町」一本で勝負に出るところに発祥地としての誇りや覚悟を感じずにはいられない。

そんな「雄町」の酒の魅力といえば、独特の力強さや野性味にあると感じている。その一方、蔵でひと夏大切に寝かせることで生まれるコクと深みも素晴らしい。熟成や燗で味がさらに開くのも「雄町」ならでは。造り手にとっては扱いが難しく「杜氏泣かせの米」とも言われるが、納得のいく酒が醸せたときの達成感は格別だという。

純米大吟醸「赤磐雄町《あかいわおまち》」（利守酒造＝赤磐市）は、王道の味わいにあらわれる深いコクに「雄町」復活を果たした蔵元のプライドを感じる。辻本店が古《いにしえ》の製法「菩提酛《ぼだいもと》」で醸す「雄町」の酒では、モダンな酒質から飲み飽きしない味わいまで多彩な世界観を堪能することができる。

倉敷市の菊池酒造は「奇跡のりんご」で知られる木村秋則氏指導のもと、肥料、農薬、除草剤を使わず育てられた自然栽培米「雄町」を原料米に使用。フルーティーな味わいの酒や幅広い温度帯で楽しめる酒を醸してオリジナリティを追求する。赤磐市の室町酒造が手掛ける「室町時代」や「備前幻《びぜんまぼろし》」は、国内だけでなく海外の品評会でも評価が高い。さらに、宮下酒造（岡山市）は「雄町」発祥の地で栽培されるブランド米「高島雄町」にこだわった酒造りで、香りと味わいに品格をもたせている。ほかにも多くの酒蔵では「雄町」の持ち味を引き出すこだわりの製法で個性豊かな味わいを表現している。岡山を訪れる折はぜひ「雄町」ゆかりの地や酒蔵を訪れ、岡山地酒の魅力に触れてほしい。

ちなみに、おすすめの訪問時期は九月初旬。この時期の「雄町」の田んぼは、穂先に伸びる「芒《のぎ》」がキラキラと輝き、まるでシルクの絨毯のごとく美しい。空に向かってまっすぐに伸びた稲の丈は一

写真3　酒米「雄町」の圃場が広がる岡山県赤磐市赤坂地区（2021年9月筆者撮影）

六〇センチ前後にも及び、堂々たる立ち姿である。さらに、収穫期にかけて籾《もみ》が充実し穂がずっしりと垂れ下がるさまは、驚くほどダイナミック。年に一度この時期しか見ることができない絶景。一見の価値ありだ。

〔参考文献〕

岡山県酒造好適米格差金制度一〇周年記念会編『酒米の岡山』一九六二年
岡山県米麦改良協会編『岡山の米 百年のあゆみ』岡山県、一九六九年
『ワインと食とSakeとヴィノテーク』二〇一七.六
岡山県酒造組合ホームページ http://www.okasake.com/二〇二二年七月三一日アクセス
秋山裕一『吟醸造りと品評会の歴史から（その2）』日本醸造協会誌、一九九九年
公益社団法人 米穀安定供給確保支援機構 情報部『日本の在来種とその現状』二〇一九年
小出巌、西原礼之助『岡山の酒』岡山文庫、一九六九年

岡山の産業と物流

津守貴之

はじめに

本章では岡山県の産業の特徴とその変遷を物流活動の側面から考察する。物流が持つ主要な機能の一つは空間的に離れた生産と消費の場、あるいはその間の様々な生産工程をつなぐことである。そのため物流活動を見ることによって産業の空間的配置とその変容を検討することができる。本章では、日本国内で産業集積が進展した時期と、グローバル化が進み、国内産業集積が希薄化している時期にわけて変化を見る。まず高度成長期が始まる前の一九五五年とそれが終わる一九七二年から、急激な円高が始まる前の一九八四年までを日本全体で産業集積が進む時期とし、この時期の岡山県の製造業の集積とその特徴を見る。その後のグローバル化はヒト、モノ、カネ、情報、そしてこれらを使う企業の空間的な移動性を劇的に向上させた。それは産業集積のあり方も大きく変化させ、地域間の経済的なつながりも国境を越えたインターローカル・ネットワークという形で展開している。

そこでバブル崩壊後の一九九四年、リーマン・ショックの前の二〇〇五年、そして現代の二〇一九年というグローバル化が進展した時期にそれまでの岡山県の製造業の集積がどのように変化しつつあるのか、そして今後の課題は何かを考察する。

1　岡山県の産業構造とその変遷

岡山県の産業構造の変化

① 農業県から製造業集積県への変貌

岡山県は一九五五年には県内総生産の四分の一を農業が占めており、日本の国民総生産に占める農業の構成比よりもかなり高い数字を示す農業県であった。一方で製造業も一九五五年にはすでに全国平均を上回っていた。

ところが一九七二年の数字を見ると岡山県の農業は金額は二倍になっているが、県内総生産に占めるその構成比は四・九%と大きく低下している。その後、岡山県の農業の構成比は低下し、さらに一九九四年以降は生産額も減少している（表1）。

それに対して製造業は金額ベースで一九七二年には一九五五年の一五倍、一九八四年には一九七二年の三倍弱と増加し、その構成比も一九五五年の二七・九%から一九七二年の三八・二%に上昇している。ただしその後は構成比は低下傾向を見せており、金額ベースでもその伸びが鈍化している。

表1　岡山県の産業構成の変化（単位：億円／%　※名目値）

		1955年	1972年	1984年	1994年	2005年	2019年
県内総生産額		1433	16124	47843	71835	73921	78425
農林水産業	金額	345	788	1150	1029	676	664
	構成比	24.1	4.9	2.4	1.4	0.9	0.8
日本	構成比	13.8	3.8	3.0	1.6	0.9	0.9
製造業	金額	400	6155	17523	25380	21713	22427
	構成比	27.9	38.2	36.6	35.3	29.4	28.6
日本	構成比	25.4	30.8	29.0	23.5	21.4	20.1

出所：経済産業省『経済活動別県内総生産（名目）』各年版より作成。

表 2　岡山県の製造業の変遷（単位：億円／％）

	1955年	1972年	1984年	1994年	2005年	2019年
製造品出荷額合計	11545	17418	63975	67954	72956	77041
食料品製造業	1987(17.2)	1593(9.1)	4960(7.8)	3464(5.1)	3623((5.0)	5503(7.1)
繊維工業（衣類等を含む）	1399(12.1)	2055 (11.8)	4707(7.4)	4397(6.5)	2502(3.4)	2317(3.0)
化学工業	151(1.3)	3033(17.4)	11264(17.6)	8549(12.3)	10280(14.1)	11018(14.3)
石油製品、石炭製品製造業	2(0.02)	2300(13.2)	1103017.2)	7240(10.7)	12267(16.8)	12071(15.7)
鉄鋼業	5(0.4)	2429(13.9)	7728(12.1)	7282(10.7)	9477(13.0)	9562(12.4)
電気機械器具製造業	2(0.02)	295(1.7)	5402(8.4)	5611(8.3)	6796(9.4)	4794(6.2)
輸送用機械器具製造業	1134(9.8)	2049(11.8)	8529(13.3)	13162(19.4)	10417(14.3)	10048(13.0)

註）電気機械器具等製造業には現在の工業統計表の分類の「電気機械器具製造業」と「電子部品・デバイス・電子回路製造業」が含まれている。
出所：経済産業省『工業統計表』各年版より作成。

② 素材型工業の集積とその後の加工組立型・部品産業の集積

岡山県の製造業の業種別での出荷額の変遷を見よう（表2）、一九五五年では食料品製造業や繊維工業、輸送用機械器具製造業が主要な製造業であった。これらの産業は第二次世界大戦以前から岡山県に見られたものである。これは農業が盛んであったため、農機メーカーが複数創業していたこと、農閑期に農業従事者が縫製作業に携わりアパレルメーカーが数多く立地していること、縫製作業あるいは臨海部のイグサ栽培地の畳表・ゴザ製品生産のための織機メーカーも創業していたこと等、農業との関連で製造業が創出されていったという経緯がある。それに加えて臨海部では造船業が発達していった。

その後、一九七〇年代から八〇年代前半まで岡山県の製造業出荷額総額を大きく増加させたのが化学工業や石油製品製造業、鉄鋼業等の素材産業および自動車産業や造船業であった。これらの製造業も紡績業への素材供給等、それまでの産業との連続性の中で発展してきたものが含まれている。一九八四年以降は電気機械関係の製造業が発展する。しかし二〇一九年の数字を見ると岡山県の製造業出荷額全体は微増であり、一九七〇年代以降に定着した主力製造業は全て横ばいか後退している。

岡山県への製造業の定着の背景＝工業地帯・団地とそれをつなぐ輸送ルートの整備

次に岡山県への製造業の集積状況とその背景を臨海部と内陸部に分けて見てみよう。前者は倉敷市を、後者は津山市と新見市を具体的事例として取り上げる。

① 臨海工業地帯の発展

臨海部では高度経済成長に先立つ一九五〇年代前半に水島臨海工業地帯の整備が始まる。水島地区の海岸沿いの低湿地が埋め立てられ、そこが工業用地として整備されていった。そしてここに鉄鋼や石油・化学工業等を中心とした素材産業の工場が立地するとともに、これらの素材を使った自動車・自動車部品産業や造船業が定着・拡大していった。

倉敷市の製造業の中核は一九五五年時点では繊維工業と食料品製造業であり、これら二つで倉敷市の製造業出荷額の四分の三を占めていた。それが一九七二年以降になると化学工業、石油製品製造業、鉄鋼業といった素材工業が七割を占めるようになる。また倉敷市は岡山県の製造業出荷額の半分を占めており、石油製品製造業はそのほとんど、鉄鋼業も九割、化学工業は六割と、倉敷市の製造業が岡山県の製造業の成長の牽引力であったことがわかる。なお倉敷市の輸送用機械器具製造業は自動車産業であり、これは戦前から立地していた航空機製造工場を出自とするものである。ただしこれら主力工業および製造業出荷額全体は、前述した岡山県全体の状況と同様に一九八四年以降、横ばい状態となっている（表3）。

表 3　倉敷市の製造業の特徴（単位：億円、％）

	1955年	1972年	1984年	1994年	2005年	2019年
製造品出荷額合計	728 *6.3%	9788 *56.2%	37204 *58.2%	33816 *49.8%	39440 *54.1%	38766 *50.3%
食料品製造業	162(22.3)	492(5.0)	1116(3.0)	709(2.1)	671(1.7)	893(2.3)
繊維工業	379(52.1)	1001(10.2)	2138(5.7)	1970(5.8)	1390(3.3)	1211(3.1)
化学工業	122(16.8) *81.3%	2202(22.5) *72.6%	9378(25.2) *83.3%	5687(16.8) *66.5%	7062(17.9) *68.7%	7229(18.6) *65.6%
石油製品、石炭製品製造業	1(0.1) *50.0%	2289(23.4) *99.5%	10964(29.5) *99.4%	7162(21.2) *98.9%	12181(30.9) *99.3%	11965(30.8) *99.1%
鉄鋼業	1(0.1) *20%	2257(23.1) *92.9%	6914(18.6) *89.5%	6575(19.4) *90.3%	8568(21.7) *90.4%	8712(22.5) *91.1%
輸送用機械器具製造業	93(12.8) *7.2%	925(9.5) *45.1%	5207(14.0) *61.1%	8884(26.3) *67.5%	6710(17.0) *64.4%	5169(13.3) *51.4%

註1) () 内はその都市の総出荷額に占める当該製造業出荷額の割合
註2) ＊印は岡山県内当該製造業出荷額全体に占める出荷額の割合
出所：表2に同じ。

②　高速道路網と内陸工業団地の整備

一方、内陸では中国地方を東西に走る中国縦貫道等の高速道路網の整備によってこれら高速道路のインターチェンジやジャンクション近辺に工業団体が整備され、そこに製造業が進出していった。中国縦貫道は一九七〇年に吹田市起点で供用が開始され、その後、一九八三年に下関市まで全線が開通するまでの間に、一九七四年に津山インターチェンジが、一九七六年には真庭パーキングエリアが、一九七八年には新見ジャンクションが整備されるといったように、大阪発で東から徐々に延伸されていった。

津山市と新見市は一九八〇年代に入って製造業の出荷額が大幅に増えた。そして繊維工業や木材・木製品加工業等の伝統的な製造業が衰退している一方で、金属製品製造業、機械器具製造業や電気機械器具製造業、食料品製造業、金属製品製造業が定着し、製造業の中核になっている。これらの製造業で必要と

表 4　内陸部主要都市の製造業集積の変化（単位：億円、%）

		1955年	1972年	1984年	1994年	2005年	2019年
津山市	製造品出荷額合計	53(100.0)	335(100.0)	1606(100.0)	1823(100.0)	2025(100.0)	2053(100.0)
	食料品製造業	10(18.9)	46(13.7)	186(11.6)	167(9.2)	388(19.2)	299(14.5)
	繊維工業	12(22.6)	53(15.8)	121(7.5)	99(5.4)	34(1.7)	69(3.4)
	木材・木製品加工業（含家具）	12(22.6)	41(12.2)	57(3.5)	72(3.9)	71(3.5)	224(10.9)
	金属製品製造業	0(0.0)	8(2.4)	127(7.9)	163(8.9)	143(7.1)	211(10.3)
	一般機械器具製造業	1(1.9)	-	120(7.5)	201(11.0)	232(11.5)	393(19.2)
	電気機械器具等製造業	0(0.0)	79(23.6)	761(47.4)	776(42.6)	852(42.0)	565(27.5)
新見市	製造品出荷額合計	25(100.0)	94(100.0)	371(100.0)	440(100.0)	696(100.0)	977(100.0)
	食料品製造業	2(8.0)	2(2.1)	33(8.9)	57(13.0)	76(10.9)	106(10.9)
	繊維工業	-	9(9.6)	18(4.9)	11(2.5)	6(0.9)	2(0.2)
	木材・木製品製造業（除家具）	2(8.0)	12(12.8)	22(5.9)	16(3.6)	4(0.6)	3(0.3)
	窯業・土石製品製造業	19(76.0)	60(63.8)	140(37.7)	145(33.0)	145(20.8)	224(22.9)
	一般機械器具製造業	-	-	18(4.9)	19(4.3)	11(1.6)	-
	金属製品製造業	-	1(1.1)	-	16(3.6)	42(6.0)	-
	電気機械器具製造業	0(0.0)	-	112(30.2)	137(31.1)	287(41.2)	488(49.9)

註）電気機械器具等製造業には現在の工業統計表の分類の「電気機械器具製造業」と「電子部品・デバイス・電子回路製造業」が含まれている。また一般機械器具製造業にははん用・製造用機械器具製造業と生産用機械器具製造業が含まれている。
出所：表2に同じ。

される部品や素材あるいは生産された商品はかさばらず、重いものではないためトラックで運ぶことができる。またそのほとんどが大量の水を使うことから水が豊富な地域が立地点として選好される。これらのことから岡山県の内陸部が立地点として選ばれてきた（表4）。

一九七二年や一九八四年に出荷額が記載されていない業種は出荷額が極めて少ない業種である。その後、出荷額が記載されるようになったのはそこに工場が新設されたからである。逆に二〇一九年統計に出荷額が示されなくなった業種は事業者数がごく少数に減少したためであり、事業者が廃業あるいは撤退したことの反映と解釈することができる。

③　岡山県産業の特徴―生産現場の担い手地域

岡山県は当初は農業が産業の主軸の一つであり、また食料品製造業や繊維工業等の軽工業が製造業の中心であった。それに加えて臨海部では戦前から航空機製造工場（戦後、自動車工場として再生）や造船所が存在し、これらが岡山県の製造業比率の高さの背景となっていた。その後、高度成長期を通して臨海部では重化学工業が、内陸部では食料品製造業の拡大に加えて電気関係、金属加工関係の製造業が発展してきた。

一方でこれらの産業を担う企業の多くが東京や大阪といった大都市に本社を持つ。特に内陸部に立地している業種は大阪に本社を持つメーカーの分工場が高速道路網と工業団地の整備によって進出してきたものが多い。中山間地域の農閑期の豊富な労働力と水資源に引き寄せられる形でこれら大都市圏のメーカーの工場が移転してきたのである。しかし二〇一九年には電気関係、機械関係、金属関係の製造業の出荷額が減少している。これはこれら企業が東アジアに工場を移転させたり、東アジア企業との競争激化によって撤退したりしたことによる。

2　岡山県の物流機能の特徴とその変容および課題

海上輸送機能と内陸輸送機能の集積

次に岡山県の物流機能の特徴を確認してみよう。岡山県の海の玄関口は倉敷市の素材産業を支える水島港である。そのためここでは水島港の物流活動を概観する。なお輸出入は国境を越えた輸送、移出入は国内他地域との輸送のことである。

①　国内外での海上輸送の動向

水島港の輸移出入量の推移を見ると（表5）、臨海工業地帯が形成される前の一九五五年にはほとんど海上貨物は取り扱われていなかったが、臨海工業地帯とそれの海上窓口である専用埠頭の整備が一定程度進んだ一九七二年以降、二〇〇五年まで安定的に増加してきた。しかし二〇一九年には輸入量と移出量を大きく減少させている一方で輸出量は増えている。これらの変化は先に見た倉敷市の製造業出荷額の推移と連動している。また一九八四年以降、移出量が減少傾向にあることおよび輸出量が二〇〇五年以降増加しているということは、水島臨海工業地帯が国内の他の地域に製品を供給する役割を低下させ、反対に海外への供給を増やしているということである。

次にこの状況をより詳しく一九八四年と二〇一九年の主要取扱品目を見ることで確認してみよう。表6からわかることは、①輸入が圧倒的に多く、その多くが原燃料（鉄鉱石、石油、石炭、石灰石等）であること、ただし輸入量は減少か横ばい状態であること、これらは水島臨海工業地帯の石油化学工業や鉄鋼業向けである、②移出と輸出を比較すると、一九八四年は前者が後者の八倍であったが二〇一九年には二倍になっていること、移出は国内の他の生産拠点に素材を海上輸送で提供していることを示しており、その内容は石油製品、鉄鋼製品、化学薬品と完成自動車で八割以上となっていること、③一方で石油製品、鉄鋼製品、化学薬品、自動車部品に関しては国内外の生産拠点の間で輸移出入しており、これら生産拠点間で水平分業関係を持つこと、である。

表5　水島港の貨物取扱量の推移（単位：万トン）

		1955年	1972年	1984年	1994年	2005年	2019年
総計		61	7627	9360	9427	10206	8057
	輸出量	0	156	466	408	790	952
	輸入量	0	3627	4070	4624	5292	4049
	移出量	26	2751	3309	3216	2854	1856
	移入量	35	1093	1515	1179	1269	1200

出所：国土交通省『港湾統計』各年版より作成。

表6　水島港の主要品目輸移出入状況（2019年、単位：万トン、％）

	輸出		輸入		移出		移入	
	1984年	2019年	1984年	2019年	1984年	2019年	1984年	2019年
総量	466(100.0)	952(100.0)	4070(100.0)	4049(100.0)	3309(100.0)	1856(100.0)	1515(100.0)	1200(100.0)
原油	0(0.0)	0(0.0)	1421(34.9)	1101(27.2)	12(0.4)	0(0.0)	38(2.5)	323(26.9)
重油	0(0.0)	17(1.8)	55(1.4)	12(0.3)	382(11.5)	243(13.1)	134(8.8)	139(11.6)
揮発油	-	3(0.3)	-	151(3.7)	-	96(5.2)	-	5(0.4)
その他の石油	6(1.3)	154(16.2)	161(4.0)	13(0.3)	925(30.0)	532(28.7)	170(11.2)	68(5.7)
鉄鋼・鋼材	219(47.0)	274(28.8)	34(0.8)	36(0.9)	716(21.6)	397(21.4)	71(4.7)	62(5.2)
鉄鉱石	0(0.0)	0(0.0)	1182(29.0)	1322(32.7)	0(0.0)	0(0.0)	19(1.3)	0(0.0)
石炭	0(0.0)	0(0.0)	718(17.6)	702(17.3)	0(0.0)	0(0.0)	38(2.5)	67(5.6)
石灰石	0(0.0)	0(0.0)	0(0.0)	272(6.7)	3(0.0)	0(0.0)	160(10.6)	124(10.3)
化学薬品	12(2.6)	127(13.3)	9(0.2)	61(1.5)	196(5.9)	179(9.6)	84(5.5)	135(11.3)
完成自動車	215(46.1)	98(10.3)	1(0.0)	0(0.0)	208(6.3)	99(5.3)	5(0.3)	110(9.2)
自動車部品	-	4(0.4)	-	6(0.1)	-	3(0.2)	-	2(0.2)
穀類	0(0.0)	0(0.0)	204(5.0)	234(5.8)	80(2.4)	29(1.6)	3(0.2)	13(1.1)

出所：表5に同じ。

前述したように、倉敷市には素材産業が集積している。素材産業は大量の原燃料を必要とし、また大量かつ重量のある素材を出荷する。そのためこれらの貨物は主に海上輸送ルートで運ばれることが多い。

そして石油や石炭等の燃料や鉄鉱石等の原料および自動車や大型鋼材、重油、化学薬品等はそれぞれ石油タンカーや石炭専用船、鉄鉱石専用船、自動車運搬船、在来貨物船、ケミカル・タンカー等の専用船で輸送される。臨海工業地帯が形成される過程で、これら貨物の種類ごとに専用埠頭が整備されていったことは言うまでもない。

② 国際海上コンテナ輸送ルートの整備とその課題

次に水島港におけるコンテナに詰めて運ぶ貨物（以下、「コンテナ貨物」）の取扱状況を見てみよう（表7）。水島港は一九九四年から在来貨物を扱っていた工場岸壁を利用してコンテナ貨物の取り扱いを始めた。その後、二〇〇二年に水島港の玉島コンテナ・ターミナルが供用開始された。二〇〇五年に二〇〇〇年の取扱量の四割増になっているの

表7　水島港の海上コンテナ貨物取扱量の推移（単位＝TEU、％）

	1995年	2000年	2005年	2010年	2015年	2020年
総取扱コンテナ貨物	590	57138	98445	80906	120197	138725
輸出コンテナ貨物	224	29741	49440	54335	62134	71843
うち実入コンテナ	184	26579	28355	33388	35109	45457
うち空コンテナ	40	3162	21085	20947	27027	26386
空コンテナ比率	17.9	10.6	42.6	38.6	43.5	36.7
輸入コンテナ貨物	366	27397	49005	56571	58063	66882
うち実入コンテナ	134	10289	40724	44728	52202	60931
実入輸出入収支	50	9471	-12369	-11340	-17093	-15474

註）TEUとはコンテナの個数を数える際の単位で、20フィートの大きさのコンテナ換算という意味
出所：港湾近代化促進協議会資料より作成。

はそのためである。コンテナ貨物もコンテナ船という専用船で輸送し、コンテナ・ターミナルという専用施設を使って効率的に物流作業が行われている。

ただし輸出における空コンテナ（貨物が入っていないコンテナ）比率が上昇しており、実入コンテナ（貨物が入っているコンテナ）の輸出入収支が当初の「黒字」から二〇〇五年以降は恒常的に「赤字」になっている。この背景には製造業の空洞化の深刻化がある。また実入コンテナの輸入が輸出よりも多くなることによって貨物を取り出した空コンテナを輸出国に戻さなければならなくなっている。たとえば表6では二〇一九年には自動車部品は輸出よりも輸入の方が多くなっているが、これはかつての輸出が輸入に転換しつつあることの具体例である。

ところで岡山県で生産されたコンテナ貨物と岡山県で消費されたコンテナ貨物は水島港よりも神戸港を利用する比率が高い（表8）。

表8　岡山県で生産・消費されたコンテナ貨物の輸出入港（トン・ベース、％）

	神戸港		水島港	
	1993年	2018年	1993年	2018年
輸出	83.3	45.6	-	43.1
輸入	84.6	53.3	-	38.6

出所：国土交通省港湾局『全国コンテナ貨物流動調査：平成5年版および平成30年版』から作成。

その理由として次の二つの点が挙げられる。

一つは生産過程の要因である。前述したように、最終的な加工組立拠点を関西圏に持つところも多かったことから岡山県内の工場で生産された部品や素材は関西圏に納入されていた。大阪を最終生産工程立地点とするサプライ・チェインの一環に岡山県製造業は組み込まれていたと言える。そして関西圏における最大のコンテナ港は神戸港である。神戸港は東アジア、インド洋、欧米等、世界各地をつなぐコンテナ航路を七六航路持っている（二〇二一年五月時点）のに対して、水島港は中国、韓国、東南アジアとの間に一一航路（二〇二二年六月時点）持つにすぎない。

もっとも玉島コンテナ・ターミナルが供用開始されて以降、岡山県発着のコンテナ貨物の水島港での輸出入比率は上昇しており（表8）、コンテナ輸出入活動の「地元化」が一定程度進んでいるという側面もある。

陸送と保管機能の集積とその限定性

① 陸送接続拠点としての岡山県

岡山県の倉庫面積は中四国では最も広く中四国地方全体の倉庫面積の三分の一以上を占めており、岡山県よりも経済規模が大きい広島県の二倍近くの倉庫面積がある（表9）。他の中国四県と比べて岡山県が突出しているのは、中国縦貫道という東西の陸上ルートと、中国横断自動車道の米子—岡山間ルートがそのまま瀬戸大橋と接続して中国地方と四国地方を繋い

表9　中四国地方における岡山県の倉庫面積の広さ（単位＝1000m²）

	鳥取	島根	岡山	広島	山口	徳島	香川	愛媛	高知	合計
所管面積	37	23	1129	610	446	211	299	376	60	3191

註1)「所管面積」とは保管室と荷役場を合わせた延べ面積である。
註2) 一般的な建屋型の倉庫（1～3類倉庫）の所管面積である。
出所：国土交通省『倉庫統計季報』2021年第１四半期より作成。

表10　西日本における岡山県の商業機能集積度の低さ（2014年、百万円、万人、％）

	西日本							
府県名		岡山県	大阪府	広島県	鳥取県	島根県	山口県	福岡県
卸売業販売額	93,286,724 (100%)	2,711,124 (2.9%)	38,901,689 (41.7%)	7,647,270 (8.2%)	619,057 (0.7%)	712,645 (0.8%)	1,495,860 (1.6%)	13,462,714 (14.4%)
小売業販売額	41,835,969 (100%)	1,868,503 (4.5%)	8,401,435 (20.1%)	2,808,965 (6.7%)	543,780 (1.3%)	669,036 (1.6%)	1,285,527 (3.1%)	4,760,781 (11.4%)
人口	4433(100%)	189(4.3%)	881(19.9%)	280(6.3%)	56(1.3%)	67(1.5%)	136(3.1%)	510(11.5%)

出所：経済産業省『商業統計表』2014年版

でいることから、中四国全体の東西・南北の十字路に位置するという地理的な優位性があるためである。実際、岡山市近辺の早島町や総社市には内陸倉庫が集積している。

② 国内流通機能の脆弱性

しかし岡山県に倉庫が多く立地しているのはほぼ地理的な優位性によるものである。表10にあるように、西日本における岡山県の人口と小売販売額の比率はほぼ同じであるが、卸売販売額の比率はかなり低い。それに対して大阪府、広島県、福岡県は人口と比較して卸売販売額が高くなっている。これは岡山県が流通機能を大阪府や広島県、福岡県に依存しているからである。岡山県は保管や荷役といった物流の現場機能はあるが、流通全体を統括する流通事業者が少ない。

3 産業集積パターンの変容と岡山県の産業・物流

日本の産業集積パターンの変容

もともと戦後日本の工業化は、いわゆる「フルセット型産業構造」とそれに対応した産業集積パターンを持っていた。「フルセット型産業構造」とは、一つの国の中に原燃料を輸入して素材に加工する素材工業から、それによって作り出される部品等の製造業、あるいは素材や部品を作る機械製造業、そして部品を組み立て完成品を生産する加工組立型工業まで連続した生産過程＝サプライ・チェインを全て集積させている構造を持つ状況である。

ところが一九九〇年代以降、「フラグメンテーション」という現象が一般化し始める。フラグメンテーションとは、それまで一つの工場の中にあった生産ラインを複数の生産工程に細分化し、これらの生産工程を最も効率が良い地域に分散配置させるというものである。これはフルセット型産業構造とは全く逆のサプライ・チェインの空間配置となる。グローバル化が進展し、人、モノ、カネ、情報の移動性が高まるとともに政治経済環境の変化が激しい現代世界経済においてはコア・コンピタンス（他者が模倣しにくい強み）を持つ部門に経営資源を集中させるとともに、それ以外は他社にアウトソーシングすることで「アジル」（環境変化への対応が迅速）な経営を展開することが企業の競争優位を確立する一つの手段になっていることがその背景にある。

そうした中、日本の輸出パターンも一九八〇年代後半以降、大きく変化してきた。一九八〇年代前半までは電気製品やアパレル製品、家具、自動車等の完成品が輸出の中心であったが、これら完成品の組立工場が海外に移転することによって、輸出の主力は部品に移っていった。そしてその後、一九九〇年代、さらには二〇〇〇年代に入ると部品生産拠点も海外に移転した完成品生産拠点を追って海外にその立地を移していき、日本は部品においても輸入国になっていった。残ったのは高品質な素材生産と一部機械設備（工作機械や半導体等の製造装置等）である（図1）。

産業集積パターンの変化と岡山県の製造業および物流活動

前述した日本全体の状況は岡山県にもそのまま当てはまる。岡山県の産業構造は臨海工業地帯で現燃料を輸入し、それを鉄鋼や化学製品に加工し、自動車メーカーや造船メーカー

図 1　日本の製造業の空洞化の概念図

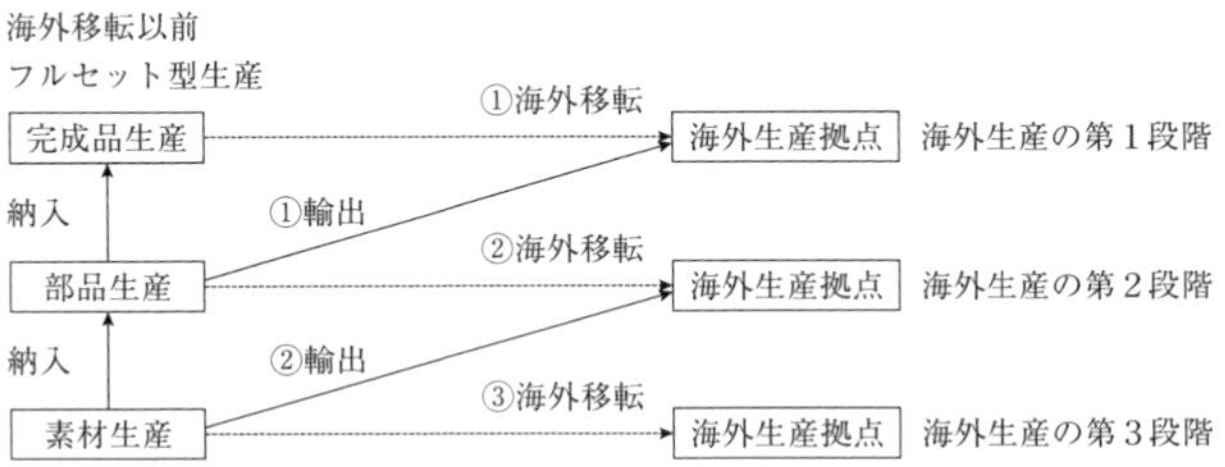

出所：津守貴之［2017］

に供給する、そしてこれらメーカーが自動車や船舶という完成品を生産するというフルセット型産業構造の典型であった。また内陸部では関西圏に本社・組立工場を持つメーカーが一九七〇年代以降、部品生産拠点を立地させ、関西圏に供給させていた。日本国内にフルセットで集積していたサプライ・チェインの素材・部品供給部分を岡山県が担っていたのである。

ところが産業集積パターンの主流がフラグメンテーション型に変わっていくことによって、国内産業連関は希薄化していく。表6で水島港の国内移出量が減少し、代わりに輸出量が増えているのはそのあらわれである。表7で見た実入コンテナ貨物輸出量の増加は、図1のように、かつて国内の工場に供給していた素材や部品を海外に移転した工場に輸出するようになっていることが一因である。これは岡山に立地する素材工場や部品工場の納入先である関西圏の完成品工場、さらには部品工場が海外に移転していることによるものである。このように産業構造の変化とそれがもたらす生産過程の立地点の変化＝国内生産拠点の海外移転が物流ルートを変容させつつある。また少子高齢化の進展による日本経済の縮小は岡山で生産される素材・部品の輸送先としての国内他地域の比重を低下させつつある。水島港からの移出が減少し輸出が増えている背景にはこのような日本経済と東アジア各国経済のプレゼンスの変化もある。

また水島港がコンテナ貨物の取り扱いを増やしていることは神戸港からの岡山県の一種の「自立」であるが、それは水島港が神戸港のような機能を将来的に獲得していく発展プロセスではなく、これまで神戸港をハブ港としてきたコンテナ港湾ネットワークから水島港が外れ、プサン港や上海港等の海外巨大コンテナ港湾をハブ港とするより規模の大きなコンテナ港湾ネットワークに統合される中での動きである。

おわりに

岡山県の製造業は東京や大阪に本社を置く企業の分工場・生産現場として機能してきた。しかしグローバル化が進展する中で関西経済圏をはじめとする日本の大都市を頂点とするサプライ・チェインあるいは産業集積から切り離される一方で、海外の生産拠点との関係を強めつつある。そして現在はカーボン・ニュートラルへの対応や生産現場・物流現場の若年労働者不足問題の深刻化、さらには世界的な政治的対立の顕在化等に直面しており、岡山県の産業（さらには瀬戸内地域全体の産業）は大きな岐路に立たされていると言える。

グローバル化によって産業配置の流動性は大きく高まった。それは産業を誘致することが容易になるだけでなく、産業が流出することも容易になるということでもある。岡山県の内陸部で電気機械関係の出荷額がいったん増えて、その後減っているのはこれを具体的に示す事例の一つである。安易な企業誘致ではなく、既存事業者の競争力の強化を地域社会全体で促進し、その定着性を高めていく必要がある。その際、定着性の高い産業、例えば農業を起点とした新たな産業集積の紡ぎ直しは、長期の時間が必要であるが、十分検討に値するだろう。

これら製造業の再集積は、岡山県が持つ中四国の南北の結節点としての物流機能の集積を活用することによってその可能性が広がる。例えばフェリーやRORO船（フェリーが貨物を積んだトラック等の車両と旅客を一緒に乗せるのに対して、トラックやトレーラーといった貨物を積載した車両のみを運ぶことを目的とした船舶。'Roll on Roll off'、すなわち、車両が走り込み、走り出る形で貨物の積み下ろしを行うため、その頭文字をとって'RORO'船と呼ばれる）は陸送とそのまま直結するため、岡山県はこれら船舶の寄港拠点となる潜在的優位性は高い。宇野港は現在もRORO船接続機能を持つが、それをさらに充実させることは可能である。物流機能を岡山県に定着している産業向けに集積させていくことで、サプライ・チェイン全体の統括機能を持つ物流業を岡山県に定着させ、それが製造業の集積を支えていくという好循環を形成する試みが必要である。

〔参考文献〕
津守貴之『東アジア物流体制と日本経済』御茶ノ水書房、一九九七年
津守貴之『日本のコンテナ港湾政策』成山堂書店、二〇一七年
本章における産業集積パターンの変化と物流機能の空間的配置については、右記の二つを参照されたい。日本経済の産業構造とその変化の空間的展開を体系的に分析したものとして、矢田俊文『矢田俊文著作集第二巻　地域構造論《上》理論編』原書房、二〇一五年がある。

column

瀬戸内工業地域の発展と岡山県南の工業化

北川博史

瀬戸内工業地域の中核を担う岡山県南

瀬戸内工業地域は近代化期に種々の近代工業や軍需産業が立地し、高度経済成長期には基礎素材型の重化学工業を主とした工業地域へと変貌した。これは、瀬戸内海が大型船で原料や製品を輸送し得る工業運河の役割を果たしていたことが一因であろう。一九六〇年代には、岡山県南および東予地区が新産業都市に、備後および周南地区が工業整備特別地域に指定され、北九州工業地帯を凌駕する規模となった。その後も安定した工業生産を継続し、現在では全国の出荷額の約三〇%を計上するに至った。これは阪神工業地帯とほぼ同規模の出荷額であり、国内有数の工業地域として位置づけられる。

主要工業都市別製造品出荷額等を示した図1によると、製造品出荷額等が一兆円を超える工業都市は約三・七兆円を計上する倉敷市を筆頭として五市が確認できる。とくに、岡山県南、広島周辺、備後南部と周南地区が瀬戸内工業地域の工業生産の中核を成しており、なかでも倉敷市を中心とした岡山県南における工業生産は屹立している（図1）。

ところで、わが国の現在の産業構造を製造品出荷額等の業種別割合からみると、機械工業の割合が最も大きく全体の四六%を占め、これに次ぐのが一三%を占める金属工業と化学工業とになる。高度経済成長期には金属と化学が主導産業であったが、二度にわたる石油危機により機械工業にとって代わられた。その一方、瀬戸内工業地域では化学や金属の割合が依然として高く、業種別の特化係数を算出すると、金属の特化係数は一・三九、化学は一・六七、機械は〇・七七となる。加えて、繊維工業（特化係数一・七五）も他の工業地域に比して盛んで

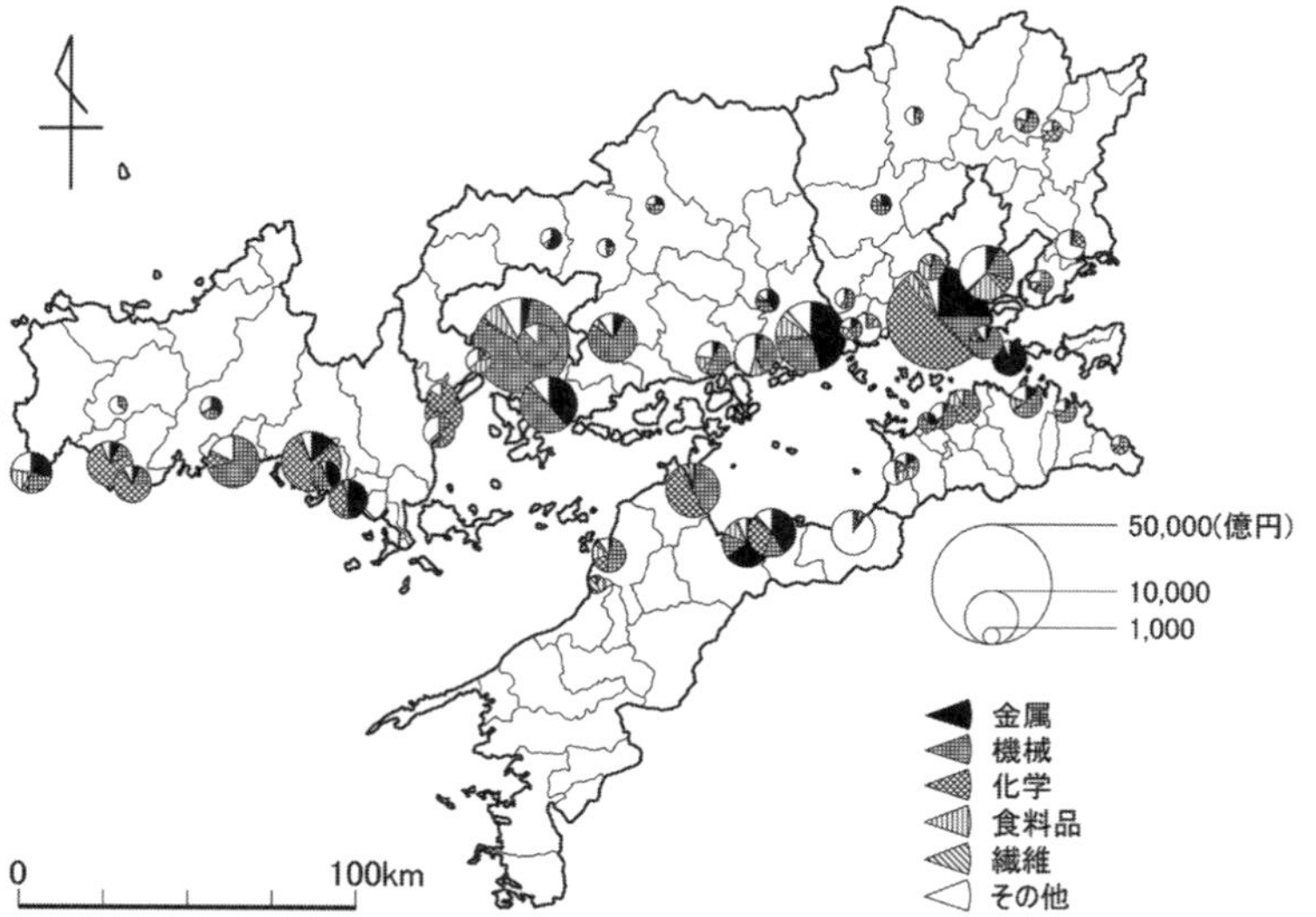

図1　製造品出荷額等からみた主要工業都市における業種構成（2017年）
注：製造品出荷額等が1000億円以上の市町村のみ表示
資料：工業統計調査より作成

ある。

こうした金属と化学そして繊維に強みを有する瀬戸内工業地域の特徴は岡山県南の工業都市群においても同様に確認できる。岡山県南主要都市の業種別特化係数をみた表1の倉敷に注目すると、化学や石油製品、鉄鋼業の特化係数は突出しているほか、繊維工業も四・三六の値を示している。

岡山県南の工業化

瀬戸内地域の工業化の端緒は、広島県南や岡山県南における紡績業の立地に求められる。明治期に入ると岡山県南では棉花栽培が盛んとなり、これを原料とした紡績所が岡山と玉島、児島に開設され綿紡績業の発展をみた。これ以降、紡績業の発展に中心的な役割を果たしたのは倉敷紡績（現クラボウ）であった。その後、倉敷において一九二五年に京化研究所が設立され、その翌年には現在のクラレが誕生し化学繊維工業が勃興した。こうして岡山県南は繊維工業地域としての地位を確立し、戦後復興期には相次いで紡績工場が誘致されるとともに繊維工業

表1　岡山県南主要都市における中分類別従業者数特化係数（2019年）

	岡山	倉敷	玉野	笠岡	井原	総社	浅口
食料品	1.27	0.56	0.19	2.12	0.28	2.48	2.18
飲料	1.21	0.42	0.00	0.50	0.00	0.03	2.01
繊維工業	2.33	4.36	3.51	0.97	4.42	2.86	1.81
木材・木製品	1.32	0.32	1.03	0.43	0.58	0.05	0.00
家具・装備品	0.94	0.39	0.24	0.29	0.50	0.28	0.70
パルプ・紙	1.66	0.48	0.61	1.10	0.00	0.49	0.95
印刷	3.31	0.32	0.07	0.26	0.11	0.29	1.13
化学工業	1.31	2.71	1.37	0.99	0.33	0.00	0.88
石油製品・石炭製品	0.30	8.99	0.19	2.41	0.00	0.00	5.17
プラスチック製品	0.77	0.68	0.09	1.19	3.50	0.49	2.73
ゴム製品	1.23	3.73	0.44	0.00	0.00	0.00	0.00
なめし革・毛皮	0.24	1.70	0.00	0.00	0.00	0.00	0.00
窯業・土石製品	0.69	0.61	1.14	1.20	1.04	0.52	0.11
鉄鋼業	1.08	6.13	0.99	2.36	0.20	0.22	0.19
非鉄金属	1.01	0.40	1.55	0.10	1.97	0.32	0.00
金属製品	0.68	0.40	0.96	0.59	0.34	0.37	0.17
はん用機械	0.93	0.33	1.19	0.27	0.24	0.84	0.11
生産用機械	1.30	0.49	0.73	1.03	1.36	0.40	2.06
業務用機械	0.43	0.00	0.00	0.16	3.26	0.00	1.18
電子部品・デバイス	0.11	0.07	0.06	1.93	2.06	0.01	0.00
電気機械	0.56	0.14	0.40	0.11	0.25	0.43	0.00
情報通信機械	1.00	0.11	0.00	0.00	0.38	0.00	0.00
輸送用機械	0.43	1.24	3.22	0.81	1.04	2.42	0.57
その他	1.09	0.29	0.03	0.28	0.04	0.22	0.14

資料：工業統計調査より作成

は活況を呈した。当地の繊維工業は現在でも岡山県南の強みであり、倉敷市や井原市など非常に高い特化係数を示す都市が少なくない（表1）。

岡山県南の繊維工業の発展過程は進化経済地理学の視点からも捉えることができる。当地の繊維工業集積の素地は江戸時代にすでに確立されており、これは棉作地域であったことに加え京都の西陣などから技術や織機がもたらされたことによる。なかでも倉敷市児島地区では瑜伽大権現の参詣客への土産物として真田紐がつくられ、この生産が後の織物業の基礎となった。明治以降、こうした細幅の織物とともに足袋や小倉帯、袴地や厚司などが生産されたが、和装から洋装の時代に移ると生産は縮小し、袴地や厚司の生産技術を応用した学生服の生産へとシフトした。近年では、学生服の需要が減退していることもあり、主要製造品目はカジュアル製品やジーンズへと変化した。高度経済成長期以降、繊維工業の衰退期においても児島は他業種への積極的な転換はみられず、依然として井原市と同様に織物業の強固な基盤が維持されている（北川二〇〇五）。

一九六〇年代以降、岡山県南は倉敷市水島地区を核とした重化学工業の集積地域として劇的な変化をみた。水島臨海工業地帯の成立は一九四一年の三菱重工業名古屋航空機製作所岡山工場の建設が発端である。この製作所は戦中に壊滅したが、現在の三菱自動車工業水島製作所へと姿を変えた。一九六二年には、この地が岡山県南地区新産業都市に指定され、鉄鋼や化学の大企業が多数誘致され中核的な工業地域として急成長を遂げた。その後、一九七五年には水島臨海工業地帯の製造品出荷額は岡山県全体の五四・五％という驚異的な比率を占めるまでに発展した（岡山県史編纂委員会一九九〇）。こうして、岡山県南は大分・鶴崎地区とともに「新産業都市の優等生」と称されるに至った。

以上のように、岡山県南の工業化は、伝統的産業である繊維関連業の継承および進化と重化学工業の発展との両輪によって支えられており、全国的にみても希な工業地域といわれている（日本政策投資銀行二〇〇五）。しかしながら、先端産業の集積度が低く、成長性という点では課題も少なくない。

〔参考文献〕
岡山県史編纂委員会『岡山県史十四　現代Ⅱ』山陽新聞社、一九九〇年
北川博史『日本工業地域論―グローバル化と空洞化の時代―』海青社、二〇〇五年
日本政策投資銀行「『ものづくりの玉手箱』：備後・井笠地域における産業発展モデル―3つの発展パターンとそのルーツを探る―」「中国地域ものづくりシリーズ」二、二〇〇五年

オランダ通りの出現
——岡山市中心部の商業地の形成と変容——

川田　力

はじめに

岡山市中心部にオランダ通りとよばれる街路があるのをご存じだろうか。オランダ通りは岡山市の中心商店街であるアーケードが設置された表町商店街の一本東側にある。この通りは、もともとは表町商店街の裏通りにあたり商品の荷捌きや搬入経路の役割を担っていたが、現在は煉瓦調のカラー舗装のされた街路に小売店や飲食店が並ぶ商店街となっている。

オランダ通りは、シーボルトの娘で日本人女性で初めての西洋医学を学んだ産科医とされ、「オランダおいね」との異名がある楠本イネが、幕末に、この地区に住んでいた医学者の石井宗謙[1]のもとで修行していたことに由来する（写真1・写真2）。しかし、直接は、この故事をひきつつ一九八三年の表町商店街東通り地区整備活性化策定計画で、若年層の来街者を誘引する名称の試案として採用されたことに端を発する[2]。さらにいうと、岡山市

（1）石井宗謙は江戸時代末の医学者で、現在の岡山県真庭市で生まれ長崎の鳴滝塾でシーボルトのもとで西洋医学とオランダ語を学んだ。

（2）当時、大阪で若年層の注目を集めていたアメリカ村、ヨーロッパ村とよばれる商業地が意識されていた。（岡山市『岡山市表町商店街東通り地区整備活性化策定計画報告書』、一九八三年）

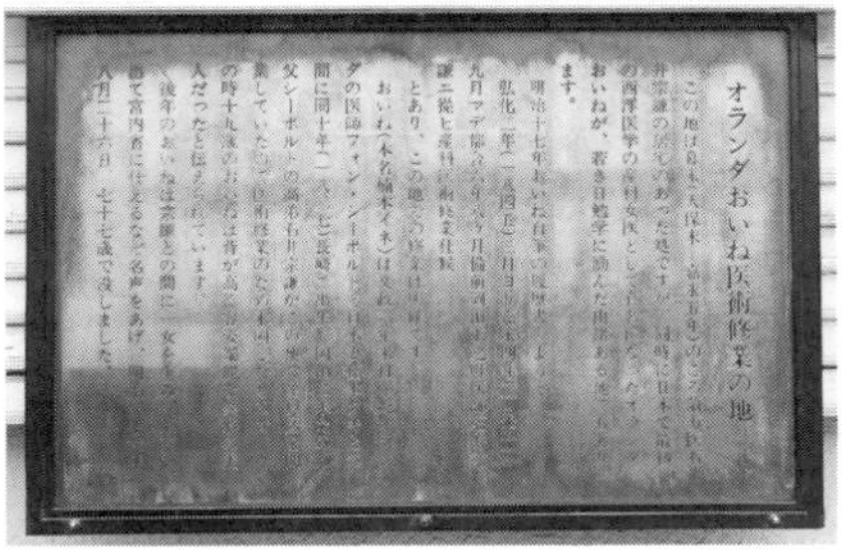

写真 2　オランダおいね医術修行の地の案内板（下之町商店会事務所）

写真 1　下之町商店会事務所

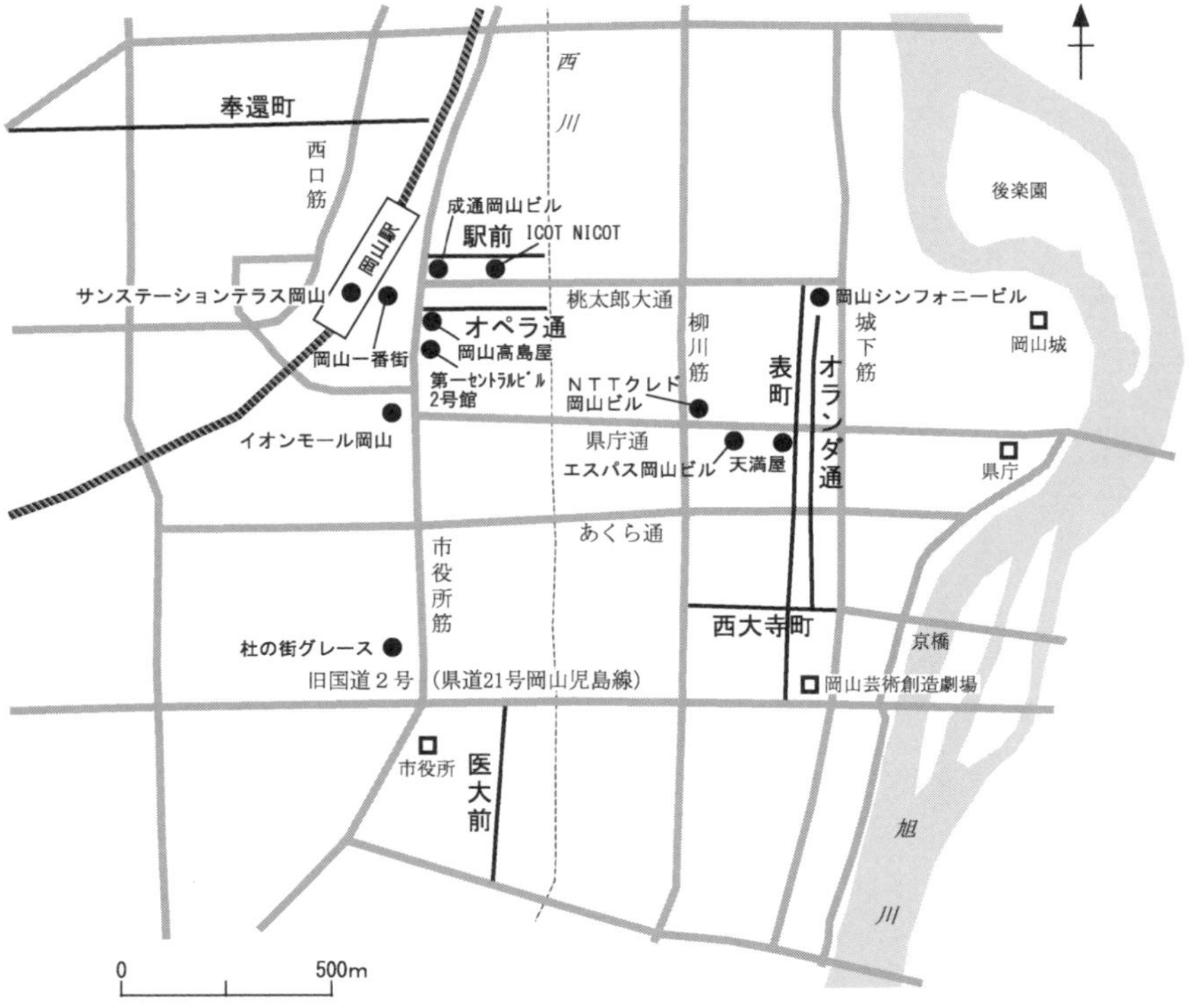

図 1　岡山市中心部の商店街と主要大型商業施設

筆者作成

図注　主要ビルの核テナント（2022年）

成通岡山ビル：ビックカメラ、ダイワロイネットホテル

第一セントラルビル2号館：ドン・キホーテ

岡山シンフォニービル：丸善、ヤマハミュージック

NTT クレド岡山ビル：紀伊國屋書店，BEAMS

エスパス岡山ビル：ザ・スーツカンパニー

の中心商店街である表町商店街をとりまく社会経済的情勢がオランダ通りを生んだともいえる。

これまで、岡山市の表町地区を中心とした商店街の歴史をまとめた書物などはみられるが、岡山市中心部の商業地の課題や、商業振興に関する諸計画について書かれているものは少ない。そこで、本章では岡山市中心部の商業地の変容を商業振興に関する諸計画をオランダ通り整備を中心として振り返りつつ説明したい。

岡山市中心部の商業地は、表町地区、岡山駅前地区、奉還町地区に大別される（図1）。このうち、表町地区の商店街は、一五〇〇年代末からの宇喜多氏による岡山城下町づくりにさかのぼる歴史を持っている。宇喜多氏は、岡山城下町づくりにあたり、山陽道と吉井川の結節点に市場町として栄えていた備前福岡（瀬戸内市長船町福岡）から商人を移住させ、福岡上之町、福岡中之町、福岡下之町とした。また、同様に現在の岡山市東区西大寺からも商人を移住させ西大寺町とした。これらの町人町が表町商店街・西大寺町商店街のもととなっている。表町地区には明治期末から映画館が数館開業し娯楽の街としても発展するとともに、一九二五年に地元資本の天満屋が百貨店を開業するなど岡山市の中心商業地として発展した。戦後は一九四九年に天満屋バスステーションが開設されバス交通の拠点として集客力を高めた。

岡山駅前地区の商店街は、一八九一年に山陽鉄道が開業し岡山駅が開設されたことにはじまるが、当時の岡山駅は岡山市街地の西のはずれに位置しており、本格的な商業地の形成は戦後復興期以降である。とくに一九七二年の山陽新幹線新大阪〜岡山間の開業に伴い、岡山駅前の再開発が行われたことと、県外資本の高島屋、ダイエー、ニチイといった百貨店や大型スーパーが出店したことが商業地の形成に大きなインパクトを与えた。

奉還町商店街は、明治期のはじめに、大政奉還により職を失った武士が、藩から得た奉還金を元に岡山城下のはずれの旧山陽道沿いで商売を始めたのが起源とされる。とくに戦後復興期には、戦災を受けた岡山県庁が奉還町商店街に近い上伊福町に一時移転していたことなどもあり繁栄した。

1　岡山市における商業活性化計画の変遷

岡山市の商業活性化については、一九六五年頃から岡山市経済局が中心となって様々な施策が検討されてきた。そのうち、一九七〇年に策定された商業近代化地域計画は体系的な計画のはじまりといえる。これは一九七二年の山陽新幹線新大阪〜岡山間の開業により予想される岡山駅周辺地区開発への対応が必要とされたことをきっかけに行われたもので、市内全域の商業環境の分析が実施され、流通センター建設・駅前地区再開発・表町地区再開発からなる近代化計画が策定された。このうち、流通センターは岡山市西部に一九七九年から開始された岡山県総合流通センター（吉備地区）建設として、また、駅前地区再開発計画は一九七八年完成の岡山駅前第一市街地再開発ビル（ドレミの街）として計画が実現した。しかし、表町地区再開発計画は、その計画が大規模かつ実現性の乏しいものであったため具体的事業へと進展しなかった。一九七三年には、この商業近代化地域計画を再検討し、表町・駅前・奉還町地区で岡山市中心部の商業機能を分担するという岡山市商店街発展計画が策定されたが、具体的な事業の実施には至らなかった。

一九七二年の山陽新幹線の開業後には、岡山駅前地区に岡山高島屋（一九七三年開業）、岡山一番街（岡山駅前地下街一九七四年開業）など新たな商業立地が進み、旧来の中心商店街であった表町地区の経営状況の相対的低下が問題となった。このことに対応するため、表町地区の商業活性化に目的を絞った岡山市商業近代化実施計画が一九七六年に策定された。この計画では、表町地区の開発を北部・中部・南部の三ブロックに区分し、拠点開発を行うプログラムが採用された。また、この計画策定後、岡山市は自助努力のある商業地区を支援するという原則を打ち出したため、表町地区の各ブロックで（商業）近代化促進協議会が設置され、活性化計画の具体案が立案された。このうち、北部ブロックの上之町近代化促進協議会が立案した表町一丁目市街地再開発はいち早く当事者間の合意形成がなされたこともあり、一九八〇年に都市計画決定が行われ、以後の計画による具体的諸事業が早期進展する要因となった。これに対して中部ブロックでは協議会の設置が遅れたこともあり、具体的な活性化案をとりまとめた岡山市表町商店街東通り地区整備活性化計画の策定は一九八三年となった。この間、一九八〇年には表町地区の近代化には、商店街内部の開発だけでは不十分であるという認識に基づき、交通および諸施設等の環境整備に関する岡山市表町周辺環境整備調査研究が実施された。この調査報告では、表町地区の近隣に立地する岡山県総合文化センターや美術館、博物館等との連携が提唱された。

一九八六年になると中小企業庁の地域商業近代化地域計画（ローリング事業）の地域指定を受けて、岡山地域商業近代化地域計画が策定された。これはこれまでの諸計画を再検討し、従来の計画策定後の商業環境等の変化に対応する形で策定されたもので、岡山市商業

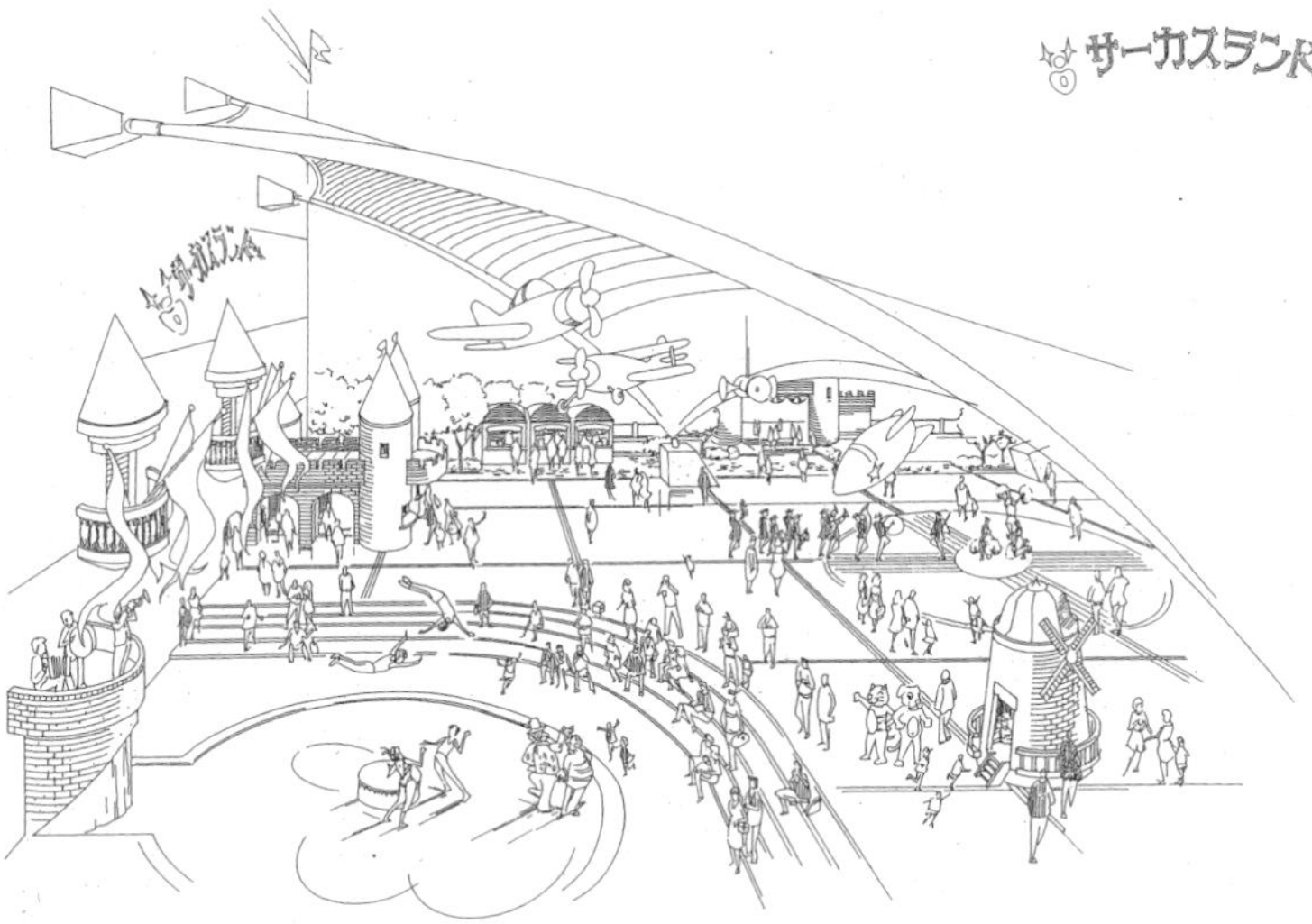

図 2　サーカスランドイメージ

出典：岡山地域商業近代化委員会編『岡山地域商業近代化地域計画報告書（ローリング事業)』岡山商工会議所、1986年、135頁

写真 3　サーカスドーム

近代化実施計画と同様に表町地区が最重点整備地区に設定された。この計画ではハード面による近代化とイベントの実施などのソフト面による近代化の二面が提唱された。ハード面では、表町の北部をカルチャーゾーン、中部をターミナルゾーン、南部をアミューズメントゾーンとする三つの拠点開発計画が岡山市商業近代化実施計画を引き継ぐ形で盛り込まれるとともに、線から面への開発として通りの賑わいの整備およびコミュニティ広場といったパブリックスペースの創出が立案された。この岡山地域商業近代化地域計画はさらに、通産省中小企業庁によるコミュニティマート構想モデル事業の指定を受けた一九八七年策定の岡山市表町商店街活性化モデル事業に引き継がれ事業化された。

拠点開発計画が立案されていた表町の三ブロックの中では、事業に対する合意形成が進展していた北部ブロックにあたる表町一丁目市街地再開発事業が先行実施され、上之町の街路空間整備、核施設整備として商業施設と音楽ホール等の複合施設である岡山シンフォニービルの整備、専門店機能整備として上之町商店街店舗改装がいずれも一九九一年に完了した。南部ブロックでは、かつて映画館が並び娯楽の街として栄えた歴史を懐古しつつ、木下サーカスが国内ではじめての興行を行った場所であることにちなんで、サーカスランドというイメージコンセプトで子どもや家族づれを主たる対象としたアミューズメントセンター、商店、広場の整備が構想されていた[3]（図2）。

このように、一九七〇年代以降の岡山市における商業活性化計画は、主に表町地区を対象としたものであったが、一九九一年のこれからの小売商業を考える懇談会での提案に基づく都心商業の活性化[4]は、奉還町を中心としたJR岡山駅西口地区の商業活性化を目指すもので、駅西地区商業活性化計画として具体的な計画が作成され、奉還町パサージュ（一

（3）このコンセプトはサーカスドームとしてわずかに実現している（写真3）。
（4）同懇談会の提案による郊外型商業の創造については、一九九二年に特定商業集積整備法に基づく高度商業集積についての調査研究が実施され、地域商業の活性化については、岡山市西大寺地区の中心商業地の活性化が西大寺商業地活性化計画として策定された。

九九二年完成）、駅西南北モール整備（一九九六年完工）、西奉還町イベント広場（一九九九年完成）、駅元町再開発（岡山コンベンションセンター（フォーラムシティビル）二〇〇一年完成、リットシティビル二〇〇五年完成）として事業化された。

一九九二年以降は、いわゆるバブル崩壊による景気の低迷期に入り、岡山市においても商業環境の悪化への懸念が高まった。なかでも従来から徐々に進行していた岡山市中心部の商業の空洞化が急速に進展してきたことにより、一九九四年には都心商業地域活性化基本計画が策定された。[5] この計画では、表町地区のなかで、これまで具体的な事業実施があまり行われてこなかった表町三丁目地区に重点がおかれ、拠点施設整備、回遊性の向上、街並みの修景、交通対策を中心とする活性化計画が立案された。このうち、拠点施設整備としては再開発事業により住宅（八三戸）と商業施設の入るアークスクエア表町が完成した。また、賑わいの拠点施設として、大阪の芸能プロダクション吉本興業の支社を誘致し吉本三丁目劇場を開館した。[6] このほか来街者の回遊性向上のために「食の街」としておかやま魚島横丁を整備しPRされた。

2　オランダ通り街路整備事業

オランダ通り[7]の街路整備事業は、岡山シンフォニービルから旧国道二号線（県道二十一号岡山児島線）までの約九〇〇メートルの街路を対象として、通行時の安全性・円滑性の確保、都市防災、高度情報化社会への対応、景観整備のために実施された。具体的には共

（5）オランダ通りの整備は従来計画とほぼ同様のままであるが、この計画にも盛り込まれていた。

（6）二〇〇五年三月に吉本興業が撤退し、岡山市が三丁目劇場として運営したが二〇一三年に閉館した。

（7）事業時の街路名はオランダ東通り。岡山市表町商店街活性化モデル事業報告書（コミュニティ・マート構想モデル事業）では、表町商店街の一本西側の街路をオランダ西通りとして、オランダ東通りと一体整備することが計画されていた。

写真 4　オランダ通り（北端）

写真 5　オランダ通り（中央部）

同溝を整備し電線類を地中化すること、歩車道の美装化を実施し安全性の高い歩行者優先道路を整備することを目的として、岡山市が事業主体となり一九九七年一月に事業着手され、総事業費一〇億一五〇〇万円を投じ、一九九九年二月に完了した（写真4・写真5）。

整備の方針としては地域の活性化、および近隣商業地区との回遊性を高める効果を念頭に、街路を北部（岡山シンフォニービル～県庁通）・中央部（県庁通～あくら通）・魚島（あくら通～西大寺町）・南部（西大寺町～旧国道二号線）の四つのゾーンに区分し、それぞれ芸術性・ファッション性・大衆性・庶民性といった整備コンセプトを付加し、街路灯および車止めのデザインをゾーン毎に変更するなどの配慮がなされた。

事業開始は一九九七年であったが、その計画は一九八三年の岡山市表町商店街東通り地区整備活性化計画の策定にさかのぼる。この計画に先立って一九七六年に策定された岡山市商業近代化実施計画における表町地区の開発計画には、開発の基本方針として来街者の回遊性の開発目的ゾーン（買回り品、専門品、喫茶飲食、最寄品）の設定、交通体系の検討（通過交通の遮断、歩行者専用道路の形成）、魅力拠点の開発（上之町北入口（再開発ビル、広場）、下之町西側（バスターミナル・駐車場）、千日前（アミューズメントセンター）が提唱されていた。そして、この計画における現オランダ通りの位置付けは、回遊性の確保および通過交通の遮断のための一方通行路の設置といった来街者交通の側面のみに見出されていた。また、一九八〇年に実施された岡山市表町周辺環境整備調査研究では、調査結果を受けた整備課題として回遊性づくりが唱えられたが、当該街路は整備構想に明示されていなかった。

これらのことを受け、岡山市表町商店街東通り地区整備活性化計画では、より積極的に表町商店街を東側に面的に拡大することと、大阪のアメリカ村等の成功事例にならって若年層を対象とした商業地区を形成することがオランダ通りの名称とともに提案された。さらに、石畳仕上げの街路整備およびホテル・バスターミナルを含んだ複合商業施設の建設を連動させた構想が立案された（図3・図4）。この構想は一九八六年の岡山地域商業近代化地域計画に継承された。さらに、この計画の事業化を目指した一九八七年の岡山市表町商店街活性化モデル事業では、複合商業施設の建設とは切り離され、街路整備事業自体が事業実施計画の一つとしてさらに詳細な計画が策定された。この事業におけるオランダ通り整備の計画コンセプトは、表町商店街の三つのゾーンと核施設を結びつけて新しい軸を形成すること、オランダをテーマとした遊びの空間を形成すること、店街の裏通りを新たな空間として整備し、表町商店街に面的な広がりを生み出し買物客の回遊性を高めるこ

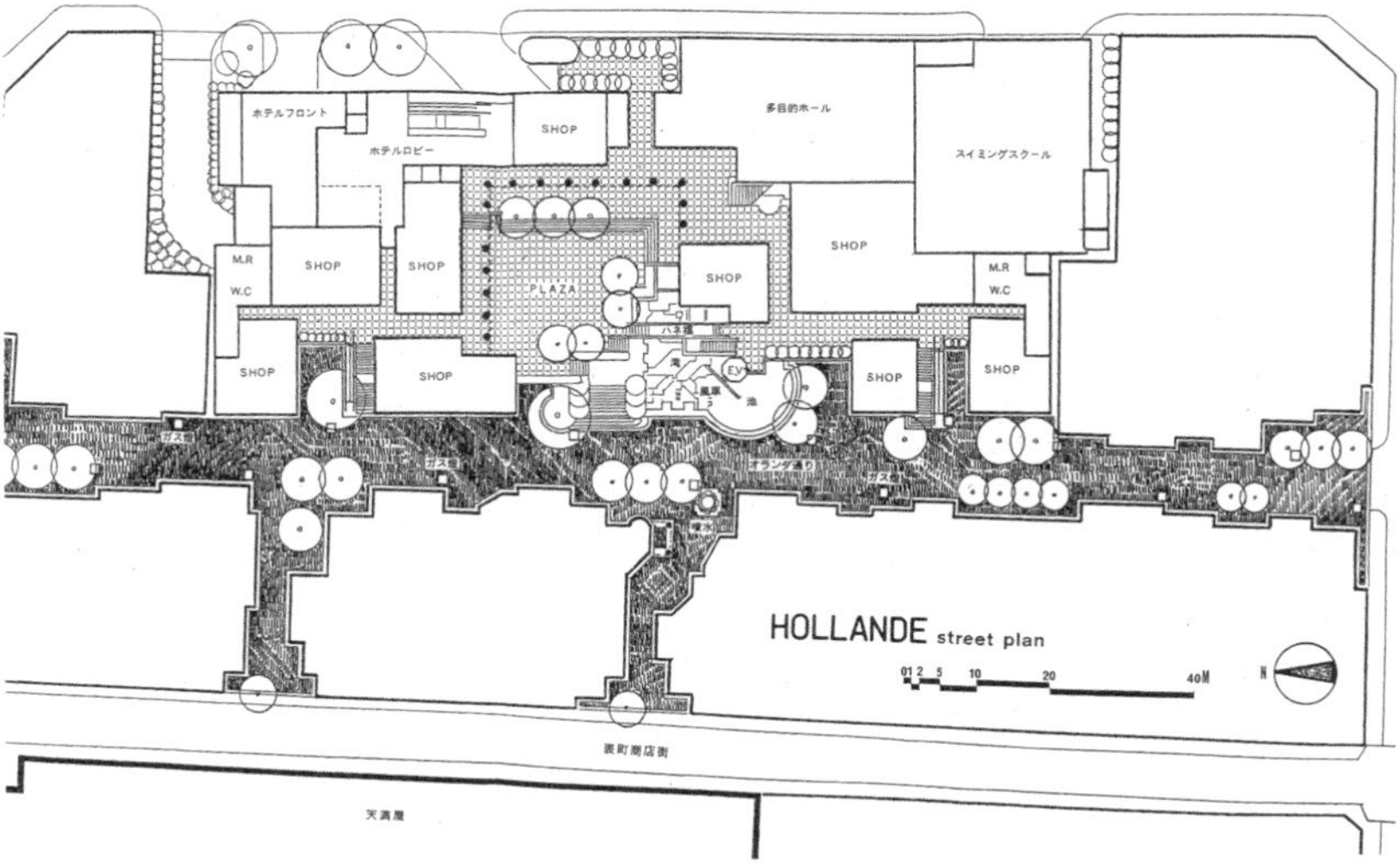

図 3　オランダ通り試案

出典：岡山市『岡山市表町商店街東通り地区整備活性化策定計画報告書』岡山市、1983年、47〜48頁

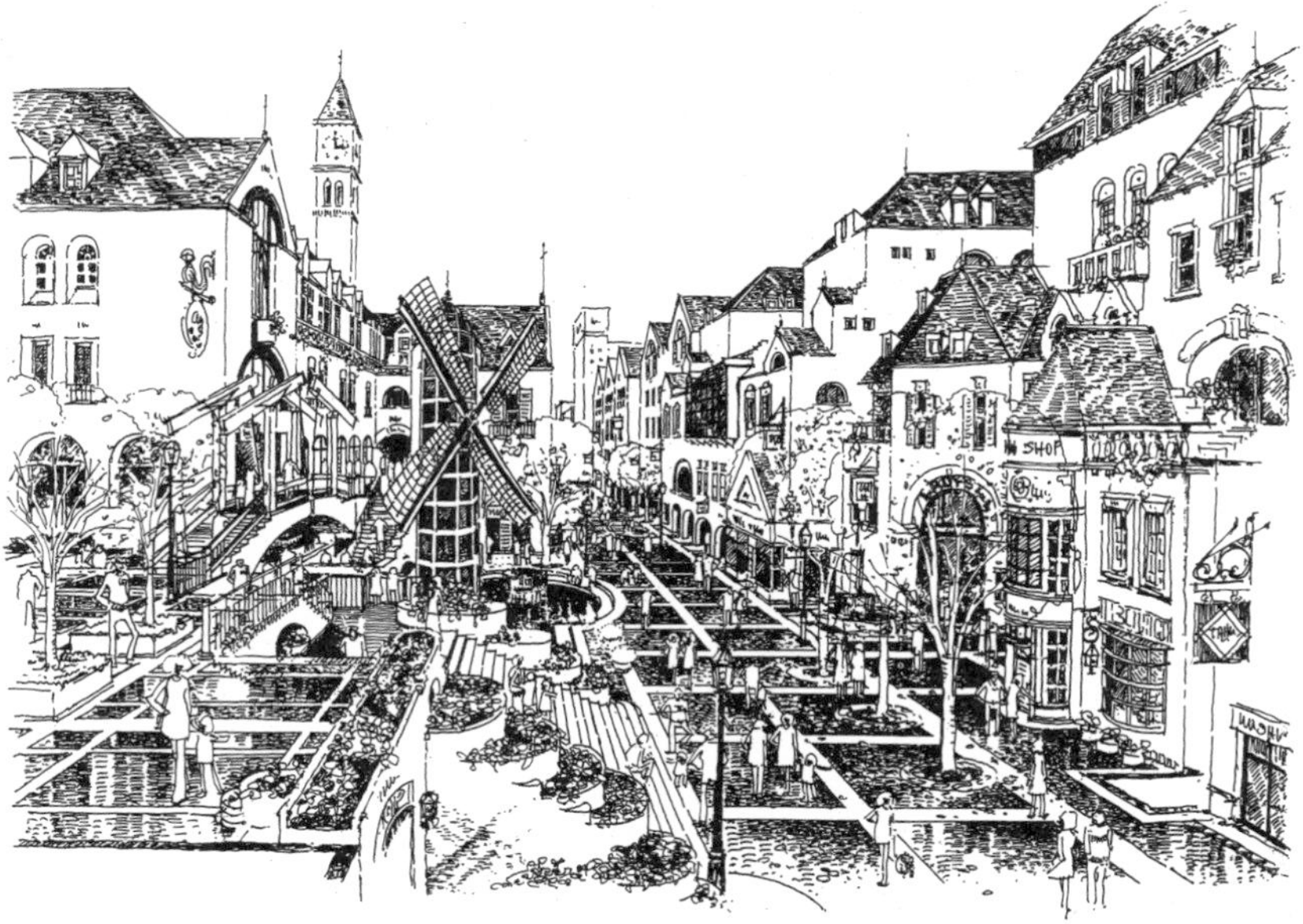

図 4　オランダ通り試案イメージ

出典：岡山市『岡山市表町商店街東通り地区整備活性化策定計画報告書』岡山市、1983年、49〜50頁

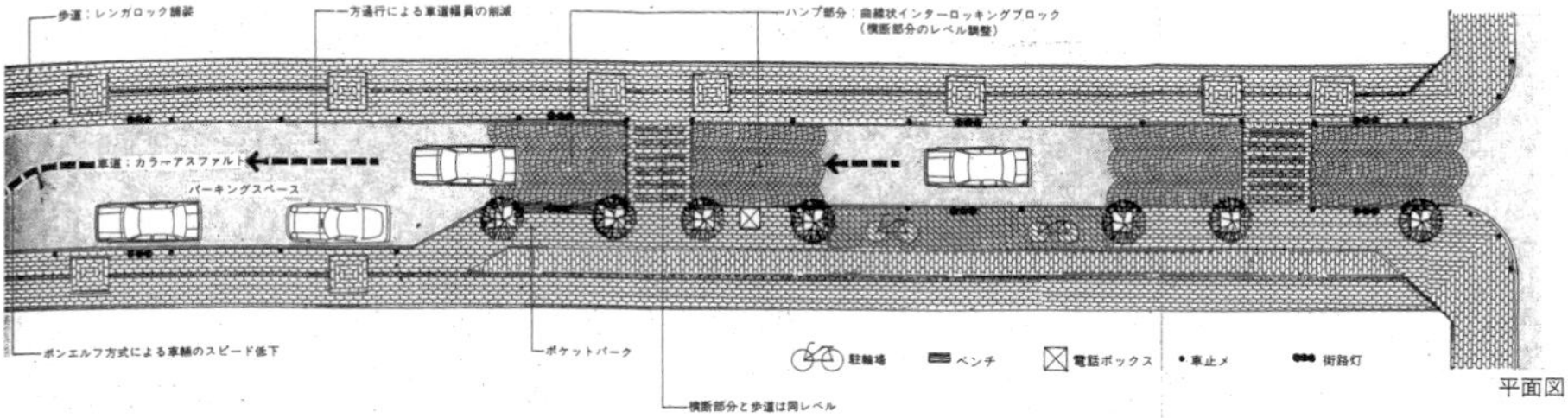

図５　オランダ通り整備計画（平面図）
出典：株式会社観光都市計画事務所・株式会社岡山ＣＤＲ編『岡山市表町商店街活性化モデル事業報告書（コミュニティ・マート構想モデル事業）』協同組合連合会岡山市表町商店街連盟・岡山市表町商店街活性化モデル事業推進委員会、1987年、149頁

と、以上のような整備により裏通りの「生活の広場」化を図ることに置かれた。この際、歩車共存の原理に基づいた安全で快適な歩行者空間の整備を図るとともに、オランダをデザインのメインテーマにし、オランダの町並みや街路空間のデザインモチーフを取り入れた設計を行い、楽しく・明るい遊びの空間の形成を図ることが設計方針とされた。

具体的な施設整備は、街路整備と、街路に面する建物整備の二つに分かれる。

街路整備方針としては①ボンエルフ方式による歩車共存方式を採用する(8)、②建築協定を制定し、建物の改築時

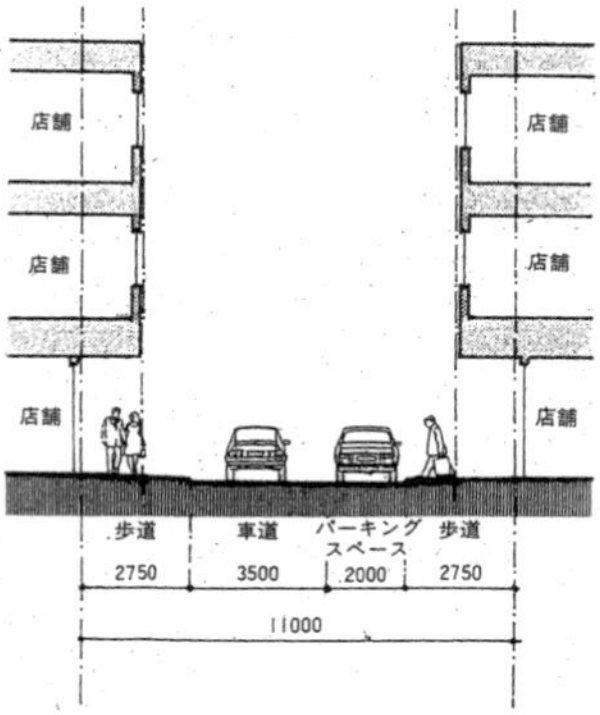

図６　オランダ通り整備計画（断面図）
出典：株式会社観光都市計画事務所・株式会社岡山ＣＤＲ編『岡山市表町商店街活性化モデル事業報告書（コミュニティ・マート構想モデル事業）』協同組合連合会岡山市表町商店街連盟・岡山市表町商店街活性化モデル事業推進委員会、1987年、149頁

(8)ボンエルフ方式とは車道を蛇行させることなどにより車両のスピードを低下させ歩行者との共存をめざすもの。

に壁面のセットバック（後退）による街路幅員の拡大をはかり、拡大部分は歩道や歩行者のためのオープンスペースとして活用する。具体的には、現在八メートルの街路の両側を各一・五メートルセットバックさせ、幅員一一メートルを基本とした街路整備を計画する、③電線の地下埋設と電柱の撤去により歩行環境および景観を整備する、④通過交通を防ぎ、歩行者の安全性を確保するため一方通行化を実施する。また、来街車へのサービス向上のためパーキングメーターを設置したパーキングスペースを確保する。さらに、自転車とオートバイのための駐輪スペースを車道と歩道の中間に設置し、店舗前面の混乱を防止する、⑤街路の歩道及び車道をカラー舗装化する。この際、歩道仕上げには煉瓦素材を使用し、色彩や張り方についてもオランダの街路を再現する、⑥ベンチ・街路灯・プランターボックス・電話ボックス・郵便ポスト・街区サイン等のストリートファーニチャーを整備する。その際、これらのストリートファーニチャーにはオランダ製品あるいはオランダデザインのコピーなどを用い、オランダをイメージさせる街路空間の形成をはかることが計画された（図5・図6）。建物整備としては、①建物一階部分を壁面から一・五メートル以上セットバックさせ、それによって生じた空間を歩道等に整備する、②建物ファサード（正面外観）のデザインや色彩の統一を図り景観整備を実施することが計画された。その後、一九九〇年の岡山市第三次総合計画およびその実施計画において具体的な整備が位置付けられ整備の実施がなされたが、この岡山市表町商店街活性化モデル事業の整備方針が、実際の街路整備の実施に当たってもほぼ踏襲され、街路整備方針のうち、②のセットバックによる幅員の拡大、および、④のうちのパーキングスペースおよび駐輪スペースの確保を除いてはほぼ実現している。

写真 6　アムスメール上之町の街路整備

写真 7　岡山シンフォニービルとアムスメール上之町入口

このうち、パーキングスペースについてはオランダ通り沿線および近隣地域に民間を中心とした時間貸有料駐車場の整備が進展したため、計画された整備が不要となったものといえる。しかし、セットバックによる幅員の拡大が街路整備と同時に実現しなかったことにより、十分な歩道幅員が確保されておらず、現在にいたるまで街路整備の事業方針にうたわれた歩車共存や、都市整備局の提唱した歩行者のゆとりと安心を最優先に考えた街路の整備は十分には達成されていない。

以上のオランダ通りの街路整備は、衣料品店、飲食店を中心とした商店の新規立地を促し、来街者増および回遊性の向上に一定の効果をあげた。さらに、オランダをイメージさせる街路空間の形成のコンセプトは、上之町の街路空間整備に影響を与え、オランダ風の石畳やストリートファーニチャーが整備されるとともにアムスメール上之町という商店街名称にも反映され[9]、それが記載された石造り建物風のアーケードの入口が建設されることとなった（写真6・写真7）。

(9) アムスメールはオランダの首都アムステルダムとその近郊にあるアールスメール花市場にちなんで名付けられたとされる。

おわりに

岡山市における商業活性化は、主に表町地域を中心とした岡山市中心部の商業地区の活性化に重点が置かれ様々な事業が実施されてきた。オランダ通り整備のように一定の効果をあげる事業も少なくなかったものの、全体としては商業の停滞傾向を払拭し、かつてのような中心商業地としての地位を取り戻すといった抜本的解決にはいたらなかった。一九九八年の中心市街地活性化法の制定により、商業の活性化にとどまらず、居住人口の増加、公共施設の集中立地、生活環境の改善などを一体的に実施し、集約型都市構造を民間主体の参画促進によって実現することが目指されるようになったことから、岡山市の商業活性化の取り組みも変化を余儀なくされた。

また、中心市街地活性化法の制定と前後して、岡山駅周辺地区でJT岡山工場跡地に、複合商業施設ジョイフルタウン岡山が建設され[10]、その中核店舗としてイトーヨーカドー岡山店が出店したり、岡山駅でもJR西日本のグループ会社が経営する商業施設サンステーションテラスが二〇〇六年に開業したりするなど商業集積が進んだ。なかでも、バイオ企業の林原の本社およびモータープール跡地に二〇一四年に売り場面積六万平方メートルを有するイオンモール岡山が出店したことは、岡山市中心部の商業地区に劇的な変化をもたらした。さらに、岡山駅前地区では今後も大型の再開発事業が実施、計画されており一層の商業集積が進むことになる[11]。

(10) ジョイフルタウン岡山は二〇一八年に閉館し、跡地に「杜の街グレース」住宅棟・商業棟・オフィス棟からなる複合開発が進んでいる。

(11) このうち、岡山市駅前町一丁目では、「岡山ゲートプレイス」と称した住宅(約四四〇戸)、ホテル、商業施設、コンベンション施設、駐車場施設からなる複合施設の建設が二〇二六年の竣工をめざして進められている。また、野田屋町一丁目でも、住宅(約二〇〇戸)、ホテル、商業施設からなる複合施設の建設のための再開発組合が二〇二二年に設立されている。

一方で、二〇〇〇年代に入ってから岡山市中心部ではマンション建設が積極的に行われ、居住人口が増加している。さらに、一九七六年の岡山市商業近代化実施計画以来、アミューズメントゾーンとしてかつての賑わいの回復が目指されていた表町地区の南端の千日前地区には、二〇二三年に岡山芸術創造劇場が開館することとなっている。これらが、岡山市中心部の商業地にどのような影響を与えるのか注目してほしい。

〔参考文献〕

岡山を語る会『岡山の表町』日本文教出版、一九九〇年
片山亨『おかやま下之町ものがたり』下之町商店会、一九九四年
川田力「岡山市オランダ東通りにおける街路整備―商業振興との関連を中心として―」『瀬戸内地理』第一一巻、二〇〇二年
川田力「岡山市中心市街地における商業停滞地区の現状―岡山市奉環町商店街を中心として」『岡山大学教育学部研究集録』第一一一巻、一九九九年
株式会社観光都市計画事務所・株式会社岡山CDR編『岡山市表町商店街活性化モデル事業報告書（コミュニティ・マート構想モデル事業）』協同組合連合会岡山市表町商店街連盟・岡山市表町商店街活性化モデル事業推進委員会、一九八七年
末廣健一『岡山表町商店街物語　昭和の上之町で育った子どもたち』吉備人出版、二〇一九年
吉本勇「岡山市および周辺都市における百貨店の店舗動向」『就実大学史学論集』第三四号、二〇二〇年

column

岡山の歴史文化を活かしたまちづくり

三村 聡

総社市山手地区のとりくみ

総社市山手地区は、平成の合併（二〇〇五年）で旧総社市に編入された旧山手村エリア（人口約四〇〇〇人）である。地域には造山古墳や作山古墳はじめ、かつての吉備王国を偲ぶ名所、史跡が数多く点在している。

同地区では、旧山手村時代の地域コミュニティの強固な絆を活かしながら、新しい住民を迎え入れつつ、新たな地域のコミュニティデザインを描く活動が続けられてきた。その中核を担う組織が、総社市山手地区社会福祉協議会（地区社協）である。総社市では、平成の合併を契機に、旧町村単位（一四地区）に住民主体の地区社協を設けた。山手地区社協では、ふれあいサロン、敬老会事業、給食サービス事業、ひとり暮らしや寝たきりの方への支援、三世代交流事業、児童健全育成事業、子育て支援等の支え合いによる地域福祉活動を展開している。主な活動団体は、民生委員、児童委員・主任児童委員、福祉委員、愛育委員、栄養委員、婦人会、老人クラブ、子ども会、障がい者団体、自治会（コミュニティ関係者）、ボランティアであり、互いが連携しながら地域包括ケアシステムを推進する。なお、総社市では「多職種連携と地域包括ケア」活動の対象に子供たちが含まれている。

岡山大学のこだわり

岡山大学では、学生が、様々な社会の現場に出向き地域と共に対話や共同作業、調査・提言等の活動を通して学ぶ、「実践型社会連携教育」の全学導入を進めてきた。従来の授業は教室での座学が主流であり、学生の立場からは受動的である。実践型社会連携教育では、社会の様々な人と一緒に活動する中で学生が主体性を発揮し、能動的に学びを深める活動や授業を目指してきた。山手地区では実施計画策定にあたり、地域の皆さんから学生に対して問題提起や提案を頂いた。

① 社会福祉協議会といえば「高齢者の問題に対応する組織」と思われがち。山手の地域包括ケアでは子供たちや家族の問題、コミュニティ全体で取り組む福祉活動について考えたい。三世代で共に学びながら楽しめるイベントや学習機会を若い頭脳で考えてほしい。

② 各団体の活動を学び、どのような課題を抱えているか、相互に理解したうえで学生さんとも話し合いをしてゆきたい。

③ 現在、地区の祭礼では、元気よく子供神輿を運行する地区もあれば、担ぎ手がなく軽トラに乗せて運行する地区もある。賑わいを創出する企画を考案してほしい。

④ 古墳については、岡山大学ゆかりの郷土史家がいる。ぜひ、学生の皆さんが吉備路の歴史について学ぶ機会をつくりたい。

写真1　総社市山手地区での学生活動

学生と地元の交流

学生は地域に入り、二〇一三年から二〇一六年まで、三世代が交流する企画を立案・実施した。まず、学生たちは、実際に古墳群や備中国分寺などを視察、地域の古老の皆さんや郷土史家、山手小学校の先生方から、地理や地勢も含めて、同地区の歴史や文化、まちの変遷、そして住民が直面する課題について現地から直接学んだ。そして、地域を盛り上げるイベント企画として、地域の幼保園、小学生たちが保護者と共に参加するウォークラリーの企画「やまて なかよしウォーキング」を考案・実施した。

写真２　学生が活動した総社市角力取山古墳

角力取山《すもうとりやま》古墳や道満塚《どうまんづか》古墳はじめ史跡群の回遊ポイントで、史跡にまつわるクイズを子供たちに出題した。子供たちは保護者と共に考え、保護者同士も新旧住民が交わりながら、歴史の学びを通して交流・親交を深めることができた。同時に学生たちは、「古墳群や寺院」を学びの資源として、地域の歴史遺産（文明）を起点として、悠久の「過去」から続く人の営みを読み解き、「現在」の社会が直面する課題を発見、そして課題解決策として「未来」を創るための施策を考案することにより「生きる力」を修学した。地域の皆様からまちづくりの成果を確認いただき学生活動を終えることができたのである。

実践型教育ではイベントなど賑わい創出への参加が重要ながら、同時に社会の課題を意識した教育的視点が求められ、課題解決につながる活動が大切になる。つまり、単純なアミューズメント企画や活動では不十分なのである。すなわち、それが大学的なこだわりの歩き方なのである。この点を地域の皆さんと共有、地域遺産を起点に、相互理解を深めながら、四年間、実践型活動として継続実施した経験と実績は、現在に生きている。

岡山県は歴史遺産の宝庫である。文明の証言者を起点として、未来を見渡す力を養成する「実践知」教育を、地域人の協力を得て開発、学生たちは岡山の文明にこだわりながら歩いた。

文明という名のバトンを、次世代にしっかりと手渡せるまちづくりを目指して、引き続き歩んで参りたい。

「アートの島」犬島に暮らすということ

——中谷文美

はじめに

多島美で知られる瀬戸内海。穏やかな海に大小さまざまの島々が織りなす島影はたしかに美しく、見飽きることがない（写真1）。

岡山県にある八七の島のうち、人が暮らす島（有人離島）は一九にのぼる。その中で岡山市内に位置するのは犬島だけである。面積約〇・五四平方キロメートル、周囲約三・六キロメートルのこの小さな島は、岡山市東区宝伝・久々井地区の沖に浮かぶ。岸からもその姿は見え、宝伝港から旅客船に乗ると一〇分足らずで着いてしまう。まさにすぐそこにある島だが、船でしか行けないというその立地こそが、いろいろな意味でこの場所を特別なものにしているともいえる。

かつて採石業が栄え、銅製錬所が作られ、また隣接する犬ノ島で化学工場の操業が続く「産業の島」としての犬島は、今では「アートの島」と形容されるようになった。

写真1　王子が岳（岡山県倉敷市）からのぞむ瀬戸内海の「しまなみ」

本章では、主として住民の方への聞き取りをもとに、この犬島を生活の場とする人々の営みに光を当ててみたい。

1　変遷する産業と犬島

まずはこの島の歴史を簡単にふりかえっておこう。もともと犬島は良質の花崗岩を産出することで知られ、全国各地の城や庭園、記念碑などに犬島産の石が用いられたという[1]。とくに一八九七（明治三〇）年に着工した大阪湾築

写真２　山神社からの眺望

写真３　操業時の銅製錬所（出典：在本 2010：118）

（1）　在本桂子『犬島の石　嫁ぎ先発見の旅　犬島ものがたり』犬島再発見の会、二〇一〇年。

写真４　島内のあちこちから目にすることができる製錬所跡の煙突

港の折には、大量の石を切り出し、運搬するために多くの職工人夫が集まり、島が最大のにぎわいを見せた。「築港千軒」という言い回しが今も語り継がれるように、当時は戸数一〇〇〇軒、人口五〜六〇〇〇人にのぼったといわれている。その後も石材業は島の地場産業として続いたが、安価な輸入石材などに押され、現在は採石場が残るのみとなった[2]。

銅の製錬所は一九〇九（明治四二）年に建設された（写真3）。当時瀬戸内の島々に製錬所が作られた背景には、原料輸送の利便性のみならず、銅の精錬に伴って発生する煙害対策の意味合いもあった。そもそも、現在の倉敷中庄にあった帯江鉱山の製錬所が公害問題で移転を余儀なくされ、移った先が犬島だったのである。つまり、本土からたった二・二キロの沖合にすぎないとはいえ、海に囲まれた島という立地こそが、製錬所移転先に選ばれる理由だったといえるだろう。

一〇万平方キロメートルに及ぶ広大な敷地に作られた製錬所は、高い煙突を六本備えていた。そのほとんどが今も残り、島のどこからでも見ることができる（写真4）。

製錬所操業当時は従業員が家族とともに島外から移り住み、島には社宅や飲食店、娯楽施設が立ち並んでいた。しかし、銅価格の変動や他の製錬所との競争、第一次世界大戦時

（2）石材業に従事する人々が信仰する「山の神」を祀った神社が港近くの高台にある（写真2）。

の景気の反動などの煽りを受け、わずか一〇年後の一九〇九（大正八）年には完全閉鎖に追い込まれた。製錬所の煙害は島の生活にも影響を及ぼし、閉鎖後も畑作や養蚕の衰退を招いたという(3)。

その後一九三五（昭和一〇）年には、犬島の北西岸沖にある犬ノ島で、日本硫黄株式会社岡山工場が操業を開始した。明治期に行われた大阪港造営のための採石の結果、この島は高さが三分の一となっていた。それが工業用地化を容易にし、二硫化炭素生産工場が建設されたのである。原料となる硫黄は福島県から運んでおり、従業員も本社のある福島から移住してきた人が多かったという。昭和二〇年代には生産のピークを迎えたが、やがて経営難に陥り、一九六八（昭和四三）年に破産した。そのとき、ガス漏れの危険対応のための着臭剤などを製造していた曽田香料が、日本硫黄の敷地、工場施設と解雇された従業員を引き継ぐ形で岡山工場を設立した(4)。ガス着火剤という用途ゆえに悪臭を伴う製品の生産にあたって、やはり離島であるという立地条件は有利に働くと判断されたらしい。その後犬ノ島の工場は、曽田香料の一〇〇パーセント出資子会社として岡山化学工業に改称したが、現在も操業が続いている。

(3) 在本桂子『犬島ものがたり　アートの島の昨日・今日・明日』吉備人出版、二〇〇七年。

(4) 『曽田香料七十年史』、井上兼市『犬島の散歩道』私家版、一九七四年。

2　暮らしの変化

人口の推移

前節で述べたような、犬島を舞台とする産業の変遷は、そこに暮らす人の数や働く場を大きく左右してきた。大阪築港時代の六〇〇〇人という数をピークに人口は変動を繰り返し、製錬所閉鎖時には一二〇〇人、戸数二四〇ほどに激減していたという。国勢調査などに基づく推移を見ると、第二次世界大戦終了時の一九四五（昭和二〇）年時点で一〇〇〇人だった人口は、一九五一年に一旦拡大してから減少に転じ、一九七五年には二〇〇人強に落ち込んだ。その後も漸減を続け、二〇二二（令和四）年時点の住民基本台帳によると、三八人となっている。(5)

このように特定の産業が栄えるたびに新しい人口が流入し、その産業が衰えることにより、働き手も島を去ることになった。

写真5　住民の方へのインタビュー風景（2009年3月）

島内の商店分布の変遷

二〇〇九（平成二一）年には、岡山大学文学部で社会学、文化人類学、社会文化学を専攻する学生たちと一緒に何度か犬島を訪ね、住民の方々にインタビューをさせていただいた。(6) そこでわかったのは、何世代にもわたってここで暮らしをつないで来たというより、本人あるいはせいぜい一、二世代前の時点で、岡山県内や周辺地域から島に移ってきたという住民が圧倒的に多いことである。移住の理由としては、石材業、大工業、あるいは化学工場への就職(7)といっ

（5）離島経済新聞社ウェブサイト（https://ritokei.com/shima/okayama/okayama_inujima）二〇二二年一〇月四日アクセス。

（6）この節の記述は、この共同調査でのインタビューの記録をもとにしている（写真5）。中谷文美編『犬島―行動科学実験・調査演習報告書』岡山大学文学部人文学科行動科学専修コース、二〇一〇年参照。

（7）化学工場に関連する業務は、工場内だけでなく、資材や製品の運搬に使う船の運航にかかわるものなど、多岐にわたっていた。

た形で島に就業機会を求めて来たり、結婚を機に移り住んだりというものが目立った。島の人口が増えた時期に、商店を営む目的で親が移住したという人も複数いる。

学生たちが聞き取りに基づいて再現した地図（図1）によれば、一九四五（昭和二〇）年当時の犬島には、確認できた限りで二二軒の商店があった。その内訳は表1の通りである。生活に必要な品物を調達できる各種商店が島全域に点在していたことがわかる。旅館も二軒あった。駄菓子屋が六軒と多いのは、元手をそれほどかけずに始められる商売だったことと、島の子どもの数が多かったためだろう。[8]

一九四五年当時は、一七四人の小学校児童がいた。その後、児童数が一二三人に減少した一九六五（昭和四〇）年になると、駄菓子屋が四軒となり、この頃から他の商店もなくなり始めたという。一九六七年に日本硫黄が岡山工場を閉鎖し、人員整理が行われたことで、島外に出た人も多かったと考えられる。一九八一（昭和五六）年には、商店数は一〇軒になっていた。

学生たちがインタビュー調査を行った二〇〇九年時点では、タバコ屋と酒屋がかろうじて残っていたほか、主に観光客相手の食堂二軒、民宿一軒、そして島外の人が運営するカフェが一軒あった。後述するアートプロジェクトの一環で新設された美術館内にも、カフェができていた。島内人口の減少にもかかわらず、島の新たな産業といえる観光との関連で、新規事業が立ち上がりつつあったといえる。

ただし、島に暮らす人々にとっての生活必需品は、島外とのアクセスなしには手に入らない状況となっていた。二〇〇九年三月に最後の生鮮食料品店が閉じてからは、船とバスを使って買い物に出る、食材の注文をとりまとめて対岸の宝伝にある商店から定期船で届

（8） 珍しいところでは、「ておい屋」というものがあった。石切場で働く人が作業の際に手を保護する「ておい」を、女性がミシンで縫っていたのだという。また、定期船で本土側から魚を売りに来る人たちもいた。

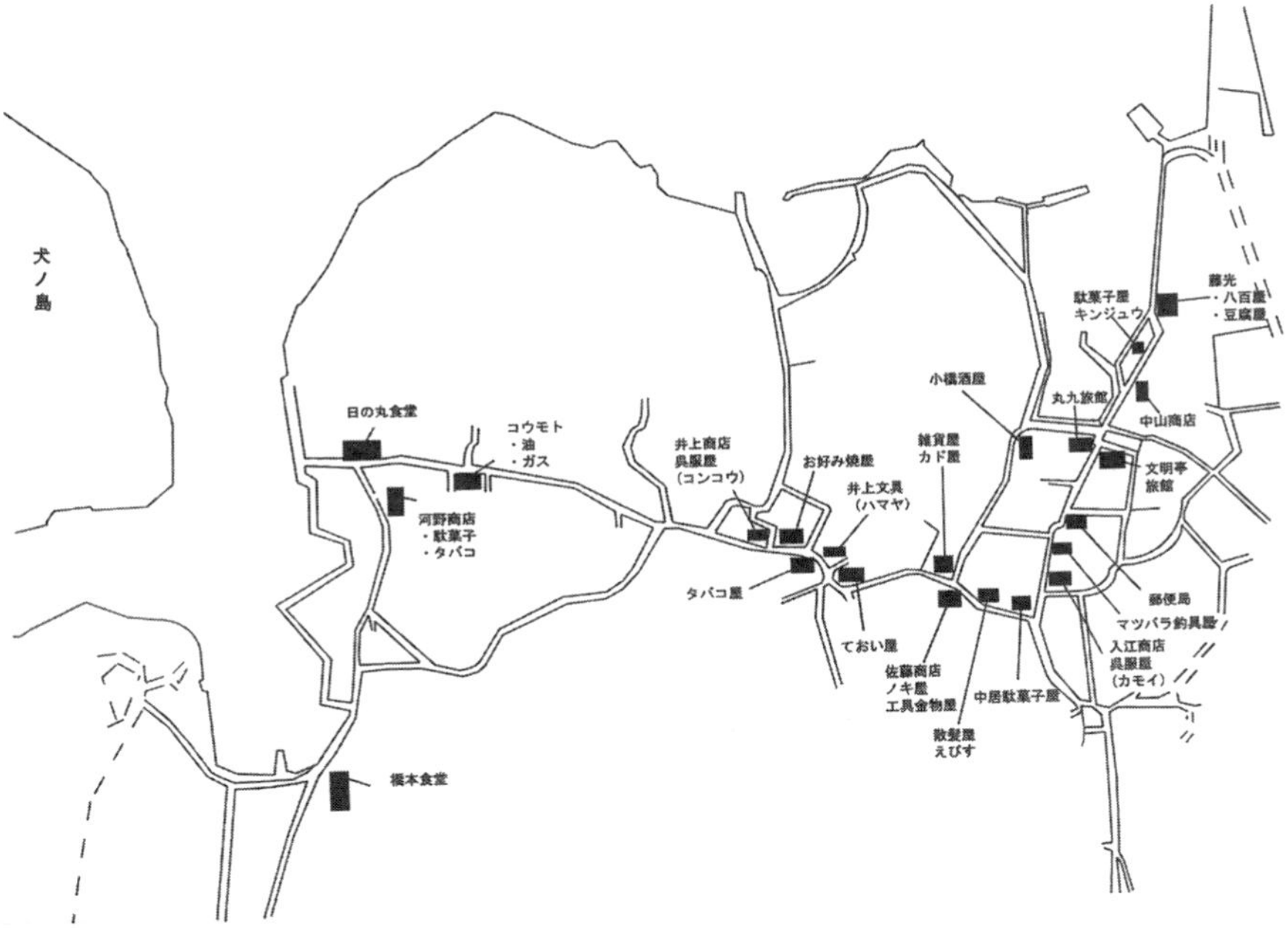

図1　聞き取りに基づいて再現した、1945（昭和20）年時点の犬島における商店分布図（中谷文美編『犬島－行動科学実験・調査演習報告書』2010年より転載）

表1　島内の店舗数の推移（1945－2009年）（中谷文美編『犬島－行動科学実験・調査演習報告書』2010年より転載）

昭和20年（1945）	昭和40年（1965）	昭和45年（1970）	昭和56年（1981）	平成21年（2009）
駄菓子屋（6） タバコ屋（3） 呉服屋（2） 旅館（2） 食堂（2） 八百屋・豆腐屋 酒屋 散髪屋 工具金物屋 雑貨屋 ておい屋 文具屋 お好み焼き屋 油・ガス屋 釣具屋	駄菓子屋（4） タバコ屋（2） 呉服屋（2） 食堂 八百屋 酒屋 食料品店 散髪屋 工具金物屋 雑貨屋 薬屋 文具屋 お好み焼き屋 油・ガス屋 風呂場（社宅） 購買部（社宅）	タバコ屋（2） 呉服屋（2） 酒屋 食料品店 薬屋 散髪屋 工具金物屋 文具屋 八百屋 お好み焼き屋 風呂場（社宅） 購買部（社宅）	タバコ屋（2） 酒屋 食料品店 呉服屋 工具金物屋 八百屋 お好み焼き屋 風呂場（社宅） 購買部（社宅）	タバコ屋 酒屋 食堂（2） 民宿 カフェ
計21軒	計19軒	計14軒	計10軒	計5軒

けてもらう、あるいは生協で共同購入をするといった手段で食料を確保することになった。

本土とのアクセス

当然のことながら、交通手段もまた島での暮らしを左右する。

石材の切り出しがさかんだった頃から、犬島はさまざまな場所と定期船や運搬船の航路によって結ばれていた。大正時代には、岡山市中心部の京橋と牛窓の間を行き来する船が人も荷物も運ぶようになり、犬島にも寄港した。大阪便もあったという。一九二八（昭和三）年に設立された南備海運は日生、岡山、高松を結ぶ三航路を運航し、いずれも犬島を経由していた。離島とはいえ、海の道によって本土や四国の中心部と直接つながることができていたのである。

だが一九六六（昭和四一）年には大型船が犬島に寄港することはなくなり、対岸の宝伝―犬島間に郵便船が一日三便運航するようになった。この定期船が島と本土を結ぶ唯一の交通手段となって今日に至る。(9)

救急搬送が必要な場合は救急ヘリが出動することもあるが、船をチャーターして宝伝に行き、そこまで救急車に来てもらった方が早いという。そのほうが、見舞いや通院に便利な地域の病院に搬送されるというメリットもある。

このように、犬島を舞台とする産業の変遷は人口の増減に直結した。それは生活の利便性に変化をもたらすものでもあった。そして次の新しい波は、アートとともにやってきた。

(9) 二〇二二年時点で一日八便（アートプロジェクト関連施設の休館日は二便運休）が運航している。このほか直島、豊島と犬島をつなぐ旅客船もある。

3　「アートの島」への転換

製錬所跡が美術館に

二〇一〇年以来、瀬戸内海に点在する島々を舞台として、瀬戸内国際芸術祭が三年に一度のペースで開催されてきた。当初七島だった会場は、二〇二二年には一二島に増えた[10]。その第一回時点で、犬島は岡山県内唯一の会場であった[11]。

この芸術祭のスタートを控え、二〇〇八年四月には犬島アートプロジェクト「精錬所」がオープンした。上述の旧製錬所の遺構を活用しつつ、太陽や地中熱などの自然エネルギーの循環を組み込んだ三分一博志さんの建築と、犬島に在住経験のあるアーティスト柳幸典さんのアート作品を収めた美術館（二〇一三年に犬島精錬所美術館」に改称）である（写真6）。これに二〇一〇年から犬島「家プロジェクト」が加わった（写真7）。

犬島でのアートプロジェクト立ち上げにあたり、関連施設で働く希望があれば、島の住民を優先して雇用したいとの呼びかけがあったという。その結果、開館当初は、美術館内に新しく作られたカフェに二人、当時完全予約制だった鑑賞ツアーのガイドとして二人、施設内の植栽を管理するアルバイトとして一一人の住民が働いていた。また、「精錬所」では島民トークと称して、島民から子ども時代の犬島の様子を聞かせてもらうイベントも随時行っていた。

瀬戸内国際芸術祭が始まる直前の二〇〇九年当時、島の人たちへのインタビューからう

(10)　瀬戸内国際芸術祭は直近の二〇二二年まで、過去五回にわたって開催されている。当初、連続する一〇五日間だった開催期間は、春、夏、秋と三つの会期に分かれるようになった(https://setouchi-artfest.jp)二〇二二年一〇月四日アクセス。

(11)　二〇一三年からは、直島や豊島への定期船の発着地である宇野港（岡山県玉野市）も会場となっている。

かがい知ることができたのは、現代アートを基軸とした、島の新しい展望への期待と不安がないまぜになった心情だった。「若い人が島に来るようになった」「いろんなとこから来られる人と話すからな、うん。活力が出てきたかな」と語り、美術館に直接かかわっている人も「仕事持つ、いうことは楽しい」とやりがいを感じる言葉を口にする一方、開けっ放しだった玄関の鍵をかけるようになった、本音では静かに暮らしたい、という思いを吐露する人もいた。だが、このままでは人が減っていくばかりのこの島に別の未来があるとしたら、とある種「賭け」のような気持ちを抱いている様子も伝わってきた。

とくに、一時的な訪問客の増加だけでなく、アートをきっかけに若い人が島に定住してくれることへの期待は大きかった。「どうかなア、きてもらいてえけどなあ」「若い人が（島

写真 6　犬島精錬所美術館　柳幸典「ヒーロー乾電池／イカロス・タワー」（2008）写真：阿野太一（提供：福武財団）

写真 7　犬島「家プロジェクト」S邸　荒神明香「コンタクトレンズ」（2013）写真：井上嘉和（提供：福武財団）

に）入られたらなんぼか違いましょうけどなあ、仕事がないですよ」「ここへ住むような人はおらんわな」といった、あきらめとも聞こえる語りとセットではあったが。「あと五年早かったら」という言葉もあちこちで出た。それは、島に今暮らしている自分たちがもう少し若ければ、より積極的にプロジェクトに関与したり、自ら新しいことを始めたりできたのに、という前向きな思いの発現でもあっただろう。

とはいえ、すでに新しい動きも始まっていた。直島福武美術館財団（当時）[12]の理事長で芸術祭の総合プロデューサーでもある福武總一郎氏の呼びかけに応える形で、町内会の中に「花作り楽しむ会」が発足した（写真8）。当番制で花苗の植え替えや施肥などの作業を分担し、島外からの客の目を楽しませる工夫をしてきた。

写真8　かつて岡山化学が業務用に建てたグラスハウスを「花作り楽しむ会」が活用していた。現在は「犬島 くらしの植物園」の一部となっている。（撮影：藤井和佐）

アートプロジェクト以前

もう一点忘れてはならないのは、犬島とアートとの結びつきが美術館建設からにわかに始まったわけではないということである。[13]

二〇〇二年には、岡山市芸術祭の中心企画として犬島アーツフェスティバルが開かれ、一〇日間の会期中にのべ四〇〇〇人もの参加者を集めた。野外演劇や野外ダンス公演が製錬所跡や火力発電所跡などで行われたほか、絵画展、写真展、ワークショップなども同時

(12)　直島福武美術館財団、福武地域振興財団、福武学術文化振興財団の三財団が統合し、二〇一二年九月からは公益財団法人 福武財団となった。

(13)　アート関連施設とは別に、観光地としての犬島は、海水浴場、キャンプ場に加え、「岡山市立犬島自然の家」という公営宿泊施設を備えている。これは、一九九九（平成一一）年に廃校となった旧犬島小学校・中学校跡を利用して作られた社会教育施設である。年間を通じてさまざまな行事を企画・運営しており、アートプロジェクトの来場者とは異なる層の訪問者を受け入れてきた。

写真９　2013年の「客人（MAREBITO）」のために設営された舞台

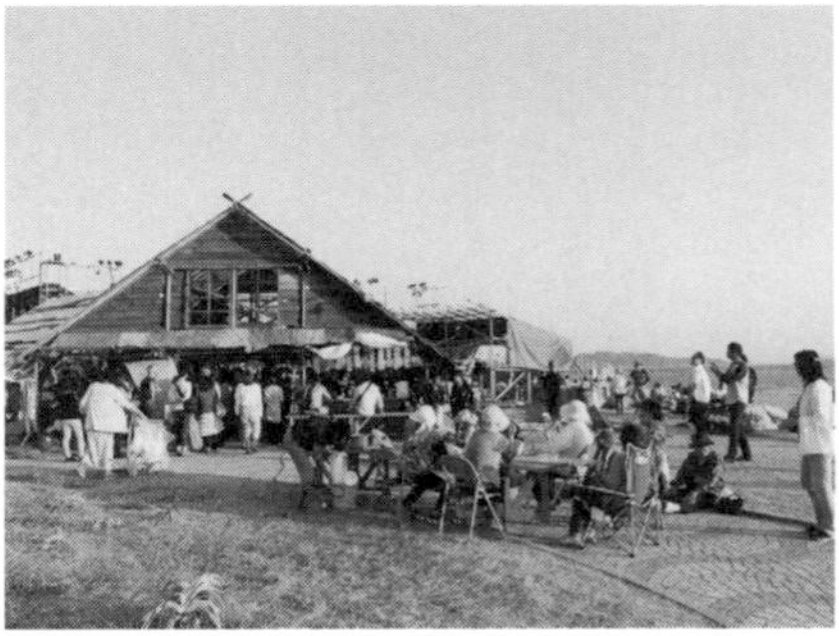

写真10　維新派による公演当日の屋台村

開催される大がかりなものだった。[14] このとき招かれた維新派という劇団は、脚本作りから始まって、舞台設営、連日の稽古、上演当日の屋台村運営に至るまで、代表と約一〇〇人にも及ぶ団員たちが一ヶ月以上島に住み込み、島の住民とも濃密な関係を築いた。[15] その後も三度にわたって犬島で新作を上演した維新派について、いまだに島の方々は「イシンハが来とったときはなあ…」と特別な思いを込めて語る。[16]

あるいはXXXX THE JAMBOREEという野外音楽イベントが夏の二日間だけ、南岸にある犬島キャンプ場を会場にオールナイトで開かれていた。[17] このイベント開催にあたり、主催者の南波仲樹さんは事前準備の段階から島に何度も足を運び、一軒ずつ訪ねては、住民の方々への丁寧な説明と信頼関係の醸成に心を砕いたという。民家のない地区での開催とはいえ、野外音楽イベントという性格上、大音響が出るし、一度に多くの人が島で一晩を過ごすことになる。「島荒らし」にならないよう注意し、「イベントの名前は覚えていないんじゃないかな。でもみん

(14)　犬島アーツフェスティバル実行委員会『犬島アーツフェスティバル記録報告書』（二〇〇三年）。

(15)　犬島での最後の公演となった「客人（MAREBITO）」は筆者も観劇する機会を得た（写真9）。背景となる島の自然ばかりでなく、次第に濃くなる夕闇から夜の漆黒までの移り変わりすら組み込んだ壮大な舞台装置と骨太のテーマ設定に圧倒される経験だったが、同時に、それまでに知り合っていた島の方たちが実に楽しそうに参加されていたのも印象的だった（写真10）。

(16)　松本雄吉代表の死去をきっかけに、維新派は二〇一七年に解散した。

(17)　二〇〇六年が第一回で、二〇一五年まで一〇回にわたって開催された。

な僕個人の名前は覚えていてくれてる」という状況を作り出した[18]。

ほかにも犬島とさまざまな形でかかわりながら、広い意味でのアートにまつわる企画を行ってきた外部者は多い[19]。

4　犬島の今とこれから[20]

「犬島ととと倶楽部」の始まり

二〇二〇年代に入った今、島民の暮らしに密着した商店はさらに減り、代わりにカフェが四軒に増えた。もっとも大きな変化は、住民の顔ぶれが少しだけ若返ったことだろう。美術館のオープン当初は、スタッフが全員その日最後の船で本土側に渡っていたが、今は島内に住んでいる人もいる。さらに、新しくカフェの経営に踏み切った人たちはいずれも三〇代で、福武財団職員としてアートプロジェクトの業務に就いた経験がある。

そのうちの一人、岩井智幸さんは、二〇一六年に当時の勤務先の研修で犬島を初めて訪れた。造園中だった「犬島 くらしの植物園」の整備作業にかかわる経験を通じて犬島に興味を持ち、その後も頻繁に通った末、二年後には福武財団の契約職員として働き始めた。当初は対岸の宝伝にある男子寮から通勤していたが、二〇一九年から島内に居を移した。現在は、アートプロジェクトの運営業務と自宅カフェ（カフェスタンドくるり）の営業を両立する形で、犬島での生活を続けている。

二〇二二年一月には「犬島ととと倶楽部」を一般社団法人として設立した。この法人名

(18)　二〇〇九年六月二七日、南波仲樹さんへのインタビューより。南波さんはイベント外でも犬島とのかかわりを続けるため、二〇〇九年一一月からは島内にカフェ「trees 犬島店」を開いた。

(19)　「アートの島」としての犬島に関与してきた人たちの多彩さは、在本桂子『アートの島　犬島へ』吉備人出版、二〇一八年が生き生きと伝えている。

(20)　本節の内容は、主として二〇二二年七月一三日に行った岩井智幸さん、中居米子さんへのインタビューに基づく。

写真11　犬島ととと倶楽部の活動風景：オーツ麦の種まき（2022年2月、提供：犬島ととと倶楽部）

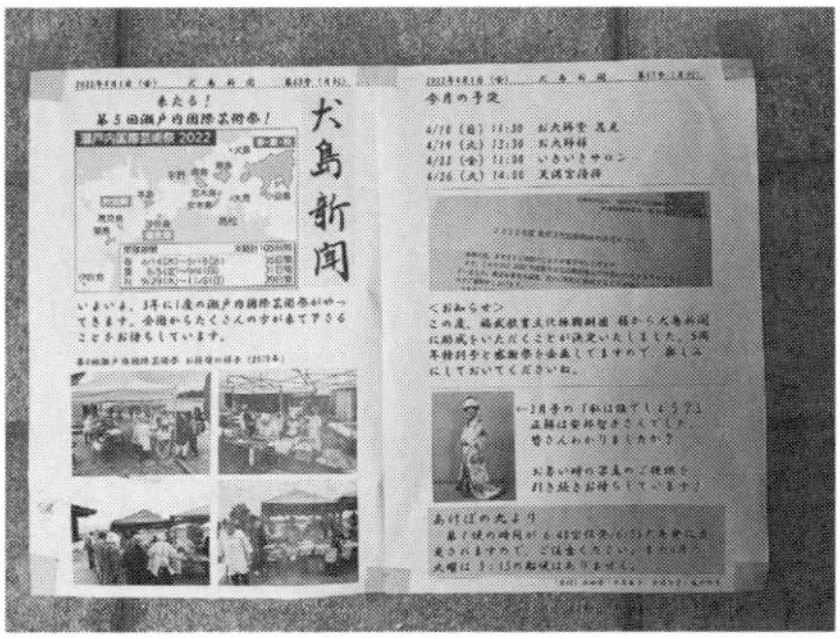

犬島新聞

来たる！
第5回瀬戸内国際芸術祭！

今月の予定

＜おしらせ＞

写真12　犬島新聞

には、犬島のさまざまな魅力を「と＝＆＝with」でつなぐ役目を果たすことで、島の抱える問題に取り組みたいとの意味が込められているそうだ。メンバーは、代表を務める岩井さんと岩井さんの妻のほか、コミュニティガーデンプランナーの橋詰敦夫さん、[21]そして安部智子さん、池田栄さん、中居米子さんら「島のお母さん」。この三人は、わたしも犬島に通い始めた頃からいろいろお世話になったり、お話を聞かせていただいたりした方たちだ。

メンバーたちは手始めに、わかめ、びわの葉、野菜など島の産物を使った商品を通じて全国から来る人たちに犬島をもっと知ってもらおうと、材料調達から加工まで、集まっては作業している（写真11）。このグループができるきっかけになった壁新聞「犬島新聞」の制作もする（写真12）。今後は、外から来た人と住民が一緒に何かをしながら学び合えるようなイベントの開催や、犬島に興味を持った人に対する窓口となるようなコーディネート業務にも力を入れていきたいと考えてい

（21）　橋詰さんは岩井さんが犬島にかかわるきっかけとなった「犬島 くらしの植物園」の運営を担っている。この植物園もアートプロジェクトの一部であるが、単なる見学の場ではなく、島民や来島者の参加を前提に、植物を媒介にしたコミュニティ作りをめざしている。橋詰さん自身もプロジェクトへの関与をきっかけに犬島に移住して来た。https://benesse-artsite.jp/art/lifegarden.html 二〇二二年一〇月四日アクセス

る。そういうイベントの参加者には「また来たいな、かかわり続けたいなと思ってほしいし、願わくは、ここでビジネスを始めたい、(自分のように)住みたいなと思ってくれる人が出て来てほしい」と岩井さんは語る。

「若い人」を連れて来たアート

すでに触れたように、アートプロジェクトを迎えるにあたって、犬島の人々はある種の不安を抱えながらも、これが若い人に来てもらうきっかけになるのではないかという期待を口にしていた。たしかに美術館や集落でのアートプロジェクトの開設、そして何より瀬戸内国際芸術祭によって、島を訪れる人の数は格段に増えた。住民はそういう来島者たちと話す機会を一方で楽しみつつ、他方では、あまりにも数が増えたことによってマナーのよくないふるまいが目立ったり、定期船に島民が乗れないという事態が起こったりもする現状を懸念するようになっていた。(22)

ところが、「仕事がないために島に定着する若い人は出てこないのではないか」という懸念のほうは、意外な形で裏切られつつある。

例えば毎年八月に開かれる盆踊りは、島外に出た家族や親類も帰省するにぎやかなイベントであるが、アートプロジェクトが始まってからは、財団の職員たちも参加してきた。他の島に転勤した職員も盆踊りのときには戻って来て、今では「町内会の盆踊りかベネッセの盆踊りかわからん」と島の人が言うまでになっている。財団職員の多くは、かつての岩井さんのように島外から通勤するが、中には単身赴任したり、本土側のこども園に子どもを送り迎えしたりしながら、家族での暮らしを島で送る人もいる。そういう経験を通じ

(22) 現在は「島民パスポート」が導入され、これを持っている島の住民は優先的に乗船できることになっている。

て住民との関係を築き、アートプロジェクト以外の形でも島にかかわり続ける選択をする人が実際に出てきたのである。アート鑑賞目的の観光客というよりも、アートを仕事として島に来た若者が結果として定住する動きが生まれていることになる。彼らは、高齢化が進む一方の島の住民からは頼りにされる存在である。

ただし島内に保育園も小中学校もないことが、子どもを持つ若い家族にとってはネックとなる。アートプロジェクトの関連施設が休館する時期には観光客数が激減するため、カフェ運営なども難しくなる。したがって、年間を通じて安定した生計を確保する手段をいかに得るかということも大きな課題といえる。

だが犬島には、すでに長年にわたって二拠点居住を続けてきた先輩たちがいる。二拠点居住とは、島内と島外の二ヶ所に住まいを持ち、行き来を続ける状態を指す。子どもの高校進学を機に本土側に家を持ち、子どもが巣立った後も趣味の習い事に通うための拠点としてその家を活用したり、平日は孫の世話をするために本土側の息子の家に夫婦で滞在し、週末に帰島したり、通院先の病院に近い家と島内の家を行き来したり、といった暮らし方をする人が何組もいる。そういう人たちからは、「やっぱし島は静かでいいけえ」と島で過ごす週末を楽しみにしている、行った先では近隣にとくに親しい相手がなく、犬島での近所づき合いのほうを重視しているといった声を聞く。

今後は、これまでとは違う理由で二拠点生活を選択する若い世代も出てくるかもしれない。それはこの島に暮らしの基盤を置き続けるための工夫の一つといえるだろう。

おわりに

二〇〇二年の犬島アーツフェスティバルのポスターには、次のような言葉が使われていた——「日常と非日常の風景が溶け合った犬島は、それ自体が卓越した舞台装置」。また、犬島「家プロジェクト」のアーティスティック・ディレクターである長谷川祐子さん（現・金沢二一世紀美術館長）は、犬島とほかの島々との違いがそのスケール感にあるとし、「犬島「家プロジェクト」は島の中に散在することで、島民の生活と柔らかく共存することを目的としている」と語っている[23]。

わたしが犬島を訪れるようになったのは、二〇〇〇年代初めの頃である。製錬所跡にまだ美術館はなかった。それまで毎年、ゼミ合宿で直島に学生を連れて行っていたが、ある年、定宿としていた場所が使えず、写真部に所属していたゼミ生の紹介で犬島に行くことになった。学生たちは、島内で出会う風景に意外なほど夢中になっていた。わたし自身も心惹かれるところは多かったが、同時に、この島に向けるまなざしが「滅びの美」を愛でる感覚に通じているのではないかという居心地の悪さを感じたのを覚えている。そのときの印象をきっかけとして、島の住民の方々に直接話を伺う機会を持ちたいと考えるようになった。

これまで述べてきたように、現在に至る犬島特有の景観は、瀬戸内の離島という立地ゆえにさまざまな産業が興り、沈んでいった軌跡によってできあがったものである。島に暮

（23） https://benesse-artsite.jp/inujima-arthouse-note.html

らす人々もまた、それら産業の変遷を背景に、新たなチャンスを求めて挑戦したり、浮き沈みに翻弄されたり、あるいは自ら選びとったりした結果として、ここに生活の場を築いてきた。

この場所にアートを呼び込む吸引力となったのは、まさに歴史の集積としてのこの景観であろう。ところがあまりに小さな島であるために、アートプロジェクトの展開はどんな形にせよ、住民に少なからぬ影響を与える。その意味で、犬島は単なるアートの島ではありえない。アートと住民の日々の暮らしが並び立つ、長谷川の言葉を借りれば「柔らかく共存する」ことが求められる場所であるといえる。ここでの暮らしが失われれば、過去の産業とかつての生活の跡が残る島にアートが点在するだけの、テーマパークのような空間になってしまいかねないからである。

犬島の将来を占うことは難しい。だが、ここで動き始めたばかりの新しい試みは、島を舞台にさまざまな人のさらなる交流が生まれる契機となりそうな気がする。

column

おかやま農業女子

藤井和佐

農業女子プロジェクトと地域版農業女子

農林水産省経営局就農・女性課女性・高齢者活動推進室（現女性活躍推進室）が中心となり二〇一三年一一月に開始されたのが、「農業女子プロジェクト」である。その目的は、女性農業者と企業とのコラボレーションによる新たな商品やサービス、情報の創造とそれらの社会全体への発信、そのことにより女性農業者の存在感を高めるとともに、職業として農業を選択する若手女性の増加に資することにある。メンバー数は、設立時には三七名であったが、二〇二二年七月一五日現在、九二〇名（内岡山県メンバーは三九名）にいたる。

プロジェクトの展開とともに、教育機関との連携、女性農業者自身の意識改革や経営力発展、農業女子同士のネットワークづくりにも取り組まれるようになり、近年は「地域グループ活動の推進」が図られている。[1] その地域グループ（「地域版農業女子」）の第一号が、二〇一四年に発足した「おかやま農業女子」である。[2]

おかやま農業女子は、農業女子プロジェクトで出会った二人が、県内の農業女子とともに岡山農業を発信していきたいと中国四国農政局に相談したことをきっかけに発足したネットワークである。メンバーは必ずしも農業女子プロジェクトメンバーとは限らず、二〇二二年八月四日現在で七八名となっている。事務局は中国四国農政局岡山県拠点内にあるが、活動の企画・運営などの意思決定はメンバーが主体的に行っている。企業との連携による加工品開発の会議においても、農政局の事務局職員は一切口をはさむことはなかった。また、マルシェに顔を出す複数の農政局職員の姿は、おかやま農業女子の応援団に見える。[3]

〝おかやま農業女子〟と出会う

マルシェは、おかやま農業女子がつくる農業生産物や加工品、そして彼女たちと出会える場である。テレビせとうちが主催する秋のまちはなフェアでは、米や野菜、果物のほか、バター餅や平飼いの鶏の有精卵を使った菓子、トマトジュースなどの加工品も売っていた（二〇一九年一一月）。彼女たちが六次産業の担い手であることもわかる。また、岡山ダイハツが女性農業者向けの軽トラを持ち込んでおり、その荷台が野菜売り場になっていた。ダイハツ社員の農業女子たちとのやりとりから、連携が息の長いものであることがわかる。農業女子たちは売るのも真剣であるが、来客の合間にお互いの商品を買いあって、楽しそうに会話している姿も印象的であった。

二〇二〇年一二月には、倉敷地区のメンバー一二名が活動する「くらしき農業女子の会」も発足している。倉敷駅前の「あちてらす倉敷」などでのマルシェで会えるだろう。また、「おかやま農業女子インスタグラム」（https://www.instagram.com/okayamanogyojoshi/）では、マルシェなどのイベント紹介もあり、彼女たちの活動がリア

写真1　秋のまちはなフェアでの加工品の販売（2019年11月筆者撮影）

写真2　秋のまちはなフェアで野菜売り場となった軽トラ（2019年11月筆者撮影）

写真3　料理教室講師のおかやま農業女子（2021年11月筆者撮影）

写真4　吉備サービスエリア（下り線）にある「おかやま農業女子」のブース（2022年5月本田恭子撮影を一部加工）。

ルタイムで発信されている。

おかやま農業女子たちと出会えるもう一つの大きな機会は、岡山ガスショールームでのアスパラガス料理教室である。「おかやま農業女子コラボ」という形で、月替わりのメニューを楽しめる。人気の講座であるため参加が抽選となることも多いという。講師が初めてという農業女子も、自身の生産品の良さを引き出すメニューを提供していた。加工品として販売しているジャムの作り方を惜しげもなく教える回もあった。

生産品・加工品の常設場所もある。そこにあるのは〈モノ〉だけであるが、その〈モノ〉を通して農業者としての心意気を受け取ることができる。岡山天満屋のほか、一般道から入ることのできる山陽自動車道吉備サービスエリア（下り線）の「モモタロウマルシェ」の一角にも常設のブースがある。おかやま農業女子の目的の一つに、「おかやま農業女子の産品で、岡山の知名度もあげたい」ということがあげられている。彼女たちが売っているのは、産品だけではなく〈おかやま〉なのである。

農業政策論やジェンダー論などの学術的知見に基づいて農業女子を考察したときには、さまざまな課題も見えてくる（大内二〇一七・高地二〇二〇・藤井二〇一九など）。また彼女たち自身も自分たちの取り組みの課題を認識している（二〇一九年一一月、代表者への聞き取りより）。しかしながら、目の前にいるのは真摯に農業に向き合うプロの農業者である。そのような彼女たちが創る〈農〉と〈おかやま〉、そして彼女たちに出会ってほしい。

〔参考文献〕
大内雅利「農村女性政策の展開と多様化——農林水産省における展開と都道府県における多様化」『明治大学社会科学研究所紀要』五六巻一号、二〇一七年
髙地紗世「農業女子プロジェクトに関する実態と評価」『農村生活研究』六三巻二号、二〇二〇年
藤井和佐「変容する地域社会と農業者ネットワークの可能性」『農業と経済』八五巻一号、二〇一九年
藤井和佐「文化を活かした地域づくり」神崎宣武監修・総社観光プロジェクト実行委員会編『総社観光大学』二〇二一年

〔注〕

（1）以上の「農業女子プロジェクト」の概要は、農林水産省ホームページ内の「農業女子プロジェクト」のページ（二〇二二年七月二〇日アクセス、https://www.maff.go.jp/j/keiei/jyosei/noujopj.html）を参照。

（2）おかやま農業女子については、主にJSPS科研費26292124（研究代表　大内雅利）及び18H03465（研究代表　藤井和佐）の共同研究による。写真提供者の本田（岡山大学学術研究院環境生命科学学域准教授）は、JSPS科研費18H03465の研究メンバーである。

おかやま農業女子に関する最新情報は、「おかやま農業女子オフィシャルサイト」（二〇二二年七月二〇日アクセス、https://okayama-noujo.com/）や中国四国農政局ホームページ内の「農業女子プロジェクト」のページ（二〇二二年七月二〇日アクセス、https://www.maff.go.jp/chushi/keiei/nougyoujosipj/index.html）掲載の資料からのほか、おかやま農業女子代表者及び事務局への電話での聞きとりにより得た（二〇二二年八月）。

（3）「おかやま農業女子」応援団として正式に応募することも可能となっている。応募申込書は、上記の中国四国農政局ホームページ内にある。

岡山県で結婚し、子を産み、育てる

斎藤圭介

はじめに

岡山県で結婚し、子を産み、育てる。こうした経験は、他の都道府県——例えば全国平均や同じ中国地方で何かと比較される広島県——とくらべると、どのような特徴があるのだろうか。統計データを用いて、岡山県で結婚し、子を産み、育てることの特徴をいくつかの話題に沿って概観してみよう(1)。

結婚し、出産し、育児をするのは、人である。そこで、本章の議論の土台となる岡山県に住む人の人口構造を人口ピラミッドで確認しよう（図1）。比較対象は全国と広島県である。

岡山県の人口ピラミッドの構造は、大きな傾向としては全国や広島県と大差がない。四〇代後半から五〇歳にかけてと七〇代前半に山があり、年齢が若くなるほど人口は減っている。人口ピラミッドは、一般的に（一）ピラミッド（富士山）型、（二）つりがね型、（三）

(1)　政府統計のデータについては、e-Stat（政府統計の総合窓口 https://www.e-stat.go.jp/）を用いることで簡単に閲覧・利用することができる。また、統計Dashboard（https://dashboard.e-stat.go.jp/）を用いると、グラフや図を簡単に作成することができる。本章の執筆においても活用している。ぜひみなさんのご出身や現在居住の都道府県や市区町村について、e-statや統計Dashboardの各種統計データを用いて生のデータ（raw data）を確認してみてほしい。そのうえで、岡山県や岡山市などとの比較・考察をしてみてはいかがだろうか。

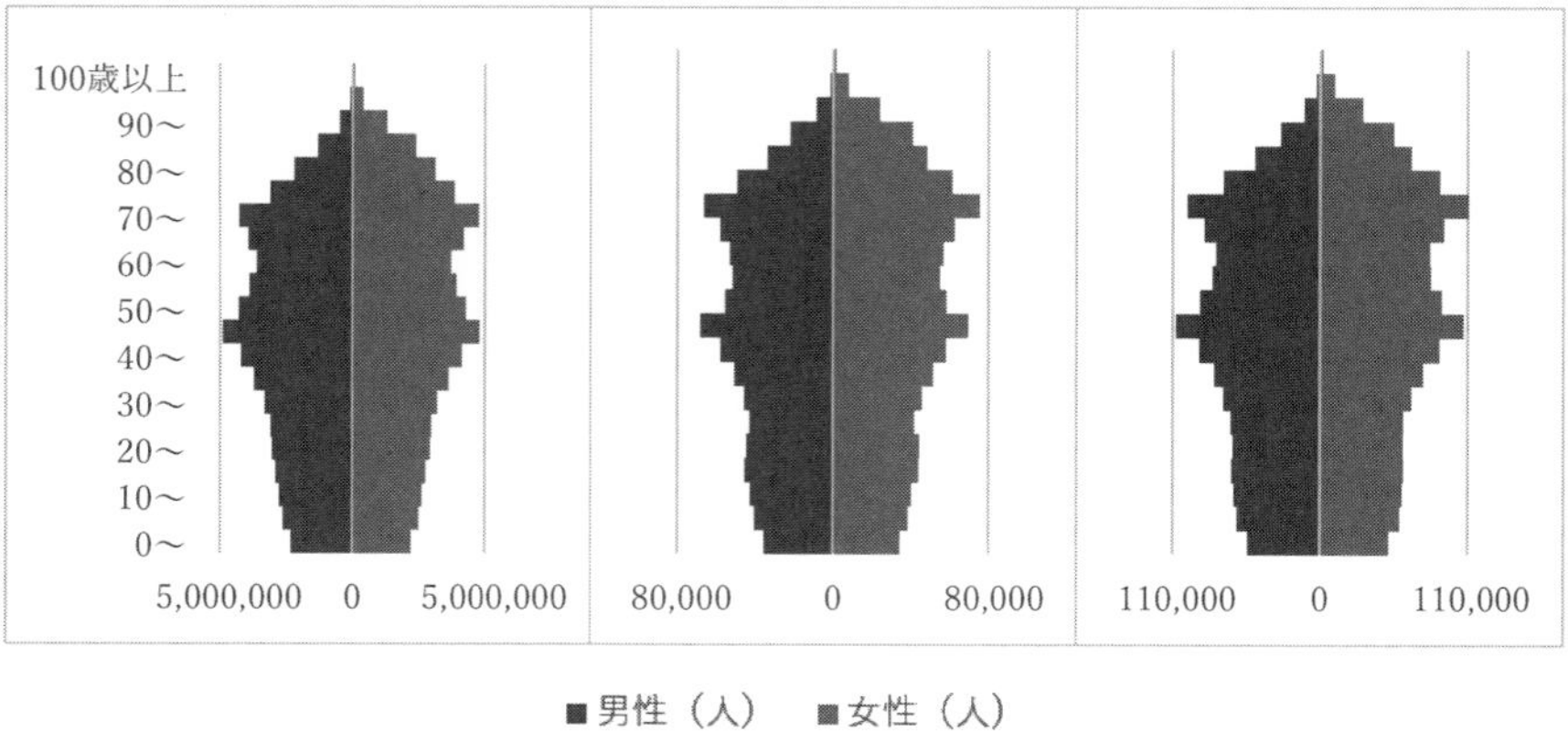

図１　全国（左）、岡山県（中央）、広島県（右）の人口ピラミッド（2020年）(2)

つぼ型、（四）星型、（五）ひょうたん型の五つの型に分類できる。現在の岡山県は、全国と同様につぼ型といえる。

岡山県の特徴を考えるさいに着目すべきは人口規模（横軸の数字〔単位は人〕）であろう。中国地方では、岡山県と広島県が大都市圏としてよく比較されるが、二〇二〇年現在の人口規模でみると、岡山県は広島県よりも九一万一二七〇人ほど少なく、広島県の人口規模の三分の二程度（六七・五％）しかない。二〇二一年の全国での人口順位をみると、四七都道府県中、岡山県は真ん中よりちょっとだけ上という二〇位という位置（全国に占める割合一・五％）で、広島県はより上位の一二位（同割合二・二％）である。中国地方を代表する大都市として広島県と並べて論じられることが多い岡山県だが、人口規模では圧倒的に広島県が優勢である。

ところで、二〇二二年現在、岡山県には市町村が二七ある。岡山県の面積は七一一四㎢、人口は一八六万三〇六三人（二〇二二年九月一日）

（2）出典：「国勢調査」（総務省統計局）、「日本の将来推計人口」（国立社会保障・人口問題研究所）。／統計ダッシュボード（https://dashboard.e-stat.go.jp/）のデータを加工して筆者作成。

であるのに対し、岡山市の面積は七八九・九㎢、人口は七一万九六九八人（二〇二二年九月一日）である。つまり、岡山市は、岡山県の面積の一一・一%であるにもかかわらず、県の人口の三八・六%が住んでいる計算になる。岡山県の一割の面積に四割弱の人が住んでいる計算だ。岡山市に次いで人口が多い倉敷市でも、総人口は四七万八五七〇人（二〇二二年九月末）である。岡山県内の人口三位の市町村である津山市になると、九万七九一〇人（二〇二二年一〇月一日）と桁が一つ減りぐっと人口は減少する。四位以降は、言わずもがなである。岡山県のなかでは、岡山市の人口密度の特異さが際立っている。

人口ピラミッドは市町村単位でも描くことができる。岡山県の人口ピラミッドは図1（中央）のとおりであったが、岡山市と他の市町村では大きく異なる人口ピラミッドが描ける。統計Dashboardでぜひみなさんも確認してみてほしい。岡山県内の市町村ごとの人口ピラミッドの違いをみることで、さらに興味深い発見があるだろう。

さて、岡山県と一言でいっても、岡山市とそれ以外の市町村では人口規模の点から大きな格差があることに留意する必要があることがわかった。そのうえで、岡山県で結婚し、子を産み、育てる、岡山県民の平均的な経験を統計データを用いて描いていこう。

1　岡山で結婚する

平均初婚年齢

人口動態調査によると、二〇二一年の日本全国の平均初婚年齢は男性三一・〇歳、女性二九・五歳である（厚生労働省二〇二二ａ：三）。平均初婚年齢については、二つのことが指摘されている。一つは、都市部のほうが地方部より平均初婚年齢が高いこと（つまり都市部の人のほうが結婚が遅い）。もう一つは、中国地方より西では平均初婚年齢が低いこと。

では、岡山県の平均初婚年齢は、全国平均よりも高いのだろうか、低いのだろうか。じっさいに確認してみよう。[3] 岡山県の二〇一九年の平均初婚年齢は、夫三〇・二歳、妻二八・七歳である。岡山市に限ると、夫三〇・四歳、妻二九・〇歳となる。岡山県の夫の平均初婚年齢は、四七都道府県でもっとも低く（島根県、宮崎県と同値）、妻の平均初婚年齢は、四七都道府県で単独一位の低さである。県としては、全国でもっとも結婚が早い都道府県の一つであることは間違いない。

参考までに、二〇一九年の広島県をみてみると、夫三〇・四歳、妻二九・〇歳、広島市にかぎると夫三〇・四歳、妻二九・一歳である。岡山市と広島市の違いはほとんどなく、どちらも同程度の平均初婚年齢といえるが、県単位でみると岡山県が広島県よりも平均初婚年齢が夫妻ともに低くなる。

県独自の取り組み

全国の都道府県では、行政主体の婚活支援の取り組みを独自に行っていることが広く知られている（内閣府二〇二二）。もちろん岡山県も例外ではない。岡山県民は若くして結婚している人が多いことがわかっている。その要因の一つには、県をあげての結婚の機運を高める運動があるのかもしれない。

岡山県独自の興味深い取り組みの一つは、「おかやま縁むすびネット」の運用だろう（図

（3）岡山県・市、広島県・市の数字は、e-Stat上の「人口動態調査 人口動態統計 確定数 保管統計表（報告書非掲載表）婚姻」のデータを参照した。https://www.e-stat.go.jp/dbview?sid=0003411956、二〇二二年一〇月二四日アクセス。

2）。「おかやま縁むすびネット」とは、岡山県で結婚を考えている相手と出会うことを目的に、「より多くの出会いの機会を提供するため、一対一の出会いを支援するマッチング機能とイベント支援機能を有する、結婚支援システム」のことであり、岡山県が運営しているものだ。マッチングでの成婚数は一九五組、イベントでの成婚数は一四組（ともに二〇二二年一〇月現在）である。

ほかにも、県内での結婚に関する気運を醸成することを目的に、岡山県保健福祉部子ども未来課が企画・制作した動画「『岡山弁deプロポーズ！』で胸キュン！！」（図3）もあげられる。これは、若者を主なターゲットとして、結婚について楽しく考えるきっかけ作りを目指し、「岡山弁」と「胸キュン」をキーワードにしたミニドラマである。岡山県内をロケ地にしており、「誰もが一度は妄想したかもしれない理想のプロポーズ（告白）のシーンを、岡山弁で再現したミニドラマ（全四話）となって」おり、県のHPおよびyoutubeで公開されている。

図2　おかやま縁むすびネットHP[4]

図3　岡山弁deプロポーズ![5]

婚姻と離婚の件数

結婚への県独自の取り組みは増えているものの、「三組に一組が離婚する」とよくいわれるように、全国的に離婚件数は増えている。二〇二一年の全国の婚姻件数は五〇万一一

（4）　出典：https://www.pref.okayama.jp/page/513293.html、二〇二二年八月二日アクセス。

（5）　出典：https://www.pref.okayama.jp/page/585636.html、二〇二二年八月二二日アクセス。

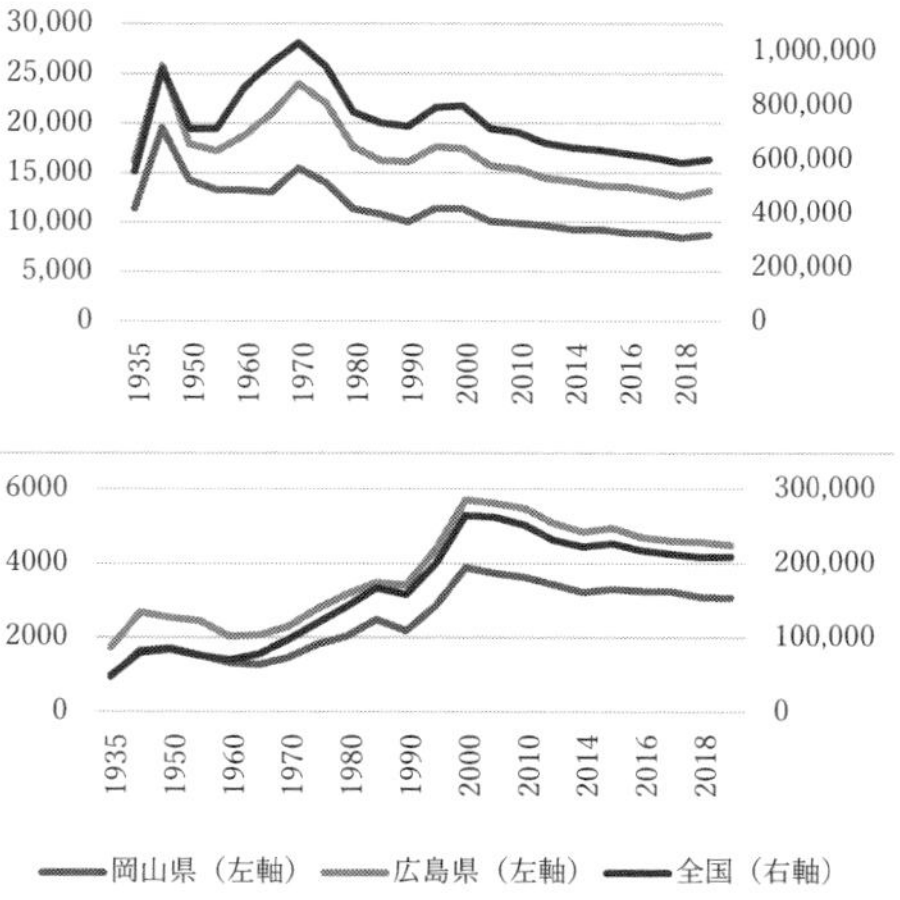

図４　婚姻件数（上）と離婚件数（下）の推移（単位：件）

三八件で、離婚件数は一八万四三八四件である（厚生労働省二〇二二d：三）。ほぼ三組に一組（三六・九％）が離婚している計算になる。[6]

二〇一九年の岡山県の婚姻件数は八七三四件に対して、離婚件数は三〇六四件である。[7] 婚姻件数に比して離婚件数は三五・一％となっている。参考までに、同年の広島県をみると、婚姻件数は一万三一八五件で、離婚件数は四四八四件（婚姻件数に占める離婚件数は三四・〇％）である。

統計データの数字上、岡山県では平均初婚年齢がきわめて低いことが特徴といえる。それ以外は同じ中国地方の広島県はもとより全国平均からみても、目立つ特徴はなさそうである。

2　岡山で出産する

周知のとおり、日本は少子化が進み、少子社会（子どもや若者が少ない社会）である。人

（6）　二〇二一年に婚姻届を提出したカップルのうち、離婚をしたカップルが三分の一を占めるというわけではないので注意が必要である。二〇二一年以前に結婚した夫婦の離婚数を含めて、総数として計算をすると二〇二一年の婚姻数の三分の一程度となるということである。

（7）　岡山県と広島県の数字は、e-Stat上の「人口動態調査 人口動態統計 確定数 婚姻」と「人口動態調査 人口動態統計 確定数 離婚」のデータを参照した。https://www.e-stat.go.jp/dbview?sid=0003411835、https://www.e-stat.go.jp/dbview?sid=0003411861、ともに二〇二二年八月二二日アクセス。

口動態統計によると、二〇二一年の日本の出生数は八一万一六二二人であり、前年から二万九二一三人減少した（厚生労働省二〇二二d：三）。人口動態調査開始以来で最小の出生数となった。

では、岡山県の出生数はどうだろうか。また岡山県で出産をする母親にはなにか特徴があるのだろうか。

合計特殊出生率

合計特殊出生率とは、一人の女性が一生のあいだに産む平均の子ども数に相当する。[8] 二〇二一年現在、一・三〇であり、前年二〇二〇年の一・三三よりも低下している（厚生労働省二〇二二d：三）。平均初婚年齢と合計特殊出生率は関係がある。結婚が早ければ、その分、第一子出産も早くなる傾向があるからだ。結婚が早いということは年齢が若いので、第二子、第三子と、きょうだい数も増える傾向にある。また平均初婚年齢と同じく合計特殊出生率も、一般的に大都市圏が低く、西にいくほど高くなる傾向があることが指摘されている。

人口動態統計（確定数）によると、二〇二一年の全国平均の一・三〇よりも上回る数値となっている都道府県は三五あり、下回っている都道府県は九ある（全国平均と同値が三県、最小値は東京の一・〇八、最高値は沖縄の一・八〇）。

では、岡山県はどうだろうか。平均初婚年齢が全国屈指の低さである岡山県は、合計特殊出生率が高くてもよさそうなものだが、実態はやや予想を裏切る結果となった。岡山県は一・四五で全国で高い方から一五番目である。なお、広島県は一・四二で二二番目であ

（8） 厚生労働省によると、合計特殊出生率は「一五～四九歳までの女性の年齢別出生率を合計したもの」で、「期間」合計特殊出生率と「コーホート」合計特殊出生率の二種類があり、「一人の女性がその年齢別出生率で一生の間に生むとしたときの子どもの数に相当する」ものと定義づけられている（厚生労働省 二〇二二b：一）。

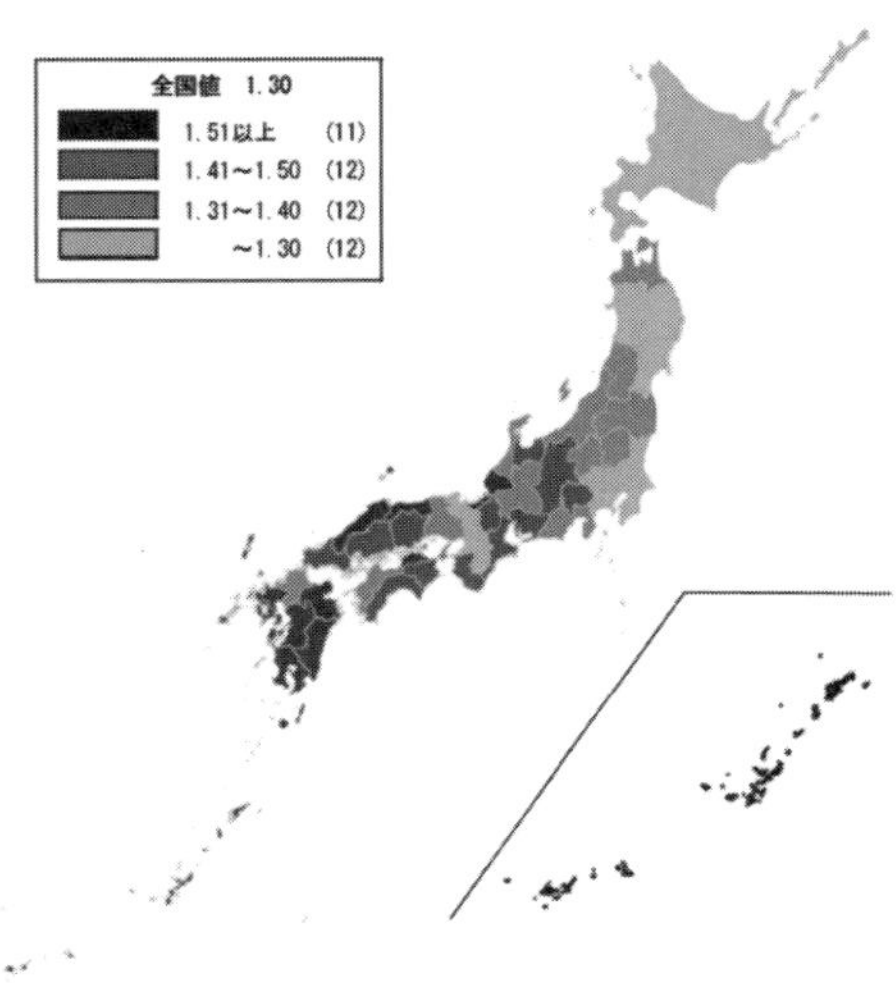

図５　都道府県別にみた合計特殊出生率（2021年）[9]

る（厚生労働省二〇二一d：一一−一二）。岡山県の合計特殊出生率は全国平均値よりは高いといえるが、岡山県の初婚年齢の低さを鑑みると、やや意外という印象をもつ。

第一子出生時の母の平均年齢

晩婚化、晩産化が進んでいる。つまり結婚が後ろにずれている分、出産も後ろにずれこんでいる。第一子出生時の母の平均年齢は二〇一一年から現在まで三〇歳を超えており、三〇代初産が定着している（厚生労働省二〇二一a：三）。

全国平均の妻の平均初婚年齢は二九・五歳（二〇二一年）であり、第一子出生時の母の平均年齢は三〇・九歳（二〇二一年）である。三〇・九歳は、統計データがある一九五〇年以来でもっとも高い第一子出産年齢となった。なお、二〇一九年のデータによると[10]、夫婦が結婚生活に入ってから第一子が生まれるまでの平均期間は二・四五年である。

前述のとおり、岡山県では平均初婚年齢が低いという特徴があった。そのため、岡山県では、結婚が早い分、第一子出生時の母の平均年齢も低いことが予想される。

では、じっさいの数字を確認しよう。全国、岡山県、広島県の母の出産時の年齢（五歳階級）をみると、全国、広島県とくらべて、岡山県では相対的に若年での出産傾向がある

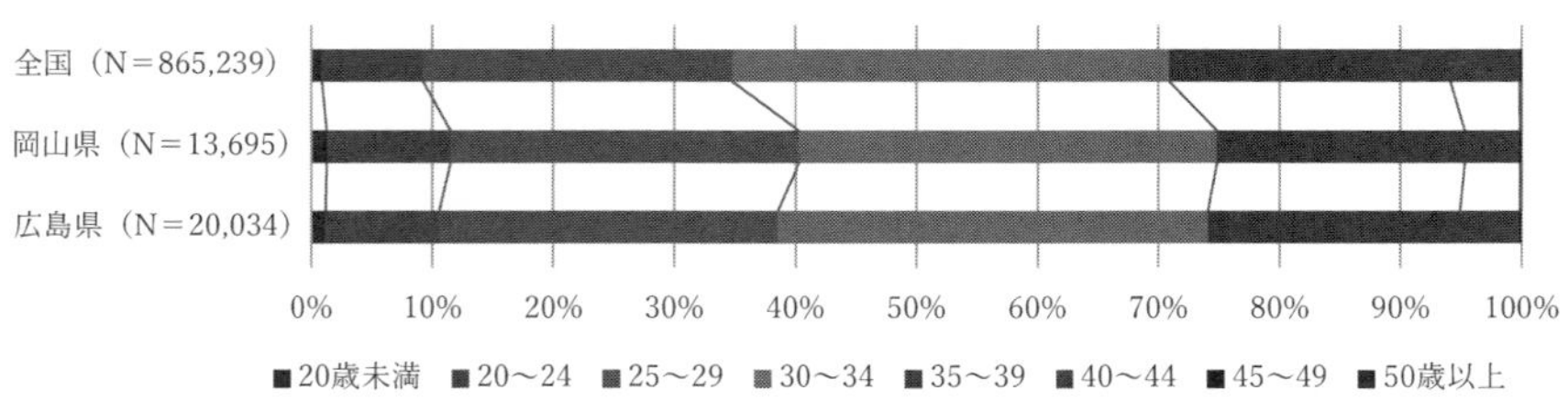

図６　出生数、母の年齢（5歳階級）（2019年）[11]

ことがわかる。予想どおりの結果といえる（図６）。

3　岡山で育てる

待機児童

共働き世帯の増加で、保育園に子を預ける家族は増えている。保育園に子どもが入れないと親の仕事の継続が難しいため、共働き世帯にとっては子が保育園に入れるか否かは、文字通り死活問題となる。

岡山市は、二〇一六年に保護者のニーズを踏まえ実態をより反映できるよう待機児童の

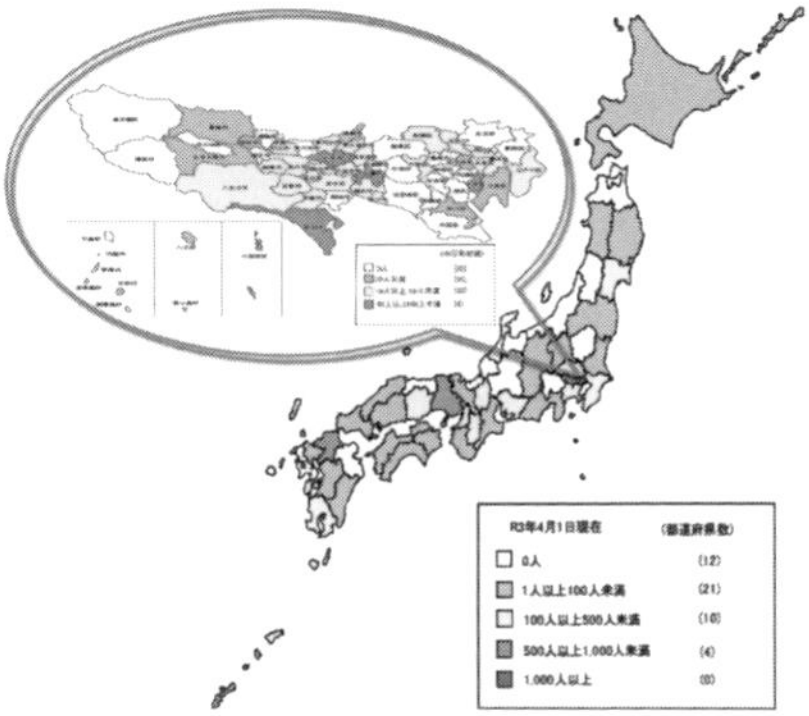

図７　全国待機児童マップ（2021年）[12]

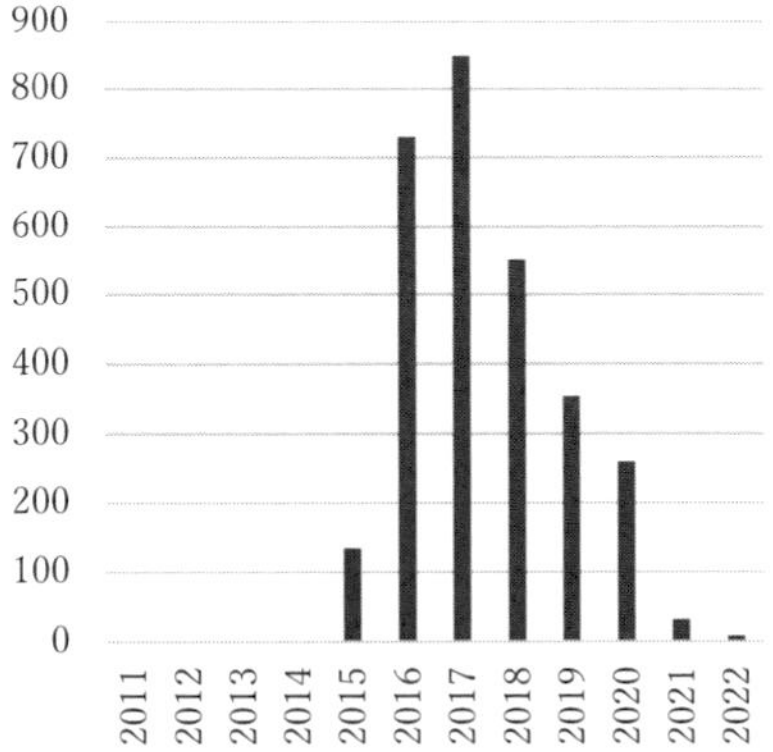

図８　岡山市の待機児童数の推移（単位：人）[13]

（9）出典：厚生労働省（二〇二二a：七）

（10）厚生労働省（二〇二一a：三）

（11）e-Stat上の「令和三年度　人口動態統計特殊報告　出生に関する統計」の「第二〇表　出生数、母の年齢（五歳階級）・嫡出子—嫡出でない子・都道府県別—令和元年—」のデータを参照した。図は筆者作成。https://www.e-stat.go.jp/stat-search/files?page=1&layout=datalist&toukei=00450013&tstat=000001156366&stat_infid=000032110016

（12）出典：厚生労働省（二〇二一b：一六）

（13）岡山市（二〇二二：一）を参考に筆者作成。

定義を変えた。この定義変更により、待機児童数は前年比五倍以上の七二九人となった。待機児童数のピークは二〇一七年の八四九人である。岡山市は、二〇一六年から二〇一八年までの三年連続で待機児童数が全国の市区町村でワースト二位と、非常に望ましくない状況であった。全国の市区町村でワースト二位は、非常にインパクトがある数字だ。そのため、この数字だけが独り歩きしてしまったきらいがある。しかし、前向きな解釈も可能だろう。岡山市の待機児童数の激増は、保護者のニーズに真摯に向き合い、実態を正確に捉え改善に向けて取り組もうとする行政の姿勢の表れだといえるのであれば、いまだ待機児童をめぐる課題は多く残されているものの、肯定的に評価するべき数字なのかもしれない。(14)

二〇二二年には大森雅夫・岡山市長が、保育施設の拡充や保育士の待遇改善に取り組んだ結果、「待機児童の解消、ほぼ達成できた」と記者会見で述べた。二〇二二年四月一日時点で、岡山市の入園申し込み児童数は一万八八八四人であり、待機児童は八人にまで減っている。(15) これは、二〇二一年の全国の市区町村のなかで、埼玉県さいたま市（前年比三七六人減）に次いで二番目（二二八人減）の減少数（前年比）である（厚生労働省二〇二一b：一四）。

育児休業取得率

女性の職場進出と共働き世帯の増加により、子どもを育てるためには育児休業を取得することが一般的になりつつある。そこで、育児休業取得率についても確認してみよう。

全国の取得率の推移は、二〇〇七年以降女性は八割強で横ばいの一方で、男性は右肩上がりとなっている（厚生労働省二〇二二c：一二）。岡山県でも大きな傾向としては同様だが、

(14) 行政が公表している待機児童数は実態を反映していないとして、いくつもの自治体で「隠れ待機児童数」（待機児童数としてカウントはされないが、事実上、待機児童である児童数）が問題になっている。岡山市の待機児童数の激増は、隠れ待機児童数を可視化させた結果といえる。

(15) なお、二〇二二年に待機児童数が減少した傾向は岡山市にかぎらず、全国の他の市区町村でも同様である。二〇二一年度時点の全国の待機児童数は五六三四人で、調査開始以来三年連続で最小となっている。自治体調査によると、保育の受け皿拡大に加えて、新型コロナウイルス感染症を背景とした利用控えがあると指摘されている（厚生労働省 二〇二一b：一）。なお、待機児童は全国の市区町村（一七四一）のうち、八割強の市区町村（一四二九）ではゼロ人であることを指摘しておきたい（厚生労働省 二〇二一b：一四）。

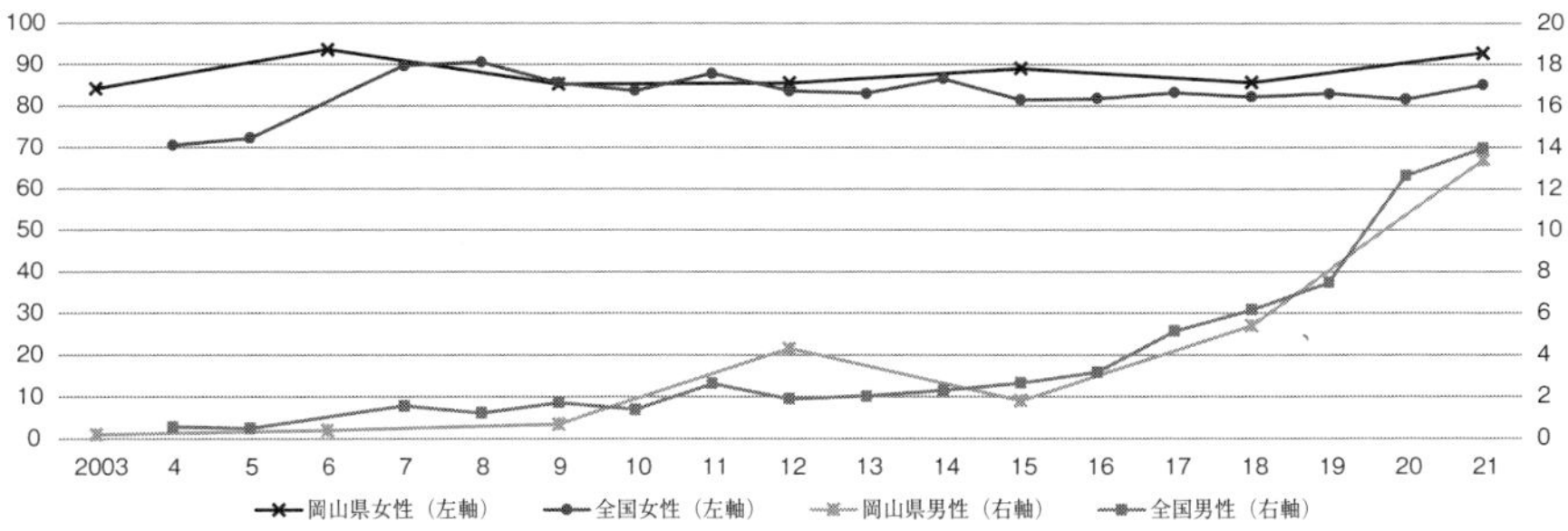

図 9　全国と岡山県の育児休業取得率の推移（単位：%）[16]

よりくわしくみてみると、岡山県の特徴がみえてくる。

岡山県は、女性の取得率は全国平均よりも高く、男性の取得率は全国平均よりも総じて低い（岡山県二〇二二：五八）。つまり、全国平均とくらべて、女性はより育休を取得し、男性はより育休を取得していない。このことは、子どもの養育にあたるのは母親であり、男性は働き続けるべきという意識（性別役割分担意識）が、相対的に強い地域であることを伺わせる。

おわりに

岡山県で結婚し、子を産み、育てる経験について、統計データを用いていくつかの話題に沿って描いてきた。さいごにここまでの記述をまとめよう。

結婚について。全国平均と比較して岡山県の平均初婚年齢は低く、行政主体の婚活の取り組みも積極的にしている。婚姻数と離婚数は、全国や広島県と比べて大きな特徴があるわけではなかった。岡山県の結婚についての特徴は、なによりも平均初婚年齢の低さにあるといえる。

（16）岡山県（二〇二二：五八）を参考に筆者作成。

出産について。一般的に中国地方から西は結婚が早く、子どもが多い傾向にあるといわれる。おおむね、岡山県もその傾向にあてはまる。岡山県の合計特殊出生率は一・四五（二〇二一年）で、全国平均よりは高いものの、際立っているほどではない。むしろ、一〇代と二〇代での出産経験者の相対的な多さに岡山県らしさを見いだすことができる。

子育てについて。岡山市の待機児童数の多さは全国的にも大変悪名高いものであった。しかし、待機児童数の多さは、隠れ待機児童数を浮き彫りにした結果であることを指摘した。岡山市は、待機児童問題を積極的に解決すべき政策課題としたことで、現在では待機児童数は大きく減少している。岡山県の育児休業取得率は、女性の取得率が全国平均よりも高く、男性の取得率は全国平均よりも低い結果である。女性は家庭に男性は職場に、といった性別役割分担意識が相対的にやや残っている地域であることが示唆される。

本章では、統計データから岡山県での結婚、出産、養育を概観してきた。冒頭でも紹介したように、e-Statや統計Dashboardを用いることで、さらに詳しい統計データを直接確認することも、さらに関心がある市区町村との比較なども簡単にできる。ぜひ本章を読み終えたあとは、ご自身の手を動かして、統計データをとおして関心ある地域の姿を描いてみてはいかがだろうか。きっと、興味深い新しい発見が数多くあるはずだ。

〔参考文献〕

厚生労働省、二〇二一a、令和三年度「出生に関する統計」の概況（https://www.mhlw.go.jp/toukei/saikin/hw/jinkou/tokusyu/syussyo07/dl/gaikyou.pdf）二〇二二年八月二二日アクセス
厚生労働省、二〇二一b、令和三年四月の待機児童数調査のポイント（https://www.mhlw.go.jp/content/11922000/000840529.pdf）二〇二二年八月二二日アクセス

厚生労働省、二〇二二a、「結果の概要」『令和三年（二〇二一）人口動態統計月報年計（概数）の概況』（https://www.mhlw.go.jp/toukei/saikin/hw/jinkou/geppo/nengai21/dl/kekka.pdf）二〇二二年八月二二日アクセス

厚生労働省、二〇二二b、「合計特殊出生率について」『令和二年（二〇二〇）人口動態統計（確定数）の概況』（https://www.mhlw.go.jp/toukei/saikin/hw/jinkou/kakutei20/index.html）二〇二二年八月二二日アクセス

厚生労働省、二〇二二c、「概要　全体版」『令和三年度雇用均等基本調査』（https://whttps://www.mhlw.go.jp/toukei/list/dl/71-r03/07.pdf）二〇二二年八月二二日アクセス

厚生労働省、二〇二二d、「結果の概要」『令和三年（二〇二一）人口動態統計（確定数）の概況』（https://www.mhlw.go.jp/toukei/saikin/hw/jinkou/kakutei21/dl/02_kek.pdf）二〇二二年一〇月二四日アクセス

内閣府、二〇二二、「都道府県の結婚支援の取り組みについて」（https://www8.cao.go.jp/shoushi/shoushika/kekkon_ouen_pref.html）二〇二二年八月二二日アクセス

岡山市、二〇二一、「入園申込児童数（待機児童数）の推移」（https://www.city.okayama.jp/kurashi/0000012547.html）二〇二二年八月二二日アクセス

岡山県、二〇二二、「第四　資料（2）男女共同参画の現状に関する統計」『令和三年度版　男女共同参画に関する年次報告書（令和二年度実績）』（https://www.city.okayama.jp/kurashi/0000012547.html）二〇二二年八月二二日アクセス

column

追跡！ごみと資源の行方
――多文化共生のまちづくりの中で――

田中共子

岡山駅の西側に「岡山国際交流センター」[1]がある。ここは国際交流の活動拠点となっている。多文化共生に関心のある方には、ぜひ訪れてみて頂きたい。海外の情報や国際交流活動の案内が欲しいとき、とても役に立つ。様々なイベントが開かれるので、気軽に覗いてみることをお勧めする。日本語講座や外国語講座もあり、世界に広がる学びの扉を開いてくれる。交通至便の場所であり、貸し施設があるので、パーティーなどをやりたい人にも注目の場所といえる。地下一階には岡山市パスポート市民サービスコーナーがあるので、パスポート申請に訪れたことのある人には、おなじみの建物かも知れない。

この岡山国際交流センターで行われた、多文化共生のまち作りのイベントの中で、「ごみの捨て方ゲーム」が実施されたことがある。[2] なぜなのか？　新しく引っ越してきた外国人から見ると、日本のごみ捨てはたいへん難しいからである。自治体は外国語の説明書きも作っているが、分別そのものがずいぶんと複雑である。地域によって詳細は異なり、日本人にも難解だ。しかし日本の物品がよく分からなくても、日本語の語彙が不確かでも、ごみは出る。暮らせば生活が始まり、ごみは待ってくれない。そのうえ母国とは分け方が違ったり、分別自体に馴染みがなかったり、社会のルールとしてのごみの扱いが異なる場合もしばしばである。途方に暮れる場合は少なくない。もし全く悪気がなくても、曖昧な捨て方をしてしまったら？　地域のトラブルにも繋がりかねない。実は多文化共生のまちづくりにとって、ごみ捨てという生活行動は、地味ながら生活の基盤を成す重要な問題なのである。

ゲームならルールを楽しく学べるかもしれない。そこで岡山大学の学生らの協力を得て、ごみカードを分別用

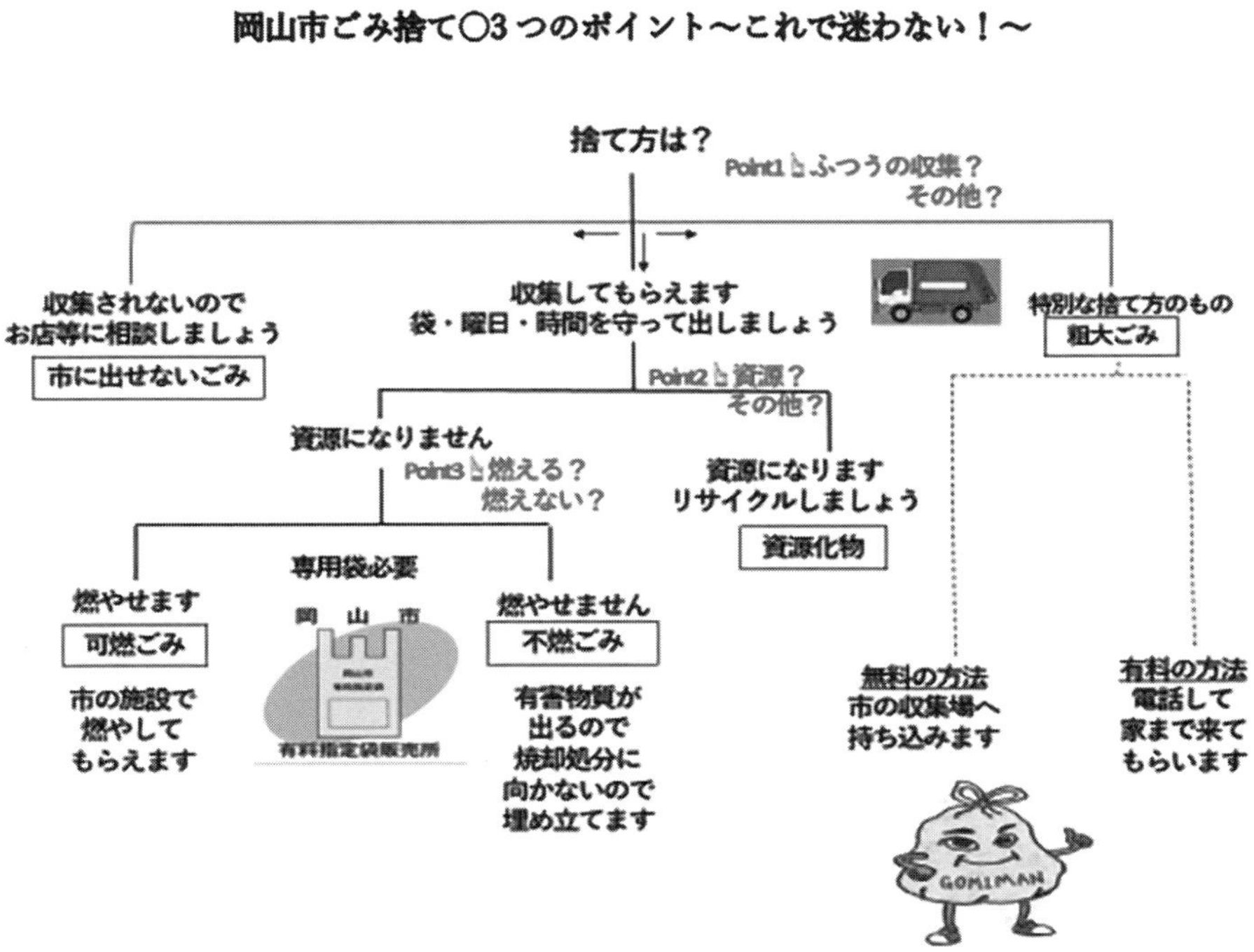

図1　岡山市のごみ捨てアルゴリズム
ごみ分別ゲーム「ごみまんと一緒にめざせ！ごみ捨てマスター」より

の箱に入れに行くという、クイズ形式のゲームが考案された。一人で考えたり、チームで相談したり、外国語による資料を見たりして次第に正解に近づく。参加者はごみ分別への理解と知識、要領を得て、これならやれるかもという気持ちを高めていた（Okunishi & Tanaka, 2021）。参加賞はオリジナルキャラ「ごみまん」のシールと、ごみ捨てのための特性アルゴリズム付きカレンダー[3]だった（図1）。これを使って、岡山市のごみの捨て方[4]のこつをお知らせしてみよう。

アルゴリズムで考えると分かりやすい。まず市の一般的な回収の対象かどうか？　市が回収する場合であれば、それは資源になるものか否か？　否であれば、そのごみは燃えるごみか、燃えないごみか？　まずはこれらのポイントを見分ける。これらのごみ、つまり回収してもらえる資源ごみ、燃えるごみ、燃えないごみに該当する場合は、曜日と時間を守って、所定のごみ置き場に出せば大丈夫である。市のごみ収集車に持って行ってもらえる。燃えるごみは「クリーンセンター」で焼却される。

では、一般的な回収にのらない場合はどうするのか？　これは少しやっかいだが、以下を見分ければ大丈夫だ。まず粗大ごみとして受け付けてくれるものか否か？　粗大ごみなら、「リサイクルセンター」に持ち込めば、無料で処理してもらえる。取りに来てもらう場合は、料金がかかる。収集されないものの場合は、販売店などに相談する。

ごみの行方を追って、「クリーンセンター」と「リサイクルセンター」にたどり着いた。これらは見学できる。学校の遠足などの訪問があるが、大人の社会科見学としても十分興味深い。ダイナミックなごみ処理の全貌が見えてくるだろう。施設は何カ所かあるが、例えば西大寺には大型ごみ焼却施設である岡山市「東部クリーンセンター」[5]がある。ブルーラインの西大寺ＩＣを出てすぐ北側にある。薄緑色のタワーが目印になる。年間約一〇万トンものごみを焼却しているそうだ。その隣には、リサイクル施設である岡山市「東部リサイクルプラザ」[6]がある。三階の「東部リユースリぷらざ」には、不要品の展示コーナーが設けられている。そこの衣服や食器や本などは、簡単な手続きを経て無料で持ち帰ることが可能である。掘り出し物があるかも知れない。

国内の移動でも、新しいルールの会得は一苦労である。さらに大きな移動であれば、なおのことだろう。暮らす人みなで協力しあいたい。ごみ処理に関する知識と自信を付け、快適な暮らしを楽しみたいものである。豊かな多文化共生社会に思いをはせつつ、この機会に、地域のごみの行方を見に行ってみてはいかがだろうか。

〔注〕

（1）　http://www.opief.or.jp/oicenter/（二〇二二年三月一日アクセス）

（2）二〇二〇年一月二五日開催「世界を知ろう、岡山を知ろう！　岡山に住む外国人が気持ちよく暮らせる町に」主催／岡山県国際団体協議会

（3）ごみすてアルゴリズムは森重怜央さん、ごみまんキャラクターデザインはアイシェ・ウルグン・ソゼンさんによる作成

（4）https://www.city.okayama.jp/kurashi/category/1-12-7-10-0-0-0-0-0-0.html（二〇二二年三月一日アクセス）

（5）https://www.city.okayama.jp/shisei/0000003518.html（二〇二二年三月一日アクセス）

（6）https://www.city.okayama.jp/0000004483.html（二〇二二年三月一日アクセス）

〔参考文献〕

Yuri Okunishi & Tomoko Tanaka 2021 Impact of Gaming Simulation of Garbage Classification on Foreign Residents in Japan. The Educational Review, USA, 2021, 5（5）, 106-116.（https://www.hillpublisher.com/UpFile/202105/20210513175412.pdf）二〇二二年三月一日アクセス

索引

●あ行●

●か行●

●さ行●

●た行●

●な行●

●は行●

●ま行●

●や行●

●ら行●

齋藤圭介（さいとう・けいすけ）／岡山大学学術研究院社会文化科学学域准教授／社会学／「生殖における男性の当事者性・再考――出生前検査に対峙した男性たちの役割カテゴリーの実践に着目して」『社会学評論』、2022年など

田中共子（たなか・ともこ）／岡山大学学術研究院社会文化科学学域教授／心理学／『異文化接触の心理学　AUC-GS学習モデルで学ぶ文化の交差と共存』ナカニシヤ出版、2022年など

髙野　宏（たかの・ひろし）／岡山大学学術研究院社会文化科学学域准教授／文化地理学／「大正・昭和戦前期における大田植の社会的基盤と地域的意義―広島県西城町八鳥を事例として―」『地理学評論』第83巻6号、2010年など

徳永誓子（とくなが・せいこ）／岡山大学学術研究院社会文化科学学域准教授／日本中世史／『憑霊信仰と日本中世社会』法藏館、2022年など

東野将伸（ひがしの・まさのぶ）／岡山大学学術研究院社会文化科学学域講師／日本近世史／「近世後期の地域経済と商人―備中国南西部と大坂との関係を中心に―」『日本史研究』679号、2019年など

岡嶋隆司（おかじま・たかし）／日本考古学協会会員／動物考古学・食文化史／「解体痕跡からみた魚類の調理」『水産資源と歴史考古学』『季刊考古学』第128号、雄山閣、2014年など

万城あき（まんじょう・あき）／公益財団法人岡山県郷土文化財団主任研究員／地域史研究／『絵図で歩く岡山城下町』（共著）吉備人出版、2022年など

野﨑貴博（のざき・たかひろ）／岡山大学文明動態学研究所助教／日本考古学／「人しれず失われてゆく遺跡」『明日への文化財』84号、文化財保存全国協議会、2021年など

松岡弘之（まつおか・ひろゆき）／岡山大学学術研究院社会文化科学学域講師／日本近現代史／『ハンセン療養所と自治の歴史』みすず書房、2020年など

才士真司（さいと・しんじ）岡山大学学術研究院教育学域特任准教授・同教育推進機構オンライン教育推進室座長／クリエイティブディレクター／NHK「千住博　空海の宇宙を描く」プロデューサー、2021年

藤井大児（ふじい・だいじ）／岡山大学学術研究院ヘルスシステム統合科学学域教授／経営組織論・ソーシャルイノベーション論／『技術的イノベーションのマネジメント：パラダイム革新のメカニズムと戦略』中央経済社、2017年など

市田真紀（いちだ・まき）／フリーランスライター／日本酒学／『ロバート・パーカー・ワイン・アドヴォケートが認めた 世界が憧れる日本酒78』（分担執筆）CCCメディアハウス、2017年など

津守貴之（つもり・たかゆき）／岡山大学学術研究院社会文化科学学域教授／世界経済論、グローバル・ロジスティクス論／『日本のコンテナ港湾政策』成山堂書店、2017年など

北川博史（きたがわ・ひろふみ）／岡山大学学術研究院社会文化科学学域教授／経済地理学／『非大都市圏地域における地域システムの再編』岡山大学文学部叢書、2011年など

川田　力（かわだ・つとむ）／岡山大学学術研究院教育学域教授／人文地理学／『小学生に教える「地理」』（共著）ナカニシヤ出版、2006年など

三村　聡（みむら・さとし）／岡山大学地域総合研究センター長・教授／コミュニティ政策学／『地域モビリティの再構築』（編著）薫風社、2021年など

中谷文美（なかたに・あやみ）／岡山大学文明動態学研究所教授／文化人類学／『オランダ流ワーク・ライフ・バランス～「人生のラッシュアワー」を生きる人々の技法』世界思想社、2015年など

藤井和佐（ふじい・わさ）／岡山大学学術研究院社会文化科学学域教授／地域社会学／『年報 村落社会研究57　日本農村社会の行方――〈都市－農村〉を問い直す』（日本村落研究学会企画、編著）農山漁村文化協会、2021年など

執筆者紹介（執筆順：氏名／所属〔2023年３月現在〕／専門分野／主要業績）

松本直子（まつもと・なおこ）／岡山大学文明動態学研究所所長・教授／認知考古学・ジェンダー考古学／『心とアートの人類史』（共編著）雄山閣、2022年など

鈴木茂之（すずき・しげゆき）／岡山大学特命教授・名誉教授／地質学／「舞鶴帯東部の堆積史と造構史」『広島大学地学研究報告』27号、1987年など

野坂俊夫（のざか・としお）／岡山大学学術研究院自然科学学域准教授／岩石学／Primitive layered gabbros from fast-spreading lower oceanic crust. Nature, Vol. 505, 2014など

山本悦世（やまもと・えつよ）／岡山大学名誉教授／考古学／吉備考古ライブラリ7『寒風古窯址群』吉備人出版、2002年など

松多信尚（まつた・のぶひさ）／岡山大学学術研究院教育学域教授／自然地理学・地形学／『防災・減災につなげるハザードマップの活かし方』（共著）岩波書店、2015年など

隈元　崇（くまもと・たかし）／岡山大学学術研究院自然科学学域教授／地震地質学／『活断層詳細デジタルマップ』（共著）東京大学出版会、2002年など

福田　宏（ふくだ・ひろし）／岡山大学学術研究院環境生命科学学域准教授／貝類分類学・保全学／『新種発見！　見つけて、調べて、名付ける方法』（共編著）山と渓谷社、2022年など

加藤内藏進（かとう・くらのしん）／岡山大学特命教授・名誉教授／気象学・気候学／『気候と音楽―歌から広がる文化理解とESD―』（共著）協同出版、2019年など

奥島雄一（おくしま・ゆういち）／倉敷市立自然史博物館主幹（学芸員）／昆虫学／『昆虫とあそぼうよ』倉敷市立自然史博物館、2013年など

中田和義（なかた・かずよし）／岡山大学学術研究院環境生命科学学域教授／保全生態学・応用生態工学／『ダルマガエル　生態を知って農業で守る』（共編著）農山漁村文化協会、2022年など

山口雄治（やまぐち・ゆうじ）／岡山大学文明動態学研究所助教／考古学／『農耕文化複合形成の考古学（下）』（共著）雄山閣、2019年など

光本　順（みつもと・じゅん）／岡山大学学術研究院社会文化科学学域准教授／考古学・博物館学／『身体表現の考古学』青木書店、2006年など

清家　章（せいけ・あきら）／岡山大学学術研究院社会文化科学学域教授／考古学／『卑弥呼と女性首長』吉川弘文館、2020年など

ライアン・ジョセフ（Joseph RYAN）／岡山大学文明動態学研究所特任准教授／考古学／「弥生時代の北部九州における鉄剣生産の再検討」『考古学研究』第68巻第1号、2021年など

今津勝紀（いまづ・かつのり）／岡山大学文明動態学研究所教授／日本古代史／『日本古代の環境と社会』塙書房、2022年など

岩﨑志保（いわさき・しほ）／岡山大学文明動態学研究所准教授／考古学／『鹿田遺跡16』岡山大学埋蔵文化財調査研究センター、2022年など

大学的岡山ガイド―こだわりの歩き方

2023年3月31日　初版第1刷発行

編　者　岡山大学文明動態学研究所

発行者　杉田　啓三

〒607-8494 京都市山科区日ノ岡堤谷町3-1
発行所　株式会社　昭和堂
振込口座　01060-5-9347
TEL(075)502-7500／FAX(075)502-7501
ホームページ　http://www.showado-kyoto.jp

印刷　亜細亜印刷

ISBN 978-4-8122-2206-5